Wolfgang Hümmer

Produktkonfiguration im E-Business

Datenmodellierung, Match Making und Verhandlung

Wolfgang Hümmer

PRODUKTKONFIGURATION IM E-BUSINESS

Datenmodellierung, Match Making und Verhandlung

ibidem-Verlag
Stuttgart

Bibliografische Information Der Deutschen Bibliothek

Die Deutsche Bibliothek verzeichnet diese Publikation in der Deutschen Nationalbibliografie; detaillierte bibliografische Daten sind im Internet über <http://dnb.ddb.de> abrufbar.

∞

Gedruckt auf alterungsbeständigem, säurefreien Papier
Printed on acid-free paper

ISBN: 3-89821-490-7

Printed in Germany

Vorwort

Das Internet, insbesondere das *World Wide Web* (WWW), nehmen zunehmend Einfluss auf unser alltägliches Leben. Vor allem der Handel, sowohl mit dem Endkunden als auch zwischen Unternehmen, erhofft sich vom Internet einen nahezu vollkommenen Markt, der Preistransparenz zusammen mit vergleichsweise niedrigen Transaktionskosten bietet. Daher gehört es für ein Unternehmen jeglicher Couleur zum guten Ton, eine Webpräsenz, einen Onlineshop oder gar einen elektronischen Marktplatz anzubieten. Allerdings fällt dabei auf, dass in der Regel vergleichsweise einfache Produkte gehandelt werden. Die Gallionsfigur des eCommerce beispielsweise, der Onlinebuchhändler Amazon, verkauft in erster Linie Bücher und Elektronikartikel, die durch ihre ISBN oder einen entsprechenden Produktcode eindeutig bezeichnet werden. Entscheidet sich ein Kunde für ein bestimmtes Buch, so hat er die Wahl zwischen einigen wenigen Varianten, etwa Festeinband, kartoniert oder Hörbuch – wobei es sich hierbei streng genommen um verschiedene Einzelprodukte handelt. Weitere Freiheitsgrade, wie die Farbe des Einbands, die Schriftart oder -größe sind außerhalb der Verfügungsgewalt des Kunden. Ein weiterer Protagonist des elektronischen Handels ist das Auktionshaus Ebay. Auch hier kann ein Interessent aus fertig konfigurierten, meist gebrauchten Produkten auswählen, selbst wenn es sich um einen Computer oder ein Automobil handelt.

Im Gegensatz zu diesen Produkten "von der Stange" steht die zunehmende Bestrebung nach Individualisierung. Hier spielen sowohl der Wunsch, sich von seinen Mitmenschen zu unterscheiden – als Paradebeispiel sei hier das Automobil genannt – als auch die Notwendigkeit, ein Gut an spezielle Gegebenheiten anpassen zu müssen, eine wichtige Rolle. Die Wirtschaft versucht diesem Trend durch das Managementkonzept *Mass Customization* Rechnung zu tragen. Dieser von Pine II geprägte Ausdruck ist die Kombination der Kosteneffizienz der Massenfertigung mit der erhöhten Kundenzufriedenheit durch Individualisierung. Die gleichzeitige Umsetzung dieser zwei sehr gegensätzlichen Ziele ist aber weder in der Wissenschaft noch in der Praxis zufriedenstellend gelöst. Ein wesentliches Teilproblem ist dabei die informationstechnische Datenverarbeitung: Wie ist ein individuell konfigurierbares Produkt zu spezifizieren, dass es im elektronischen Handel eingesetzt werden kann? Wie ist ein elektronischer Verhandlungsprozess um ein solch konfigurierbares Produkt zu gestalten? Und wie findet ein Kunde unter all den unterschiedlichen Konfigurationen der diversen Anbieter das für ihn passendste Angebot?

Es ist der Gegenstand der vorliegenden Arbeit, ein Vertragsverhandlungssystem zu konzipieren, das all diese Fragen beantwortet. Im Rahmen des Forschungsprojekts Marrakesch wird ein umfassender Referenzprozess definiert, der sowohl für Kunden als auch für Anbieter einen Leitfaden durch den Geschäftsprozess darstellt. Weiterhin wird ein zweistufiges Datenmodell zur effizienten Formulierung umfangreicher Produkt- und Dienstleistungsfamilien entwickelt. Aufbauend auf diesem Modell, das nicht nur dem Anbieter zur Spezifikation seiner Angebote dient, sondern auch auf Seite der Kunden zur Modellierung der Nachfrage eingesetzt werden kann, wird das *Match-Making*-Problem, also die Frage, wie zueinander passende Geschäftspartner zu finden sind, adressiert. Nach einer formalen Definition des Problems werden zwei Verfahren basierend auf Methoden des *Soft Computing* zur effizienten und vollautomatischen Lösung dieser NP-vollständigen Aufgabe erarbeitet. Im Verlauf des *Match Making* wird ein Großteil der zu konfigurierenden Optionen aufgelöst; die verbleibenden Konfigurationsfragen werden im abschließenden Verhandlungsprozess geklärt. Um auch diesen auf elektronische Weise abzuwickeln, wird die Schematisierung des Verhandlungsdialogs auf zwei Ebenen, einer inhaltlichen und einer um die Reihenfolge, vorgenommen.

Die vorliegende Arbeit gibt die Ergebnisse meiner Forschungsarbeit am Lehrstuhl für Informatik 6 der Friedrich-Alexander-Universität Erlangen-Nürnberg unter der Leitung von Prof. Dr. Dr. E.h. Hartmut Wedekind, seit 2001 Prof. Dr. Klaus Meyer-Wegener wieder. In meiner Zeit an diesem Lehrstuhl habe ich viel gelernt, insbesondere durch eine Vielzahl von Diskussionen mit meinem Betreuer, Herrn Wedekind, dem mein besonderer Dank gilt. Einer seiner Grundsätze, der mich persönlich tief beeindruckt hat, ist: "Wissenschaft ist Diskussion". Weiterhin danke ich all meinen Kollegen, insbesondere Jens Albrecht und Holger Günzel, die mich zum Einschlagen der wissenschaftlichen Laufbahn ermuntert haben, sowie der Business-Intelligence-Gruppe, die am Ende nur noch aus Lutz Schlesinger und mir bestand. Einen wichtigen Beitrag zu der vorliegenden Arbeit hat mein Kollege und Freund Christian Meiler geleistet. Neben unvoreingenommener und konstruktiver Kritik hat er mich immer dann motiviert, wenn es am notwendigsten war. Zudem hat er die beschwerliche Aufgabe des Korrekturlesens auf sich genommen. Schließlich gilt mein Dank auch "meinen" Studenten Ulrich Grießer, Denis Kalemba, Michael Schrumpf, Stefan Baas, Thomas Thiel und Stefan Meiler, die alle am Forschungsprojekt Marrakesch beteiligt waren.

Weiterhin danke ich Valerie Lange und Christian Schön vom *ibidem*-Verlag, die mich bei der Veröffentlichung meiner Arbeit als ordentliches Buch unterstützt haben.

Nürnberg, im Februar 2005 Wolfgang Hümmer

Inhaltsverzeichnis

Abbildungs- und Tabellenverzeichnis

Einleitung

Verwandte Arbeiten

Problemstellung und Lösungsansatz

Datenmodell für komplex konfigurierbare Strukturen

Match Making – Problemdefinition und Lösungsansätze

Verhandlung komplexer Strukturen

Zusammenfassung

Verhandlung komplexer Strukturen

Zusammenfassung

1 Einleitung

Das *World Wide Web* (WWW) hat seit seiner Geburt 1990 unser Leben verändert. Von Tim Berners-Lee eigentlich als Netzwerk für die Kommunikation von Wissenschaftlern am Genfer CERN entwickelt, ist heute praktisch jeder "online" – laut einer aktuellen Umfrage von Emnid, dem (N)onliner Atlas 2004 [Emni04a], nutzen 53% der Deutschen über vierzehn Jahren das Internet, in der Gruppe der vierzehn bis 29 Jährigen sogar über 80% [Emni04b]. Worin liegt die Ursache für diesen Erfolg? Zum einen sind gemäß der von Bill Gates geprägten Formel "Information at your Fingertips" [Micr04] umfassende Informationsquellen im wesentlichen kostenlos verfügbar; neben diversen Tageszeitungen (z.B. Süddeutsche Zeitung, Frankfurter Allgemeine Zeitung) und Nachrichtenagenturen (z.B. Reuters, DPA) sind auch umfangreiche Lexika (z.B. Britannica, Merriam Webster) und mehr verfügbar. Ein weiterer, wenn nicht sogar der wichtigste Antrieb für die immer noch zunehmende Popularität des Internet und vor allem des WWW ist das Onlineshopping, also das elektronische Einkaufen. Die Unternehmen Amazon und Ebay sind auch nach dem Zusammenbruch im Frühjahr 2000 die Gallionsfiguren der *New Economy*. Während Amazon "nur" eine elektronische Variante einer gewöhnlichen Buchhandlung darstellt und damit ein klassisches etabliertes Geschäftsmodell verfolgt, macht das Auktionshaus Ebay das Geschäftsmodell Auktion, das bisher nur in Nischen etabliert war, durch den Einsatz des WWW für ein breites Publikum interessant.

Die Vorteile, die das Internet bietet, nutzen nicht nur Endkunden, sondern sie sind auch für die Industrie von hoher Bedeutung. Hinter aktuellen Schlagworten wie eBusiness, eProcurement oder eCollaboration verbirgt sich die Hoffnung auf die Erschließung umfassender Einsparpotentiale. Nach einem Überblick über den Zusammenhang der teils recht ungenau definierten Begriffe, die für das Folgende benötigt werden, werden der Gegenstand und die Struktur der vorliegenden Arbeit erläutert.

1.1 Grundbegriffe des elektronischen Handels

Es ist eine bedauernswerte Tatsache, dass neue Konzepte in der Informatik sowie in der Wirtschaftsinformatik zunehmend keine einheitliche Begriffsbildung mehr durchlaufen, sondern immer öfter in Form von Hochglanzbroschüren und durch Marketingabteilungen geprägt werden. Selten existieren einheitliche Definitionen zu aktuellen Schlagworten wie eCommerce, eBusiness, B2B-Integration oder *Enterprise Application Integration* (EAI). Dabei ist selbst die Schreibweise häufig nicht einheitlich geregelt (z.B. eBusiness – E-Business). Der vorliegende Abschnitt kann sicher nicht das babylonische Sprachgewirr auflösen, dient aber der Definition der grundlegenden Begriffe in der Form, wie sie in dieser Arbeit verwendet werden.

Von elementarer Bedeutung für das Folgende sind eCommerce und eBusiness. [VoLZ03] stellt neun bzw. fünf unterschiedliche Definitionen gegenüber, die sowohl aus dem deutschsprachigen als auch aus dem internationalen Raum stammen. Jeweils eine dieser Definition wird herausgegriffen:

> *Electronic commerce (e-commerce) is any transaction completed over a computer mediated network that involves the transfer of ownership or rights to use goods or services.*
>
> [Mese99]

> *eBusiness soll [...] verstanden werden als zielgerichtete Anwendung der Internet-Technologie und der darauf basierenden Interaktions- und Kommunikationsmöglichkeiten zur Gestaltung und Abwicklung unternehmensinterner und -externer Prozesse.*
>
> [SVTW00]

Bei der Definition von eCommerce fällt einerseits der technologische Aspekt, der Einsatz eines Computernetzwerks auf, andererseits die Durchführung einer geschäftlichen Transaktion in Form eines Übergangs von Eigentum oder Anrecht. eBusiness wird im allgemein als umfassendere Variante des eCommerce verstanden, die insbesondere geschäftliche Interaktionen innerhalb oder zwischen Unternehmen fokussiert. [Merz02] bezeichnet die üblichen intensionalen Definitionen als zu abstrakt und schlägt daher eine Klassifikation von bestehenden eCommerce-Systemen bezüglich vier Kriterien vor:

- Akteure einer Handelstransaktion

  Es wird zwischen den Rollen Unternehmen (B), Konsument (C) und Behörde (A) unterschieden. Während der elektronische Handel zwischen Unternehmen und Konsumenten (B2C) am bekanntesten ist, bietet die B2B-Integration zwischen Unternehmen das größte Einsparungspotential. Elektronische Interkationen mit Behörden (B2A, C2A) sind von eher untergeordneter Wichtigkeit und werden unter dem Begriff eGovernment subsumiert.

- Volumen einer Handelstransaktion

  Das Volumen einer Transaktion wird häufig über seinen Wert klassifiziert. Dabei wird zwischen Nanopayments (0,001-0,1 Euro), Micropayments (0,1-5 Euro), Mediumpay-

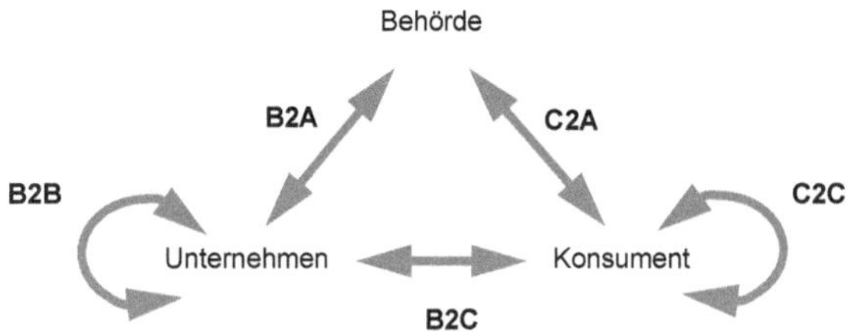

Abb. 1.1: Akteure und ihre Interaktionen

ments (5-1.000 Euro) und Macropayments (>1.000 Euro) unterschieden [Merz02]. Je kleiner die Bezahlungseinheiten werden, um so unkomplizierter sollte der Bezahlmechanismus sein, da sonst die Transaktionskosten leicht den Wert der Transaktion übersteigen. Je höher hingegen die auszutauschenden Beträge sind, um so sicherer sollte das Bezahlverfahren sein. Während Macropayment meist auf klassischem Weg über Rechnungsstellung und Überweisung zwischen Geschäftspartnern stattfindet, wird Mediumpayment in der Regel über die Kreditkarte abgewickelt. Problematisch ist der Bereich der Micropayments, in dem sich kein einheitliches System abzeichnet bzw. in dem auch einige Ansätze gescheitert sind (z.B. eCash).

- Anwendungsnähe der eCommerce-Technologie

  Als weitere Unterscheidungsdimension nennt [Merz02] die eingesetzte Technologie und deren Nähe zur Geschäftsanwendung. Basistechnologien wie TCP/IP oder HTML und *Middleware* [Bern96] sind sehr technisch und weit vom tatsächlichen Geschäftsprozess entfernt. Interessanter sind eCommerce-Rahmenwerke und -Anwendungen, sowie Geschäfts- und Marktmodelle. Auf den höheren anwendungsnahen Ebene sind insbesondere die Preisfindungsmechanismen von Interesse: Katalogangebote mit festen Preisen, Börsen, Gruppeneinkäufe, Auktionen, Ausschreibungen und individuelle Verhandlungen mit Einzelanfertigung. Ein Überblick über die verschiedenen Mechanismen findet sich beispielsweise in [VoLZ03]. Merz äußert die Vermutung, dass eine Online-Preisfindung von B2B-Marktplätzen evtl. gar nicht unterstützt werden sollte, da gerade an der Verwendung inkompatibler Preisfindungsmechanismen mehrere Projekte gescheitert sind.

- Phasen einer Handelstransaktion

  [Schm93] unterteilt eine Handels- oder Geschäftstransaktion, manchmal auch als Leistungskoordination bezeichnet, grob in drei Phasen, die in Abbildung 1.2 dargestellt sind. In der Informationsphase werden die diversen Angebote und deren detaillierte Leistungen sondiert. Dabei liegt ein anonymes, lose gekoppeltes Verhältnis zwischen N Anbietern und M Nachfragern vor. Entscheidet sich ein Kunde, mit einem Anbieter in (bilaterale) Verhandlungen einzutreten, so wird die Vereinbarungs- oder Verhandlungsphase begonnen. Hier stehen die zwei Transaktionsteilnehmer in direkter 1:1-Verbindung. Kommt die Vereinbarungsphase zu einem positiven Ende, so wird die gegenseitige Übereinkunft in einem Vertrag manifestiert und die abschließende Abwicklungsphase wird begonnen.

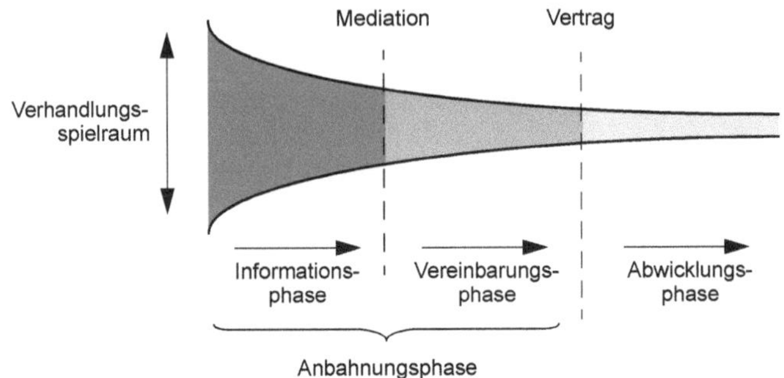

Abb. 1.2: Phasen einer Handelstransaktion [Merz02]

Hier werden die vereinbarten Leistungen, in der Regel die Lieferung eines Produkts oder die Erbringung eines Dienstes gegen Bezahlung, ausgetauscht. Eine erweiterte Sichtweise der Geschäftstransaktion kennt auch eine weiterführende Betreuung des Kunden, die *After-Sales*-Phase, die hier jedoch nicht von Bedeutung ist. Verfeinerungen der einzelnen Phasen sind möglich, jedoch von Branche zu Branche unterschiedlich.

Nach diesen Betrachtungen schließt sich die Untersuchung der Begriffe des elektronischen Markts und des elektronischen Marktplatzes an. Die klassische Definition eines *Marktes* ist der "ökonomische Ort des Tausches", auf dem sich die gesammelte Nachfrage und das gesammelte Angebot treffen, um ungleich verteilte Ressourcen, Produkte oder Dienstleistungen auszugleichen [Wilm72] [Schm93]. Dabei wird der Markt auch als Koordinationsmechanismus bezeichnet. Wird der Markt mit den Mitteln der Informations- und Kommunikationstechnik verbunden, so entsteht der elektronische Markt. [Schm93] definiert sowohl *elektronische Märkte im engeren Sinne* als auch *elektronische Märkte im weiteren Sinne*. Während erstere alle Phasen einer Geschäftstransaktion durch Telematik unterstützen, und damit in die Richtung des idealen ökonomischen Markts tendieren, unterstützen elektronische Märkte im weiteren Sinne evtl. nur einzelne Phasen mittels informationstechnischer Systeme. Der ideale ökonomische Markt zeichnet sich gemäß [Schm93] aus "als abstrakter Ort des Tausches, wo vollkommene Information herrscht und Transaktionskosten entfallen." Die Ortslosigkeit wird insbesondere durch die Kommunikation über das Internet hergestellt, das nebenbei eine Erreichbarkeit rund um die Uhr ermöglicht. Auch die vollkommene Information wird durch an das Internet angeschlossene Informationssysteme nahezu erreicht. Allerdings kann hier der umgekehrte Effekt beobachtet werden: Es gibt ein Überangebot an Informationsquellen, die nicht integriert sind, d.h. die Transparenz und Vergleichbarkeit sind nicht gegeben. Die Transaktionskosten können durch elektronische Märkte durch alle Phasen hinweg zumindest drastisch gesenkt werden. Nach [Bako98] lassen sich einem elektronischen Markt drei Hauptaufgaben zuordnen: das Zusammenführen von Käufern und Verkäufern, das Ermöglichen der einzelnen Transaktionen (Produkt- oder Dienstleistungsaustausch, Zahlungstransaktion), sowie die Bereitstellung einer Infrastruktur, die sowohl einen rechtlich-regulativen Rahmen, als auch ein effizientes Funktionieren gewährleistet. Weitere Definitionsvarianten und Untersuchungen elektronischer Märkte finden sich in [Mert01] [KlGD02].

Aufbauend auf dem Begriff des elektronischen Markts definiert [VoLZ03] den *elektronischen Marktplatz*. Dafür wird das von Schmid nur abstrakt gebrauchte elektronische Trägermedium bezüglich der Aspekte Kanalsystem, logischer Raum und Organisation verfeinert. Als Kanal identifizieren Voigt et al. das Internet für den Datenaustausch zwischen zwei Marktplatzteilnehmern. Unter dem logischen Raum verstehen sie eine einheitliche Syntax, die allen Beteiligten bekannt sein muss, und die in der Regel durch den Marktplatzbetreiber zur Verfügung gestellt wird. Die Organisation kann sowohl dezentral als auch zentral geschehen, jedoch ist ein zentral gesteuertes System im Sinne einer zentralen Kommunikationsdrehscheibe [Bode99] zu bevorzugen. Damit kommt [VoLZ03] zu folgender Definition des elektronischen Marktplatzes:

> *Elektronische Marktplätze (EM) sind internetbasierte und von Intermediären zentral koordinierte Informations- und Kommunikationssysteme, die Anbieter und Nachfrager mit dem Ziel der Durchführung zwischenbetrieblicher Handelstransaktionen virtuell zusammenführen. Den marktmäßigen Austauschmechanismus unterstützen entsprechende Systeme der Telematik mindestens in einer der Markttransaktionsphasen Anbahnungs-, Vereinbarungs- oder Abwicklungsphase – im Idealfall in allen drei Phasen.*
>
> [VoLZ03]

Somit muss ein elektronischer Marktplatz nicht zwingend einen komplizierten Preisbildungsmechanismus enthalten; beispielsweise erfolgt die Preisbildung bei katalogbasierten Systemen

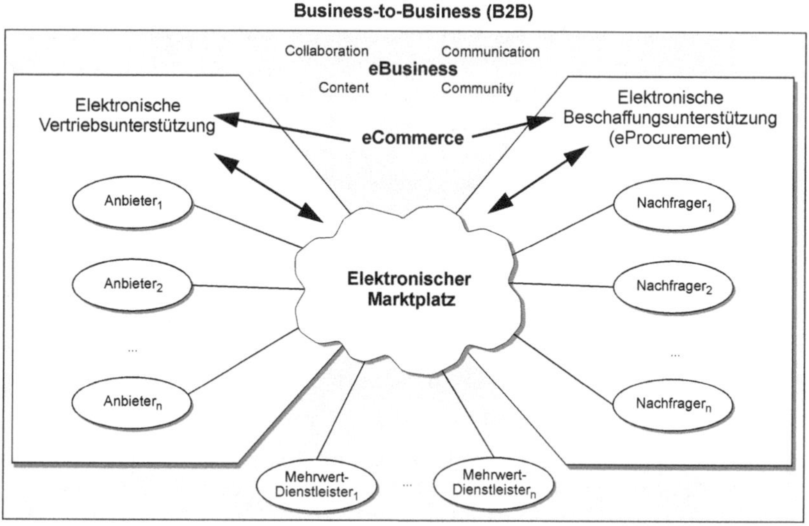

Abb. 1.3: Zusammenhang der Begriffe [VoLZ03]

in der Regel indirekt durch Marktbeobachtung. So kann auch ein Onlineshop mit Katalogen und festen Preisen als Marktplatz angesehen werden. Schließlich will der Anbieter einen Käufer für seine angebotenen Produkte oder Dienstleistungen finden und muss somit zumindest langfristig seinen Preis an die Nachfrage anpassen. Die Marktbeobachtung kann wiederum der Marktplatz in Form eines Mehrwertdienstes. unterstützen. Voigt et al. klassifizieren elektronische Marktplätze gemäß folgender Kriterien:

- Branchenzugehörigkeit der Teilnehmer

  Es kann zwischen horizontalen und vertikalen Marktplätzen unterschieden werden. Im horizontalen Fall ist eine branchenübergreifende Integration von Unternehmen feststellbar, d.h. es werden Produkte und Dienstleistungen gehandelt, die von unterschiedlichsten Branchen genutzt werden können. In erster Linie werden hier C-Güter umgeschlagen. Vertikale Marktplätze hingegen bedienen nur Unternehmen innerhalb einer speziellen Branche und sind daher häufig direkt in die Wertschöpfungskette integriert. Daher wird auch von *Vertical Hubs* gesprochen.

- Angebotene Funktionalität

  Die einfachste Realisierung eines Marktplatzes ist das Schwarze Brett (engl. *Pinboard*), das insbesondere die Informationsphase unterstützt. Anbieter und Nachfrager können hier Notizen hinterlassen, die nach Kriterien wie "Produktgruppe" oder "Datum der Veröffentlichung" gegliedert werden. Die tatsächliche Kontaktaufnahme, die den Übergang in die Verhandlungsphase kennzeichnet, bleibt den Teilnehmern überlassen. Die nächstkomplexere Stufe von Marktplätzen sind katalogbasierte Systeme. Hier werden in der Regel die elektronischen Produktkataloge mehrerer Anbieter zu einem einzigen integriert, d.h. es findet eine Angebotsaggregation statt. Die einzelnen Produkte werden meist durch die Angaben von (Fix-)Preis, Hersteller, Artikelnummer, Produktkategorie und Kurzbeschreibung näher spezifiziert. Während der Preis in Katalogen meist nicht verhandelbar ist, kommt bei auktionsbasierten Marktplatzsystemen eine dynamische Preisfindung zum Einsatz. Bekannte Auktionstypen sind die englische Auktion, die holländische Auktion, Höchstpreis- oder *Vickrey*-Auktion. Börsensysteme funktionieren ähnlich wie Auktionssysteme, allerdings wird das Zusammenbringen von Anbieter und Nachfrager automatisch durch das Marktplatzsystem realisiert.

- Marktzugangsmöglichkeiten

  Es wird zwischen offenen und geschlossenen Marktplatzsystemen unterschieden. Bei einigen Systemen genügt eine kostenlose Anmeldung. Die Motivation, einen Marktplatz geschlossen zu betreiben, ist das dadurch erreichte Wissen über die Teilnehmer, da diese sich unter Angabe ihrer persönlichen Daten registrieren müssen.

- Seitenzugehörigkeit des Marktplatzbetreibers

  Schließlich kann unterschieden werden, ob der Marktplatz von einer eigenständigen neutralen Partei betrieben wird, oder ob er Teil der Käufer- oder der Verkäuferseite ist.

Aufbauend auf diesem Verständnis stellt [VoLZ03] die Begriffe Business-to-Business, eBusiness und weitere zueinander in Beziehung wie in Abbildung 1.3 gezeigt. Unterhalb des Oberbegriffs B2B bezeichnet eBusiness jegliche elektronische Unterstützung zur Verbesserung der zwischenbetrieblichen Kommunikation und Kooperation. Dient diese Unterstützung der direkten Übereignung von Produkten und Dientsleistungen, so wird von eCommerce gesprochen. Der elektronische Marktplatz (englisch *eMarketplace*) ist ein möglicher Koordinationsmechanismus der B2B-Schnittstelle von Unternehmen, an der Systeme, die den Vertrieb, und Systeme, die die Beschaffung unterstützen (*eProcurement*) aufeinandertreffen. Dabei kann der elektronische Marktplatz Mehrwertdienste anbieten, etwa die Kommunikation zwischen den Marktplatzteilnehmern (*Communication*), die Unterstützung der überbetrieblichen Zusammenarbeit (*Collaboration*), den Interessenaustausch in Gruppen und Foren (*Community*) oder die Bereitstellung von Nachrichten, die die Branche betreffen (*Content*). Sind diese Mehrwertdienste nicht auf eine der drei Transaktionsphasen bezogen, so werden sie im allgemeinen dem eBusiness-Begriff zugeordnet.

Ziel des Zusammenbringens der aggregierten Nachfrage und der aggregierten Angebote auf einem elektronischen Marktplatz ist der Austausch von Leistungen, die durch den Abschluss von Verträgen im Sinne der §§145-157 des BGB festgeschrieben werden (Buch 1: Allgemeiner Teil: Abschnitt 1: Vertrag [BGB04]). Dabei werden Anträge auf Abschluss eines Kaufvertrags und deren Annahme in Form von Willenserklärungen abgegeben. Aus einem Vertrag entstehen den Beteiligten Rechte und Pflichten, die das BGB im Rahmen des Schuldrechts insbesondere in den §§241-292 (Buch 2: Recht der Schuldverhältnisse: Abschnitt 1: Verpflichtung zur Leistung) regelt. Je nach Art des Geschäfts gelten zusätzliche Regelungen, etwa für den Fall von Kauf und Tausch die §§433-480 (Buch 2: Recht der Schuldverhältnisse: Abschnitt 8: Kauf und Tausch). Für den Erfolg von eBusiness ist die Gültigkeit rein elektronisch geschlossener Verträge von zentraler Bedeutung. Im B2C-Bereich spielen aus juristischer Sicht außerdem die Gesetze über Fernabsatzverträge (§§312b-e, Buch 2: Recht der Schuldverhältnisse: Abschnitt 3: Besondere Vertriebsformen) eine Rolle, die dem Käufer ein garantiertes Widerrufs- oder Rückgaberecht einräumen.

Zum Abschluss der Einführung der Grundbegriffe im elektronischen Handel wird auf die Charakterisierung der zu handelnden Güter eingegangen. Merz nennt einige Unterscheidungskriterien:

- Handelbare Mengeneinheit des Produkts

  Güter können einzeln oder gebündelt in gewissen Gebindegrößen gehandelt werden, um einen Mindestwert zu erzielen, der die anfallenden Transaktionskosten rechtfertigt. So werden Blumen im Groß- und Zwischenhandel in Gebinden zu 50 Stück und mehr verkauft, während Flugzeuge oder komplexe Werkzeugmaschinen nahezu Einzelanfertigungen darstellen, und somit auch einzeln verkauft werden.

- Spezifität

  Manche Güter sind universell einsetzbar und lassen daher eine hohe Anzahl von Handelstransaktionen erwarten. Hochspezialisierte Güter hingegen werden evtl. nur für eine einzige Einsatzmöglichkeit gefertigt und werden daher weniger häufig Gegenstand einer Transaktion sein.

- Komplexität der Beschreibung

  Die Beschreibung eines Produkts oder einer Dienstleistung kann extrem unterschiedlich ausfallen. Während ein Bleistift über einige wenige Attribute wie Härtegrad und Länge beschrieben werden kann, werden für die Spezifizierung eines Automobilkaufs hunderte von Parametern benötigt. Je weniger Attribute zur Beschreibung eines Guts benötigt werden, um so eher ist es für den elektronischen Handel geeignet. Diese These wird neben [Merz02] auch von [VoLZ03] bestätigt.

- Preisstruktur

  Hier wird betrachtet, wie sich der Preis eines Guts beispielsweise aus Material-, Herstellungs- und Transportkosten zusammensetzt. Während sich für einen Autor die Eigenvermarktung eines klassischen gedruckten Buchs finanziell sicher nicht rentiert (zusätzliche Kosten für Papier und Druck, Versand, Lagerhaltung etc.), ist die direkte Vermarktung eines elektronischen Buchs aufgrund seiner digitalen Form und der dadurch entfallenden Material- und Produktionskosten sicherlich möglich.

- Strategische Bedeutung für den Käufer

  Güter lassen sich weiterhin in ihrer strategischen Bedeutung für den Kunden unterscheiden. Einige Güter sind für ihn langfristig von großer Wichtigkeit und er wird durch den Abschluss von länger anhaltenden Abnahmevereinbarungen darauf achten, die entsprechenden Güter zuverlässig bevorratet zu haben. Andere Güter werden nur selten und bei Bedarf gekauft. Solche Transaktionen werden als Kontrakt- oder *Spot*-Geschäfte bezeichnet.

- Wertschöpfungsbeitrag eines Guts

  Dieses Kriterium ähnelt dem vorausgehenden. Hier wird unterschieden, ob die gehandelten Güter direkt in die Produktion beispielsweise als Rohstoffe eingehen (A-Güter) und damit wertschöpfenden Charakter besitzen, oder nur den allgemeinen Betrieb aufrecht erhalten (C-Güter) und nur einen indirekten Wertschöpfungsbeitrag leisten, wie Schreibmaterialien oder Fahrzeuge.

Eine betriebswirtschaftlich exaktere Klassifikation von Gütern in Anlehnung an [Gute83] findet sich in [VoLZ03]. Auch hier wird festgestellt, dass Güter, die durch möglichst wenige Attribute beschrieben werden, besser für den elektronischen Handel geeignet sind. Zudem wird die Beschreibung der Güter durch ein detaillierteres Vorwissen der Marktteilnehmer vereinfacht. Schließlich erfordert eine weitreichende Unterstützung oder Automatisierung einen höheren Formalisierungsgrad, der fähig ist, komplexe Produktbeschreibungen auszudrücken. Allerdings wird hier die Vermutung von [SHK+91] geäußert, dass durch die technologische Entwicklung mittelfristig auch komplexere Produkte und Dienstleistung handelbar werden.

1.2 Gegenstand der Arbeit

Sowohl Merz als auch Voigt et al. kommen zu der Feststellung, dass Güter um so schlechter für den elektronischen Handel geeignet sind, je komplexer und umfangreicher ihre Beschreibung ist. Sicher ist es deutlich einfacher, Produkte wie Bücher, die durch eine eindeutige und allgemein anerkannte ISBN-Nummer identifiziert werden, über das Internet zu verkaufen. Allerdings werden sowohl im privaten als auch im betrieblichen Bereich teils hoch konfigurierbare Produkte und Dienstleistungen benötigt. Im Gegensatz zum Handel mit Büchern, CDs oder Büromaterialien ist der elektronische Handel variantenreicher Produktfamilien, wie sie der Automobilbau oder das Immobiliengewerbe kennt, zum einen nur unzureichend erforscht und zum anderen auch kaum in der Praxis anzutreffen. Die Konfigurierbarkeit einer Vielzahl von Parametern erzeugt Varianträume, deren Mächtigkeit je nach Anwendungsdomäne beliebig hohe Zehnerpotenzen erreichen kann. Neben der riesigen Anzahl der möglichen Einzelprodukte verkomplizieren Einschränkungen der Kombinationsvielfalt durch rechtliche oder technische Bestimmungen die Handhabung solcher Güter auf einem elektronischen Marktplatz.

Exemplarisch seien einige Zahlen aus dem Automobilbau herausgegriffen, der Produktfamilien in Form von Baureihen kennt: Beispielsweise bot BMW 1999 mit dem 3er, 5er, 7er und 8er vier verschiedene Baureihen an. Innerhalb jeder dieser Serien stehen dem Kunden umfassende Optionen zur Verfügung, beginnend bei verschiedenen Karosserieformen (Coupé, Limousine, Kombi oder Cabrio) über diverse Motorisierungen bis zu etwa fünfzehn unterschiedlichen Lackierungen. Neben diesen Basisausstattungsmerkmalen bietet der Hersteller Sonderausstattungen an, die sich in folgende Klassen einteilen lassen: Seriensonderausstattungen (Basisausstattung nur bei manchen Typen), länderbezogene (Links-/Rechtslenker), vertriebsbedingte, technisch bedingte und freie Ausstattungen (vom Kunden frei wählbar). Damit konnte BMW 1999 insgesamt etwa 10^{32} verschiedene Varianten allein im KFZ-Bereich anbieten. Allerdings ist bis heute kein Automobilhersteller im europäischen Raum dauerhaft bereit, seine Fahrzeuge sowohl online konfigurieren als auch kaufen zu lassen. Die technische Komplexität ist dabei jedoch nur ein Hinderungsgrund; weitere Probleme entstehen z.B. aus vertriebstechnischer Sicht.

Dennoch darf nicht angenommen werden, dass der elektronische Handel, sei es zwischen Unternehmen (B2B) oder zwischen Unternehmen und Endverbrauchern (B2C), noch lange auf das Umsatz- oder Einsparungspotential verzichten wird, das entsprechende Güter bieten. Insbesondere das Managementkonzept *Mass Customization*, das die Vorteile der kosteneffektiven Großserienfertigung mit der erhöhten Kundenzufriedenheit durch Individualisierung verbinden will, macht die tiefgehende Untersuchung der Problematik und die Erforschung neuer Konzepte für eine technische Realisierung durch ein ganzheitliches Informationssystem erforderlich. Ein solches umfassendes System begleitet Anbieter und Nachfrager ohne Medienbruch durch alle Phasen einer Geschäftstransaktion.

Das Ziel der vorliegenden Arbeit ist daher die Konzeptionierung eines elektronischen Vertragsverhandlungssystems als spezieller elektronischer Marktplatz, das den Handel mit komplex konfigurierbaren Produkten und Dienstleistungen ermöglicht. Die Entwicklung eines solchen Systems basiert auf mehreren Säulen. Zum einen ist die grobe Einteilung einer Geschäftstransaktion in drei Phasen, wie sie [Schm93] einführt, detaillierter und aus einer prozessorientierten

Sichtweise darzustellen. Daher muss ein Referenzprozess formuliert werden, der Anwender und Nachfrager zuverlässig durch die Gesamttransaktion navigiert. Der Prozess ist so angelegt, dass er den Beteiligten ein Maximum an Freiheitsgraden zugesteht und unterschiedliche Typen des Zustandekommen eines Vertrags ermöglicht. Das zweite Standbein des konzipierten Vertragsverhandlungssystems ist das Datenmodell, das beliebig umfangreich konfigurierbare Güter überschaubar und unter Berücksichtigung aller möglichen Abhängigkeiten und Einschränkungen darstellen kann. Dabei soll es sowohl für die Formulierung des Angebots als auch der Nachfrage geeignet sein, womit der Kunde in die Situation versetzt wird, seine Vorstellungen formal zu spezifizieren. Da ein (elektronischer) Marktplatz dem Zusammenbringen von aggregiertem Angebot und aggregierter Nachfrage dient, sind aufbauend auf dem gegebenen Datenmodell Verfahren notwendig, die dieses Zusammenbringen realisieren. Solche Verfahren sind in der Literatur in Bezug auf konfigurierbare Güter kaum bekannt und müssen einen extrem großen Suchraum analysieren. Klassische deterministische Suchverfahren sind nur für kleine Szenarien geeignet, große Szenarien benötigen heuristische Verfahren. Hat der Marktplatz schließlich zwei potentielle Geschäftspartner identifiziert, so müssen diese in direkte Verhandlungen treten, da es bei der Art der betrachteten Produkte und Dienstleistungen höchst unwahrscheinlich ist, dass durch das Zusammenbringen bereits alle Konfigurationsentscheidungen getroffen sind. Da der elektronische Handel sich unter anderem dadurch auszeichnet, dass ein reales physisches Zusammentreffen der Beteiligten nicht erforderlich ist, muss zusätzlich der Vorgang der Verhandlung, also der Klärung der verbliebenen offenen Fragen, schematisiert werden, um ihn auf die elektronischen Kommunikationswege des Internet abbilden zu können. Dabei kann zum einen das Datenmodell als Grundlage für die automatische Erzeugung von Konfiguratoren, die speziell auf eine einzelne Geschäftstransaktion zugeschnitten sind, genommen werden. Zum anderen wird auch der freie Verhandlungsdialog auf das elektronische Medium abgebildet.

Die Konzeptionierung eines elektronischen Vertragsverhandlungssystems, das insbesondere auf den Handel mit komplex konfigurierbaren Produkten und Dienstleistungen zugeschnitten ist, wurde im Rahmen des Projekts und Forschungsprototypen Marrakesch [Marr04] untersucht. Die vorliegende Arbeit ist die ausführliche Zusammenfassung und Bewertung der dabei gewonnenen Erkenntnisse.

1.3 Struktur der Arbeit

Die vorliegende Arbeit lässt sich in zwei Teile zerlegen. Der erste Teil beginnt in Kapitel 2 mit einer Untersuchung verwandter Arbeiten. Es werden zwei Standardisierungsvorhaben von B2B-Integrationsrahmenwerken, ebXML und RosettaNet, sowie zwei Vertragsverhandlungssysteme aus dem universitären Umfeld, COSMOS und SILKROAD vorgestellt. Ein Vergleich dieser vier Systeme in Kapitel 3 führt sowohl zur Identifikation von Gemeinsamkeiten als auch von Defiziten im Kontext der komplex konfigurierbaren Produkte und Dienstleistungen. Aus dieser Analyse wird ein umfassender Anforderungskatalog an ein entsprechendes Vertragsverhandlungssystem entwickelt, der die Aufgabenstellung der vorliegenden Arbeit detailliert beschreibt. Gleichzeitig gibt das Kapitel einen Überblick über die im Rahmen des Projekts Mar-

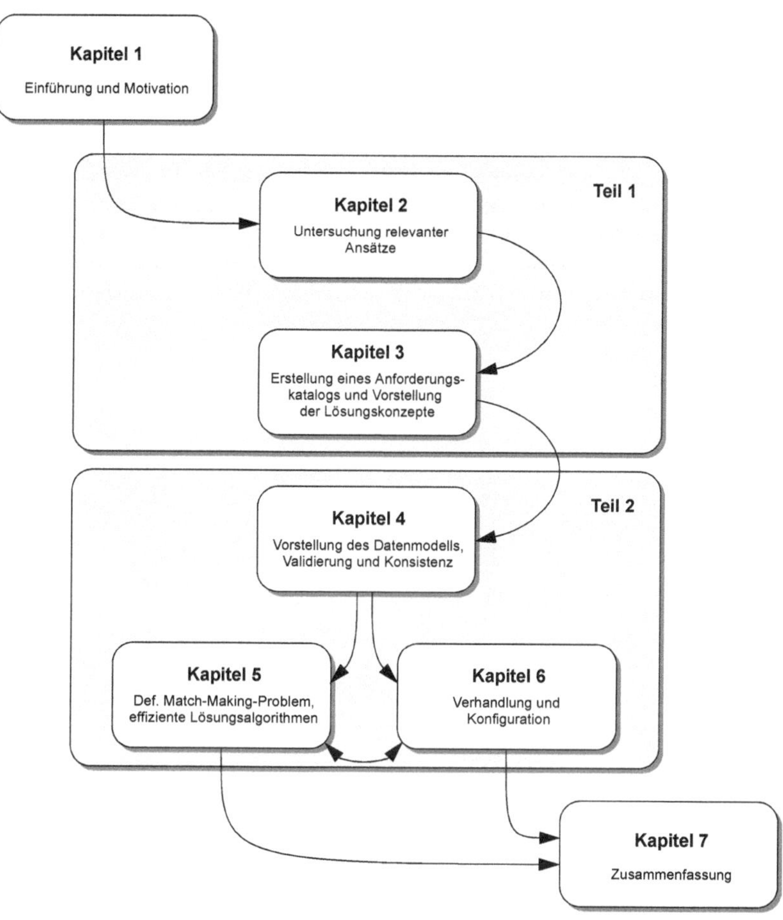

Abb. 1.4: Aufbau der Arbeit

rakesch erarbeiteten Lösungskonzepte. Der wichtigste Beitrag dazu ist die Formulierung eines Referenzprozesses für die Durchführung einer Geschäftstransaktion.

Der zweite Teil der Arbeit entwickelt ausführlich das notwendige Datenmodell und die wesentlichen Prozessschritte dieses Referenzprozesses. Kapitel 4 führt das zweiteilige Datenmodell von Marrakesch ein, das einerseits die Methodik für die mehrdimensionale Strukturierung der möglichen Komponenten einer Anwendungsdomäne beschreibt, und andererseits die so geordneten Elemente in Form von mereologischen Graphen zu komplex konfigurierbaren Gütern kombiniert. Neben der metamodellbasierten Einführung dieses Datenmodells wird besondere

Aufmerksamkeit auf die Validierung der so modellierbaren Strukturen gelegt. Im anschließenden Kapitel 5 wird der Prozessschritt *Match Making* detailliert untersucht. Nach einer umfassenden Formalisierung der Ausgangslage und der darauf aufbauenden Definition des *Match-Making*-Problems werden zwei heuristische Verfahren aus dem Bereich des *Soft Computing* mit diversen Optimierungsmöglichkeiten vorgestellt und durch vielfältige Messungen miteinander verglichen. In Kapitel 6 wird der Prozessschritt Verhandlung schematisiert. Dabei wird ausgehend von der Betrachtung von wissensbasierten Konfiguratoren und der dialogischen Logik ein Verhandlungsprotokoll auf zwei Ebenen entworfen. Der Verhandlungsprozess wird weiter verfeinert durch die Möglichkeit der Rekonfiguration. Schließlich wird der freie bilaterale Verhandlungsdialog auf den einseitig beschränkten Konfigurator reduziert, von dem auch eine personalisierte Variante vorgestellt wird. Die Arbeit schließt mit einer Zusammenfassung in Kapitel 7.

2 Verwandte Arbeiten

Ziel der vorliegenden Arbeit ist die Konzeption und Entwicklung eines flexiblen Vertragsverhandlungssystems für komplex konfigurierbare Produkte und Dienstleistungen. Bevor die genauen Anforderungen an dieses Rahmenwerk und damit die exakte Aufgabenstellung in Kapitel 3 formuliert werden können, liefert das vorliegende Kapitel einen Überblick über bestehende und verwandte Ansätze, die zumindest teilweise mit den Zielsetzungen dieser Arbeit übereinstimmen.

Im Folgenden werden zwei XML-basierte B2B-Integrationsrahmenwerke und zwei Verhandlungssysteme aus dem Bereich der Forschung vorgestellt. In ebXML (Abschnitt 2.1) werden große Hoffnungen gesetzt, da seine Entwicklung von den Vereinten Nationen gesteuert wird und das Rahmenwerk damit gute Standardisierungschancen besitzt. Zudem wird ebXML bereits jetzt als der designierte Nachfolger von EDIFACT betrachtet, wobei der Fokus von ebXML weit über die Standardisierung der einzelnen Geschäftsdokumente hinausgeht. Das eBusiness-Rahmenwerk RosettaNet (Abschnitt 2.2) ist bereits in Unternehmen implementiert und wird als äußerst erfolgreich bezeichnet. Die Ursache für die schnelle Implementierung und diesen Erfolg ist die Tatsache, dass RosettaNet sich auf den Nischenmarkt der IT-, Elektro- und Bauteileindustrie fokussiert hat, die jeweils mit wenigen, hochstandardisierten und gut kombinierbaren Komponenten arbeiten. Beide B2B-Integrationsrahmenwerke definieren in erster Linie Geschäftsdokumente, eine Architektur, auf der diese Dokumente im Rahmen von Geschäftsprozessen ausgetauscht werden, und eine Protokoll, das den Ablauf des Austauschs orchestriert. Dabei werden unter Geschäftsprozessen Vorgänge wie die Anforderung oder Aktualisierung von Produktinformationen und Katalogen, oder der gesamte Bestellvorgang vom Einholen eines Angebots bis zur Auslieferung und Zahlungsabwicklung verstanden.

Das inzwischen eingestellte Forschungsprojekt COSMOS (Abschnitt 2.3) bezeichnet sich als Vertragsverhandlungssystem, das sowohl eine Dienstearchitektur als auch ein umfassendes Objektmodell zur Formulierung von Verträgen bereitstellt. Damit werden Medienbrüche durch den gesamten Prozess einer Geschäftstransaktion vermieden. Auch SILKROAD (Abschnitt 2.4) entwickelt ein Rahmenwerk aus einer Vielzahl von Dienstmodulen, die durch unterschiedliche Implementierungen umgesetzt werden können. Für jeden Verhandlungstyp wird ein eigener Ablaufplan durch dieses Rahmenwerk definiert. Beide Systeme deuten an, konfigurierbare Produkte behandeln zu können.

Das Kapitel schließt in Abschnitt 2.5 mit einer Zusammenfassung, die einen Überblick über weniger relevante Typen von Ansätzen gibt. Ein umfassender Vergleich der vorgestellten Standardisierungsvorhaben und Systeme wird im folgenden Kapitel zusammen mit der Entwicklung der Anforderungen an ein Vertragsverhandlungssystem für komplex konfigurierbare Güter präsentiert.

2.1 Electronic Business XML - ebXML

Seit 1999 wird unter der Leitung des *United Nations Centre for Trade Facilitation and Electronic Business* (UN/CEFACT, [UNCE03]) und der *Organization for the Advancement of Structured Information Standards* (OASIS, [OASI03]) der Standard *Electronic Business eXtensible Mark-up Language* (ebXML, [ebXM03a]) als de-jure Standard für den unternehmensübergreifenden Handel entwickelt. UN/CEFACT ist eine Teilorganisation der Vereinten Nationen, die bereits *Electronic Data Interchange for Administration, Commerce and Transport* (EDIFACT, [UNEC04]) standardisiert hat, OASIS ist eine Organisation, die anwendungsnahe XML-Standards betreut, für die sich das *World Wide Web Consortium* (W3C, [W3C04]) nicht zuständig fühlt. Darüberhinaus wirken ca. 90 Unternehmen und Einrichtungen aus allen Branchen an der Entwicklung von ebXML mit. Die besondere Bedeutung von ebXML liegt darin, dass es als der designierte Nachfolger von EDIFACT gehandelt wird. Dabei stellt ebXML eine enorme Erweiterung insbesondere um die Verarbeitungsprozesse dar.

ebXML ist ein modulares eBusiness-Rahmenwerk, das einen einzigen großen Marktplatz ermöglichen soll, auf dem Unternehmen jeder beliebigen Größe und unabhängig von ihrem Geschäftssitz miteinander Handel treiben können, wobei die Kommunikation auf Basis von XML-Nachrichten geschieht. Dabei wird im Gegensatz zu EDIFACT besonderer Wert darauf gelegt, dass ebXML-Systeme sehr kostengünstig zu implementieren sein müssen, um auch kleine und mittlere Unternehmen (KMUs) teilhaben zu lassen, die sich die kostspielige Infrastruktur (*Value Added Networks*, VAN), die sich rund um EDIFACT entwickelt hat, nicht leisten können. ebXML beruht auf drei Säulen, die im Folgenden näher ausgeführt werden.

2.1.1 Die Infrastruktur von ebXML

Um die Kommunikation zwischen den Teilnehmern kostengünstig, flexibel und sicher zu gestalten, wird in der *Message Service Specification* [ebXM02a] ein XML-basierter Nachrichtendienst definiert, der stark an SOAP [SOAP03] angelehnt ist. Technisch werden Nachrichten über freie, weit verbreitete Protokolle wie HTTP(S), SMTP oder FTP übermittelt. Als zweiter Teil der Infrastruktur werden die *Business Service Interfaces* definiert, die die Schnittstelle zwischen dem Nachrichtendienst und der unternehmenseigenen Infrastruktur darstellen. Insbesondere in diesem technisch orientierten Bereich der Infrastruktur steht ebXML in starker Konkurrenz zu Microsoft BizTalk [BizT03].

Ein weiterer wichtiger Bestandteil der ebXML-Infrastruktur ist die *ebXML Registry* [ebXM01c], [ebXM01d], ein logisch zentrales Repositorium, in dem sowohl allgemeine Geschäftsprozessdefinitionen als auch teilnehmerspezifische Dienstbeschreibungen abgelegt werden können. Die Bedeutung der *Registry* wird im folgenden Abschnitt näher erläutert. Weitere Informationen über die technischen Aspekte der Infrastruktur finden sich in [ebXM01a].

2.1.2 Das semantische Rahmenwerk von ebXML

Die UN/CEFACT hat durch ihre Arbeit an EDIFACT wichtige Erfahrungen bezüglich der Interoperabilität gesammelt und in die Entwicklung von ebXML eingebracht. Eine wichtige Erkenntnis ist die Notwendigkeit eines Geschäftsprozesssupermodells für bestimmte Geschäftsziele. Unter Verwendung von UML entstand daher – noch vor ebXML – die *UN/CEFACT Modeling Methodology* (UMM). Weiterhin wurde die Wichtigkeit von Objektorientierung, XML und niedriger Systemkosten erkannt. Aufgrund dieser Erfahrungen wurde das *ebXML Business Process Specification Schema* (BPSS, [ebXM01b]) entwickelt. Dieses Schema dient als Rahmen zur Definition von Geschäftsprozessen und Informationsmodellen. Die Definitionen werden in der Regel in UML modelliert, wobei die durch die UMM aufgestellten Bedingungen eingehalten werden müssen. Da die eigentlichen Geschäftstransaktionen jedoch in Form von XML-Dokumenten ablaufen, muss das in UML definierte *Specification Schema* in ein äquivalentes XML-Schema überführt werden. Es existieren also immer zwei Sichten auf ein BPSS, eine in UML und eine in XML. Beide Sichten sämtlicher Spezifikationen sollten in der *ebXML Registry* abgelegt werden, um allen Teilnehmern zur Verfügung zu stehen. Ziel der Formalisierung mittels BPSS ist die Vereinfachung der Abbildung von realen Geschäftsprozessen auf Softwarekomponenten.

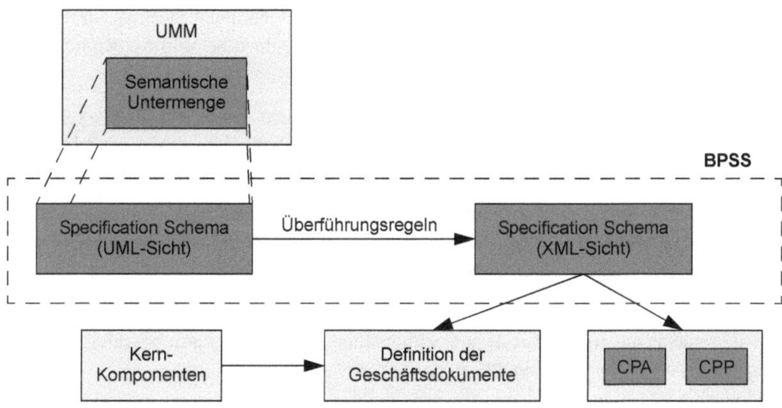

Abb. 2.1: Zusammenhang zwischen UMM, BPSS, CPP und CPA in ebXML [ebXM01b]

Die BPSS stellen jedoch nur einen allgemeinen, formalen Rahmen und ein Vokabular zur Beschreibung von Geschäftskooperationen und -transaktionen dar. Die einzelnen Teilnehmer eines ebXML-Marktplatzes legen in *Collaboration Protocol Profiles* (CPP, [ebXM02b]) fest, welche Spezifikationen sie in welcher Form erfüllen können, d.h. welche Dienste sie anbieten. Dabei werden sowohl geschäftliche wie auch technische Parameter festgelegt, z.B. Informationen über den Teilnehmer, mögliche Transportprotokolle und Referenzen auf Prozessspezifikationen gemäß BPSS. Die CPPs können damit als die individuellen Pfade eines einzelnen Unternehmens durch die allgemeinen Geschäftsmodelle gesehen werden. Auch die CPPs sollten in der *ebXML Registry* abgelegt werden.

Wollen zwei Unternehmen tatsächlich miteinander Geschäfte abwickeln – ebXML spricht hier von einer *Business Collaboration*, die wiederum aus einzelnen *Business Transactions* besteht – so müssen die CPPs der beiden Unternehmen in Einklang gebracht werden. Entweder kann einer der Teilnehmer dem anderen sein Profil aufzwingen oder es muss ein für beide tragbarer Kompromiss ausgehandelt werden. In beiden fällen wird das Ergebnis als *Collaboration Protocol Agreement* (CPA) festgehalten. Diese Vereinbarung ist quasi die Schnittmenge der beiden einzelnen CPPs. Sowohl die Suche nach geeigneten Geschäftspartnern, d.h. die Suche nach CPPs in der *ebXML Registry*, als auch die Aushandlung eines CPA soll wenn möglich automatisch geschehen. Allerdings macht die entsprechende ebXML-Spezifikation [ebXM02b] keine Angaben, wie insbesondere das Aushandeln formalisiert werden kann. Die Beispiele in der Spezifikation werden als nicht normativ bezeichnet.

Der Zusammenhang zwischen UMM, BPSS in UML und XML, sowie den CPPs und CPAs ist in Abbildung 2.1 zusammenfassend veranschaulicht.

2.1.3 Mechanismen zum Finden, Übereinkommen und Handel treiben

Der tatsächliche Ablauf einer unternehmensübergreifenden Geschäftskooperation geschieht in mehreren Schritten. Der tatsächliche Ablauf wird bei ebXML als Szenario bezeichnet und ist nicht eindeutig. In den meisten Fällen wird von einer binären Geschäftsbeziehung ausgegangen, wie sie in Abbildung 2.2 exemplarisch skizziert ist. Die einzelnen Schritte werden im Folgenden dokumentiert.

(1) Unternehmen A analysiert die vorhandenen Dienste, die in der ebXML Registry verzeichnet sind. Das Unternehmen beschließt, seine eigenen Dienste via ebXML anzubieten.

(2) Daher muss Unternehmen A ein ebXML-konformes System bei sich installieren oder selbst implementieren. Zwar gibt es eine zunehmende Anzahl sowohl kommerzieller als auch frei verfügbarer ebXML-Werkzeuge [ebXM03b], allerdings existieren kaum Systeme, die den gesamten ebXML-Prozess realisieren.

(3) Nun formuliert Unternehmen A ein oder mehrere *Collaboration Protocol Profiles* (CPP), die seine angebotenen Dienste sowohl inhaltlich als auch technisch beschreiben. Unternehmen A registriert seine CPPs in der *ebXML Registry*.

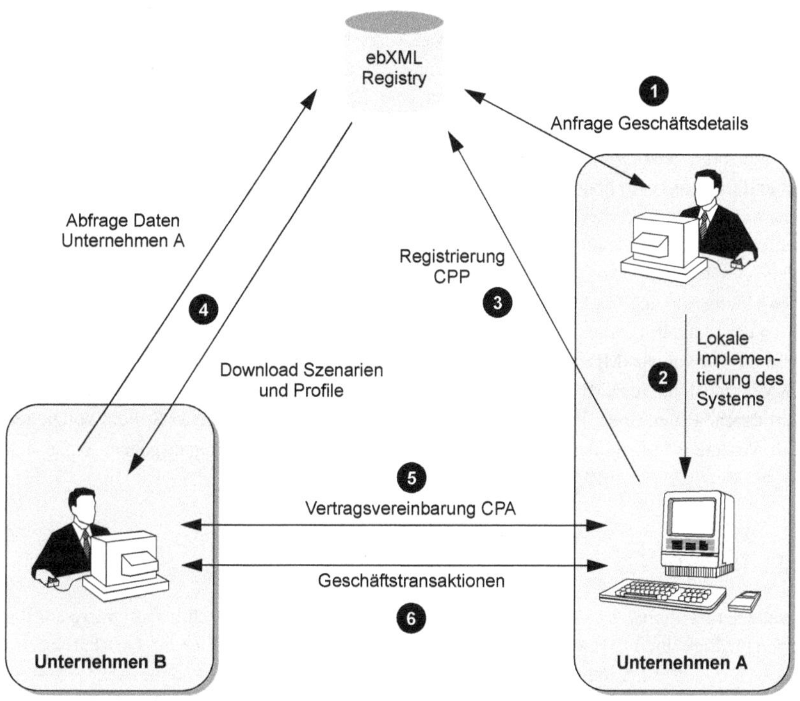

Abb. 2.2: Beispielszenario einer Geschäftstransaktion [ebXM01a]

(4) Das ebenfalls ebXML-fähige Unternehmen B sucht einen Geschäftspartner, der bestimmte Kriterien erfüllt. Die Suche in der *ebXML Registry* ergibt Unternehmen A, d.h. Unternehmen B lädt das CPP von Unternehmen A herunter.

(5) In der Regel unterscheiden sich die CPPs der beiden Teilnehmer. Daher muss ein Kompromiss in Form eines *Collaboration Protocol Agreements* (CPA) erreicht werden. Es wird hier noch einmal betont, dass die Spezifikation keine Aussagen dazu macht, wie diese Einigung erreicht werden kann.

(6) Auf Grundlage des CPAs kommt nun die eigentliche Zusammenarbeit zustande, die aus einzelnen Geschäftstransaktionen besteht, die wiederum den Austausch einer Menge von Geschäftsdokumenten beinhaltet.

2.1.4 Bewertung von ebXML

ebXML ist sicher eines der wichtigsten Rahmenwerke für den elektronischen Handel. Auch aufgrund des prominent besetzten Standardisierungsgremiums wird erwartet, dass ebXML die beherrschende Stellung des in die Jahre gekommenen EDIFACT übernimmt. Dabei ist eine Zielsetzung als Konsequenz aus den Erfahrungen mit EDIFACT eine möglichst günstige Infrastruktur, um auch KMUs die Nutzung von ebXML zu ermöglichen. Deshalb regelt der Standardisierungsvorschlag nicht nur die Struktur der auszutauschenden Geschäftsdokumente, sondern auch ein zentrales Diensteverzeichnis in Form der ebXML Registry, sowie den Kommunikationsverlauf. Darauf aufbauend werden ganze Geschäftsprozesse, sowie allgemeine Vorlagen für solche entwickelt. Neben diesen Vorteilen muss jedoch festgestellt werden, dass die Entwicklung von ebXML eher schleppend vorangeht, was evtl. ebenfalls in der hohen Anzahl der an der Standardisierung Beteiligten begründet ist. Zudem existiert keine vollständige Implementierung von ebXML, nur eine Vielzahl von einzelnen Werkzeugen, die Teilaufgaben von ebXML realisieren [ebXM03b]. Somit drängt sich die Frage auf, ob ebXML den Schritt von der wohl durchdachten Spezifikation zu einem in der Praxis weit verbreiteten System vollziehen kann. Weitere Informationen zu ebXML, die über die Spezifikationen hinausgehen, finden sich z.B. in [Merz02], [WeHB01] oder [Zwiß02].

2.2 RosettaNet

RosettaNet ist ähnlich wie ebXML ein eBusiness-Rahmenwerk, das sich insbesondere auf die kostengünstige und effiziente Realisierung von unternehmensübergreifenden Geschäftsbeziehungen konzentriert. Verantwortlich für RosettaNet ist ein offenes, nichtkommerzielles Konsortium aus inzwischen über 400 Unternehmen vor allem aus den Branchen der elektronischen Bauteile, der Informationstechnologie und der Halbleiterfertigung [Rose03a]. Der Name des Rahmenwerks leitet sich vom Stein von Rosetta ab, einem schwarzen Basaltstein, der 1799 von einem Soldaten der napoleonischen Armee in Ägypten gefunden wurde. Der Stein stammt aus dem Jahr 196 vor Christus und enthält dieselbe Inschrift in drei verschiedenen Sprachen, wodurch es ermöglicht wurde, die Hieroglyphen zu entziffern. Genau dieses Überwinden von Sprachbarrieren ist auch das Motto von RosettaNet, der Slogan auf der Webseite lautet "Lingua Franca for eBusiness" [Rose03a].

RosettaNet soll nach den Vorstellungen seiner Gründer der führende globale eBusiness-Standard werden, was zumindest für die oben genannten Branchen einigermaßen zutrifft. Das Konsortium bezeichnet es als seine Mission, "die kollaborative Entwicklung und den schnellen Einsatz von Internet basierten Geschäftsstandards voranzutreiben, indem eine gemeinsame Sprache und offene Prozesse erzeugt werden, die einen messbaren Nutzen liefern und für die weitere Evolution des globalen Handelsnetzwerks essentiell sind" [Rose03b]. RosettaNet basiert damit auf zwei Einsichten: erstens kann ein Unternehmen im heutigen, zunehmend globalisierten Wettbewerb nur bestehen, wenn es dynamisch und effizient mit anderen Unternehmen zusammenarbeitet (hier wird auch von dynamischen *Supply Chains* und *Collaboration* gesprochen). Zweitens sind die Ansätze von EDI zwar richtig, aber nur für sehr große Unternehmen sinnvoll

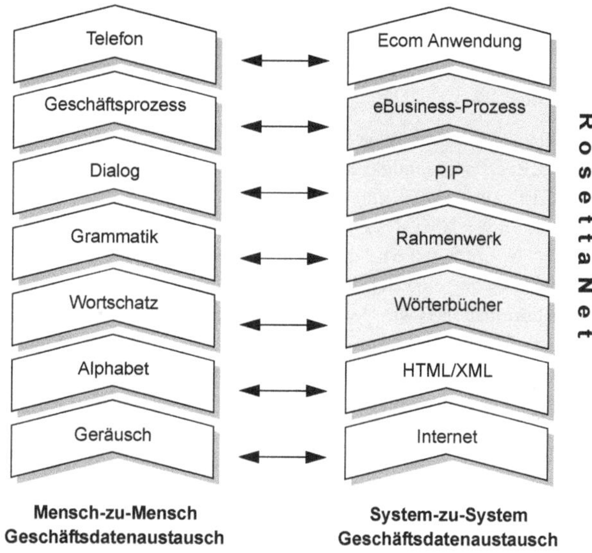

Abb. 2.3: Analogie zwischen Mensch-zu-Mensch und System-zu-System [Rose03b]

einsetzbar, weshalb RosettaNet eine weit günstigere und weiterentwickelte Alternative zu EDI darstellen will. Der Schwerpunkt liegt hierbei auf den unternehmensübergreifenden Geschäftsprozessen, den sogenannten *Partner Interface Processes* (PIP), die im folgenden Abschnitt genauer erläutert werden.

2.2.1 Aufbau des RosettaNet-Rahmenwerks

Das RosettaNet-Rahmenwerk ist als Schichtenarchitektur angelegt, die in Analogie zum Aufbau eines Geschäftsprozesses zwischen zwei menschlichen Akteuren organisiert ist (Abbildung 2.3). Als Basis für den zwischenmenschlichen Austausch dienen Geräusche, die wiederum zu Buchstaben eines Alphabets zusammengefasst werden. Im elektronischen Fall der Kommunikation zwischen Computersystemen können das Internet über die Protokolle TCP/IP und die darauf aufbauenden Sprachen HTML und XML diese Aufgaben erfüllen. Auf Basis des Alphabets wird ein Wortschatz entwickelt, darüberhinaus definiert eine Grammatik, wie die Wörter syntaktisch korrekt kombiniert werden. Damit ist es Menschen möglich, Dialoge zu führen, die evtl. als Bestandteile in einen übergeordneten Geschäftsprozess eingehen. Schließlich kann ein Geschäft über ein Medium wie das Telefon abgewickelt werden. Die Schichtenarchitektur auf der Systemseite kann nicht so einfach entwickelt werden, da eine allgemeine Übereinstimmung der einzelnen Schichten nicht existiert; vielmehr gibt es auf jeder Ebene eine Vielzahl miteinander konkurrierender Standards. RosettaNet adressiert hier die vier in der Abbildung grau hinterlegten Schichten Wörterbücher, Rahmenwerk, PIP und eBusiness-Prozess. Die oberste Schicht, die als Ecom-Anwendung bezeichnet wird, liegt außerhalb von RosettaNet, da sie unternehmensabhängig ist und von *Supply-Chain-* oder ERP-Systemen realisiert wird. Im Folgenden wird auf die vier Schichten von RosettaNet genauer eingegangen.

Die Wörterbücher

RosettaNet stellt zwei Arten von Wörterbüchern zur Verfügung. Das *RosettaNet Technical Dictionary* (RNTD, [Rose03c]) definiert eine gemeinsame Sprache für die Definition von Produkten und Dienstleistungen. Neben einigen erläuternden Textdateien besteht die betrachtete Version 3.1 aus einer großen XML-Datei, die eine Datenbank bestehend aus Produkten und Bauteilen beschreibt. Jedes Bauteil wird über eine ID eindeutig bezeichnet, besitzt einen Namen, eine Kurzbezeichnung und eine Referenz auf evtl. mehrere Attributgruppen. Es gibt Gruppen, die allgemeine Informationen wie Hersteller oder Gewicht beschreiben, branchenspezifische Gruppen, die etwa IT-spezifische Angaben enthalten, und Gruppen, die produktspezifische Daten beschreiben. Zwar existiert zum *Technical Dictionary* eine ausführliche DTD, mit der sich das Produktverzeichnis erweitern lässt, allerdings ist der Hauptzweck des Wörterbuchs der allgemein anerkannte Wortschatz. Die beschriebenen Produkte wurden dabei durchgängig aus dem Standard der *International Electrotechnical Commission* (IEC) IEC 61360-4, "*Standard data element types with associated classification scheme for electric components – Part 4: IEC reference collection of standard data element types, component classes and terms*", entnommen, d.h. es finden sich hier knapp 1000 Produkte aus den Branchen der elektronischen Bauteile, der Informationstechnologie und der Halbleiterfertigung.

Das zweite Wörterbuch, das *RosettaNet Business Dictionary* (RNBD, [Rose02b]), definiert etwa 1000 sogenannte *Business Properties* durch die Angabe eines kurzen Halbsatzes, sowie die dazugehörigen Datentypen. Beispiele sind das tatsächliche Lieferdatum (*actualShipDate*), Ursprungsland (*countryOfOrigin*) oder die Garantiebeschreibung (*warrantyDescription*). Beide Wörterbücher zusammen definieren einen Wortschatz, über den die höheren Schichten Dialoge und ähnliches per Referenz aufbauen können.

Das RosettaNet Implementation Framework (RNIF)

Das *Implementation Framework* (RNIF, [Rose02a]) definiert Austauschprotokolle, die die effiziente Implementierung einer RosettaNet-Infrastruktur ermöglichen. Dazu wird der Informationsaustausch zwischen Geschäftspartnern auf Basis von XML spezifiziert. Darüberhinaus werden Aspekte wie Routing, das Verpacken der Informationen in Pakete, Sicherheit oder Übermittlung von Signalen (z.B. Bestätigungen oder Zeitüberschreitungen) adressiert. Die XML-Geschäftsnachrichten sind ähnlich wie bei SOAP [SOAP03] in Anlehnung an einen Briefumschlag organisiert: ein Kopfteil enthält Absender, Empfänger und weitere Verwaltungsinformationen; die tatsächlichen Nutzdaten sind "im Umschlag", meist als Rumpf bezeichnet. Darüberhinaus können nicht XML-taugliche Daten als Anhang an die Nachricht angefügt werden. Da als technische Basis das Internet dient, lässt sich dieses Konzept hervorragend mit den Mechanismen HTTP und MIME bzw. ihren gesicherten Varianten HTTPS und S/MIME realisieren.

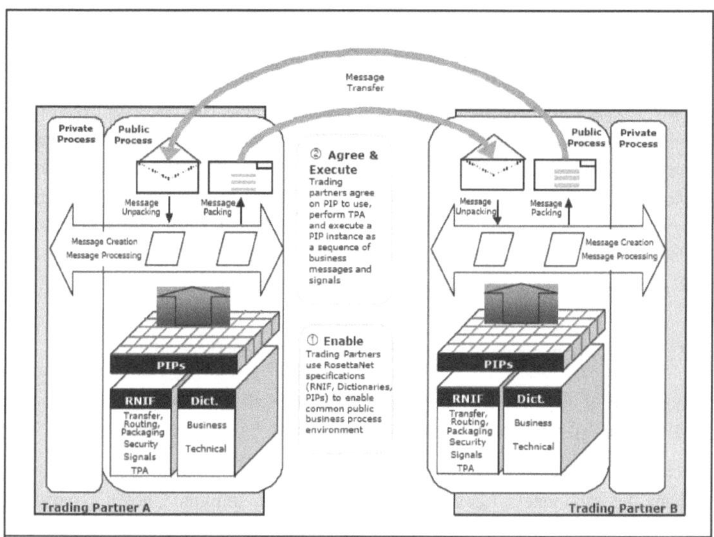

Abb. 2.4: Kollaboration zwischen zwei Unternehmen auf RosettaNet-Basis [Rose02a]

Die Partner Interface Processes (PIP)

Das bekannteste Element von RosettaNet sind seine PIPs. Es handelt sich dabei um vom Konsortium definierte Standardgeschäftsprozesse, die den Dialog zwischen Computersystemen über Unternehmensgrenzen hinweg koordinieren. Beispiele für Geschäftsprozesse im Sinne von RosettaNets PIPs sind die Abfrage einer Produktinformation (PIP 2A2) oder die Anforderung eines Kaufvertrags (PIP 3A4). Eine PIP-Spezifikation enthält ein Geschäftsdokument inklusive Wortschatz und einen Geschäftsprozess inklusive der Choreographie, die angibt, in welcher Reihenfolge die einzelnen Nachrichten ausgetauscht werden.

Die PIPs sind in sieben Cluster nach Themen geordnet, beispielsweise Produktinformationen, Bestellwesen oder Service und Support. Innerhalb der Cluster werden die PIPs weiter in Segmente eingeteilt. Ein ausführlicher Überblick über die bereits verabschiedeten und noch in der Standardisierung befindlichen PIPs findet sich unter [Rose03d]. Die Definition der PIPs macht Gebrauch von den darunterliegenden Schichten, also dem *Implementation Framework* und den Wörterbüchern, aber auch von externen Standards zur eindeutigen Bezeichnung von Unternehmen und Produkten.

Die oberste Schicht in Abbildung 2.3, die den eBusiness-Prozess darstellt und die RosettaNet für sich reklamiert, wird durch die Abfolge mehrerer PIPs realisiert, beispielsweise das Aufgeben einer Bestellung, das Rücksenden einer Bestellbestätigung, die Lieferung selbst usw.

Das Zusammenspiel aller eben vorgestellten Komponenten von RosettaNet ist in Abbildung 2.4 am Beispiel einer unternehmensübergreifenden Geschäftstransaktion veranschaulicht. Sowohl Unternehmen A als auch Unternehmen B haben ihre jeweils eigenen Geschäftsanwendungen, z.B. ERP-Systeme wie SAP. Auf Grundlage dieser Systeme haben die Unternehmen ihre privaten Geschäftsprozesse in meist proprietären Formaten definiert. Um von RosettaNet profitieren zu können, müssen beide Unternehmen zumindest die Prozesse, die mit anderen Geschäftspartnern interagieren, mit Hilfe der RosettaNet-Standards reformulieren und öffentlich machen. Dazu implementieren sie die entsprechenden PIP-Spezifikationen auf Basis des *Implementation Frameworks* und des technischen Wörterbuchs und des Geschäftswörterbuchs. Die Abwicklung des Geschäftsprozesses, der sowohl Unternehmen A als auch Unternehmen B involviert, geschieht über den in Abbildung 2.4 skizzierten Nachrichtenaustausch.

2.2.2 Entwicklung eines Partner Interface Process

Abschließend soll in diesem Abschnitt ein kurzer Überblick über die Methodik gegeben werden, gemäß der ein PIP entwickelt wird. Dabei wird in fünf Schritten vorgegangen:

(1) Zu Beginn wird das Geschäftsmodell analysiert (Ist-Prozess), dokumentiert und dazu verwendet, die Schnittstellen zwischen den am Prozess beteiligten Unternehmen zu identifizieren.

(2) Von den im ersten Schritt gewonnenen Erkenntnissen wird der Soll-Prozess abgeleitet, der informell festlegt, wie die Unternehmen in Zukunft miteinander interagieren. Hier müssen die Vorteile des Einsatzes des PIP gegenüber dem Ist-Prozess deutlich werden.

(3) Aus dem Soll-Prozess wird ein sogenannter PIP-*Blueprint* erzeugt, in dem die Interaktionen zwischen den Partnern und ihren entsprechenden Rollen definiert wird. Hiermit ist die geschäftsorientierte Sicht (*Business Oriented View*, BOV) des PIP spezifiziert.

(4) Nachdem der geschäftliche Rahmen des PIP festgelegt ist, werden in den PIP-Protokollen die diversen Transaktionsdialoge des PIP-*Blueprints* definiert. Dazu zählen die Nachrichten, die zwischen den Netzwerkkomponenten bzw. Diensten ausgetauscht werden. Das Ergebnis dieses Schritts ist die dienstorientierte Sichtweise (*Functional Service View*, FSV) des PIP.

(5) Im letzten Schritt der Entwicklung werden die Vorschriften für die auszutauschenden Nachrichten, und mit welchen Protokollen sie übermittelt werden, definiert. Daraus ergibt sich die Grundlage zur Implementierung mittels des *RosettaNet Implementation Frameworks*, die auch als *Implementation Framework View* (IFV) bezeichnet wird.

Das Vorgehen bei der Entwicklung eines PIP ist in Tabelle 2.1 zusammengefasst. Neben der Erstellung des PIP selbst entsteht in diesem Prozess auch eine ausführliche Dokumentation: im PIP-Verzeichnis unter [Rose03d] ist zu jedem unternehmensübergreifenden Prozess neben einer allgemeinen, textuellen Beschreibung auch jede der drei Sichten BOV, FSV und IFV in Form von UML-Diagrammen enthalten.

	Prozessmodell	Domäne	Austausch	
(1)	Ist-Prozess	Organisationen und Partner	Geschäftsdaten in beliebigem Format	
(2)	Soll-Prozess	Organisationstyp in der Lieferkette	Geschäftsdaten Datenelemente	
(3)	PIP	Rollen in der Lieferkette	Geschäftsdaten Datenelemente	⇒ PIP-Blueprint **BOV**
(4)	Ausführungsprozess	Softwareagenten und Dienste	Aktionen	⇒ PIP-Protokolle **FSV**
(5)	Kommunikations-prozesse	Netzwerkprotokolle Nachrichtenregeln	Nachrichten	⇒ Netzprotokolle **IFV**

Tab. 2.1: Vorgehen beim Entwickeln eines PIP

2.2.3 Bewertung von RosettaNet

Im Gegensatz zu ebXML, das im wesentlichen eine rein auf Papier existierende Spezifikation darstellt, ist RosettaNet einerseits eine umfassende Spezifikation, andererseits auch bei vielen seiner Konsortiumsmitglieder implementiert und im alltäglichen Einsatz. Damit existiert nicht nur eine Menge von theoretischen Konzepten, sondern auch Systeme, die eine gewisse Marktdurchdringung erreicht haben. In den Branchen IT, elektronische Bauteile und Halbleiter ist RosettaNet zudem sehr erfolgreich, da es zum einen einen umfassenden Katalog von unternehmensübergreifenden Standardgeschäftsprozessen anbietet und zum anderen durch seine Wörterbücher einen gemeinsamen Wortschatz liefert. Schließlich ist auch die umfangreiche Dokumentation auf der Webseite [Rose03a] als positiv zu werten. Es ist jedoch fraglich, ob der Erfolg von RosettaNet in seinen Kernbranchen auf andere Bereiche übertragbar ist. Ein wesentlicher Faktor ist unter anderem das technische Wörterbuch, das jedoch statisch ist und nur auf Branchen, die mit wenigen wohldefinierten Komponenten arbeiten, anwendbar ist.

Detailliertere Informationen zu RosettaNet finden sich in der beinahe schon verwirrend umfangreichen Dokumentation auf der Webseite [Rose03a]. Leider fehlt dort ein grober Überblick über das Ganze. Zusammenfassungen und Bewertungen von RosettaNet finden sich beispielsweise in [Merz02], [Lint00], [Zwiß02] oder [WeHB01].

2.3 Common Open Service Market fOr SMEs – COSMOS

COSMOS, ein Forschungsprojekt der Universität Hamburg, ist ein sogenanntes Vertragsverhandlungssystem, das im Rahmen des Esprit-Projekts von der Europäischen Kommission gefördert wurde [COSM03]. Offenbar wurde die Entwicklung 1999 eingestellt. Dennoch enthält das Projekt interessante Ansätze, weshalb es im Rahmen dieser Arbeit genauer untersucht wird.

Das zentrale Element von COSMOS ist der Vertrag, da bei jeder Handelstransaktion, die über Unternehmensgrenzen hinwegführt, zumindest implizit ein Vertrag im juristischen Sinne zustande kommt. Weiterhin orientiert sich das Projekt an den drei Phasen einer Geschäftstransaktion, wie sie in Abschnitt 1.1 auf der Basis von [Schm93] eingeführt wurden. Insbesondere für kleine und mittlere Unternehmen entstehen trotz aller Vorteile des modernen eBusiness in jeder dieser Phasen enorme Transaktionskosten, z.B. Personalkosten für Recherche in der Informationsphase, Kosten für die Ausarbeitung von Vertragsangeboten oder Verträgen in der Verhandlungsphase, oder Kosten durch die Einbindung Dritter wie Notare, Logistikdienste etc.

Der Vertrag wird in COSMOS vielschichtig betrachtet. Zu allererst stellt er über alle drei Phasen das Bindeglied zwischen Teilnehmern und Softwarekomponenten dar, verbindet also das Phasenmodell und eine entsprechende systemtechnische Unterstützung. Dabei hilft der Vertrag als Schablone bei der Spezifikation von Teilnehmerdaten, wie Angeboten oder Profilen. Nach Abschluss eines Vertrags repräsentiert er alle erforderlichen Vertragsbestandteile als ein zusammenhängendes Dokument. Die wesentlichen Bestandteile sind die Leistungen, zu denen sich die beteiligten Parteien verpflichtet haben, aber auch die entstehenden Rechte, sowie, wie die Erfüllung der Verpflichtungen ablaufen soll. Die Entwickler von COSMOS sehen aber nicht nur die naheliegende Möglichkeit, einen Vertrag elektronisch zu verfassen, sondern umgekehrt auch die Option, dass ein fertiggestellter Vertrag seine eigene Ausführung in gewissen Grenzen steuern kann; die Ausführung eines Vertrags kann somit als die Ausführung eines *Workflow*-Schemas [JaBu96] verstanden werden.

Aus diesen Betrachtungen heraus hat sich COSMOS die Reduktion der Transaktionskosten im elektronischen Handel zum Ziel gesetzt. Dies soll durch ein Gleichgewicht von Automatisierung und Integration erreicht werden. Einen wesentlichen Beitrag können dabei einheitliche Standards leisten. Außerdem fordern die Autoren ein verbessertes Geschäftsmodell und eine sinnvolle Regulierung der juristischen Rahmenbedingungen im elektronischen Umfeld. Auch die Publikationen zu COSMOS [GBW+98] [MeTL99] [MGB+99], stellen fest, dass EDI diese Forderungen nicht erfüllen kann, da einerseits gerade die Transaktionskosten durch die notwendige Infrastruktur für KMUs unrentabel hoch sind und EDI sich andererseits nur auf den Austausch passiver Nachrichten beschränkt, die weitere Verarbeitung der Nachrichten bleibt dem Teilnehmer überlassen.

2.3.1 Die COSMOS-Architektur

Das Ziel, die Transaktionskosten zu reduzieren, hat einen entsprechenden Einfluss auf die Softwarearchitektur von COSMOS. Im Folgenden werden die einzelnen Dienste skizziert. Die tatsächliche Implementierung dieser Architektur basiert auf der *CORBA Business Object Component Architecture* (BOCA, [OMG04a]), worauf hier jedoch nicht näher eingegangen werden soll. Auch die Entwicklung von BOCA wurde inzwischen eingestellt [OMG04b].

- Online-Kataloge

  Kataloge stellen einen essentiellen technischen Baustein zur Realisierung der Informationsphase dar. Heutige Suchmaschinen und Katalogdienste kritisieren die COSMOS-Entwickler als ungenügend, da die Suche nicht bezüglich einer Menge von Qualitätsattributen (*Qualitiy of Service*, QoS) eingeschränkt werden kann. Es ist somit keinem Marktteilnehmer möglich, seine Wünsche präzise und dennoch allgemein verständlich zu formulieren.

- Broker

  Ein Broker agiert im Auftrag von Marktteilnehmern und bringt potentielle Geschäftspartner zusammen. Dazu benötigt er sowohl Zugriff auf Online-Kataloge als auch die QoS-Anforderungen der Kunden. Der Broker muss unterschiedliche Selektionsregeln und eine Navigationsschnittstelle zur flexiblen Bedienung anbieten. Das Ergebnis des Brokers ist der Vorschlag für einen Vertrag, der von den betroffenen Marktteilnehmern weiter ausgearbeitet werden kann.

- Verhandlungsunterstützung

  Die Verhandlung wird in COSMOS als gemeinsames Editieren eines Vertrags als strukturiertes Dokument verstanden. Eine Partei bringt eine Veränderung in den Vertragsvorschlag ein und übermittelt das gesamte Dokument an seinen Gegenüber. Der kann die Modifikation annehmen oder einen Gegenvorschlag unterbreiten. Dieser Prozess kann durch das Telefon, die Post oder ein Konferenzsystem unterstützt werden. Die Autoren haben auch eine Einbettung der Verhandlung in ein *Workflow-Management*-System und den Einsatz von Strategiemodulen für das Vorgehen in einer Verhandlung angedacht.

- Unterstützung des Vertragsabschlusses

  COSMOS legt großen Wert auf die rechtliche Situation: Kommen die Verhandlungspartner zu einem für beide Seiten akzeptablen Vertrag, so muss dieser juristisch abgesichert werden. Dazu muss er in eine standardisierte, explizite Repräsentation überführt werden, die schließlich von allen Beteiligten elektronisch signiert werden kann. Als Repräsentation haben die Entwickler eine XML-Grammatik[1] entworfen. Neben den beiden Geschäfts-

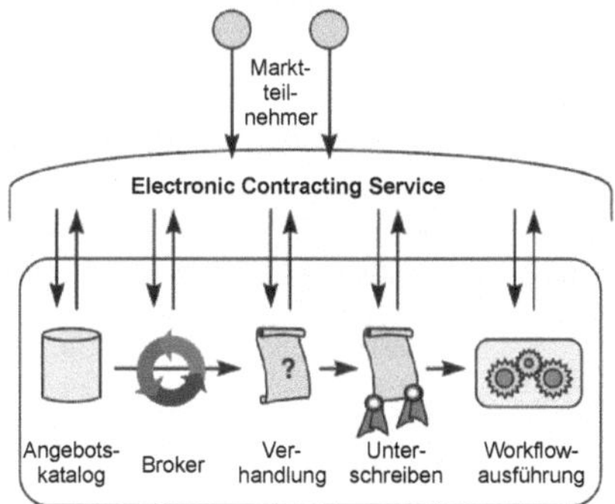

Abb. 2.5: Dienste des COSMOS-Vertragssystems [MGB+99]

1. Aus keinem der bereits genannten Dokumente lässt sich herauslesen, ob es sich dabei um eine Grammatik in Form von DTD oder XML Schema handelt.

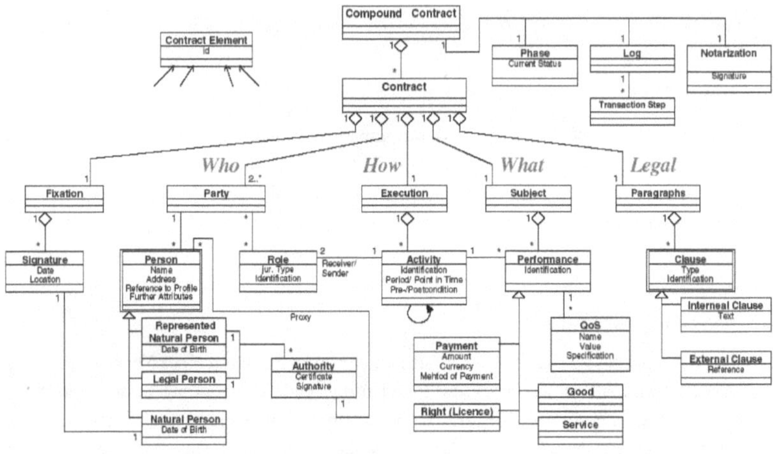

Abb. 2.6: Das Vertragsmodell von COSMOS [GBW+98]

partnern kann auch ein unabhängiger Dritter, etwa ein Notar, beim Signieren hinzugezogen werden.

- Abwicklungsunterstützung

  Nachdem der Vertrag durch die vorgeschalteten Dienste entsprechend strukturiert wurde, kann er zur Steuerung eines *Workflow*-Ablaufs in einem *Workflow-Management*-System verwendet werden, das die Abwicklung der festgelegten Leistungen ausführt. Dabei wird zwischen informellen Aktivitäten, die von menschlichen Benutzern durchgeführt werden, und formellen Aktivitäten, die das *Workflow-Management*-System ausführt, unterschieden.

Einen Überblick über die einzelnen Komponenten der COSMOS-Architektur gibt Abbildung 2.5. Jeder Marktteilnehmer hat die Möglichkeit, auch nur einzelne Dienste des Systems in Anspruch zu nehmen. Der beste Nutzen wird jedoch erzielt, wenn COSMOS als Ganzes eingesetzt wird. Insbesondere treten keine Medienbrüche auf, da durchgehend mit den selben Strukturen gearbeitet wird. Diese Strukturen werden im folgenden Abschnitt genauer untersucht. Die logische Integration aller vorgestellten Dienste wird von den Autoren auch als *One Stop Service* bezeichnet.

2.3.2 Das COSMOS-Vertragsmodell

Da COSMOS den gesamten Prozess der Geschäftstransaktionen durchgängig unterstützt, wurde ein umfassendes Objektmodell entwickelt. Zentraler Bestandteil dieses Modells ist das Vertragsmodell, das im Folgenden betrachtet wird. Ein ausführlicher Überblick über das vollständige Objektmodell findet sich in [MGT+98]. Das Vertragsmodell ist in Form eines UML-Klassendiagramms definiert, das in Abbildung 2.6 dargestellt ist. Die wichtigsten Komponenten sind das Vertragswerk, die Parteien und der Vertragsgegenstand.

Das Vertragswerk

Das Vertragswerk (*compound contract*) besteht aus mehreren einzelnen Verträgen, die untereinander Abhängigkeiten aufweisen können, aus einer Liste von Unterschriften und beschreibenden Metainformationen. Ein Vertrag wiederum setzt sich aus mehreren Klauseln zusammen. Der Vertrag erlangt erst dann juristische Gültigkeit, wenn alle Parteien ihn signiert haben. Außerdem enthält ein Vertrag mindestens zwei Leistungen, eine pro Partei. COSMOS unterscheidet mehrere Arten von Klauseln, solche die die beteiligten Parteien beschreiben ("Who"), solche die den Vertragsgegenstand spezifizieren ("What"), und solche die die Durchführung ("How") behandeln. Daneben gibt es noch Klauseln für weitere juristische Bedingungen ("Legal").

Die Metainformationen sind auf der Ebene des Vertragswerks angeordnet und können entweder für einzelne Verträge oder das gesamte Werk gelten. Sie enthalten von den Parteien bereits geleistete Unterschriften, Beglaubigungen eines Notars und Statusinformationen darüber, in welchem Zustand sich der Vertrag gerade befindet (z.B. Vorschlag, Angebot, Unterschriftsreif, Unterschrieben, ...).

Personen und Parteien

Ein Vertrag wird zwischen mindestens zwei Parteien geschlossen, wobei eine Partei ein Marktteilnehmer ist. Dadurch wird weder die Rolle (z.B. Verkäufer, Käufer, Bank) festgelegt, in der eine Partei auftritt, noch eine Person bzw. ein Personenkreis bestimmt, die die Partei bilden. Als Personen werden in Anlehnung an die juristische Definition sowohl natürliche als auch juristische Personen betrachtet. Da COSMOS großen Wert auf die technische Realisierung von Signaturen und Sicherheit legt, ist die Authentifizierung einer Person im Modell fest verankert.

Der Vertragsgegenstand

Ein Vertragsgegenstand besteht aus mindestens zwei Leistungen, die die Parteien gegenseitig erbringen. Jede Leistung wird mit Qualitätsattributen näher beschrieben. Unterschieden wird zwischen dem Leistungserbringer und dem Leistungsempfänger. Zwischen einzelnen Leistungen können sowohl temporale als auch kausale Abhängigkeiten bestehen, was insbesondere in der Abwicklungsphase eine wichtige Rolle spielt. Leistungen können Waren (die Attribute entsprechen dann einer Produktbeschreibung), Dienstleistungen, Lizenzen oder Geld sein.

Dieses komplexe Vertragsmodell ist die Grundlage für die in Abschnitt 2.3.1 skizzierte Architektur von COSMOS.

2.3.3 Bewertung von COSMOS

COSMOS stellt einen Internetdienst für den Abschluss elektronischer Verträge zur Verfügung. Dabei wird das Gesamtsystem in eine Dienstearchitektur sowie in ein umfassendes Objektmodell zur Formulierung von Verträgen zerlegt. Sowohl die Dienste als auch das Vertragsmodell sind so angelegt, dass sie durch alle drei Transaktionsphasen eines Geschäftsprozesses ohne Medienbruch eingesetzt werden können. Dabei wird Automatisierung so weit eingesetzt, wie es vernünftig ist. Weiter auffällig an COSMOS ist, dass es neben den technischen Aspekten auch juristische und betriebswirtschaftliche Fragestellungen berücksichtigt. Die Produktbeschreibung von COSMOS ist nur gering ausgeprägt; so sind keine Referenzen auf Standardklassifikationen angedacht. Dazu muss jedoch bemerkt werden, dass der Schwerpunkt von COSMOS auf dem elektronischen Abschluss des Vertrags liegt und weniger auf der Produktmodellierung. Auch die Dokumentation des Systems ist eher unvollständig; insbesondere die Funktionsweise des Brokers, der für die vorliegende Arbeit interessant ist, fehlt vollständig.

Wie schon eingangs erwähnt ist das COSMOS-Projekt offensichtlich eingestellt worden, die Webseite des Projekts ist leider nicht sehr informativ [COSM03]. Ein knapper Überblick über COSMOS findet sich in [MeTL99] und in [Merz99][2]. Weitergehende Informationen sind [MGB+99], [GBW+98] und [MGT+98] zu entnehmen.

2.4 SILKROAD

SILKROAD ist ein Forschungsprojekt der IBM Zürich [Silk03], das das Design und die Implementierung von Verhandlungsunterstützungssystemen vor allem im Kontext von eBusiness untersucht. SILKROAD erlaubt über sein modulares Ausführungsrahmenwerk, das sogenannte SKELETON, die Realisierung unterschiedlichster Typen von Verhandlungen, die als Verhandlungsszenarien bezeichnet werden. Bevor ein bestimmtes Szenario in der Laufzeitumgebung instantiiert werden kann, muss es der sogenannten ROADMAP folgend entworfen werden.

2.4.1 ROADMAP – Entwurf eines Verhandlungstyps

Für den Entwurf eines Szenarios dient ein Vorgehensmodell namens ROADMAP, das auf dem SILKROAD *Design Meta Model* (SDMM) basiert. Das SDMM beschreibt sowohl alle strukturellen als auch dynamischen Aspekte eines Verhandlungsszenarios (Abbildung 2.7). Ein *Actor* ist ein *Service* oder ein *Agent*, wobei ein *Agent* sowohl ein Softwareagent, als auch ein menschlicher Benutzer sein kann. *Items*, *Transactions* und *Agents* werden unter dem Begriff *Concept* zusammengefasst. Mindestens drei *Concepts* bilden eine *Offer*, das zentrale Konzept in SILKROAD. Jede *Offer* muss mindestens drei verschiedene *States* unterstützen, nämlich *Advertisement*, *Bid* und *Contract*. Damit kann ein Angebot allgemein und ungebunden sein, oder in Form eines Gebots an einen bestimmten Verhandlungspartner gerichtet sein, oder am Ende eines erfolgreichen Verhandlungsprozesses ein rechtsgültiger Vertrag sein. *Actors* modifizieren, löschen oder erzeugen neue *Offers*, wobei sie ähnlich einem Trigger ein *Event* auslösen. Diese *Events* können über eine *Transition* einen Zustandsübergang eines Angebots bewirken. Die *Transition* tritt nur dann in Kraft wenn die Bedingung, die durch einen assoziierten *Guard* repräsentiert wird, erfüllt ist, und kann außerdem eine Menge von *Actions* auslösen.

2. COSMOS wird nur in der ersten Auflage behandelt. In [Merz02] wurde der Abschnitt gestrichen.

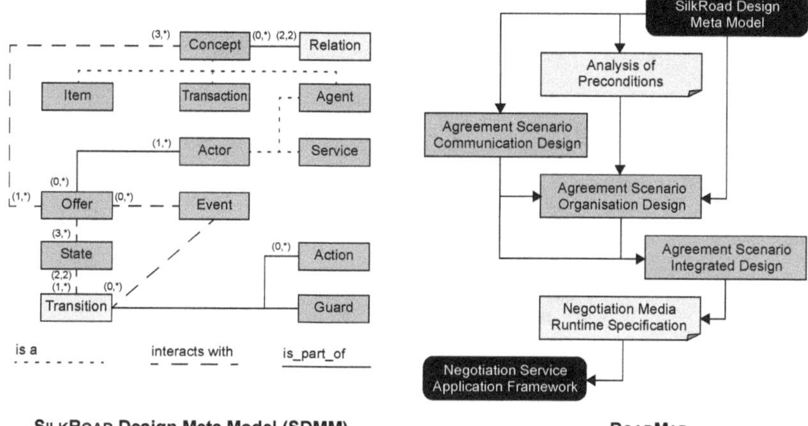

Abb. 2.7: Das SILKROAD *Design Meta Model* (SDMM) und ROADMAP [Strö01a]

In dem vom SDMM gesteckten Rahmen kann nun der ROADMAP folgend eine tatsächliche Verhandlungsanwendung entwickelt werden. Dazu adressiert die ROADMAP sowohl den Kommunikationsentwurf, den organisatorischen Entwurf, als auch den IT-Entwurf. Die entsprechende Vorgehensweise ist in der rechten Seite von Abbildung 2.7 zusammengefasst. Der erste Schritt ist die ausführliche Analyse der Voraussetzungen. Neben den allgemeinen Eigenschaften der Transaktionen sind hierbei Aspekte bezügliche des Kommunikationsentwurfs und bezügliche des organisatorischen Entwurfs festzulegen. Zu ersterem zählen typische und notwendige Merkmale der Transaktionen oder der zu handelnden Güter, zu zweiterem Transaktionsvolumina, Konfigurierbarkeit der Güter oder Eigenschaften der beteiligten Agenten.

Der Kommunikationsentwurf

Aufgrund dieser Erkenntnisse geschieht der Kommunikationsentwurf des Verhandlungsszenarios. Ziel ist es, den logischen Verhandlungsraum eines elektronischen Marktes für ein spezielles Szenario zu strukturieren. Da das wichtigste Objekt in SILKROAD das Angebot ist, beschränkt sich der Kommunikationsentwurf auf die Strukturierung von Kaufgesuchen (*Offers to Buy*, O2B) und Verkaufsangeboten (*Offers to Sell*, O2S). Die Beschreibung dieser beiden Arten von Angeboten zerfällt einerseits in die Definition von Angebotsontologien zur einheitlichen Beschreibung der Semantik der Angebote (was wird angeboten?), und andererseits in die Bestimmung von Angebotszuständen (*States*), die den syntaktischen Aspekt der Kommunikation festlegen. Ausführlicher wird der Kommunikationsentwurf in [Strö01a] behandelt.

Der organisatorische Entwurf

Unter Berücksichtigung der Analyseergebnisse und des Kommunikationsentwurfs modelliert der organisatorische Entwurf die Zustandsübergänge für Typen von Angeboten im Verlauf einer

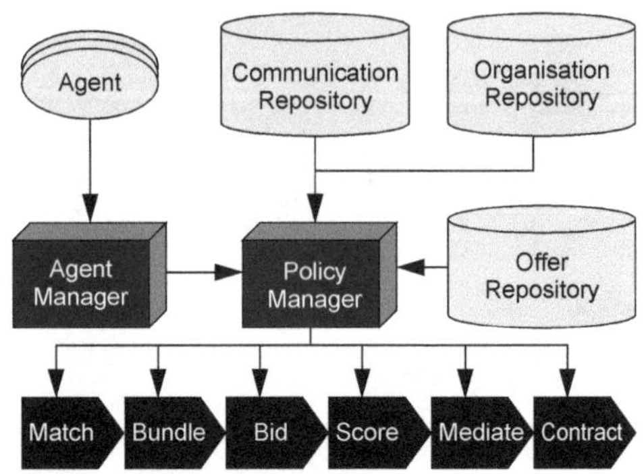

Abb. 2.8: Überblick über die SILKROAD-Architektur [StSt02]

elektronischen Verhandlung. Dabei müssen auch sämtliche Abhängigkeiten mit den *Actors*, den *Events* und den *Transitions* identifiziert werden. Als Ergebnis liefert dieser Schritt die Rollen und das Protokoll eines speziellen Verhandlungstyps. Dabei versteht SILKROAD unter einer Rolle alle *Events*, die ein *Actor* auslösen kann. Die Protokolle werden in Form von UML-Zustandsdiagrammen formalisiert. Ausführlicher wird der organisatorische Entwurf in [Strö01b] vorgestellt.

Bevor die ROADMAP zum IT-Entwurf führt, werden die bisher erstellten Entwürfe integriert und genau aufeinander abgestimmt. Hierbei kommen keine neuen Elemente hinzu, nur der allgemeine Ablauf wird geglättet. Der IT-Entwurf gestaltet sich vergleichsweise einfach, da SILKROAD mit dem sogenannten SKELETON ein sehr mächtiges Anwendungsrahmenwerk anbietet, dessen Konfiguration sich aus den eben durchgeführten Entwürfen automatisch generieren lässt.

2.4.2 SKELETON – Rahmenwerk und Ausführungsumgebung

Die Verantwortlichen von SILKROAD haben ein mächtige Anwendungsrahmenwerk geschaffen, das eine Vielzahl von modularen Verhandlungsdienstkomponenten (*Negotiation service component*, NSC) enthält. Der schematische Aufbau dieses als SKELETON bezeichneten Rahmenwerks ist in Abbildung 2.8 skizziert. Der *Agent Manager* ist die Schnittstelle zu allen Agenten, die am SILKROAD-Marktplatz teilnehmen. Dabei können Agenten sowohl autonome Software als auch menschliche Benutzer sein. Sie können über diese Schnittstelle sowohl neue Angebote, d.h. Verkaufsangebote oder Kaufgebote, einbringen, oder den *Match-Making*-Prozess anstoßen.

Die Ausführung jeder Instanz eines Verhandlungsszenarios wird vom *Policy Manager* auf der Basis des im *Organisation Repository* hinterlegten Verhandlungsentwurfs orchestriert. Dieses Repositorium enthält Zustandsautomaten, die die im organisatorischen Entwurf entwickelten Zustandsdiagramme umsetzen. Das *Communication Repository* speichert hingegen die Resultate des Kommunikationsentwurfs, d.h. die Syntax und Semantik der Angebotsspezifikationen. Die tatsächlichen Angebote werden im *Offer Repository* abgelegt. Der interessanteste Bestandteil der SilkRoad-Architektur sind die NSCs, die direkt unter der Kontrolle des Policy Manager stehen. In Abhängigkeit vom momentan Zustand des Verhandlungsszenarios leitet er die Ergebnisse eines NSCs zum entsprechend nächsten NSC weiter. Folgende Dienste bietet SilkRoad an:

- *Match*

  Die *Match*-Komponente vergleicht Paare von Verkaufsangeboten und Kaufgeboten, d.h. O2S und O2B. In Abschnitt 2.4.3 werden eine einfache und eine erweiterte *Match-Making*-Strategie vorgestellt.

- *Bundle*

  Dieser Dienst erlaubt die Bündelung mehrere Angebote. Als Beispiele werden Einkäufergemeinschaften genannt, die sich durch ihre höhere, gemeinsame Nachfrage bessere Verhandlungskonditionen verschaffen.

- *Bid*

  Diese Komponente realisiert ein elektronisches Auktionssystem. Je nach Art der Auktion gelten unterschiedliche Bietregeln und eine entsprechende Abschlussregel, nach der das beste Gebot ermittelt wird.

- *Score*

  Für den Fall, dass das *Match Making* mehrere Ergebnisse zu einem Angebot liefert, kann dieser Dienst die einzelnen Ergebnisse bewerten und eine Rangfolge aufstellen. Dafür ist die Angabe von Bewertungskriterien, z.B. Nutzwertfunktionen notwendig.

- *Mediate*

  Der *Mediate*-Dienst ist evtl. nach dem *Match Making* erforderlich, wenn keine totale Übereinstimmung zustande gekommen ist. Er versucht dann zu vermitteln und einen für beide Seiten tragbaren Kompromiss zu finden. Auch diese Komponente wird in Abschnitt 2.4.3 detaillierter erläutert.

- *Contract*

  Kommt eine Einigung zustande, so unterstützt dieser Dienst den rechtlich bindenden Abschluss. Je nach Verhandlungsszenario müssen eine oder beide Seiten den Vertrag signieren. Weiterhin kann diese Komponente die Ausführung des Vertrags anstoßen.

Für jede dieser Komponenten können unterschiedliche Strategien und Implementierungen realisiert werden. Je nach Verhandlungsszenario können die einzelnen Dienste unterschiedlich parametriert und angeordnet werden. So kann ein spezielles Szenario fordern, dass zuerst mittels *Bundle* die Kaufgesuche aller Agenten akkumuliert werden. Anschließend holt der *Bid*-Dienst Angebote von den Anbietern ein. Kommt auf diesem Weg keine Einigung zustande, so kann ein entsprechend eingestellter *Mediate*-Service eingesetzt werden. Kommen hingegen mehrere mögliche Übereinkünfte zustande, so kann mit Hilfe von *Score* das beste Resultat gefunden werden (wobei hier unterschiedliche Optimierungskriterien gelten können). Den Verhandlungsvorgang beschließt der *Contract*-Dienst.

2.4.3 Die Komponenten Match und Mediate

Zum Abschluss der Betrachtung von SILKROAD soll genauer auf die NSCs *Match* und *Mediate* und deren Zusammenhang eingegangen werden. SILKROAD eignet sich besonders für Szenarien, in denen mehrere, teils gegenläufige Attribute verhandelt werden müssen. Deshalb werden Transaktionen, Agenten und die (Handels-)Objekte jeweils mit einer Menge von Attributen versehen, auf denen unäre oder binäre Bedingungen mit Vergleichsoperatoren, UND und ODER definiert werden. Beispiele dafür sind *preis* = 2000 oder *lieferzeit* > 10 *tage*. Damit können Verkaufsangebote (O2S) und Kaufgebote (O2B) sehr genau spezifiziert werden. Die Gebotsgestaltung wird noch flexibler durch die Möglichkeit, Attribute als verhandelbar zu markieren, d.h. der Wert kann in einem evtl. nötigen Vermittlungsschritt modifiziert werden. Um ein passendes Paar aus O2B und O2S zu finden, ist das Erfüllbarkeitsproblem über den Verkäuferbedingungen und den Käuferbedingungen zu lösen. In [StSt02] erläutern die Autoren eine einfache *Match*-Komponente und eine erweitert Variante, die zusätzlich den *Mediate*-Dienst einsetzt.

Die einfache *Match-Making*-Operation untersucht ein Paar bestehend aus O2B und O2S gemäß der folgenden Schritte:

(1) Für jedes Attribut von O2B und O2S werden die Wertebereiche identifiziert, die durch die Bedingungen aufgespannt werden.

(2) Die Werte, die sowohl im Angebots- als auch im Nachfragebereich eines Attributs liegen, bilden die sogenannte *Compatible Property Value Domain* (CPVD).

(3) Ist die CPVD leer, so sind O2B und O2S bezüglich dieses Attributs inkompatibel und es liegt ein *Matching*-Konflikt vor. Ist die CPVD hingegen nicht leer, so sind die Attributbedingungen kompatibel.

(4) Wird für jedes Attribut ein *Matching* im obigen Sinne erzielt, so passen O2B und O2S insgesamt zueinander.

Wichtige Voraussetzung für diese einfache *Match-Making*-Operation ist die Behandlung des Falls, dass auf einigen Attributen möglicherweise nur einer oder keiner der Teilnehmer Bedingungen formuliert. Für die Umgehung dieser Nullattribute sind unterschiedliche Strategien möglich, wie etwa die Forderung, dass jeder Agent Bedingungen auf allen Attributen formulieren muss, oder dass das *Match Making* auf die Attribute beschränkt wird, die beide Agenten beschränken. Es soll hier davon ausgegangen werden, dass beide Gebote durch die selben Attribute beschrieben werden. Die erweiterte *Match-Making*-Operation versucht Paarungen von O2B und O2S, die die einfache Operation ablehnen musste, in unterschiedliche Klassen einzuteilen und die Paarungen, die nur an wenigen Attributen gescheitert sind, auf dem Weg der Verhandlung doch noch zum Abschluss zu bringen:

(1) Liefert das einfache Verfahren einen erfolgreichen *Match* von O2B und O2S zurück, so wird für jedes Attribut die Mächtigkeit der CPVD untersucht. Ist in jeder dieser Übereinstimmungsmengen nur ein Wert enthalten, so ist dieser *Match* vollständig abgearbeitet und wird in die Menge der *Matching Agreements* (MAS) eingeordnet. Ergibt sich für mindestens ein Attribut eine mehrwertige CPVD, z.B. 1800 < *preis* < 2000, so werden die

zwei Angebotsstrukturen in die Menge der *Distribution Agreements* (DAS) eingestuft. Hier müssen sich die Agenten noch auf einen Wert festlegen, wobei insbesondere beim Preis unterschiedliche Strategien verfolgt werden.

(2) Liegen für ein oder mehrere Attribute *Matching*-Konflikte vor, so untersucht die erweiterte *Match-Making*-Komponente für jedes der Attribute, ob es verhandelbar ist. Hierbei wird zwischen Attributen unterschieden, die aus der Sicht beider Agenten verhandelbar sind (*double-sided negotiable constraints*, DSNC) und denen, die nur einseitig verhandelbar sind (*single-sided negotiable constraints*, SSNC). In beiden Fällen werden O2B und O2S in die Menge der *Negotiable Agreements* (NAS) verschoben.

(3) Ist mindestens ein konfligierendes Attribut von keinem der Agenten als verhandelbar markiert, so ist endgültig geklärt, dass kein *Match* herbeigeführt werden kann.

Nach der Anwendung der erweiterten *Matching*-Operation auf eine Menge von n Verkaufsangeboten und m Kaufgeboten sind die $n \times m$ möglichen Paarungen in vier Klassen eingeteilt, nämlich MAS, DAS, NAS und die erfolglose Klasse. Für Elemente von MAS, der Menge der erfolgreichen, eindeutigen *Matches*, kann die *Matching*-NSC nichts mehr tun. Denkbar ist eine Übergabe dieser Menge an die *Score*-Komponente. Kompatible Paarungen der Menge DAS, bei denen trotz Übereinstimmung aller Bedingungen noch mehrere Möglichkeiten offen sind, müssen von den Agenten noch endgültig abgestimmt werden. Die Autoren bezeichnen dies jedoch nicht mehr als Verhandlung, da alle gegenseitigen Bedingungen bereits erfüllt sind. Vielmehr handelt es sich um ein Konfigurationsproblem, das gemäß einer Vielzahl von Optimierungskriterien gelöst werden kann. Die letzte Klasse NAS, die Menge der Paarungen, bei denen die konfligierenden Attribute zumindest einseitig verhandelbar sind, kann wie folgt bearbeitet werden: Für nur einseitig verhandelbare Attribute (SSNC) muss der entsprechende verhandlungsbereite Agent Zugeständnisse machen, wobei das Verhandlungssystem nicht unterstützend eingreifen kann. Für die Menge der beidseitig verhandelbaren Attribute (DSNC) hingegen wurde eine *Mediate*-NSC auf der Basis des *Adjusted-Winner*-Prinzips von Brams und Taylor [BrTa96] entwickelt. Dieses Prinzip stammt aus der Spieltheorie und berechnet als einziges effizientes Verfahren eine faire Aufteilung von Gegenständen. Dabei ist es gerecht, liefert für beide Parteien den maximalen Nutzen ohne einen der beiden zu übervorteilen und ist nicht manipulierbar, solange ein Teilnehmer nicht genauere Informationen über die Präferenzen seines Gegenübers besitzt. Weitere Untersuchungen zu gerechten Aufteilung bei mehrattributigen Verhandlungen finden sich beispielsweise in [Rait00]. *Adjusted Winner* lässt sich in SILKROAD auf die Menge der DSNCs aus der Menge NAS anwenden. Dazu fordert die *Mediate*-Komponente beide Beteiligten auf, jedem der Attribute einen Wichtigkeitswert zwischen 1 und 100 zuzuweisen, wobei jeder Beteiligte insgesamt 100 Punkte zu vergeben hat. Ein exemplarischer Verhandlungsraum mit Bewertungen ist in Tabelle 2.2 abgebildet. Jede Partei gewinnt die Attribute, auf die sie höheren Wert legt als die Gegenpartei. Im Beispiel in der Tabelle kann sich der Käufer in den Punkten Preis und Bezahlung durchsetzen womit er insgesamt 90 Punkte erzielt. Der Verkäufer gewinnt die restlichen zwei Attribute und kommt auf 65 Punkte. Damit ist diese Aufteilung nicht fair und der Vermittler muss einen gerechteren Vorschlag machen: die überlegene Seite muss solange gewonnene Attribute zumindes teilweise abtreten, bis beide Seiten dieselbe Punktzahl erreicht haben. Dabei wird mit den Attributen begonnen, deren Bewertungen den ge-

	Käufer		Verkäufer	
Attribut	**Bedingung**	**Wichtigkeit**	**Bedingung**	**Wichtigkeit**
Preis	**< 2000**	**60**	2400	10
Bezahlung	**4 Wochen**	**30**	Bei Erhalt	25
Rückgaberecht	Voll	5	**50%**	**30**
Lieferzeit	1 Woche	5	**> 2 Wochen**	**35**
gewonnene Punkte	90		65	

Tab. 2.2: Ausgangslage für *Adjusted-Winner*-Verfahren [StSt02]

ringsten Abstand aufweisen, im Beispiel die Bezahlung. Da es sich bei der Bezahlmethode um ein numerisches Attribut handelt, das in Tagen gemessen wird, stellt der Vermittler folgende Gleichung auf, um das Punktegleichgewicht herzustellen:

$$90 - 30x = 65 + 25x$$

Die Gleichung wird von $x = 5/11$ erfüllt, was bedeutet, dass der Käufer 5/11 seiner Punkte, die er bei der Bezahlung gewonnen hat, an den Verkäufer abgeben muss, d.h. er muss die Bezahlungsfrist um 5/11 auf etwa 15 Tage verkürzen[3]. Zusätzlich muss der Käufer 5/11 seiner 30 Punkte abgeben, während der Verkäufer 5/11 von 25 Punkten gutgeschrieben bekommt, womit beide Parteien je ca. 76,36 Punkte erzielen; hier gilt die Regel, dass nur der Sieger bezüglich eines Attributs die Punkte erhält, nicht mehr. Damit ist eine faire Aufteilung erreicht, die erstens jedem der Teilnehmer mehr als 50 Punkte zuweist, und zweitens keinen übervorteilt. Es wurde bewiesen, dass das *Adjusted-Winner*-Verfahren die maximale Gesamtpunktzahl liefert. Ausführlicher wird die erweiterte *Match-Making*-Operation in [StSt02] und der Einsatz von *Adjusted Winner* in [Strö00] erläutert.

2.4.4 Bewertung von SILKROAD

SILKROAD hat gegenüber den bisher vorgestellten *Electronic-Collaboration*-Protokollen und dem Vertragsverhandlungssystem COSMOS einige Besonderheiten aufzuweisen. Einerseits stellt es ein Vorgehensmodell zur Formalisierung von verschiedensten Verhandlungsszenarien dar, die insbesondere für Multiattributverhandlungen geeignet sind. Ist eine entsprechende Formalisierung erstellt, kann diese im Rahmenwerk von SILKROAD ausgeführt werden. Dieses Rahmenwerk ist streng modular aufgebaut und besteht z.B. aus den NSCs *Match*, *Bundle*, *Bid* oder *Mediate*. Sowohl das Zusammenspiel dieser Komponenten als auch deren Implementierung sind variabel. Darüberhinaus adressiert SILKROAD auch das Problem der semantischen Modellierung der zu verhandelnden Produkte in Form von Angebotsontologien. Ähnlich wie COSMOS widmet sich SILKROAD auch dem juristischen Aspekt durch die Einbeziehung eines Signaturdienstes. Unklar bleibt die Modellierung von konfigurierbaren variantenreichen Produkten. Sie wird zwar erwähnt, aber in den angegebenen Quellen nicht näher ausgeführt.

3. Die Autoren kommen auf einem mathematisch nicht nachvollziehbaren Weg auf 17 Tage. Sie argumentieren in [Strö00], dass 5/11 von 28 Tagen in etwa 11 Tage seien.

Einen weit umfassenderen Einblick, als ihn der vorliegende Abschnitt geben kann, erhält der interessierte Leser in [Strö03].

2.5 Zusammenfassung

Das vorliegende Kapitel gibt einen Überblick über vier verwandte Projekte und Standards, die die Entwicklung der vorliegenden Arbeit initiiert und beeinflusst haben. Es ist offenbar, dass ein umfassender Vergleich sämtlicher (teilweise) relevanter Arbeiten nicht möglich ist bzw. im Moment seiner Entstehung bereits veraltet ist. Andererseits wird in den folgenden Kapiteln ein Vertragsverhandlungssystem entwickelt, das in dieser Art konkurrenzlos ist, da es als erstes System komplex konfigurierbare Produkte und Dienstleistungen technisch detailliert und ohne Medienbruch durch alle Phasen eines Geschäftsprozesses erlaubt.

Neben den hier vorgestellten Arbeiten stellen B2B-Marktplätze ein weiteres interessantes Themengebiet dar. Merz definiert einen solchen Marktplatz als "die Schnittmenge aus Electronic-Business und Portal" und gibt einen Überblick über B2B-Marktplätze ([Merz02], Kapitel 16). Ein prominenter Vertreter ist Covisint [Covi04], eine *Supply-Chain*-Plattform für die Automobilindustrie, die die Kommunikation und die Geschäftsprozesse zwischen den Automobilherstellern und ihren Zulieferern und Kunden vereinheitlichen und dadurch effizienter gestalten soll. Covisint wurde Anfang 2000 von den Herstellern Daimler Chrysler, Ford Motor Company und General Motors ins Leben gerufen. Neben weiteren Automobilkonzernen und Zulieferern sind auch Oracle und Commerce One als Spezialisten für Datenhaltung und eCommerce-Software involviert.

Im Gegensatz zu zentralisierten Marktplatzlösungen existieren auch *Peer-to-Peer*-Ansätze (P2P, [CACM03]) zur B2B-Integration. Bekannt durch diverse Musiktauschbörsen wie Napster [Naps04] verzichtet die *Peer-to-Peer*-Architektur auf zentrale Server und setzt auf direkte Verbindungen zwischen den beteiligten, gleichberechtigten Netzwerkknoten. Als Beispiel für die B2B-Integration mittels *Peer to Peer* sei papiNet [Papi04] angeführt, das die Nachrichten und Prozesse rund um die Beschaffung von Papierprodukten auf Basis von XML standardisiert. Dabei flossen die Erfahrungen mit EDIPAP, der auf die Papierbranche spezialisierten Variante von EDI, mit ein. Zusätzlich zur Normierung der Nachrichten stellt das Konsortium auch eine kostenlose Kommunikationssoftware zur Verfügung, die sich über generische Adapter leicht in vorhandene ERP-Systeme der Teilnehmer integrieren lässt [Merz02].

Ein weiteres Format, das auf den ersten Blick nicht mit B2B-Integration zusammenhängt, ist das Protokoll *Information and Content Exchange* (ICE, [WOH+98] [ICE04]), das auf XML basiert und den Nachrichtenaustausch zwischen zwei Geschäftspartnern formalisiert. Innerhalb eines größeren Rahmenvertrags wird die regelmäßige Lieferung von Daten in Form eines Abonnements basierend auf dem Request/Response-Paradigma. Durch seine Allgemeinheit und die Fähigkeit, beliebige XML-DTD-Grammatiken als Nutzinformation zu transportieren, kann ICE für beliebige Domänen spezialisiert werden, auch für eBusiness.

Das vorliegende Kapitel untersucht zwei Industriestandards (ebXML und RosettaNet), sowie zwei Forschungsprojekte (COSMOS und SILKROAD) tiefgehender. ebXML ist ein in großen Teilen nur auf Papier existierender Standardisierungsvorschlag für beliebige Standardgeschäftsprozesse, der EDIFACT ablösen soll (Abschnitt 2.1). RosettaNet kann im Gegenteil dazu mit einer gewissen Marktdurchdringung punkten, die allerdings auf den Nischenmarkt rund um elektronische Bauteile beschränkt ist (Abschnitt 2.2). Bei diesen beiden Ansätzen handelt es sich in erster Linie um eine Ansammlung von in XML standardisierten Geschäftsdokumenten und deren Austauschchoreographie. Das Vertragsverhandlungssystem COSMOS zeichnet sich durch die Unterscheidung einer Dienstearchitektur und eines Objektmodells für Verträge aus (Abschnitt 2.3). SILKROAD, ein weiterer Forschungsprototyp, entwirft für jeden Verhandlungstypus ein eigenes Schema, das in einem modularen Rahmenwerk ausgeführt wird. Da SILKROAD detailliert auf technische Problemstellungen eingeht und sowohl einen prozessorientierten Ansatz, sowie die modulare Implementierung der einzelnen Komponenten anbietet, wird dieses System besonders ausführlich aufgearbeitet.

Auf einen direkten Vergleich der vier Ansätze wird an dieser Stelle verzichtet. Das folgende Kapitel holt diese Untersuchung nach und leitet aus den einzelnen Unterschieden direkt die Anforderungen an ein umfassendes Vertragsverhandlungssystem von komplex konfigurierbaren Produkten und Dienstleistungen ab. Als generelle Kritik an allen untersuchten Systemen kann der fehlende Umgang mit diesen variantenreichen Gütern identifiziert werden. Zwar deuten einige Projekte, insbesondere SILKROAD, konfigurierbare Produkte als Vertragsgegenstände an, geben jedoch keine Details dazu preis.

3 Problemstellung und Lösungsansatz

Im vorigen Kapitel wurden vier Systeme vorgestellt, die zumindest in gewisser Weise als verwandt zu der hier vorliegenden Arbeit bezeichnet werden können. Aus den dort festgestellten Eigenschaften wird im ersten Abschnitt dieses Kapitels ein Anforderungskatalog an ein generisches Vertragsverhandlungssystem für komplex konfigurierbare Produkte und Dienstleistungen entwickelt. In Abschnitt 3.2 werden die aus diesen Anforderung entstehenden, grundlegenden Problemkreise abgeleitet. Weiterhin wird Marrakesch, das dieser Arbeit zu Grunde liegende Vertragsverhandlungssystem, vorgestellt. Dabei werden die einzelnen Lösungkonzepte, mit denen den oben identifizierten Problemen begegnet wird, ausführlich erläutert. Neben der Einführung eines geeigneten Datenmodells und verschiedener Verhandlungsmodelle ist der Hauptbeitrag dieses Kapitels der Referenzprozess (Abschnitt 3.2.2), der den Gesamtablauf einer Geschäftstransaktion im Rahmen eines Vertragsverhandlungssystems koordiniert. In Abschnitt 3.3 wird ein kurzer Überblick über die Systemarchitektur des Marrakesch-Prototypen gegeben, wobei es sich um eine klassische Dreischichtenarchitektur handelt. Das Kapitel schließt mit einer Zusammenfassung, die nochmals belegt, dass das entwickelte Lösungsgesamtkonzept alle aufgestellten Anforderungen erfüllt. Es ist wichtig festzuhalten, dass die Hauptaufgabe dieses Kapitels der Gesamtüberblick über das Vertragsverhandlungssystem ist. Die Details des Datenmodells und zweier essentieller Systemkomponenten werden in den Kapiteln 4 bis 6 vorgestellt.

3.1 Anforderungen an ein Vertragsverhandlungssystem

Der vorliegende Absatz dient der Ausarbeitung eines Anforderungskatalogs an ein Vertragsverhandlungssystem von komplex konfigurierbaren Gegenständen. Dabei werden die besonderen Eigenschaften, aber auch die Defizite der in Kapitel 2 vorgestellten Ansätze herausgearbeitet. Der Anforderungskatalog kann damit gleichzeitig als die Aufgabenstellung der hier vorliegenden Arbeit verstanden werden.

3.1.1 Konfigurierbarkeit des Vertragsgegenstands

Die momentanen Möglichkeiten des elektronischen Handels, vor allem im Bereich des eCommerce, sind überwältigend und werden von einer breiten Bevölkerungsschicht zunehmend mehr in Anspruch genommen. Aber bei genauerer Betrachtung fällt auf, dass in erster Linie statische, fertig konfigurierte Produkte gehandelt werden. Sowohl Amazon als auch Ebay, als die vermutlich prominentesten Vertreter des B2C-Handels, bieten Güter an, auf deren Gestaltung der Kunde keinen Einfluss nehmen kann. Genauer genommen handelt es sich fast ausschließlich um Dinge, die einen eindeutigen Bezeichner, wie eine ISBN-Nummer oder einen EAN-Code besitzen. Nur solche Güter sind in der Regel ohne großen Aufwand anbieterübergreifend vergleichbar. Allerdings ist nur ein Teil unserer Umwelt so uniform darstellbar, bei Dingen wie Computern, Autos oder Häusern ist die Wahrscheinlichkeit, zwei identische Realisierungen zu finden, vergleichsweise gering. Dies wird durch den zunehmenden Wunsch nach Individualisierung noch weiter verstärkt. Das Ergebnis dieser Tendenz ist die relativ neue Disziplin der *Mass Customization*, die von Pine II begründet wurde [Pine99]. Hierbei wird versucht, die Vorteile der kosteneffizienten Massenfertigung auf die klassische und sehr kostenintensive Individualfertigung zu übertragen. Dabei erzielt der Hersteller einerseits eine höhere Kundenzufriedenheit und -bindung, andererseits kann er besser mit Nachfrageschwankungen und immer kürzer werdenden Produktlebenszyklen zurecht kommen.

Es ist wohl kaum anzunehmen, dass der elektronische Handel vor konfigurierbaren Produkten und Dienstleistungen Halt machen wird und sich auf Dauer nur mit fertig konfektionierten Gütern wie Büchern, CDs oder Produkten “von der Stange” abgeben wird. Um aber komplex konfigurierbare Güter ins eBusiness miteinzubeziehen, sind neue Konzepte und Rahmenwerke notwendig, die die beteiligten Akteure umfassend unterstützen. Ein einfacher Ansatz, wie er aus der Automobil- und Computerindustrie bekannt ist, ist die Modellierung von sogenannten Basismodellen, bei denen noch gewisse Konfigurationsentscheidungen zu treffen sind, und die durch die Wahl von zusätzlichen Sonderausstattungen weiter veredelt werden können. Allerdings sind bei der Konfiguration gewisse Bedingungen einzuhalten, die daher stammen, dass gewisse Kombinationen beispielsweise rechtlich oder technisch nicht möglich sind. Gesucht ist also ein Datenmodell, das es erlaubt, alle tatsächlich realisierbaren Produktkonfigurationen auf eine verständlich Weise wiederzugeben. Die Menge dieser Konfigurationen soll als Produktfamilie oder Variantenraum bezeichnet werden. Die genauen Anforderungen an ein geeignetes Datenmodell finden sich in Abschnitt 4.2.

Im elektronischen Handel ist das Prinzip konfigurierbarer Vertagsgegenstände nicht sonderlich präsent. Als eine der wenigen Ausnahmen lässt sich der Handel mit konfigurierbaren PCs nennen, etwa der Versandanbieter Dell [Dell04]. Die Automobilindustrie betreibt zwar schon länger sogenannte Onlinekonfiguratoren, die beispielsweise unmögliche Konfigurationen ablehnen. Allerdings hat bisher noch kein Hersteller in Deutschland den Mut aufgebracht, allein auf Basis dieser online getätigten Konfiguration einen Kaufvertrag abzuschließen; zu diesem finalen Schritt wird der Kunde an einen Händler oder eine Niederlassung verwiesen, um dort den gesamten Konfigurationsprozess auf dem klassischen Weg zu wiederholen und schließlich zu einem Kaufvertrag zu kommen.

Da sich der in Kapitel 2 vorgestellte eBusiness-Standard ebXML eher auf die unternehmensübergreifende Zusammenarbeit konzentriert, kennt er den Begriff des Produkts nicht. Vorstellbar ist allerdings die Spezifikation von Produkten als Bestandteil eines CPPs, wobei dieses Profil dann zu einem Kauf- oder Verkaufsgebot mutieren würde. RosettaNet nimmt über sein technisches Wörterbuch eine Sonderstellung ein, da in diesem alle möglichen Produkte für einige wenige, spezielle Branchen abgelegt sind. Die DTD des Wörterbuchs unterstützt keine Varianten. Auch in COSMOS findet sich keine offensichtliche Möglichkeit zur Modellierung von Produktfamilien. Die Leistung ist hier nur einer von mehreren Bestandteilen des Vertragsmodells. In SILKROAD sind konfigurierbare Produkte über verschiedene Zustände im Ablauf des erzeugten Automaten möglich. Allerdings darf die Effizienz dieser Lösung angezweifelt werden, da der ohnehin schon sehr komplexe Zustandsautomat, der eigentlich den Verhandlungsprozess wiedergibt, noch weiter aufgebläht wird.

3.1.2 Beschreibungsproblem des eBusiness

Je komplexer die Vertragsgegenstände, die ausgehandelt werden sollen, desto schwieriger und umfassender wird deren Beschreibung. Diese Beschreibungen spielen vor allem bei der Suche nach einem passenden Geschäftspartner und dem Vergleich verschiedener Angebote eine wichtige Rolle. Dabei sind zwei grundlegende Fragen zu klären: Welche Eigenschaften beschreiben ein Produkt? Und welche Werte sind für diese Eigenschaften zulässig? Diese Probleme werden dadurch verstärkt, dass ein Festlegen der Eigenschaften und ihrer Domänen nur dann Sinn macht, wenn sich alle Teilnehmer eines Marktes auf eine gemeinsame Begriffswelt einigen können, da insbesondere der Geschäftspartner gegenüber die eigene Produktbeschreibung verstehen muss. In [BSBK99] wird die Schaffung einer gemeinsamen Terminologie für die Produktbeschreibung treffend als das Ontologie-Problem des eBusiness bezeichnet.

Das oben geforderte Variantendatenmodell muss also zusätzlich einen allen Teilnehmer gemeinsamen Wortschatz inklusive der dahinterliegenden Semantik enthalten. Geeignete Hilfsmittel sind Standardklassifikationssysteme, Terminologien oder Ontologien[1]. Das Konstruieren solcher Systeme, die das Ergebnis einer aufwendigen, semantischen Integration sind, ist nicht Gegenstand der hier vorliegenden Arbeit.

Von den in Kapitel 2 vorgestellten Ansätzen wird dieses Beschreibungsproblem unterschiedlich stark fokussiert. Da ebXML den Produktbegriff wie weiter oben erläutert nicht kennt, ist auch die Beschreibung von Produkteigenschaften nicht relevant. Die *ebXML Registry* wäre allerdings ein geeigneter Ort, um entsprechende Klassifikationssysteme zu speichern. RosettaNet hat das Beschreibungsproblem durch sein technisches Wörterbuch gelöst. Allerdings ist das nur der Fall, weil RosettaNet zumindest im Moment einen sehr eingeschränkten Bereich von Produkten aus der Elektro- und IT-Branche bedient, in denen sehr viel mit Standardbauteilen gearbeitet wird. COSMOS kennt als Bestandteil seines Vertragsmodells die Qualitätsattribute, die einer Leistung zugeordnet werden können. Der *Broker*-Dienst verwendet diese Attribute, um passende Geschäftspartner zu finden. SILKROAD erlaubt es, Transaktionen, Gegenstände und Agenten

1. Dem Autor ist klar, dass das Wort "Ontologie" neuerdings mehrdeutig belegt ist. Gemeint sind Ontologien der heutigen Redart, wie sie im *Semantic Web* verwendet werden, nicht im klassischen Sinne nach [Mitt84].

mit Attributen zu beschreiben. Dazu ist es im Kommunikationsentwurf möglich, eine für das Verhandlungsszenario geeignete Ontologie anzulegen.

3.1.3 Durchgängigkeit

Ein interessanter Vorteil elektronischer Medien ganz allgemein ist der mögliche Einsatz eines einheitlichen, durchgängigen Datenmodells durch alle Transaktionsphasen hindurch. Dadurch werden Medienbrüche vermieden, wie sie etwa im klassischen Bestellwesen auftreten: hier werden Informationen und Bestellungen über unterschiedliche Medien, wie Papierkataloge, Telefon oder Fax und elektronische Medien (Lagerhaltungssysteme, Buchhaltungssysteme etc.) transportiert, wobei jeder Medienwechsel die Transaktionskosten in Form von Konvertierungsaufwand und erhöhter Fehleranfälligkeit steigert.

Gefordert wird daher eine einzige, durchgängige Vertragsstruktur, die den Verhandlungsprozess durch alle Phasen hindurch ohne Medienbrüche unterstützt. Diese Forderung spielt ganz allgemein im elektronischen Datenaustausch eine wichtige Rolle. Sie ist damit sicher eine Ursache für den Erfolg von XML, da hierbei zumindest aus der Perspektive der technischen Heterogenität [ScHB02] alle Beteiligten ein einheitliches und durchgängiges Datenformat besitzen.

Auf ebXML und RosettaNet trifft der Aspekt der Durchgängigkeit nur beschränkt zu, da sie verschiedene, standardisierte Geschäftsdokumente, CPPs und PIPs vorschreiben. Allerdings handelt es sich um verschiedene Dokumente für verschiedene Prozesse. Gewissermaßen können die Dokumente jedoch durch ihren allgemeinen Aufbau, der durch XML-Grammatiken festgeschrieben ist, als durchgängig bezeichnet werden. COSMOS nennt den Vorteil der Durchgängigkeit explizit und empfiehlt dem Anwender, nicht nur einzelne Dienste in Anspruch zu nehmen, sondern die gesamte COSMOS-Dientstleistungssuite, da eben dann die Vorteile eines durchgängigen Systems zum Tragen kommen. Das vorgestellte Vertragsmodell ist dafür umfassend vorbereitet. Ähnlich verhält es sich mit SILKROAD: hier wird vor allem durch das *Design Meta Model* eine detaillierte Spezifikation, die weit über die Vertragsgegenstände hinaus geht, ermöglicht.

3.1.4 Unterstützung und Automatisierung

Eine wichtiges Unterscheidungskriterium für Vertragsverhandlungssysteme ist der Grad der Automatisierung. Die Forschungsdisziplin der Künstlichen Intelligenz hat schon lange vollautomatische Wissenssysteme versprochen, die in Form von Agenten auch fähig sind, die in dieser Arbeit behandelten Vertragsverhandlungen selbständig zu führen. Allerdings konnten diese Versprechen nur in gewissen Grenzen eingelöst werden. Dennoch wird der Umfang der Automatisierung im Verhandlungswesen teilweise kontrovers diskutiert, z.B. [BSBK99], [PrCo01] oder [Rebs01]. Die hier vorliegende Arbeit will sich diesen Diskussionen nicht anschließen und postuliert vielmehr, dass die automatische Aushandlung von Verträgen über konfigurierbare Güter, wie sie in Abschnitt 3.1.1 gefordert werden, nicht wünschenswert ist, sondern ein Eingreifen des Benutzers zu jedem Zeitpunkt anstrebenswert ist.

Es wird daher ein hybrides Verhandlungssystem gefordert, das den menschlichen Benutzer in jeder erdenklichen Weise unterstützt. Nur einfache, stupide Tätigkeiten soll das System automatisiert behandeln. Auf jeden Fall ist die Herrschaft des Benutzers über das aktuelle Geschehen zu gewährleisten. Unterstützung ist beispielsweise bei der Erstellung von Angebots- und Nachfragestrukturen in Form eines Editors mit Anwendungswissen vorstellbar, oder bei der Verhandlungsphase durch entsprechende Protokolle, Strategieempfehlungen und eine Infrastruktur. Automatisieren lässt sich vor allem der zeitaufwendige Schritt des *Match Making* sowie Teile der Abwicklungsphase.

Der ebXML eBusiness-Standard macht keine Aussagen zur Automatisierung der Abläufe. Denkbar ist ein automatisiertes Finden kompatibler CPPs, um ein CPA zu bilden. Auch die durch ein CPA beschlossenen, unternehmensübergreifenden Geschäftsprozesse können im Prinzip automatisch ausgeführt werden, was aber kein Verdienst von ebXML ist. RosettaNet zielt offen auf vollautomatische Prozessabläufe über Unternehmensgrenzen hinweg ab. Daher ist zumindest die Ausführung der PIPs ohne Eingriff möglich. COSMOS sieht den Vertrag nicht nur als rechtlich bindendes Werk, sondern auch als Ausführungsschema für die tatsächliche Geschäftstransaktion. Es ist daher von einem automatisierten *Workflow*, dem letzten der fünf COSMOS-Dienste, auszugehen. In SILKROAD ist der Automatisierungsgrad abhängig von der Implementierung der Systemkomponenten, prinzipiell ist aber ein hybrides System auf dieser Basis vorstellbar. Die in Abschnitt 2.4.3 vorgestellte erweiterte *Match-Making*-Komponente mit dem nachfolgenden Vermittlungsverfahren sind je ein Beispiel für Vollautomatik bzw. Interaktion mit dem Nutzer.

3.1.5 Geschäftspartnerfindung

Obwohl das Internet einen nahezu vollkommenen Markt darstellt, der z.B. eine bisher nie dagewesene Preistransparenz bietet und vergleichsweise geringe Transaktionskosten erfordert, nimmt gleichzeitig die Informationsüberflutung extrem zu[2]. Es stellt sich zunehmend die Frage, wie man unter der riesigen Menge von potenziellen Geschäftspartnern den für die eigenen Bedürfnisse geeignetsten findet. Diese Suche als Bestandteil der Informationsphase trägt inzwischen wieder einen größeren Teil zu den Transaktionskosten bei, da insbesondere für konfigurierbare Gütern und Dienstleistungen keine allgemein annerkannten Datenmodelle und Beschreibungen existieren, wie weiter oben ausgeführt.

Ein sinnvolles Vertragsverhandlungssystem, das alle Phasen eines Geschäftsprozesses unterstützen soll, muss daher einen Mechanismus zum kostengünstigen Finden von geeigneten Geschäftspartnern anbieten. Dies kann allerdings nur mit einem etablierten Daten- und Beschreibungsmodell erfolgen. Außerdem benötigt das Verhandlungssystem eine nahezu monopolistische Marktmacht – nur wenn alle Geschäftsteilnehmer an einem System teilnehmen und sich dessen Rahmenbedingungen unterordnen, kann über den gesamten Markt nach den besten Geschäftspartnern gesucht werden. Der verbreitetste Ansatz zur Realisierung der Partnerfindung

2. Eine interessante Theorie in diesem Zusammenhang ist die "Ökonomie der Aufmerksamkeit" [Gold97a], [Gold97b]. Aufmerksamkeit wird bei der zunehmenden Informationsüberflutung als Zahlungsmittel und knappes Gut aufgefasst.

sind elektronische Marktplätze, wie sie in Abschnitt 1.1 eingeführt wurden. Das Finden wird hier in der Regel durch *Broker* und *Match-Making*-Verfahren realisiert. Ein *Broker* kann allerdings nur dann zuverlässige Ergebnisse liefern, wenn die Marktteilnehmer ihm gegenüber offen und ehrlich sind [BSBK99], da sonst die *Match-Making*-Ergebnisse verfälscht werden.

Eine weitere, offene Frage ist die effiziente algorithmische Realisierung des *Match Making*. Je umfassender die Einzelbeschreibungen der gehandelten Güter oder Dienste werden, und je mehr Teilnehmer einen Marktplatz nutzen, umso rechenzeitintensiver wird das Suchverfahren.

In der Infrastruktur von ebXML ist kein spezieller *Broker* vorgesehen, allerdings fungiert die *ebXML Registry* als zentraler Datenspeicher, auf dem sich die Teilnehmer selbst nach passenden Partnern umsehen müssen. Es wird zwar ein *Match Making* zwischen CPPs erwähnt, allerdings finden sich keine Angaben zur technischen Realisierung. Das RosettaNet-Rahmenwerk setzt erst nach dem Finden eines Geschäftspartners an und adressiert daher das *Match-Making*-Problem überhaupt nicht. COSMOS besitzt einen speziellen *Broker*-Dienst, der genau die Vermittlung geeigneter Partner realisiert, allerdings finden sich keine detaillierteren Beschreibungen oder Algorithmen. SILKROAD erstellt logisch gesehen für jedes Verhandlungsszenario einen eigenen Marktplatz. Die Funktion des *Brokers* wird in dieser Architektur vom *Agent Manager* als Schnittstelle zu den Teilnehmern, dem *Policy Manager* als globale Ablaufkontrolle und schließlich von der *Match*-Komponente erbracht. Wie in Abschnitt 2.4.3 aufgezeigt, lässt SILKROAD durch seinen Komponentenansatz im Prinzip beliebige *Match-Making*-Verfahren zu, beispielsweise das einfache und das erweiterte *Matching*.

3.1.6 Rechtlicher Aspekt

Der vermutlich größte Hemmschuh für die weitere Verbreitung von eBusiness und eCommerce ist die Rechtsunsicherheit vor allem bei grenzüberschreitenden Geschäftstransaktionen. Technisch können sich sicherlich alle Beteiligten leicht auf eine Sichtweise, wie sie in [Bart00] formuliert wird, einigen, nämlich dass ein Vertrag eine Art von Bauplan darstellt. Problematisch ist ein rein elektronisch, evtl. voll automatischer Vertrag im Fall eines Zerwürfnisses der Geschäftspartner. Die hier auftretenden Fragen gehen weit über den Fokus dieser Arbeit hinaus, für einen Überblick aus Sicht der Informatik sei etwa auf [Merz02] verwiesen.

Weder ebXML noch RosettaNet adressieren das Problem der Rechtsgültigkeit ihrer Prozesse und Transaktionen. Vermutlich muss dies in Rahmenverträgen, die auf klassischem Weg erstellt werden, geregelt werden. Im Gegensatz dazu bieten sowohl COSMOS als auch SILKROAD Signaturdienste an. Vor allem COSMOS ist in Bezug auf juristische Aspekte sehr detailliert.

3.1.7 Zusammenfassung

Die in den vorigen Abschnitten diskutierten Anforderungen, die ein umfassendes Vertragsverhandlungssystem für konfigurierbare Gegenstände erfüllen sollte, sind in Tabelle 3.1 zusammengefasst. Auffällig ist, dass gerade die beiden eBusiness-Standardisierungsvorhaben ebXML und RosettaNet viele der Anforderungen nicht erfüllen, was jedoch in der Natur ihrer Ausrich-

Anforderung	ebXML	RosettaNet	COSMOS	SILKROAD
Konfigurierbarkeit des Vertrags-gegenstands	nein	nein	nein	eingeschränkt, über zusätzliche Zustände
Beschreibung der Eigenschaften	nein	ja, fester Wortschatz	ja, Qualitätsattribute für Leistung	ja, Ontologien für Transaktion, Gegenstand und Agent
Durchgängigkeit	nicht zutreffend	nicht zutreffend	ja, möglich	ja
Unterstützung und Automatisierung	keine Angaben	Ablauf der PIPs automatisch	hybrid	hybrid, je nach Implementierung
Geschäftspartner-findung	nein	nicht zutreffend	ja, *Broker*, keine Angabe zu Verfah-ren	ja, *Match*-Kompo-nente, verschie-dene Verfahren
Rechtlicher Aspekt	nein	nein	ja, Signaturdienst	ja, *Contract*-Kompo-nente

Tab. 3.1: Anforderungskatalog an ein Vertragsverhandlungssystem

tung liegt: sie sind eher als elektronische Protokolle zur Zusammenarbeit (*Electronic Collaboration*) gedacht, bieten dabei aber für diese Arbeit viele interessante Teilaspekte.

Der bis hierher aufgestellte Anforderungskatalog weist gewisse Ähnlichkeiten mit Klassifizierungen elektronischer Verhandlungen auf, wie sie beispielsweise in [Pete00] oder [Rebs01] vorgestellt werden. Die Anforderungen aus Tabelle 3.1 sind allerdings bis auf die Ausnahme "Unterstützung und Automatisierung" als komplementäre Ergänzung zu diesen Klassifizierungen zu verstehen, die insbesondere auf die technische Realisierung und die Behandlung von komplex strukturierten und variantenreichen Vertragsgegenständen abzielen. Trotzdem sollen die Merkmale elektronischer Verhandlungen nach [Rebs01] kurz skizziert werden. Eine Zusammenfassung findet sich in Tabelle 3.2 in Form eines morphologischen Kastens.

Merkmal	Ausprägungen		
Protokollkategorie	Bilateral	Einseitig multiliteral	Beidseitig multiliteral
Automatisierungsgrad	Elektronisch unterstützt	Hybrid/teilautomatisiert	Automatisiert
Anzahl Attribute	Einattributiv	Multiattributiv	
Anzahl Positionen	Einzelposition	Mehrfachpositionen	
Anzahl Verhandlungen	Einzelverhandlungen	Multiple Verhandlungen	
Mediationstyp	Direkte Verhandlung	Broker	

Tab. 3.2: Merkmale elektronischer Verhandlugen [Rebs01]

- Protokollkategorie

  Das Merkmal der Protokollkategorie behandelt die Anzahl der an einer Verhandlung beteiligten Parteien. Im bilateralen Fall stehen zwei Marktteilnehmer direkt miteinander in Verhandlung. Der multilaterale Fall kann in einseitig und zweiseitig multilateral unterschieden werden. Einseitig mulitilaterale Verhandlungen finden zwischen einem Anbieter und mehreren Nachfragern statt (hier wird auch von einer Auktion gesprochen) oder umgekehrt (dann handelt es sich um eine Ausschreibung). In der beidseitig multilateralen Situation stehen mehrere Anbieter mehreren Nachfragern gegenüber, wie es bei der Börse der Fall ist.

- Automatisierungsgrad

  Der Punkt Automatisierungsgrad fällt mit dem weiter oben genannten Aspekt "Unterstützung und Automatisierung" zusammen. Hier wird zwischen unterstützenden Systemen und vollautomatisierten Systemen unterschieden. Einen Kompromiss stellen teilautomatisierte oder hybride Systeme dar.

- Anzahl Attribute

  Einfache elektronische Verhandlungen lassen nur ein einziges Attribut zu, in der Regel den Preis. Alle weiteren Konditionen müssen entweder im Voraus bereits geklärt oder unwichtig sein. Für die Verhandlung von komplexen und konfigurierbaren Gütern im B2B-Bereich ist aber die Verhandlung mehrerer Attribute notwendig, neben dem Preis etwa der Lagerbestand, die Lieferzeit oder die Garantiedauer.

- Anzahl Positionen

  Die Anzahl der Positionen ist ein eher untergeordnetes Kriterium, das die Anzahl der Posten innerhalb einer Verhandlung in Betracht zieht, wobei hier vor allem eine Zusammenstellung heterogener Einzelposten gemeint ist. Die meisten kommerziellen und Forschungssysteme konzentrieren sich jedoch auf Einzelpositionen.

- Anzahl Verhandlungen

  Die Anzahl von Verhandlungen ist eine eher technische Anforderung an ein Verhandlungssystem. Ein sinnvoll einsetzbares System sollte das simultane Führen mehrerer Verhandlungen unterstützen.

- Mediationstyp

  Der Mediationstyp ähnelt dem weiter oben ausführlich diskutierten Punkt *Match Making*. Rebstock unterscheidet hier aber einzig, ob die Parteien direkt miteinander verhandeln, oder ob ein Intermediär, d.h. ein *Broker* eingeschaltet wird. Die algorithmische Realisierung sowohl des direkten als auch des indirekten Verhandelns ist hierbei nicht relevant.

Basierend auf den in diesem Abschnitt erarbeiteten Anforderungen soll nun ein Vertragsverhandlungssystem konzipiert werden, das sich insbesondere auf die technischen Aspekte des Katalogs konzentriert. Dazu wird im Folgenden der im Rahmen dieser Arbeit entwickelte Forschungsprototyp Marrakesch vorgestellt [Marr04].

3.2 Marrakesch – ein elektronisches Vertragsverhandlungssystem

Im vorigen Abschnitt wurden die zentralen Anforderungen für ein elektronisches Vertragsverhandlungssystem, das auf den Umgang mit komplex konfigurierbaren Produkten ausgelegt ist, erarbeitet. Abgesehen vom rechtlichen Aspekt aus Abschnitt 3.1.6, der außerhalb dieser Arbeit liegt, lassen sich drei große Problemkreise identifzieren. Bei der Konzeptionierung von Marrakesch wurde jeder dieser Problemkreise untersucht und ein umfassendes Rahmenwerk geschaffen, das als Ausführungsumgebung für einen entsprechenden Referenzprozess dient. Die drei Probleme und die jeweils in Marrakesch eingeführten Lösungsansätze werden im Folgenden skizziert:

- Das Modellierungsproblem

  Die Anforderungen Konfigurierbarkeit, wie sie in Abschnitt 3.1.1 erläutert wurde, die Beschreibung der Eigenschaften aus Abschnitt 3.1.2, sowie die Durchgängigkeit (Abschnitt 3.1.3), d.h. die Eignung des Formats für alle Phasen einer Geschäftstransaktion münden in ein Modellierungsproblem: gesucht ist ein Datenmodell, das neben der Beschreibung von Vertragsgegenständen und ihren Varianten auch einheitliche, möglichst umfassende Beschreibungsmöglichkeiten für die detaillierteren Eigenschaften der Gegenstände anbietet. Darüberhinaus muss das Datenmodell so umfassend und flexibel sein, dass es neben dem Vertragsgegenstand selbst auch zusätzliche Metainformationen speichern kann, die sowohl phasenübergreifende als auch phasenspezifische Daten transportieren.

  Marrakesch bietet dazu eine Methodik bestehend aus bekannten Konzepten der Informatik, mittels derer ein zweigeteiltes anwendungsspezifisches Datenmodell generiert werden kann. Zu allererst ist sicherzustellen, dass alle an der Vertragsverhandlung Beteiligten eine gemeinsame Terminologie benutzen, mit der vor allem die Vertragsgegenstände und ihre Eigenschaften genau bezeichnet werden können. Deshalb wurde im Rahmen von Marrakesch als Grundlage des geforderten Datenmodells ein multidimensionales Begriffssystem für die auszutauschenden Güter bzw. Dienstleistungen entwickelt. Die Erzeugung der Inhalte des Begriffssystems ist dabei den Marktteilnehmer überlassen und differiert je nach Anwendungsdomäne.

  Aufbauend auf diesem hierarchisch organisierten Begriffsnetzwerk erlaubt das mereologische Graphenmodell von Marrakesch, das auf der Teil-Ganze-Beziehung beruht, eine kompakte und effiziente Darstellung von konfigurierbaren Gegenständen. Es handelt sich dabei um eine graphische Notation für Variantenstücklisten, die von Wedekind und Müller [WeMü81] vorgeschlagen wurde. Die Mächtigkeit dieses Datenmodells wird durch den Einsatz von Implikationen [Wede89] weiter erhöht, da dadurch komplexe Abhängigkeiten und Bedingungen zwischen den Konfigurationsmöglichkeiten formuliert werden können. Die mereologische Struktur ist so generisch einsetzbar, dass sich mit ihr nicht nur der Vertragsgegenstand selbst, also das Produkt oder die auszutauschende Dienstleistung, sondern auch die zusätzlichen Vertragsbestandteile, wie Lieferbedingungen, Zahlungsbedingungen oder Rahmenverträge, beschreiben lassen. Erst durch diese Eigenschaft löst das Datenmodell die Anforderung der Durchgängigkeit. Neben komplexen Angebotsstrukturen, wie Produktfamilien oder Katalogen, dient das mereologische Graphenmodell auch der Formulierung der Nachfrage.

- Das Koordinationsproblem

  Die Forderung nach Durchgängigkeit (Abschnitt 3.1.3) wirkt sich nicht nur auf die Modellierung aus, sondern wirft auch ein Koordinationsproblem auf. Verstärkt wird dieses Problem durch die Bestrebung, alle Teilschritte der Geschäftstransaktion umfassend zu unterstützen und falls möglich zu automatisieren, wie in Abschnitt 3.1.4 gefordert. Unter Koordination fällt beispielsweise der Gesamtablauf der Verhandlung, die Frage, welche Teilnehmer unter Zuhilfenahme welcher Dienste bzw. Komponenten miteinander interagieren, oder welche Schritte in Abhängigkeit vom Ausgang der vorherigen als nächste möglich sind.

  Marrakesch löst das Koordinationsproblem durch die Modellierung eines Referenzprozesses. Dabei wird die Geschäftstransaktion nicht aus der klassischen betriebswirtschaftlichen Perspektive gesehen (Phasenmodell, [Schm93]), sondern aus dem prozessorientierten Blickwinkel eines Informationssystems. Der Referenzprozess stellt einen flexiblen Rahmen für verschiedene Verhandlungsformen bereit. Die einzelnen Prozessschritte können abhängig von der gewählten Form unterschiedlich realisiert werden. Dadurch kann je nach Einsatzgebiet des Marktplatzes eine andere Abstimmung zwischen Automatisierung und Interaktion mit dem Benutzer gewählt werden.

- Das *Match-Making*-Problem

  Die in Abschnitt 3.1.5 formulierte Forderung einer effektiven Geschäftspartnerfindung vor dem Hintergrund des einerseits übergroßen Onlineangebots und andererseits dem Bestreben nach möglichst geringen Transaktionskosten führt zum *Match-Making*-Problem. Zwar handelt es sich dabei nur um einen einzelnen Prozessschritt aus dem gesamten Verhandlungsprozess, allerdings ist es aufgrund seine Positionierung beinahe zu Beginn der Prozesskette und vor allem durch die enorme Komplexität bei hohen Marktteilnehmerzahlen notwendig, das *Match-Making*-Problem gesondert zu betrachten.

  Durch die Verwendung des speziellen Datenmodells aus multidimensionalem Begriffssystem und mereologischem Graphen kann Marrakesch zueinander kompatible Angebots- und Nachfragespezifikationen voraussetzen. Dadurch wird es möglich, den extrem aufwendigen Schritt der Geschäftspartnerfindung vollständig zu automatisieren. In Kapitel 5 wird allerdings der Beweis für die NP-Vollständigkeit des *Match-Making*-Problems skizziert, wodurch der Einsatz exakter deterministischer Suchverfahren nur für sehr kleine Märkte möglich ist. Für größere Märkte ist es dagegen erforderlich, modernere Suchverfahren aus dem Bereich des *Soft Computing* einzusetzen. Nur so ist es möglich, aus der evtl. riesigen Menge von potenziellen Geschäftspartnern effizient diejenigen automatisiert herauszufiltern, die die eigenen Bedürfnisse bezüglich einer Vielzahl von Einzelanforderungen wie Preis, Lieferzeit oder spezielle Produktspezifikationen am besten erfüllen.

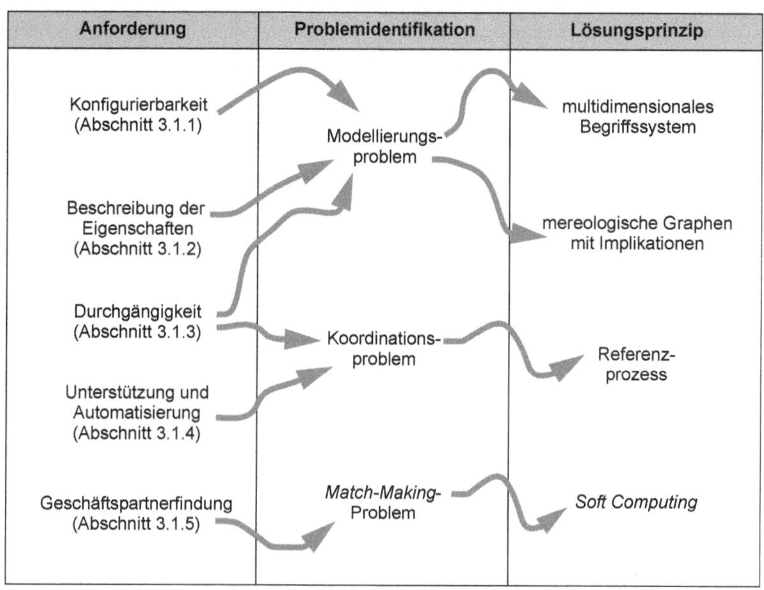

Abb. 3.1: Ableitung der Lösungsprinzipien aus den Anforderungen

Die eben ausgeführten Zusammenhänge zwischen den Anforderungen aus Abschnitt 3.1, den daraus entwickelten Problemkreisen und den für die Realisierung von Marrakesch gewählten Lösungsprinzipien sind in Abbildung 3.1 nochmals graphisch zusammengefasst. Die folgenden Abschnitte gehen näher auf die drei Problemkreise ein, wobei vor allem das Koordinationsproblem ausführlich behandelt wird. Den technischen Lösungen des Modellierungsproblems und des *Match-Making*-Problems werden mit Kapitel 4 und Kapitel 5 jeweils eigene Kapitel gewidmet.

3.2.1 Die Lösung des Modellierungsproblems

Wie die Ausführungen der weiteren Problemkreise gezeigt haben, ist die Lösung des Modellierungsproblems durch ein geeignetes Datenmodell von essentieller Bedeutung. Dieses Modell muss aus Gründen der gestellten Aufgabe fähig sein, beliebige, komplex konfigurierbare Gegenstände oder Dienstleistungen jeder Domäne, die hohe Zahlen von Einzelkonfigurationen ergeben, kompakt und verständlich darzustellen. Dabei muss zudem die gezielte Einschränkung von Variationsmöglichkeiten in Abhängigkeit von Teilentscheidungen berücksichtigt werden. Beispielsweise soll das Sonderausstattungsmerkmal "Schiebedach" aus den zur Verfügung stehenden Optionen ausgenommen werden, wenn als Karosserieform "Cabrio" gewählt ist. Das Datenmodell muss also vor allem die Komplexität der Anwendungsdomäne so weit wie möglich reduzieren und damit den Anwender die Überschaubarkeit der Materie gewährleisten. In

Marrakesch dient dazu das Konzept des allgemeinen mereologischen Graphen. Es handelt sich dabei um eine graphische Notation, die durch den Einsatz von Alternativen eine effiziente und übersichtliche Formulierung von Familien von Varianten erlaubt, da ein beliebig großer Variantenraum in einem einzigen Graphen ausgedrückt werden kann. Um bestimmte Kombinationen von Varianten zu verbieten, da sie aus technischen oder juristischen Gründen nicht erlaubt sind, wird der Alternativenmechanismus um das Konzept der Implikationen ergänzt, das es erlaubt, wenn-dann-Abhängigkeiten zwischen Alternativen zu definieren, die den allgemeinen Variantenraum gezielt einschränken.

Ein Beispiel einer Variantenfamilie ist in Abbildung 3.2 zu sehen. Die Dreiecke mit nach oben zeigender Spitze stellen Konjunktionen dar. Alle von unten eingehenden Elemente unterliegen der Teil-Ganze-Relation, d.h. sie gehen als Bestandteil in die Konjunktion 1 im Bild ein. Dreiecke mit nach unten gerichteter Spitze sind exklusive Alternativen, d.h. um eine tatsächliche Konfiguration der Familie zu erhalten muss pro Alternative genau ein Kind gewählt werden. Rechtecke bezeichnen Textstücke, d.h. elementare Teile, die – zumindest für die vorliegende Modellierung – nicht weiter in ihre Einzelbestandteile aufgelöst werden können bzw. sollen. Ein Gebilde der in der Abbildung dargestellten Familie setzt sich demnach aus vier Baugruppen zusammen, bezeichnet durch die Alternativen 2, 3, 4 und 14. Jede dieser Alternativen kann zu genau einem von drei Textstücken entschieden werden, womit sich 3^4 mögliche Varianten ergeben. Allerdings wird dieser Raum an Möglichkeiten durch die Implikation (das nach links zeigende Dreieck) in der unteren Bildhälfte eingeschränkt: Entscheidet ein Kunde die Alternative 2 auf Textstück 5 und zugleich Alternative 3 auf Textstück 10, so ist der Entscheidungsspielraum von Alternative 4 auf die Teile 11 und 12 beschränkt; außerdem ist Alternative 14 zu Teil 16 entschieden. Damit wurde die Mächtigkeit des Variantenraums von ursprünglich 3^4=81 auf 74 reduziert. Die so beschriebenen Gebilde, die vor allem der Darstellung der Struktur dienen, werden als mereologische Graphen bezeichnet.

Diese Notation erlaubt es zwar, komplex konfigurierbare Gegenstände kompakt zu beschreiben, allerdings ist eine Verständigung zwischen den Geschäftspartnern oder das *Match Making* zwischen dieser Art notierter Sachverhalte nur möglich, wenn die Strukturen über einem allgemein

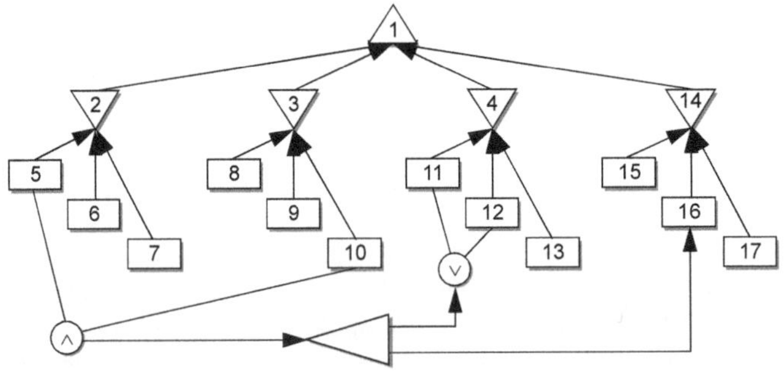

Abb. 3.2: Graphische Design-Notation von Marrakesch mit Implikationen

anerkannten, gemeinsamen Wortschatz konstruiert werden. Dabei sind einerseits die Textstücke betroffen, die beispielsweise eine Motorisierung oder eine Felge bezeichnen können, andererseits die Eigenschaften, die jedem der mereologischen Knoten zugeordnet werden können, wie Preis, Material oder ähnliches. Um dies zu realisieren setzt Marrakesch das Konzept eines multidimensionalen Begriffssystems ein, das sowohl von den Arbeiten von Smith und Smith [SmSm77], als auch der Modellierung von Dimensionshierarchien aus dem Data-Warehouse-Bereich [BaGü01] inspiriert ist. Da Marrakesch für Anwendungen aus beliebigen Domänen offen sein soll, liegt für die Einzelteile der Produktfamilien keine einheitliche natürliche Klassifikation vor [Mitt84]. Daher können zu beliebigen Klassifikatoren jeweils eigenständige Hierarchien aufgebaut werden. Jedes Element aus dem mereologischen Graphen, insbesondere Textstücke, müssen eindeutig auf die einzelnen Klassifikationen verweisen, wodurch jedes Teil mehrdimensional klassifiziert ist. Durch die evtl. weit verästelten Hierarchien ergibt sich zusätzlich eine Ableitbarkeitseigenschaft zwischen generalisierten und spezialisierten Klassen, die sich positiv auf den *Match-Making*-Prozess auswirkt (siehe unten).

Mit dem Konzept des multidimensionalen Begriffssystem bietet Marrakesch also ähnlich wie RosettaNets technisches Wörterbuch eine für alle Teilnehmer gültige Terminologie, wodurch Homonym- und Synonymprobleme von Beginn an ausgeschlossen sind. Durch den Aufbau mehrerer, voneinander unabhängiger Klassifikationshierarchien und die Zuordnung der Klassen zu den Elementen der mereologischen Graphen erreicht das Datenmodell von Marrakesch eine Mächtigkeit, wie sie nur SILKROAD ansatzweise über seine auf die Angebotsseite beschränkte Ontologie bieten kann.

Das so definierte Datenmodell erlaubt es aufgrund seiner Flexibilität nahezu beliebige Güter, Dienstleistungen oder Mischformen zu beschreiben. Die mereologische Graphenstruktur gestattet es, innerhalb eines Graphen nicht nur die konfigurierbare Produktfamilie, sondern auch beispielsweise den kaufmännischen Teil des potenziellen Kaufvertrags zu formulieren. Es können beliebige, für die Gesamtgeschäftstransaktion notwendige Metadaten in die Beschreibung aufgenommen werden, wodurch das Datenmodell der Anforderung der Durchgängigkeit gerecht wird. So wird in [Wede00] ein Vertrag als mereologischer Graph modelliert, der aus einem allgemeinen, einem technischen und einem kaufmännischen Teil besteht. Darüberhinaus eignet sich die Notation sowohl für die sehr detaillierte Spezifikation einer Produktfamilie, als auch für eine nur vage Skizzierung, womit sie für Anwender jedes Wissenstandes nutzbar ist.

Bei der Vorstellung des Datenmodells von Marrakesch in diesem Abschnitt handelt es sich nur um einen knappen Überblick. Ausführlich wird das Modell in Kapitel 4 vorgestellt.

3.2.2 Die Lösung des Koordinationsproblems

Neben der Forderung nach Durchgängigkeit ist die Frage nach Automatisierung oder Interaktion die Hauptursache für das Koordinationsproblem. Hier sind Abläufe zu klären, Entscheidungen abhängig von vorherigen zu treffen und die einzelnen Phasen einer Geschäftstransaktion zu durchlaufen. Doch während das Phasenmodell von [Schm93] sich an der in der Betriebswirtschaft üblichen Sicht orientiert, muss für die Realisierung eines Vertragsverhandlungssystems ein weitaus technischerer Standpunkt eingenommen werden. Da sich eine Geschäftstransaktion vom Punkt der Angebots- bzw. Nachfragespezifikation über die Verhandlung hinweg bis zum Abschluss der Abwicklung in einzelne Schritte zerlegen lässt, wird die prozessorientierte Sichtweise eines Informationssystems angenommen [Sche99]. Dazu wurde der Marrakesch-Referenzprozess entwickelt, der in Abbildung 3.3 dargestellt ist und im Folgenden diskutiert wird.

Der Referenzprozess stellt einen Rahmen dar, innerhalb dessen unterschiedliche Realisierungen der einzelnen Schritte möglich sind. Damit ist Marrakesch ähnlich modular und fähig, unterschiedliche Verhandlungsszenarien abzubilden, wie SILKROAD. Dabei geht Marrakesch von mindestens drei verschiedenen Akteuren aus, von Anbietern, Nachfragern und dem Marktplatz selbst.

Zur Darstellung des Prozesses wurde eine UML-ähnliche Notation verwendet. Die abgerundeten Rechtecke in der Abbildung stellen einzelne Prozessschritte dar. Neben der Beschreibung, was in dem Schritt geschieht, ist unten links in kleinerer Schrift der Aktivitätsträger angegeben.

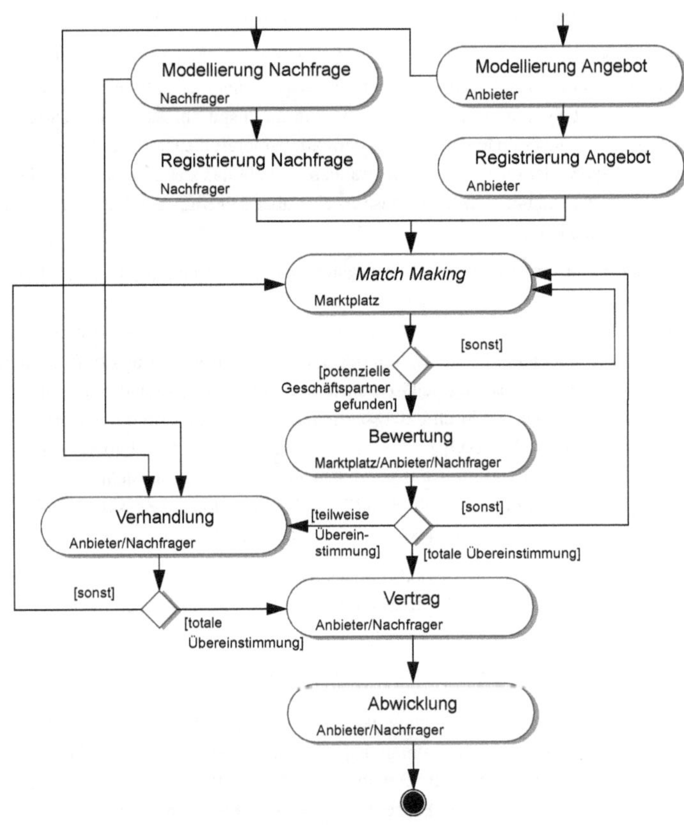

Abb. 3.3: Der Referenzprozess von Marrakesch

Die Rauten stellen Entscheidungspunkte dar, d.h der Kontrollfluss verzweigt je nachdem, welche Kantenbeschriftung zutrifft.

Die ersten Schritte im Gesamtablauf bestehen in der Modellierung der Angebote bzw. der Nachfragen. Je nach Marktform ist die Festlegung beider oder nur einer dieser Strukturen möglich. Im B2B-Bereich, auf den Marrakesch abzielt, kann jedoch davon ausgegangen werden, dass auch der Nachfrager daran interessiert ist, seine Vorstellungen präzise zu formulieren. Es ist offenbar, dass sich dieser Prozessschritt nicht automatisieren lässt, hier ist das Eingreifen eines menschlichen Benutzers unabdingbar. Allerdings kann der Nutzer – unabhängig ob Anbieter oder Nachfrager – durch einen visuellen Editor für mereologische Graphen, der Zugriff auf das Begriffssystem des Marktplatzes hat, unterstützt werden. Neben der lokalen Erzeugung und Verwaltung der eigenen Strukturen kann der Editor auch den zweiten Schritt, die Registrierung auf dem Marktplatz durchführen.

Auf dem Marktplatz stehen sich damit eine Menge von Angeboten und eine Menge von Nachfragen, die jeweils auf dem multidimensionalen Begriffssystem des Marktplatzes basieren, gegenüber. Es ist nun die vom Marktplatz zu erbringende Leistung, in diesen Mengen potenzielle Geschäftspartner zu identifizieren (*Match Making*). Da sich alle Marktteilnehmer auf das gemeinsame Datenmodell eingelassen haben, ist es möglich, diesen Schritt vollständig automatisch auszuführen. Zusätzlich erlaubt das Datenmodell von Marrakesch die Abstimmung der beiden Strukturen aufeinander, d.h. die Wünsche des jeweiligen Gegenübers können in die eigenen Varianträume eingetragen werden, wodurch eine Vielzahl von Wahlmöglichkeiten bereits eingeschränkt oder schon entschieden werden kann. Dadurch wird der Aufwand für die nachfolgenden Verhandlungen drastisch reduziert. Der Referenzschritt *Match Making* kann dabei auf vielfältige Weise realisiert werden, und stellt das in Abschnitt 3.2.3 behandelte *Match-Making*-Problem dar. Dabei ist es unerheblich, ob zwischen Angebot und Nachfrage 1:N- oder N:M-Verhältnisse vorliegen. Solange zu einer auf dem Marktplatz registrierten Struktur kein Geschäftspartner gefunden werden kann, steht sie weiterhin dem *Match-Making*-Prozess zur Verfügung. Aus logischer Sicht ist der *Match-Making*-Prozess immer dann auszuführen, wenn ein neues Angebot oder eine neue Nachfrage auf dem Marktplatz angemeldet wird.

Das Ergebnis des vorherigen Schrittes ist eine Menge von Paarungen aus Angeboten und Nachfragen, die aufgrund ihrer Spezifikation zueinander kompatibel sind. Es ist denkbar und mit zunehmender Teilnehmerzahl wahrscheinlich, dass sich für eine Struktur mehrere potenzielle Partner finden. Auch ist es möglich, dass der gefundene Partner die eigenen Anforderungen nur eingeschränkt erfüllt oder zusätzliche Anforderungen stellt, die für einen selbst nicht akzeptabel sind. Daher folgt als nächster Schritt eine Bewertung der errechneten *Matches*. Abhängig von der tatsächlichen Wahl des Verhandlungstyps kann diese Bewertung von jedem der drei Teilnehmertypen oder beliebigen Kombinationen übernommen werden. Beispielsweise kann der *Match-Making*-Prozess als Nebeneffekt ein Qualitätsmaß für die Übereinstimmung der Paarungen, die er liefert, angeben. Je größer das Handelsvolumen der abzuschließenden Transaktion ist, um so wahrscheinlicher ist hier der direkte Eingriff zumindest eines der menschlichen Teilnehmer. Die Marktplatzinfrastruktur kann jedoch entsprechende Qualitätskennzahlen zur Entscheidungsunterstützung liefern. Mit der Bewertung der gefundenen Gebotspaarungen ist außerdem der Übergang zwischen der Informationsphase und der sich anschließenden Verhandlungsphase vollzogen.

Liefert die Bewertung eine totale Übereinstimmung zwischen einem Angebot und einer Nachfrage, die keine einzelnen Aspekte mehr offen lässt, so können die baldigen Geschäftspartner direkt zum Vertragsabschluss übergehen. Auch dieser Prozessschritt ist vielfältig implementierbar, im Extremfall kann er auch völlig außerhalb des elektronischen Systems durch den Austausch von Unterschriften getätigt werden. Allerdings ist hier im Sinne der Durchgängigkeit eher eine Unterstützung durch Signaturdienste oder die Einbindung von elektronischen Notariaten wünschenswert.

In der Regel werden auch sehr gut zueinander passende Angebots- und Nachfragestrukturen gewisse Fragen offenlassen. In diesem Fall müssen Anbieter und Nachfrager in Verhandlungen eintreten. Neben den Ergebnissen aus dem *Match Making* fließen hier auch die ursprünglichen Spezifikationen von Angebot und Nachfrage und evtl. sogar nicht formalisierte Vorstellungen der einzelnen Teilnehmer mit ein. Besonders dieser Schritt erlaubt eine Vielzahl unterschiedlicher Realisierungen, die das gesamte Spektrum an Verhandlungsmodellen abdecken. Je nach der festgelegten Protokollkategorie kann ein Börsensystem, ein Auktions- bzw. Ausschreibungsverfahren oder eine bilaterale, interaktive Verhandlung stattfinden. Insbesondere die erstgenannten Verfahren sind in der Betriebswirtschaftslehre und in der Wirtschaftsinformatik umfassend aufgearbeitet, weshalb an dieser Stelle auf eine tiefere Ausführung verzichtet wird. Der interessierte Leser sei auf [Merz02] oder [VoLZ03] verwiesen. In dieser Arbeit wird stattdessen die Realisierung der bilateralen Verhandlung durch die Schematisierung von Verhandlungsdialogen untersucht. Eine weitere Verhandlungsalternative stellt der Einsatz von Konfiguratoren dar. Hierbei handelt es sich um einseitige Verhandlungssysteme, bei denen in der Regel der Nachfrager, statt eine eigene Nachfrage formulieren zu können, im Rahmen der vom Anbieter vorgegebenen Produktfamilie wählen und konfigurieren kann. Diese beiden Verhandlungsmethoden werden in Kapitel 6 vertieft.

Führen der Verhandlungsprozess bzw. bereits die Bewertung zu einem rechtskräftigen Vertrag, so sind schließlich die darin vereinbarten Leistungen auszutauschen, was im Prozessschritt der Abwicklung geschieht. Hierbei müssen die Ergebnisse des Gesamtprozesses an die unternehmenseigenen Systeme für Logistik, Bezahlung etc. angebunden werden. Hier endet der Wirkungsbereich von Marrakesch, da hier auch die zwischenbetriebliche Interaktion nicht mehr gegeben ist.

3.2.3 Lösungen für das *Match-Making*-Problem

Das *Match-Making*-Problem hat seine Ursache in der Anforderung an eine effiziente Geschäftspartnerfindung im unüberschaubar großen Internetmarkt. Eine umfassende Recherche und ein ausführlicher Vergleich aller möglichen Geschäftspartner beeinflusst die Transaktionskosten der Informationsphase übermäßig und birgt das Risiko, aufgrund der Schnelllebigkeit der Märkte schnell wieder zu veralten. Im Marrakesch-Referenzprozess wird daher auf einen logisch zentralen *Broker* als spezialisierten Suchdienst zurückgegriffen. Der *Match-Making*-Prozess, der dadurch realisiert wird, kann im Prinzip auch von menschlichen Redaktionen ausgeführt werden, wie es bei manchen Preisagenturen oder Verzeichnissen von Internetsuchmaschinen der Fall ist [Prei04], allerdings ist der Umfang der betrachteten, potenziellen Geschäftsteilnehmer beschränkt. Eine vollautomatische Lösung des *Match-Making*-Problems ist also wünschenswert, um sicher gehen zu können, dass möglichst der gesamte Angebotsraum zuverlässig untersucht wird.

Die Automatisierung des *Match-Making*-Prozesses bei komplex konfigurierbaren Vertragsgegenständen, wie sie in dieser Arbeit behandelt werden, ist jedoch nur unter Verwendung eines global gültigen, exakten Datenmodells möglich. Das in Abschnitt 3.2.1 vorgestellte Datenmodell von Marrakesch ist dabei einerseits ausreichend flexibel, um umfangreiche Produktfamilien inklusive von Abhängigkeiten auszudrücken, andererseits formal genug, um algorithmisch durchsucht zu werden. Da das Marrakesch-Rahmenwerk davon ausgeht, dass sowohl Anbieter als auch Nachfrager ihre Vorstellungsräume als mereologische Graphen modellieren, besteht die Lösung des *Match-Making*-Problems im Vergleich dieser Graphen: zu untersuchen ist, ob sich im Angebotsgraph mindestens eine Variante konstruieren lässt, die sich so im Nachfragevariantenraum wiederfindet. Die Vereinfachung der Angebots- und Nachfragestrukturen auf den gemeinsamen, kompatiblen Variantenraum ist dabei ein wesentliches Teilergebnis des *Match Making*. Die Suche nach füreinander geeigneten Geschäftspartnern kann auf das *Tree-to-Tree-Matching*-Problem zurückgeführt werden und ist somit NP-vollständig [Selk77].

Eine strikte *Match-Making*-Semantik, wie sie deterministische Suchverfahren mit sich bringen, im Fall der Geschäftspartnerfindung nicht wünschenswert: zum einen ist in der Praxis davon auszugehen, dass Anbieter und Nachfrager ein jeweils unterschiedliches Detailwissen aufweisen. Das *Match Making* darf beispielsweise nicht daran scheitern, dass der Nachfrager einen "DVD-Brenner" oder ein "optisches Schreib-/Leselaufwerk" verlangt, der Anbieter aber nur spezielle Brennermodelle wie "DRU-500" oder "ND1300" offeriert. Weiterhin kann es auch nicht sinnvoll sein, ein Angebot zu verwerfen, das eine Nachfrage nicht vollständig erfüllt, aber ihm vergleichsweise nahe kommt. Gesucht ist daher eine "weiche" *Match-Making*-Semantik, d.h. eine Ähnlichkeitssuche statt exakter Übereinstimmung.

Die Problematik der hohen Komplexität des Suchvorgangs zusammen mit der Forderung nach weichen Vergleichsuntersuchungen legen den Einsatz von Verfahren aus dem Bereich des *Soft Computing*, wie evolutionäre Verfahren und *Fuzzy*-Logik nahe. Damit ist es möglich, das *Match-Making*-Problem in vertretbarer Zeit nahezu optimal zu lösen. Auch dem Wunsch nach dem unscharfen Vergleichen der einzelnen Bestandteile wird durch diese Verfahren Rechnung getragen. In Kapitel 5 werden exemplarisch zwei Ansätze, das genetische *Match Making* und ein auf *Simulated Annealing* basierendes Verfahren, detailliert vorgestellt.

3.3 Systemarchitektur von Marrakesch

Im Rahmen dieser Arbeit wurde ein Prototyp des Vertragsverhandlungssystems Marrakesch erstellt, der als Rahmenwerk für die Erprobung unterschiedlicher Strategien und Algorithmen der einzelnen Prozessschritte bzw. Problemlösungen fungiert. Der vorliegende Abschnitt soll einen Überblick über diese Implementierung geben. Für die Entwicklung des Testsystems wurde das

Computeralgebrasystem *Mathematica* eingesetzt [Wolf03] [Math04] eingesetzt. Neben den mathematischen Fähigkeiten ist dieses interpretierende System besonders wegen seiner gleichzeitig einsetzbaren, verschiedenen Programmierparadigmen, der einfachen Visualisierbarkeit und dem effizienten Umgang mit beliebig komplexen Listenstrukturen ein mächtiges *Rapid-Prototyping*-System, siehe z.B. [Maed93] oder [Wago92].

3.3.1 Die Datenhaltungsschicht von Marrakesch

Die Architektur von Marrakesch, die in Abbildung 3.4 dargestellt ist, ist eine klassische Mehrschichtenarchitektur. Im Wesentlichen lassen sich eine Präsentationsschicht, der Marrakesch-Marktplatz im Sinne der Schicht der Geschäftslogik und die Ebene der Datenhaltung unterscheiden. Die Datenhaltung zerfällt in drei verschiedene Repositorien, deren Aufgabe die Speicherung der registrierten Angebote, der registrierten Nachfragen, sowie des zu Grunde liegenden, multidimensionalen Begriffssystems ist. Alle drei Arten von Strukturen werden in einer Oracle 9i Datenbank [Orac04a] gehalten, wobei insbesondere das Begriffssystem sich die objektrelationalen Eigenschaften des Systems zu Nutze macht. Auf die zu speichernden Strukturen wird genauer in Kapitel 4 eingegangen.

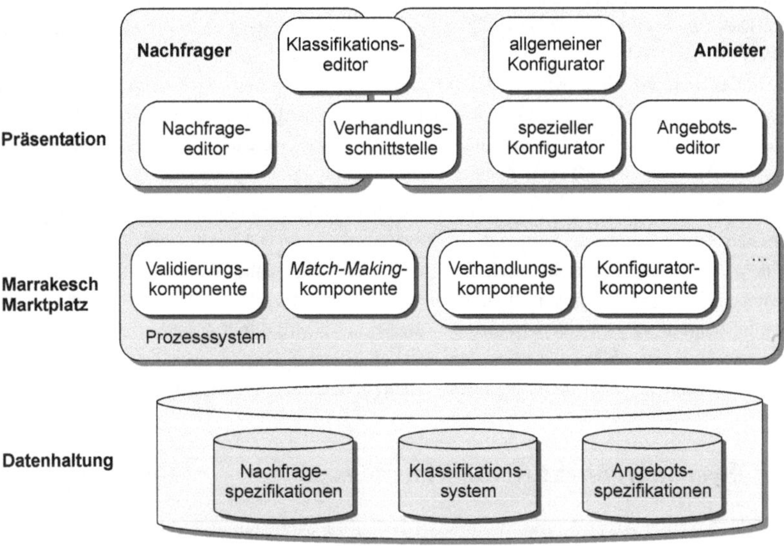

Abb. 3.4: Systemarchitektur des Marrakesch-Prototypen

3.3.2 Die Geschäftslogik von Marrakesch

Entsprechend dem Referenzprozess, wie er in Abschnitt 3.2.2 vorgestellt wurde, setzt sich die Ebene der Geschäftslogik aus vielen unterschiedlichen Komponenten zusammen, die von einem Prozesssystem in Abhängigkeit vom bisherigen Verhandlungsablauf koordiniert werden. Da der Referenzprozess vielfältige Verhandlungsformen zulässt, kann hier nur eine Auswahl von möglichen Komponenten vorgestellt werden:

- Validierungskomponente

  Die Validierungskomponente stellt für die meisten anderen Bestandteile der Geschäftslogik einen Basisdienst zur Verfügung, indem sie mereologische Graphen auf ihre Richtigkeit im Sinne von Erfüllbarkeit überprüft: aufgrund der Transitivität der Implikationen kann es zu Widersprüchen kommen, so dass im Extremfall eine Produktfamilie leer ist, weil es keine Belegung der Alternativen gibt, die die durch die Implikationen aufgestellten Bedingungen erfüllt. Die Validierung ist allerdings nicht nur bei der Erstellung der Strukturen erforderlich, sondern auch während des *Match Makings* und der Verhandlung.

  Die Funktionalität der Validierungskomponente ist zu großen Teilen innerhalb des Datenbanksystems durch Trigger und durch Datenbankprozeduren realisiert, z.B. die Überprüfung der Graphen auf Zyklenfreiheit oder auf lokale Widerspruchsfreiheit von Implikationen. Komplexere Funktionen, wie etwa der Test auf Widerspruchsfreiheit von Implikationsketten, ist in Form von Mathematica-Funktionen implementiert. Auf die einzelnen Validierungsverfahren wird in Kapitel 4 im Rahmen des Datenmodells näher eingegangen.

- *Match-Making*-Komponente

  Die Aufgabe dieser Komponente ist es, im Rahmen des von Marrakesch vorgegebenen Datenmodells zueinander passende Geschäftspartner zu finden und deren gemeinsamen Verhandlungsraum quasi als Schnittmenge aus Angebot und Nachfrage zu ermitteln. Wie bereits erwähnt handelt es sich hierbei um eine NP-vollständige Fragestellung.

  Für den Prototypen wurde als Einstieg ein naives, deterministisches *Match-Making*-Verfahren, der ANF-*Matching*-Algorithmus entwickelt. Da sich hier aber schon bei nur kleinen Teilnehmerzahlen schlechte Laufzeiten ergaben, wurden das genetische *Match-Making* und ein Verfahren basierend auf *Simulated Annealing* entwickelt. Alle drei Ansätze wurden in Mathematica mit Zugriff auf die Repositorien und die Validierungskomponente implementiert. Ausführliche Erläuterungen der beiden *Soft-Computing*-Verfahren und ihrer Grundlagen finden sich in Kapitel 5.

- Verhandlungskomponente

  Für den Prototypen wurden zwei verschiedene Verhandlungsarten implementiert. Die Verhandlungskomponente stellt die direkte Verhandlung zwischen zwei potenziellen Geschäftspartnern auf Basis von schematisierten Dialogen dar. Die Komponente stellt in erster Linie den korrekten Ablauf des Dialogs ausgehend von den vereinfachten Angebots- und Nachfragegraphen sicher und gibt darüber hinaus Empfehlungen, welcher offene Aspekt als nächster verhandelt werden sollte, um den Gesamtdialog möglichst kurz zu halten. Der Dialog wird auf zwei Ebenen geführt, auf der Metaebene zur Festlegung der Reihenfolge und auf der Inhaltsebene, auf der tatsächliche Konfigurationsentscheidungen vorgenommen werden. Kommen die beiden Verhandlungspartner in allen offenen Punkten überein, so kommt ein Vertrag zustande, der genau eine Variante ist, die sowohl im Variantenraum des Angebots als auch im Raum der Nachfrage liegt.

Für den Marrakesch-Prototyp wurde die Verhandlungskomponente in *Mathematica* in Form von Abfragedialogen über die Ergebnisse der *Match-Making*-Komponente realisiert. Dabei kommen abwechselnd Anbieter und Nachfrager zum Zug. Jedem Inhaltsdialog geht ein Metadialog voraus, für den *Mathematica* jedes mal erneut den effizientesten Inhaltsdialog im Sinne eines möglichst kurzen Gesamtdialogs vorschlägt. Diese Empfehlung muss allerdings nicht angenommen werden, der Verhandlungspartner, der momentan am Zug ist, kann jeden beliebigen, noch offenen Inhaltsdialog auswählen und seinem Gegenüber vorschlagen. Je nach gewählter Verhandlungsform muss die Verhandlungskomponente auf die Angebots- und Nachfragestrukturen aus den Repositorien bzw. das Ergebnis der *Match-Making*-Komponente zugreifen. Weiterhin sind die verbleibenden Strukturen nach jedem inhaltlichen Verhandlungsschritt durch die Validierungskomponente zu überprüfen. Sowohl das Verhandlungsprotokoll als auch das Empfehlungsverfahren werden in Kapitel 6 ausführlich behandelt.

- Konfiguratorkomponente

Die zweite realisierte Verhandlungsvorgehensweise ist der Konfigurator, der eine Abschwächung der direkten Verhandlung darstellt, da hier in der Regel der Anbieter eine feste Reihenfolge durch den Dialog vorgibt, aus dem der Nachfrager nur durch den endgültigen Abbruch der Verhandlung ausbrechen kann. Die Konfiguratorkomponente erstellt auf der Grundlage eines mereologischen Angebotsgraphen einen eigenen Konfigurator, wodurch die Teilnahme des Anbieters an der Verhandlung selbst überflüssig ist. Abhängig von der Marktform ist ohne große technische Änderungen auch die umgekehrte Konstellation vorstellbar, d.h. der Konfigurator wird aus dem mereologischen Graphen des Nachfragers generiert. Eine Besonderheit von Marrakesch ist die Idee des personalisierten Konfigurators: während üblicherweise der gesamte Variantenraum, den ein Anbieter offerieren kann, in den Konfigurator eingeht, setzt der personalisierte Konfigurator auf dem Ergebnis des *Match Makings* auf, wodurch er einerseits sehr viel kompakter wird, da die Übereinstimmungen zwischen Angebot und Nachfrage vereinfacht oder vollkommen weggelassen werden können. Andererseits ist der personalisierte Konfigurator nur für eine individuelle Konstellation aus Angebot und Nachfrage einsetzbar. Nach Beendigung des Konfigurationsprozesses kann der generierte Konfigurator aus dem System entfernt werden. Da die Erzeugung der personalisierten Konfigurationssysteme aufgrund des Datenmodells und der Ergebnisse der *Match-Making*-Komponente vollkommen automatisch geschehen kann, ist der erforderliche Aufwand akzeptabel. Analog zur direkten Verhandlung ist im positiven Fall das Ergebnis eines Konfigurationsprozesses ein Vertrag, d.h. eine Einzelvariante aus dem Raum des Geschäftspartners, der den Konfigurator generiert hat.

Der Marrakesch-Prototyp enthält eine auf Java Servlets [Hall04] basierte Konfiguratorkomponente, die sowohl klassische, als auch personalisierte Konfiguratoren generieren kann. Dazu liest sie jenachdem die zu Grunde liegenden mereologischen Strukturen aus dem Angebotsrepositorium oder aus dem Ergebnis des *Match Making* aus. Unter Rückgriff auf den Empfehlungsalgorithmus der Verhandlungskomponente wird eine im Wesentlichen feste Reihenfolge bestimmt (durch eine im Datenmodell entsprechend eingebaute Bedingung ist es möglich, dass Verhandlungsschritte automatisch entschieden und damit übersprungen werden). Ein Verhandlungsschritt repräsentiert dabei einen einzelnen Inhaltsdialog, ein Metadialog findet hingegen nicht statt.

Damit sind die grundlegenden Bestandteile des Marrakesch-Marktplatzes, der in der Gesamtarchitektur die Ebene der Geschäftslogik beinhaltet, vorgestellt. Zusätzliche Systeme, wie Signaturdienste oder die Anbindung an Logistik- und Bezahlsysteme sind denkbar, aber für den prinzipiellen Ablauf, wie ihn der Referenzprozess in Abbildung 3.3 darstellt, nicht erforderlich. Von zentraler Bedeutung ist die Validierungskomponente. Sie stellt zu jedem Zeitpunkt beginnend mit der Erstellung einer Angebots- oder Nachfragestruktur in Form eines mereologischen Graphen sicher, dass der aufgespannte Variantenraum erfüllbar ist. Daher müssen alle Modfikationen an diesen Strukturen, wie sie das *Match Making* oder das Konfigurieren im Rahmen eines Konfigurators durchführen, überprüft werden. Die theoretischen Überlegungen zur Validierung werden in Kapitel 4 bei der Vorstellung des Datenmodells diskutiert.

Weiterhin greifen alle Komponenten der mittleren Schicht häufig auf die darunterliegende Datenhaltungsschicht zu, um Angebote, Nachfragen und Klassifikationen auszulesen und wieder abzulegen. Die in Java implementierte Konfiguratorkomponente greift über das JDBC-Protokoll auf die Datenbestände zu, was extrem einfach zu realisieren ist. Alle weiteren Module sind jedoch in *Mathematica* implementiert. Seit Version 4.0 bietet der Hersteller Wolfram Research für *Mathematica* eine Java-Integrationslösung namens J/Link [JLin04] an. Damit ist es sowohl möglich, von Java-Programmen auf die umfangreiche Funktionsbibliothek und in *Mathematica* geschriebene Programme zuzugreifen, als auch umgekehrt von *Mathematica* aus externe Java-Programme auszuführen und deren Ergebnisse weiter zu bearbeiten. Für den Marrakesch-Prototyp wurde eine JDBC-basierte Zugriffsbibliothek auf die Repositorien der Datenhaltungsschicht in Java implementiert, auf die die *Mathematica*-Funktionen der Geschäftslogik über J/Link zugreifen. Speziell für den Zugriff von Java auf die objektrelationalen Strukturen des Begriffssystems stellt Oracle den JPublisher [Orac04b] zur Verfügung. Dieses selbst in Java implementierte Werkzeug erzeugt Java-Klassen zum Zugriff auf die Objekttabellen in der Datenbank.

3.3.3 Die Präsentationsschicht von Marrakesch

Oberhalb der Geschäftslogik residiert die Präsentationsschicht, die die Schnittstelle für Benutzer des Marrakesch-Marktplatzes realisiert. Wichtiger Bestandteil des Prototypen auf dieser Ebene ist eine Familie aus drei intelligenten Editoren, die die Anwender unterstützen bei der Modellierung von Angebots-, Nachfrage- und Klassifikationsstrukturen. Während die ersten beiden eindeutig der Nachfragerseite bzw. der Anbieterseite zuzuordnen sind (wobei Anbieter

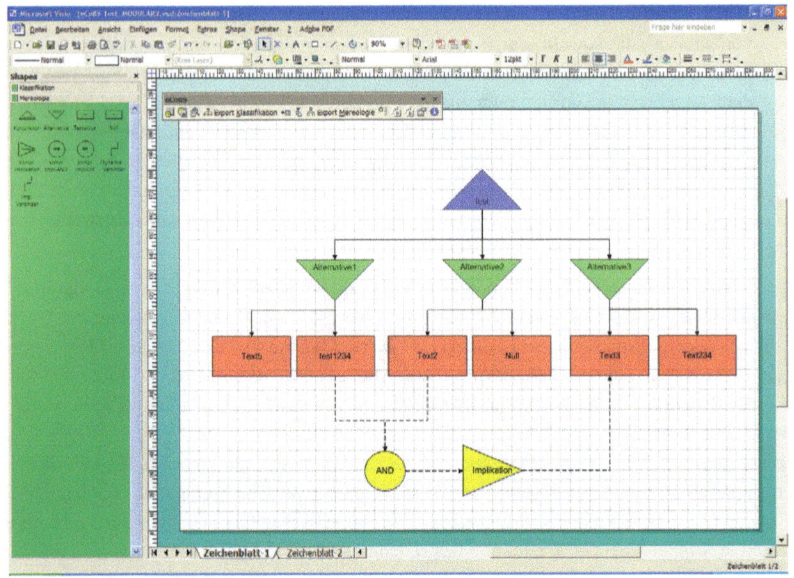

Abb. 3.5: Editor für Angebote bzw. Nachfragen

Abb. 3.6: Webbasierter Konfigurator von Marrakesch

und Nachfrager nur Rollen sind), ist die Zugehörigkeit des Klassifikationseditors nicht eindeutig feststellbar. Je nach Marktmodell ist es vorstellbar, dass Anbieter und Nachfrager gemeinsam die in den mereologischen Graphen zu verwendenden Vokabeln und Konzepte definieren, andererseits kann dies auch allein durch den Anbieter oder gar den Marktplatzbetreiber geschehen, so dass sich die weiteren Teilnehmer des Marktes diesem Begriffssystem unterordnen müssen. Alle drei Editoren sind innerhalb von Microsoft Visio 2002 [Visi04] realisiert, einem weit verbreiteten Vektorzeichenprogramm zur Entwicklung von Diagrammen aller Art. Um in Visio multidimensionale Begriffssysteme und mereologische Graphen zeichnen zu können, wurden entsprechende Vorlagensammlungen, sogenannte *Shape Sheets*, erzeugt, die die entsprechenden visuellen Bauteile enthalten. Der Anwender kann die einzelnen Vorlagen auf das Arbeitsblatt ziehen und so beispielsweise seine Produktfamilie modellieren. Der Vorteil von Visio ist aber weniger die Fähigkeit der Diagrammerstellung, sondern vielmehr die Programmierbarkeit sowie der vollständige Zugriff auf die Diagrammelemente über das in allen Microsoft-Office-Produkten enthaltene *Visual Basic for Applications* (VBA, [VBA04]). Für Marrakesch wurde Visio mittels VBA dahingehend erweitert, dass nach Abschluss der Datenmodellierung die Ergebnisse direkt in die entsprechenden Datenhaltungssysteme gespeichert werden können. Neben dem Direktimport in die Datenbank ist auch die Ausgabe Oracle-spezifischer SQL-Skripten oder eine Ausgabe in XML möglich. Der Datenbankzugriff erfolgt bei Microsoft-Produkten naturgemäß auf der Basis von ODBC und seinen Derivaten. Insbesondere für *Visual Basic* und VBA empfiehlt sich der Einsatz von *ActiveX Data Objects* (ADO, [ADO04]). In Abbildung 3.5 ist die Oberfläche der Visio-Erweiterung gezeigt. Auf der linken Seite sind die notwendigen Bauteile für mereologische Graphen zu erkennen, auf dem Arbeitsblatt selbst ist ein einfacher Angebotsraum inklusive einer Implikation abgebildet. Alle weiteren Operationen, wie die Verbindung zur Datenbank oder die verschiedenen Exportfunktionen werden durch die Schaltflächen der oben links auf dem Arbeitsblatt eingeblendeten Menüleiste aktiviert.

Neben den Editoren enthält die Präsentationsschicht von Marrakesch Schnittstellen zu den Verhandlungssystemen der Geschäftslogik. Im Fall der direkten Verhandlung interagieren die beiden potenziellen Vertragspartner über Abfragedialoge direkt mit *Mathematica*, wie es bei der Beschreibung der Verhandlungskomponente erläutert wurde. Natürlich sind weit komplexere Realisierung des Dialogsystems denkbar, für die Evaluierung der im Rahmen dieser Arbeit entwickelten Verfahren aber nicht erforderlich. Für das zweite Verhandlungsmodell wird die Präsentationsschnittstelle in Form von klassischen oder personalisierten Konfiguratoren automatisch von der Konfiguratorkomponente des Marktplatzes (siehe oben) generiert. Da in der Regel die Reihenfolge des Dialogs in diesem Fall fest vorgegeben ist, müssen im wesentlichen die einzelnen Inhaltsdialoge geführt werden. Der Generator erzeugt für jeden dieser Dialoge eine eigene Webseite mit entsprechenden Auswahlmöglichkeiten in Form von Auswahlboxen und Klappmenüs. Der Anwender benutzt den Konfigurator also über eine Webschnittstelle mit seinem Internetbrowser. Abhängig von der Auswahl, die der Nutzer trifft, werden die Möglichkeiten der folgenden Abfragen reduziert oder vollständig vorweggenommen. Ähnlich wie für die Konfiguratorkomponente ist es auch für die erzeugten Konfiguratoren unerheblich, ob ein klassisches oder ein personalisiertes Szenario realisiert werden soll. Abbildung 3.6 zeigt den webbasierten Prototypen des Marrakesch-Konfigurators mitten im Konfigurationsprozess.

3.4 Zusammenfassung

Das vorliegende Kapitel dient einerseits dem Herausarbeiten eines umfangreichen Anforderungskatalogs an ein Vertragsverhandlungssystem für komplex konfigurierbare Strukturen, und stellt andererseits das im Rahmen dieser Arbeit erarbeitete Lösungskonzept, das elektronische Vertragsverhandlungssystem Marrakesch, in seiner Gesamtheit vor. Ausgehend von den in Kapitel 2 vorgestellten, verwandten Standards und Arbeiten wurden in Abschnitt 3.1 sechs zentrale Anforderungen abgeleitet. Im einzelnen handelt es sich um die Forderung nach der Konfigurierbarkeit der Verhandlungsgegenstände (Abschnitt 3.1.1), die einheitliche Beschreibung der Eigenschaften der einzelnen Bestandteile (Abschnitt 3.1.2), die Durchgängigkeit durch den gesamten Verhandlungsprozess (Abschnitt 3.1.3), das Abwägen zwischen Unterstützung und vollständiger Automatisierung (Abschnitt 3.1.4), sowie die Notwendigkeit eines effizienten Verfahrens zur Geschäftspartnerfindung (Abschnitt 3.1.5). Darüberhinaus entstehen auch rechtliche Anforderungen an eine Vertragsverhandlungssystem, wie etwa die juristische Gültigkeit eines elektronisch abgeschlossenen Vertrages. Allerdings wurde dieser Aspekt für den weiteren Verlauf der Arbeit ausgeklammert, da er weniger ein technisches Problem darstellt, sondern viel mehr vom Gesetzgeber auf internationaler Ebene geklärt werden muss.

Aus den verbleibenden fünf Anforderungen lassen sich drei große Problemkreise ableiten, deren Lösung somit die Aufgabenstellung für die vorliegende Arbeit darstellen. Vor allem die An-

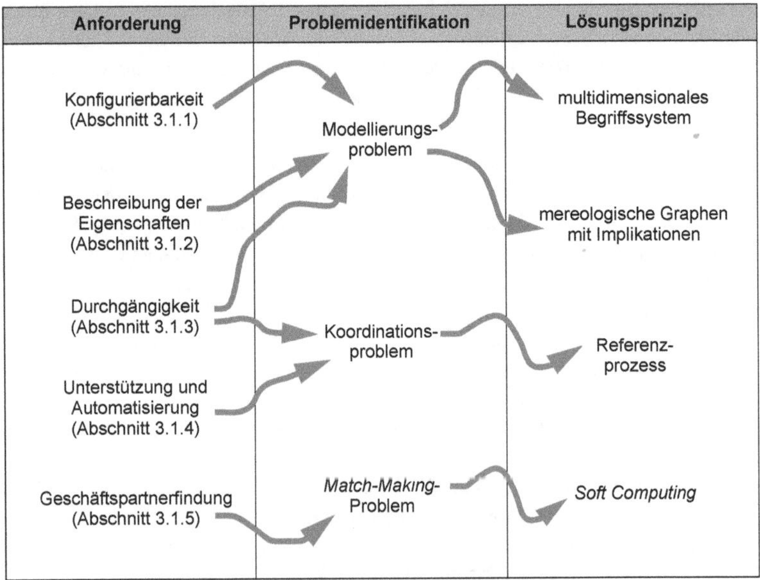

Abb. 3.7: Zusammenfassung der Anforderungen, der identifizierten Probleme und der eingesetzten Lösungsprinzipien

forderung der Konfigurierbarkeit und die einheitliche Attributbeschreibung sind die Ursache für ein Modellierungsproblem: Es muss ein Datenmodell gefunden werden, das die möglichst kompakte, nachvollziehbare Beschreibung beliebiger, komplex konfigurierbarer Produkte oder Dienstleistungen in einer für alle interessierten Teilnehmer verständlichen Art und Weise erlaubt. Die Forderung nach Durchgängikeit durch alle Transaktionsphasen, sowie die Diskussion um Unterstützung bzw. Automatisierung entwickeln sich zu einem umfassenden Koordinationsproblem. Die Notwendigkeit einer effizienten Geschäftspartnerfindung wirft ein weiteres, sehr technisches Problem auf, das *Match Making*. Die identifizierten Problemstellungen, sowie die in diesem Kapitel skizzierten Lösungsansätze, die in den folgenden Kapiteln detailliert erläutert werden, sind nochmals in Abbildung 3.7 graphisch zusammengestellt, die bereits aus Abschnitt 3.2 bekannt ist.

Die Lösung dieser Probleme sowie die Erfüllung aller Anforderungen wird durch das elektronische Vertragsverhandlungssystem Marrakesch, dessen Gesamtkonzept und Architektur in Abschnitt 3.2 bzw. in Abschnitt 3.3 vorgestellt wurde, vollständig gelöst. Das System baut dabei auf den in [Wede00], [WeHL01], [Grie02] und [HüLW02] wiedergegebenen Erkenntnissen auf. Dem Modellierungsproblem wird dazu mit einem zweiteiligen Datenmodell begegnet: Marrakesch führt insbesondere zur einheitlichen Beschreibung von Einzelteilen und deren speziellen Eigenschaften ein multidimensionales Begriffssystem ein. Auf Grundlage dieses normierten Teilevorrats wird mit Hilfe von mereologischen Graphen eine visuelle Notation für Variantenstücklisten eingeführt. Diese spannen auf kompakte und leicht erfassbare Weise den Raum für eine umfassende Produktfamilie mit vielfältigen Konfigurationsmöglichkeiten auf.

Das Koordinationsproblem wird durch einen umfassenden Referenzprozess, der in Abschnitt 3.2.2 ausführlich vorgestellt wurde, gelöst. Dieser Prozess legt auf abstraktem Niveau einen Rahmen für die Abfolge der einzelnen Prozessschritte fest und ist dabei so flexibel, dass sich unterschiedlichste Verhandlungsmodelle damit realisieren lassen. Insbesondere der Schritt "Verhandlung" erlaubt einen umfangreichen Spielraum: wird nur über ein einziges Attribut, in der Regel den Preis, verhandelt, so sind abhängig von der Anzahl der Verhandlungspartner Auktionen, Ausschreibungen oder Börsensysteme als Realisierung möglich. Da diese Verfahren sowohl in der Praxis als auch in der Wissenschaft umfassend aufgearbeitet sind, konzentriert sich die vorliegende Arbeit auf die Umsetzung des Verhandlungsschritts durch direkte, bilaterale Verhandlungen über mehrere Attribute einerseits und durch zwei Arten von Konfiguratoren andererseits. Weiterhin lässt sich für jeden Prozessschritt einzeln die Frage der Automatisierung klären. Wird etwa eine einattributige Verhandlung mittels des Einsatzes von autonomen Agenten realisiert, so läuft dieser Schritt automatisch ab, wobei der nachfolgende, juristisch bindende Vertragsschritt durchaus Benutzerinteraktion erfordern mag. Das Aufstellen des Referenzprozesses ist ein wesentlicher Beitrag der vorliegenden Arbeit. Er löst die phasenorientierte Sichtweise einer Geschäftstransaktion, wie sie insbesondere von [Schm93] vertreten wird, durch die prozessorientierte Sichtweise eines Informationssystems ab. Im Hinblick auf eine nachfolgende Implementierung, wie der in Abschnitt 3.3 skizzierte Marrakesch-Prototyp, ist dieser Wechsel des Blickpunktes auf jeden Fall von Vorteil. Darüber hinaus stellt die prozessorientierte Sichtweise eine weit feinere Auflösung der Gesamttransaktion dar.

Die automatisierte Lösung des *Match-Making*-Problems ist auch außerhalb des Bereichs der Vertragsverhandlungssysteme von hohem Interesse, da die neu gewonnen Vorteile des Internets sich in Form eines unübersehbaren Überangebots bereits ins Gegenteil umkehren. Das automatische Finden von kompatiblen, komplex konfigurierbaren Angebots- oder Nachfragestrukturen ist nur dann möglich, wenn ein entsprechend striktes Datenmodell gegeben ist. Aufgrund der hohen Komplexität des *Match Making*, das mit dem *Tree-to-Tree-Correction*-Problem verwandt und damit NP-vollständig ist, ist es wenig erfolgversprechend, dieses Problem mit klassischen deterministischen Suchverfahren lösen zu wollen. Daher werden für Marrakesch zwei hocheffiziente heuristische Algorithmen basierend auf Verfahren des *Soft Computing* entwickelt. Sie liefern auch bei einer hohen Anzahl von umfangreichen Angebots- und Nachfragestrukturen in kurzer Zeit nahezu optimale Lösungen.

Damit ist allen Anforderungen Rechnung getragen bzw. es sind alle identifizierten Probleme gelöst. Die folgenden Kapitel vertiefen das bisher nur informell eingeführte Marrakesch-Datenmodell (Kapitel 4), die exakte Definition und die genauen Lösungen des *Match-Making*-Problems (Kapitel 5), sowie die genannten Verhandlungsverfahren der dialogischen Verhandlung und des personalisierten Konfigurators (Kapitel 6).

4 Datenmodell für komplex konfigurierbare Strukturen

Nach dem Gesamtüberblick über das Vorgehen und die Systemarchitektur von Marrakesch im vorigen Kapitel, wird nun das dafür notwendige Datenmodell detailliert vorgestellt. In Abschnitt 4.1 werden existierende Datenformate, die alle auf XML basieren, betrachtet. Aus diesen Untersuchungen werden im folgenden Abschnitt Anforderungen an ein für die gestellte Aufgabe geeignetes Modell abgeleitet. Aus diesen Einsichten folgt die Notwendigkeit für ein zweigeteiltes Objektmodell: In Abschnitt 4.3 wird das multidimensionale Begriffssystem vorgestellt, das die Verständigung zwischen allen Teilnehmern sicherstellen soll und jedes Objekt aus der Anwendungswelt einer oder mehreren Begriffsklassen zuteilt. Die so klassifizierten Objekte werden im nächsten Abschnitt zu mereologischen Graphen zusammengesetzt, die eine erweiterte Form der Stückliste darstellen. Dabei wird zum einen die Möglichkeit geboten, umfassende Varianträume zu definieren, und zum anderen, Beziehungen im Sinne von aus der Datenbanklehre bekannten Integritätsbedingungen zu formulieren. Nach der dann vollständigen Einführung des Datenmodells von Marrakesch wird in Abschnitt 4.5 auf die Konsistenzsicherung der modellierten Produktfamilien eingegangen, da vor allem durch den Einsatz der Implikationen Widersprüche und Tautologien entstehen können. Bevor das Kapitel mit einer Zusammenfassung schließt, werden in Abschnitt 4.6 exemplarisch zwei Erweiterungsmöglichkeiten bzw. Modellierungsstrategien gezeigt.

4.1 Überblick über bestehende Katalogformate

In unternehmensübergreifenden Anwendungen, zu denen auch B2B-Applikationen zählen, ist es unerlässlich, dass alle Beteiligten in einer allen verständlichen Sprache kommunizieren. Hier wird auch von *Electronic-Cooperation*-Protokollen gesprochen [Zwiß02]. Dabei sind einerseits die Nachrichtenformate als auch der Ablauf, wie entsprechende Nachrichten auszutauschen sind, zu regeln. Letzteres wird auch als Choreographie bezeichnet. Dieser Abschnitt soll einen Überblick über die Definition des speziellen Nachrichtentyps Produktkatalog geben. Kataloge spielen sowohl im B2C- als auch im B2B-Bereich eine grundlegende Rolle. Online-Shops und Beschaffungsabteilungen steht eine Vielzahl von Katalogen von Herstellern oder Großhändlern zur Verfügung, die sie zu ihrem eigenen Angebotskatalog integrieren. Diese Integration wird dadurch erschwert, dass viele heterogene Katalogformate existieren. Für die zunehmende geschäftliche Verknüpfung von Unternehmen sind einige wenige Standardformate wünschenswert.

Die grundlegendste Information, die ein Katalog beinhaltet, ist eine Menge von Artikel- oder Dienstleistungsbeschreibungen. Dies kann sowohl in natürlicher Sprache als auch über produktgruppenspezifische Attribute geschehen. Neben dieser Klartextinformation sollte ein Standardkatalog jeden Artikel über mehrere Klassifikationen charakterisieren. [Hent01] nennt drei Kategorien von Klassifikationsstrukturen:

- Industrieklassifikationssysteme klassifizieren Anbieter und Hersteller je nach Branchenzugehörigkeit. Das bekannteste Beispiel hierfür ist das *North American Industry Classification System* (NAICS) des *U.S. Census Bureau* [NAIC03].
- Produktklassifikationssysteme ordnen Produkte in Produktgruppen ein. Branchenübergreifende Beispiele sind das in Deutschland verbreitete eCl@ss [eCla03] oder der in den Vereinigten Staaten viel eingesetzte *United Nations/Standard Products and Service Code* (UN/SPSC, [UNSP03]). Daneben gibt es viele branchenspezifische Kodierungen, wie das *Thomas Register* für die Klassifikation von MRO-Gütern in den USA [Thom03] oder ETIM für den Austausch von Produkt- und Marketingdaten in der deutschen Elektronikindustrie [Etim03].
- Produktnummernsysteme schließlich bezeichnen einzelne Produkte durch einen eindeutigen Schlüssel. Die bekanntesten Vertreter hier sind die Internationale Standardbuchnummer (ISBN), die sowohl den Verlag als auch das spezielle Buch kennzeichnet, das in Europa eingesetzte System der *European Article Numbering Association* (EAN, [EAN04]) oder sein amerikanisches Pendent *Universal Product Code* (UPC, [UPC03]).

Zusätzlich zu den in [Hent01] genannten Klassifikationen kann jedes Unternehmen über die sogenannte D-U-N-S-Nummer weltweit eindeutig identifiziert werden (*Data Universal Numbering System*, [DNB04]). Es handelt sich dabei um eine neunstellige Nummer, die von der Firma Dun&Bradsteet vergeben wird. Der Einsatz der D-U-N-S-Nummern wird beispielsweise von der Europäischen Kommission oder der ISO anerkannt und empfohlen. Um mit der amerikanischen Regierung Geschäftsbeziehungen aufzunehmen, ist die D-U-N-S-Nummern sogar verpflichtend.

Neben einem Katalogformat selbst ist auch die Verwaltungssoftware von grundlegender Bedeutung. Sie muss umfangreiche Suchfunktionen bieten: neben dem ungerichteten "Blättern", das sich an Hierarchien auf der Basis von Artikelgruppen orientiert, sind allgemeine Stichwortsuchen und komplexe Parametersuchen, wie "Lieferzeit < 1 Woche UND Gewicht < 10 kg" üblich. Weiterhin muss auch die permanente Pflege der Katalogdaten gewährleistet werden. Über eine große Zahl von Artikeln hinweg müssen die Stammdaten oder die Preisbedingungen regelmäßig aktualisiert werden. In diesem Zusammenhang ist es sinnvoll, den Produktkatalog mit der

Warenwirtschaft des Unternehmens zu verbinden, um Kunden zuverlässig über die Verfügbarkeit der im Katalog angebotenen Artikel zu informieren.

Nach diesen Vorbetrachtungen werden im Folgenden aus der Menge der Katalogformate vier erfolgversprechende Vertreter genauer betrachtet, die alle auf XML basieren: BMEcat, cXML xCBL, sowie eCX XML.

4.1.1 BMEcat

BMEcat [BMEc03] ist ein detailliert ausgearbeiteter Standard zur Beschreibung und zum Austausch elektronischer Produktkataloge auf Basis von XML. BMEcat stammt aus dem deutschsprachigen Raum und wurde von einer Arbeitsgruppe bestehend aus dem Bundesverband für Materialwirtschaft, Einkauf und Logistik e.V. (BME), dem Fraunhofer Institut für Arbeitswissenschaft und Organisation (IAO) der Universitäten Essen und Linz und aus Einkäufern großer Unternehmen begründet. Die Entwurfsziele, die sich diese Arbeitsgemeinschaft gestellt hat, sind die folgenden Punkte [HüSc01]:

- Das Format soll unabhängig von Herstellern und Anwendern sein.
- Der Entwicklungsprozess soll definiert und steuerbar sein.
- Es soll sichergestellt werden, dass das Format für eine breite Anwenderschaft nutzbar ist, sowohl auf Kunden- als auch auf Lieferantenseite.
- Das Format soll nicht nur im deutschsprachigen Raum, sondern international einsetzbar sein.
- Die Markteinführung soll durch starke Partner aus der Arbeitsgruppe getrieben werden.

Nach der Untersuchung diverser anderer Standards wie xCBL und cXML (siehe unten), legte die Arbeitsgruppe 1999 die Version 1.0 von BMEcat vor [HüSR99]. Dem aktuellen Trend folgend basierte dieser Vorschlag auf XML und beschränkte sich für den Anfang auf indirekte Güter, sogenannte C-Artikel oder MRO-Artikel. Die folgenden Ausführungen beziehen sich auf die Version 1.2 [SKP+01].

Aufbau eines BMEcat-Dokuments

BMEcat ist ein reines Dokumentformat für Produktkataloge und deren Aktualisierungen. Der Austausch und die Integration solcher Dokumente in die lokale Katalogverwaltung ist in BMEcat nicht geregelt. Ein Dokument muss immer mit dem Tag `BMECAT` eingeleitet werden und besteht aus einem Kopfteil `HEADER` und einem von drei möglichen Transaktionsteilen `T_xxx` (siehe unten).

Im Kopf finden sich unter anderem die beteiligten Parteien, zwischen denen das Katalogdokument ausgetauscht wird (`BUYER` und `SUPPLIER`), allgemeine Metadaten zum Katalog (Informationen zu Währungen, Sprache und Version des Katalogs), oder zusätzliche Preisinformationen. Darüberhinaus kann sich ein Katalog mittels `AGREEMENT` auf Rahmenverträge beziehen und auf Wunsch der Beteiligten erweitert werden (`USER_DEFINED_EXTENSIONS`). Das Schema des `HEA-`

DER-Eintrags ist in Abbildung 4.1 zu sehen. Im Anschluss an den Kopfteil folgt einer der möglichen Transaktionsteile:

- T_NEW_CATALOG
  Diese Transaktion dient im wesentlichen der Übertragung vollständiger Kataloge. Erhält ein Geschäftspartner einen Katalog über eine T_NEW_CATALOG-Transaktion, so kann er über die Tags CATALOG_ID, CATALOG_VERSION und LANGUAGE aus dem Kopfteil überprüfen, ob er diesen Katalog überhaupt schon besitzt, wenn ja in der entsprechenden Version und der angebotenen Sprache. Je nachdem kann er den neuen Katalog in sein System übernehmen oder ignorieren.
  Der schematische Aufbau von T_NEW_CATALOG ist in Abbildung 4.2 dargestellt. Neben der Beschreibung der im Katalog enthaltenen Artikel selbst (ARTICLE) kennt BMEcat Merkmalsgruppen (FEATURE_SYSTEM), Klassifikationssysteme (CLASSIFICATION_SYSTEM) und Kataloggruppen (CATALOG_GROUP_SYSTEM).
  FEATURE_SYSTEM erlaubt die Definition von Gruppen von Artikelmerkmalen, die für viele Artikel relevant sind. So können Autos durch die Gruppe "Technische Daten" beschrieben werden, die beispielsweise eine in "km/h" spezifizierte Höchstgeschwindigkeit und einen in "l" angegebenen Verbrauch beinhaltet.
  Mittels CATALOG_GROUP_SYSTEM kann der Gesamtkatalog hierarchisch in mehrere Kataloggruppen und -untergruppen unterteilt werden. Diese Gruppen sollen die Suche sowohl durch ihre baumartige Struktur als auch durch die Möglichkeit, beschreibende und multimediale Zusatzinformationen anzubieten, vereinfachen. Einzelne Artikel können innerhalb der ARTICLE_TO_CATALOGGROUP_MAP-Klausel mehreren Gruppen zugewiesen werden.
  Darüberhinaus kann mit CLASSIFICATION_SYSTEM Bezug auf ein firmeneigenes oder standardisiertes Klassifikationssystem, wie eCl@ss, UN/SPSC oder ETIM, genommen werden.

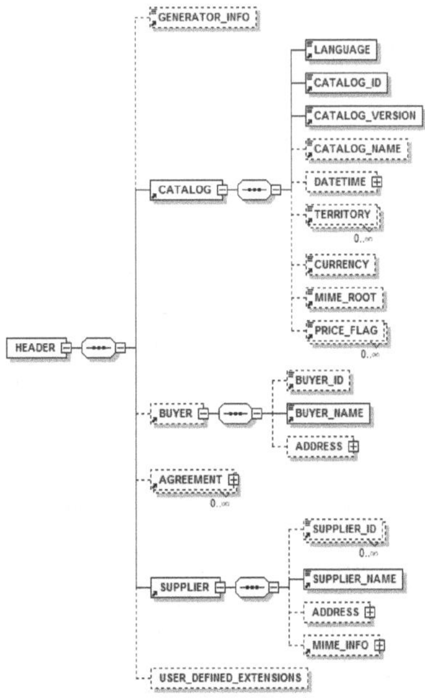

Abb. 4.1: Schema des HEADER-Tags

- T_UPDATE_PRODUCTS
  Durch die T_UPDATE_PRODUCTS-Transaktion werden Artikeldaten übertragen. Abhängig vom Wert des Attributs mode, das an jedem ARTICLE dieser Transaktion hängt, werden die Daten hinzugefügt, gelöscht oder vollständig ersetzt.

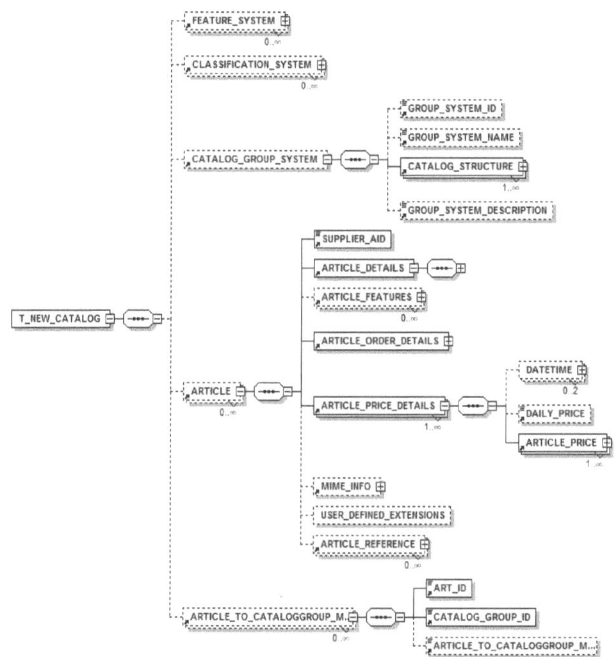

Abb. 4.2: Schema des `T_NEW_CATALOG`-Elements

- `T_UPDATE_PRICES`
  Diese Transaktion ist eine Spezialisierung von `T_UPDATE_PRODUCTS`, die nur neue Preisinformationen für die entsprechenden Artikel enthält. Während die Produktaktualisierung pro Produkt praktisch das gesamte `ARTICLE`-Tag aus Abbildung 4.2 bzw. Abbildung 4.3 enthält, ist für die Preisanpassung nur der Teil `SUPPLIER_AID` und vor allem `ARTICLE_PRICE_DETAILS` relevant.

Der zentrale Bestandteil eines BMEcat-Dokuments zumindest der ersten beiden Transaktionstypen ist das `ARTICLE`-Element. Hier sind neben der lieferanteneigenen Artikelnummer, der `SUPPLIER_AID`, die Beschreibung des Artikels unter `ARTICLE_DETAILS` in kurzer und langer Klartextform, sowie Bestell- und Preisbedingungen (`ARTICLE_ORDER_DETAILS` bzw. `ARTICLE_PRICE_DETAILS`) abgelegt. Optional sind hier auch Verweise auf Einträge im oben genannten `FEATURE_SYSTEM` zu finden. Ein weiteres interessantes Merkmal von BMEcat ist, dass jeder Artikel durch beliebig viele `ARTICLE_REFERENCE`-Elemente mit anderen Artikeln aus nicht notwendigerweise dem selben Katalog in Beziehung gesetzt werden kann. Diese Beziehungen müssen von einem der folgenden Typen sein: Ersatzteil, ähnlicher Artikel, Nachfolger, notwendiger Zusatzartikel, notwendiger Auswahlartikel und sonstiges.

Das Beispiel für Artikelreferenzen in Abbildung 4.4 orientiert sich an der entsprechenden Abbildung aus der Spezifikation von BMEcat: Ausgehend vom fett umrahmten Artikel "VW Golf II" aus dem VW-Katalog sind eine Zubehörreferenz, eine Nachfolgerreferenz und mehrere Ersatzteilreferenzen sowohl auf den eigenen als auch auf den fremden Boschkatalog formuliert. Die Ziffern in den unteren linken Ecken der Artikel sind fiktive `SUPPLIER_AID`-Werte.

Mit der kommenden Version 2.0 soll die Auswahl der Referenztypen unter anderem um Bestandteile erweitert werden. Damit wird es möglich sein, den inneren Aufbau eines Artikels zu beschreiben.

Eng verwandt mit der Entwicklung von BMEcat ist openTRANS [KeOS01]. Aufgrund des Erfolgs von BMEcat sollen damit in ähnlicher Weise Geschäftstransaktionen standardisiert werden. Für folgende Aufgaben werden dort Dokumente definiert: Aufforderung zur Angebotsabgabe, Angebot, Auftrag, Auftragsänderung, Auftragsbestätigung, Lieferavis, Wareneingangsbestätigung und Rechnung.

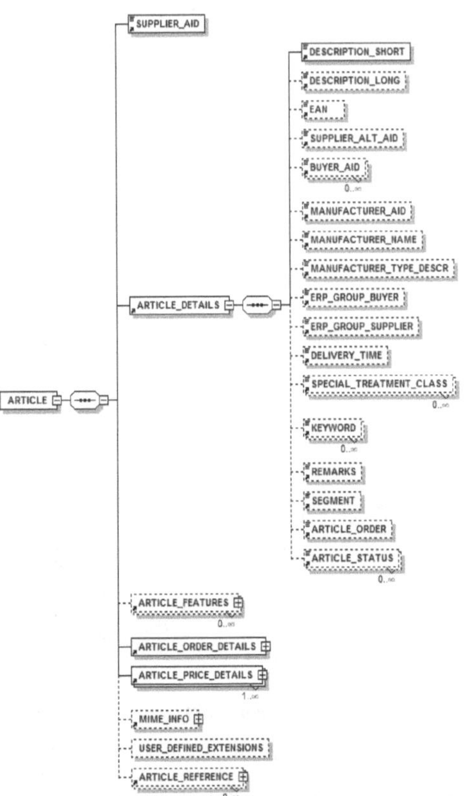

Abb. 4.3: Details des `ARTICLE`-Tags

4.1.2 cXML – Commerce XML

cXML ist ein B2B-Transaktionsstandard für kleine und mittlere Unternehmen, der sich insbesondere auf die Abwicklung von B2B-Beschaffungsvorgängen und die Beschreibung von Produktkatalogen konzentriert. Im Gegensatz zu BMEcat ist cXML kein offener, unabhängiger Standard, sondern ist wesentlich von Ariba, einem Hersteller von elektronischen Marktplatzsystemen [Arib03], geprägt. Dennoch ist es möglich, cXML in beliebigen eCommerce-Systemen einzusetzen. cXML selbst sieht sein Einsatzgebiet darin, Einkaufsorganisationen, Lieferanten, Dienstanbietern und Vermittlerdiensten eine einzige, standardisierte Sprache zur Verfügung zu stellen. Die Kommunikation zwischen diesen Geschäftspartnern geschieht auf der Basis von

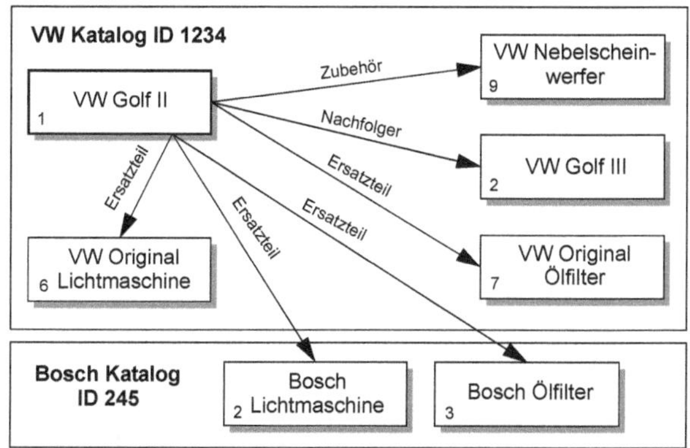

Abb. 4.4: Beispiel für Artikelreferenzen [SKP+01]

Dokumenten, die sich an das klassische Geschäftsgebahren anlehnen. Die häufigsten dieser Dokumente sind Kataloge, sogenannte *PunchOuts* und Bestellungen. Die Ausführung zu cXML in dieser Arbeit beziehen sich auf die Version 1.2.009 [cXML03].

cXML-Dokumente sind technisch als XML-Dateien realisiert, die auf einer Basis-DTD `cXML.dtd` und 17 importierbaren Modulen basieren. Die XML-Dokumente sind als Umschläge organisiert, die je nach Kommunikationsmodell unterschiedlich strukturiert sind. Im Fall des synchronen *Request/Response*-Modells enthält der Umschlag einen Kopfbereich, in dem Verwaltungsinformationen wie Absender und Empfänger verzeichnet sind, und einen Anfrageteil (`Request`), der die tatsächliche Anfrage beinhaltet. Als Antwort liefert der Server ein cXML-Dokument bestehend aus einem `Response`-Tag mit Statusinformation zurück. Im asynchronen *Oneway*-Modell enthält der Umschlag neben dem Kopfteil einen Nachrichtenbereich (`Message`). In diesem Fall wird keine Antwort erwartet. Unabhängig vom Kommunikationsmodell geschieht der Nachrichtentransport auf der Basis des HTTP-Protokolls oder seiner verschlüsselten Variante HTTPS.

Kataloge in cXML

Für diese Arbeit ist insbesondere der Umgang mit Katalogen von Interesse. Wie bei BMEcat beschreibt ein cXML-Katalog Produkte oder Dienstleistungen auf einem standardisierten Weg, womit die Einbettung in die lokalen Datenhaltungssysteme der Beteiligten vereinfacht werden soll. Ein cXML-Katalog besteht seit Version 1.2.008 nur noch aus zwei Bestandteilen[1]:

- Informationen über den Lieferanten
  Innerhalb des `Supplier`-Elements wird ein Lieferant oder Dienstleister detailliert beschrieben. Neben der verpflichtenden Angabe seines Namens und evtl. mehrerer `SupplierID`s können Anschrift und URLs für die Webseite des Lieferanten überhaupt und

1. Bis zu cXML Version 1.2.008 beinhaltete ein `Catalog` zusätzlich das Element `Contract`, das die Definition von speziellen Preiskonditionen beispielsweise für einen gewissen Aktionszeitraum ermöglichte.

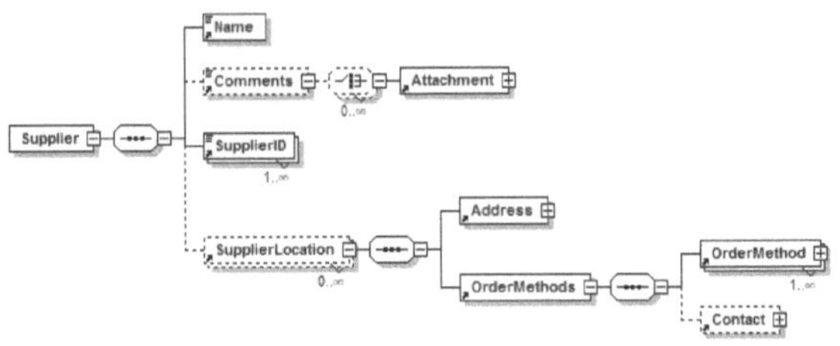

Abb. 4.5: `Supplier`-Tag

seinen Online-Shop angegeben werden. Außerdem kann optional eine priorisierte Liste von Bestellmöglichkeiten (z.B. Telefon, Fax, oder eMail) angegeben werden. Der schematische Aufbau der Lieferantenbeschreibung ist in Abbildung 4.5 wiedergegeben.

- Produktbeschreibungen
  Die Produktdaten selbst sind unter dem `Index`-Element zusammengefasst, dessen Schema in Abbildung 4.6 dargestellt ist. `Index`-Dokumente dienen der Aktualisierung von Katalogen im Beschaffungssystem auf Kundenseite. Ein `Index`-Element bezieht sich (aus verarbeitungstechnischen Gründen) auf einen einzigen Lieferanten, auch wenn dieser über mehrere, synonyme `SupplierIDs` angesprochen werden kann. Innerhalb von `SearchGroup` können Attribute festgelegt werden, die so für alle nachfolgenden Einträge existieren. Erst danach werden die einzelnen Artikel als `IndexItem`-Elemente definiert. Diese Definition geschieht über drei Arten von Transaktionen, `IndexItemAdd`, das dem Hinzufügen und Aktualisieren von Artikeln dient, `IndexItemDelete`, das Artikel aus dem Katalog löscht, und `IndexItemPunchout`, das weiter unten genauer behandelt wird.
  Der detaillierte Aufbau des `IndexItemAdd`-Elements ist in Abbildung 4.7 dargestellt. Innerhalb von `ItemDetail` werden die genauen Beschreibungen des Artikels bzw. der Dienstleistung abgelegt. Verpflichtend sind Angaben zu Preis, Maßeinheiten, evtl. mehrere textuelle Beschreibungen und eine Klassifikation. Die Klassifikation bezieht sich im-

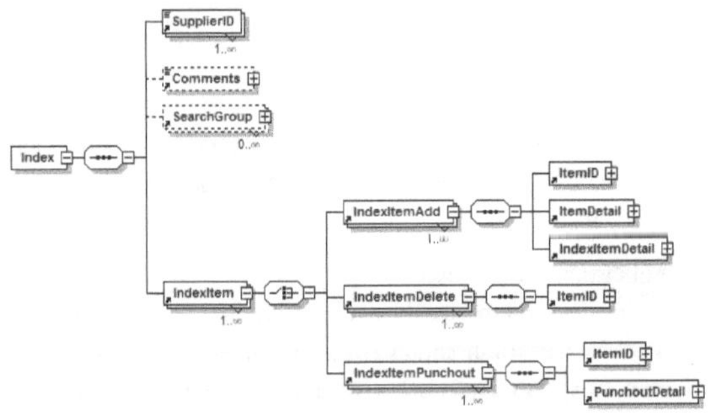

Abb. 4.6: `Index`-Tag

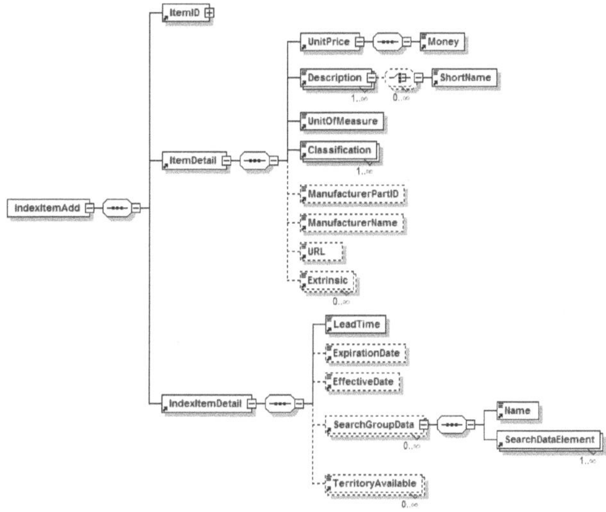

Abb. 4.7: Detail von `Index`: `IndexItemAdd`-Tag

mer auf das amerikanische Klassifikationssystem UN/SPSC (siehe oben). Eine weitergehende Einordnung in ein Kataloggruppensystem ist in cXML nicht vorgesehen. Im zweiten Detailbereich `IndexItemDetail` werden eher verwaltungstechnische und logistische Daten abgelegt, wie die Lieferzeit, Angaben über regionale Verfügbarkeit und Werte für die weiter oben in `SearchGroup` definierten Attribute.

Im Übrigen ist es auch möglich, Kataloge zu abonnieren, d.h. automatisch über Änderungen informiert zu werden. Dies ist jedoch für die vorliegende Arbeit nicht relevant und der interessierte Leser wird auf die Spezifikation [cXML03] verwiesen.

PunchOut-Kataloge

Ein besonderes Merkmal von cXML sind die sogenannten *PunchOut*-Kataloge. Sie sind eine dynamische Alternative zu den üblichen, statischen Katalogen. Beschaffunssysteme oder Online-Kataloge, die den *PunchOut*-Mechanismus eines Lieferanten einsetzen, integrieren dessen Katalog nicht fest in ihren eigenen, sondern leiten einen Kunden transparent in das originale Katalogsystem weiter. Die gesamte Kommunikation wird von cXML abgedeckt und geschieht in den folgenden Schritten (Abbildung 4.8):

(1) Der Nutzer aus Firma A arbeitet im firmeneigenen Beschaffungssystem. Angebote vom Lieferanten Firma B sind über den *PunchOut*-Mechanismus integriert. Der Nutzer startet eine *PunchOut*-Sitzung z.B. durch den Klick auf einen entsprechenden Knopf. Dadurch wird eine cXML-Nachricht vom Typ `PunchOutSetupRequest` an den Lieferanten übermittelt.

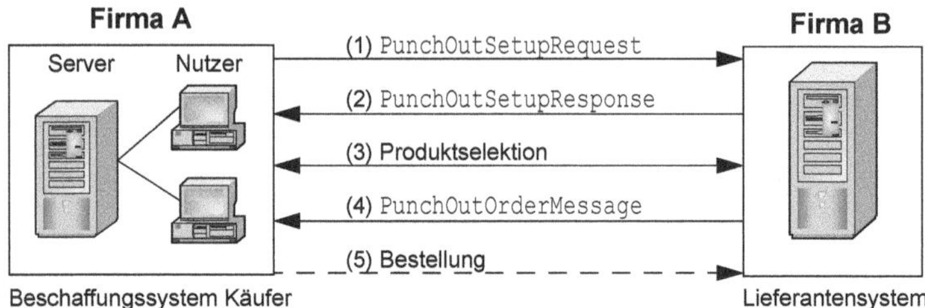

Abb. 4.8: Ablauf einer *PunchOut*-Sitzung

(2) Das Lieferantensystem von Firma B stellt die Identität des Kunden fest und übermittelt in einer `PunchOutSetupResponse`-Nachricht eine URL an Firma A zur Erzeugung der Sitzung.

(3) Der Nutzer von Firma A kann nun ganz normal Produkte direkt im Katalog der Firma B selektieren, evtl. ohne zu bemerken, dass er das lokale Katalogsystem verlassen hat.

(4) Die Sitzung wird durch den sogenannten *Checkout* abgeschlossen und das Lieferantensystem schickt eine `PunchOutOrderMessage`, die alle Bestellinformationen zusammenfasst an Firma A.

(5) In diesem letzten, optionalen Schritt hat Firma A alle notwendigen Bestelldaten im eigenen Beschaffungssystem gesammelt und kann eine Bestellung über einen `OrderRequest` auslösen.

Das Weiterleiten in Fremdsysteme kann auch mehrstufig geschehen, was als *PunchOut Chaining* bezeichnet wird. Der Standard veranschaulicht diesen Fall am Beispiel eines Käufers, der eine *PunchOut*-Sitzung auf einen Marktplatz oder ein Portal eröffnet, das wiederum selbst über *PunchOut* aus Lieferantensystemen gespeist wird.

Vorteile des *PunchOut*-Mechanismus sind die Verfügbarkeitsprüfung, die Ermittlung tagesaktueller Preise und das parallele Bestellen bei mehreren Herstellern oder Lieferanten. Dem gegenüber stehen technische Integrationsprobleme und die sich verändernde Optik bei der Weiterleitung in ein Fremdsystem.

4.1.3 xCBL – XML Common Business Library

xCBL wurde 1997 von der Firma Veo Systems, inzwischen von Commerce One [Comm03] übernommen, entwickelt, um der unkontrollierten Entwicklung XML-basierter B2B-Formate einen einheitlichen Standard entgegenzustellen. Das Kürzel CBL steht für *Common Business Library*, und so umfasst xCBL Dokumente zur Darstellung von Produktkatalogen, zu Bestellwesen, Zahlungsverkehr, Versand und Planung, Statistik, Beschreibung von Geschäftspartnern, sowie Preis- und Verfügbarkeitsanfragen. Allerdings ist xCBL nicht nur als Sammlung von Geschäftsdokumenten zu verstehen, sondern auch als Rahmenwerk, das vom Benutzer angepasst werden kann. xCBL hat seine Dokumentvorlagen von Beginn an streng typisiert, was mit DTDs

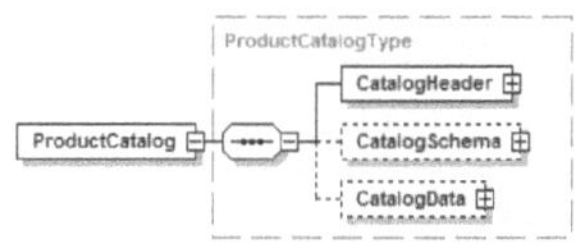

Abb. 4.9: Das `ProductCatalog`-Element

nur schwer realisierbar ist. Daher wurde von Commerce One speziell dafür eine objektorientierte Schemasprache für XML namens SOX geschaffen. Die aktuelle Version 4.0 [xCBL03b] basiert inzwischen vollständig auf W3C XML-Schema und hat einige Änderungen an den Dokumentvorlagen vorgenommen. Dabei wurden redundante bzw. wenig genutzte Elemente entfernt und die allgemeinen Strukturen vereinfacht.

Im Gegensatz zu cXML konzentriert sich xCBL nur auf den Inhalt der Geschäftsdokumente, nicht auf Transport- und Transaktionslogik, womit es protokollunabhängig ist. Der allgemeine Aufbau von xCBL-Dokumenten ist maximal vierteilig:

- Der Kopfteil enthält abhängig vom tatsächlichen Dokument allgemeine Informationen.
- Die Metainformationen enthalten weitere Zusatzinformationen, wie etwa die Art der erwarteten Rückantwort.
- In den Kernmodulen sind die eigentlichen Daten abgelegt.
- Optionale Anlagen erlauben es, zusätzliche, evtl. nicht in xCBL formatierte Dateien mitzuliefern.

Da sich xCBL als Rahmenwerk für Geschäftsdokumente betrachtet, ist es darüberhinaus möglich, xCBL zu erweitern. Dies kann unstrukturiert durch den Einsatz in den eben erwähnten Anlagen geschehen, es können aber auch eigene Typen von Geschäftsnachrichten definiert werden, die den xCBL-Rahmen über Standardelemente (*building blocks*) ergänzen. Die folgenden Betrachtungen konzentrieren sich ausschließlich auf den Umgang mit Produktkatalogen. Weitere Informationen zu xCBL im allgemeinen finden sich unter [xCBL03a].

Produktkataloge in xCBL

Das Wurzelelement eines Produktkataloges ist `ProductCatalog`, dessen Struktur in Abbildung 4.9 zu sehen ist. Es besteht aus einem verpflichtenden Kopfteil und zwei optionalen Teilen, einem Katalogschema und den einzelnen Katalogdaten. Der Kopf des Katalogs wird im `CatalogHeader`-Element beschrieben (Abbildung 4.10) und muss minimal eine eindeutige `CatalogID` und einen für den Katalog verantwortlichen `CatalogProvider` enthalten. Dies kann entweder ein Geschäftsteilnehmer sein (`Party`) oder ein Katalogsystem. Weitere Angaben, wie das Erstellungsdatum des Katalogs, allgemeine Informationen zu Preisen, Gültigkeitszeiten, die Versionsnummer oder Sprach- und Währungsangaben sind optional. Die ebenfalls nicht verpflichtende Sammlung von Attributen in `ObjectAttribute` wird verwendet, um zusätzliche Kataloginformation zu speichern, für die es im Kopfteil kein geeignetes Attribut gibt. Dieser Er-

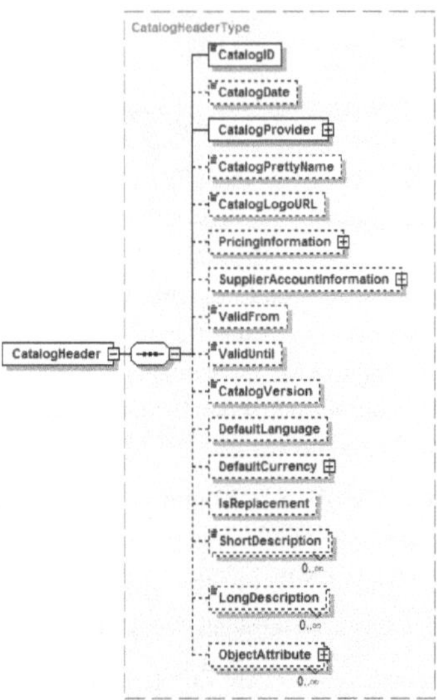

Abb. 4.10: Das `CatalogHeader`-Element

weiterungsmechanismus wird im Datenteil noch einmal für die Beschreibung von Produktmerkmalen verwendet.

Nach der Beschreibung der allgemeinen Kataloginformationen kann mittels `CatalogSchema` ein Kataloggruppensystem aufgebaut werden (Abbildung 4.11). Solche Gruppensysteme können entweder extern eingebunden werden (`SchemaSource` bzw. `SchemaURN` verweisen auf die Adresse), oder unter einer Sammlung von `SchemaCategory`-Elementen explizit angelegt werden. Jede

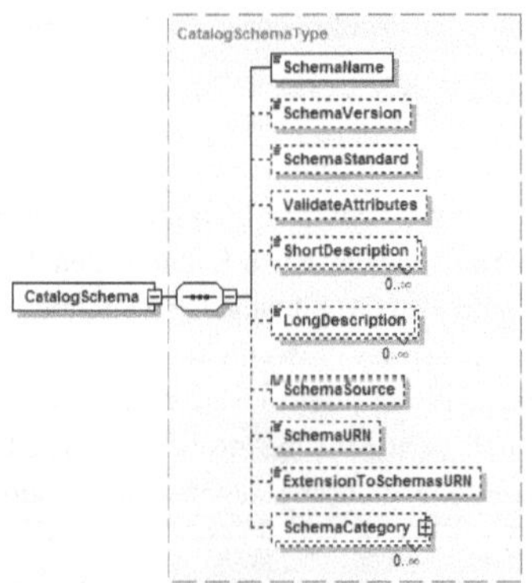

Abb. 4.11: Das `CatalogSchema`-Element

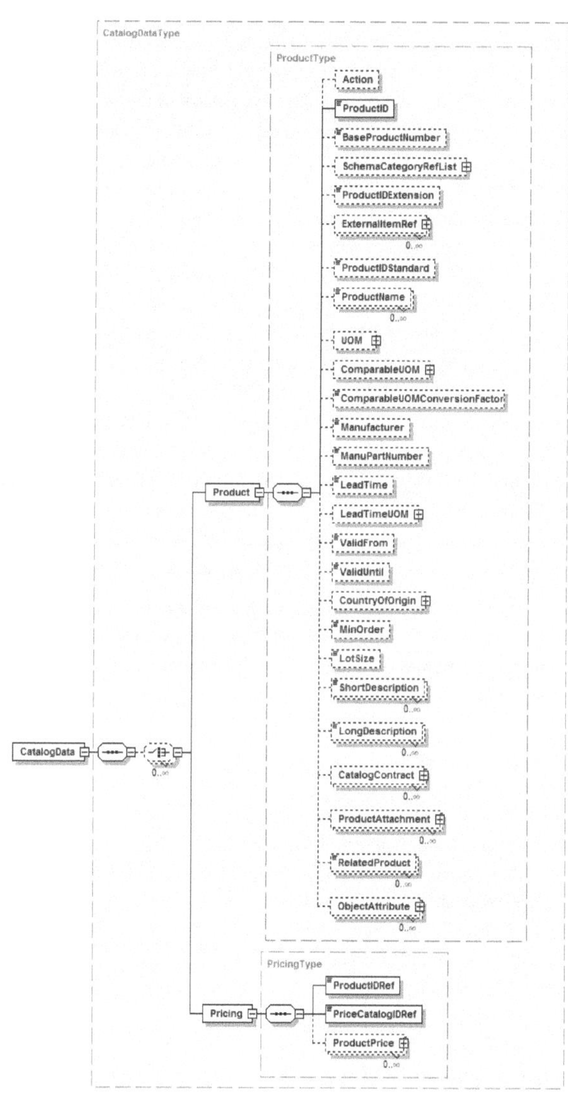

Abb. 4.12: Das `CatalogData`-Element

der hier definierten Kategorien besitzt einen eindeutigen Bezeichner, evtl. einen Verweis auf die übergeordnete Vorgängerkategorie und eine Liste von gruppenspezifischen Attributen (`CategoryAttribute`).

Die einzelnen Produkte bzw. deren Preise werden unter dem Element `CatalogData` beschrieben (Abbildung 4.12). Der `Product`-Ast ist sehr umfangreich, allerdings sind außer dem Schlüssel `ProductID` praktisch alle Elemente optional. Ein `Type`-Attribut am `Product`-Element definiert, ob es sich um einen Artikel, eine Dienstleistung oder um etwas Undefiniertes handelt. Ähnlich wie BMEcat und cXML ist es durch das `Action`-Element möglich, Anfüge-, Lösch- oder Aktualisierungstransaktionen auf dem speziellen Produkt auszuführen. Standardmäßig wird hier die Anfügesemantik angenommen. Mittels `SchemaCategoryRefList` können Referenzen auf mehrere `SchemaCategory`-Einträge, die weiter oben unter `CatalogSchema` angelegt wurden, angelegt werden; dabei wird die Reihenfolge der Einträge beachtet. Neben den üblichen Metainformationen über Produkte wie Hersteller, dem herstellerinternen Produktcode, Lieferzeiten und Gebindegrößen, sind die letzten drei Elemente für die vorliegende Arbeit interessant: durch `ProductAttachement`-Einträge lassen sich Produktbeschreibungen in externen Dokumenten einbinden; sie gehen jedoch ohne Struktur in das xCBL-Dokument ein. Durch `RelatedProduct` lassen sich Beziehungen zu anderen Produkten aufstellen. Als Beziehungstypen stehen `Component`, `Substitute`, `Alternative` und `Accessory` zur Auswahl: ein in Beziehung stehendes Produkt kann also Bestandteil sein, Nachfolger, ein Alternativvorschlag oder ein Zubehörteil, womit praktisch die gleichen Beziehungstypen wie in BMEcat existieren. Schließlich besteht auch hier wieder die Möglichkeit, Angaben, die zu keinem der Standardeinträge kompatibel sind, in einer speziell definierten `ObjectAttribute`-Sammlung abzulegen.

Ändert sich nichts an den Produktdaten selbst, sondern sollen nur die Preise angepasst werden, so kann statt des umfassenden `Product`-Elements `Pricing` verwendet werden. Hier muss im wesentlichen nur eine Referenz auf das zu ändernde Produkt und das neue Preisgefüge übergeben werden.

4.1.4 eCX XML – Electronic Catalog XML

Im Gegensatz zu den drei bisher vorgestellten Katalogformaten ist Electronic Catalog XML (eCX XML) vergleichsweise unbekannt. Verantwortlich für dieses Format ist die Firma Requisite Technology [Requ03], die Softwarelösungen rund um unternehmensweite Katalogverwaltung vertreibt. Dennoch ist eCX XML für die Betrachtungen in diesem Abschnitt interessant, da es ein reines Katalogformate ist, das explizit die Modellierung von Produktvarianten adressiert.

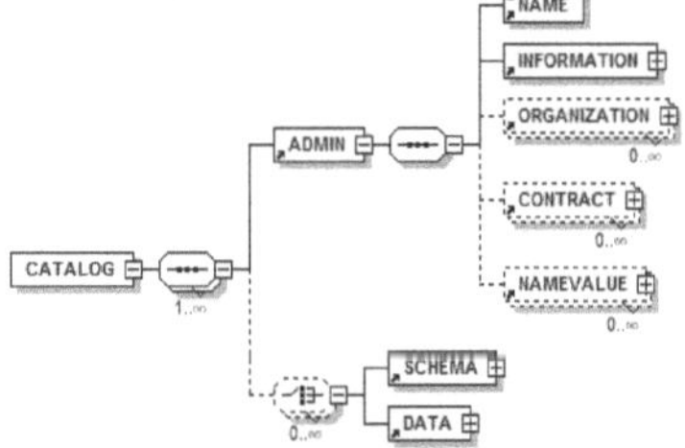

Abb. 4.13: Überblick über eCX XML

eCX XML ist als DTD spezifiziert, die unter [eCX03b] zu finden ist. Der grundlegende Aufbau ist in Abbildung 4.13 gezeigt und beginnt mit dem `CATALOG`-Element, von dem aus sich der Katalog in drei Teile aufspaltet:

- Verwaltungsinformationen (`ADMIN`)
- Kataloggruppen (`SCHEMA`)
- einzelne Katalogeinträge (`DATA`)

Unterhalb des Elements `ADMIN` werden Verwaltungsinformationen gespeichert, wie der Name des Katalogs, das Erstellungsdatum, der Urheber und ähnliches. Über das spezielle `ADMIN`-Subelement `CONTRACT` können für bestimmte Käufer gesonderte Preiskonditionen abgelegt werden. Die Erzeugung dieser kundenspezifischen Preislisten wird durch ein spezielles Produkt von Requisite unterstützt.

Im `SCHEMA`-Teil des Katalogs werden mehrere Strukturen aufgebaut: Unter `CATEGORY` kann eine flache Struktur von Kataloggruppen aufgebaut werden. Die einzelnen Gruppen werden über einen Namen oder einen Schlüssel identifiziert und bekommen einen Typ zugewiesen; eCX XML bietet keine festen Typen an, schlägt aber beispielsweise "Navigation", oder "Anfrage" vor. Außerdem kann die Beschreibung einer Gruppe auf drei Arten erweitert werden, falls die Standardbeschreibungsmittel nicht ausreichen: Unter `NAMEVALUE` werden applikationsspezifische, gruppenweit gültige Informationen bestehend aus Bezeichner und Wert gespeichert. In `METADATA` können weiterführende Gruppenbeschreibungen abgelegt werden. Letztlich lässt sich auch das Element `COMMENT` dazu verwenden, weitergehende Beschreibungen zu speichern.

Neben `CATEGORY` kennt eCX XML auch `NAVIGATION`. Aus der Spezifikation kann man vermuten, dass dadurch Kataloggruppen hierarchisch verbunden werden können. Der Aufbau des `NAVIGATION`-Elements entspricht vollständig dem von `CATEGORY`, angereichert um das Unterelement `OWNER`, das auf genau eine in der Hierarchie übergeordnete Gruppe verweist. Der Unterschied zwischen `CATEGORY` und `NAVIGATION` ist nicht vollständig erkennbar, teilweise werden die beiden Konstrukte synonym verwendet. Als Referenz in `OWNER` kann sowohl ein `NAME`- oder ein `KEY`-Element verwendet werden, unabhängig ob es aus `CATEGORY` oder `NAVIGATION` stammt.

Für eine saubere Beschreibung der Kataloggruppen werden unterhalb des `ATTRIBUTE`-Elements Attribute eingeführt: auch ihr Aufbau ist ähnlich zu dem von `CATEGORY`, allerdings ist auch hier zusätzlich über das `OWNER`-Element eine Referenz auf genau eine entsprechende Kataloggruppe erforderlich. Auch hier bietet eCX XML nur Vorschläge, welche Typen für Attribute sinnvoll sein können (`String`, `Numeric`, `URL`, `Currency`, `UnitData`, ...). Attribute, die vom Typ `UnitData` sind, können einer `UNITGROUP` zugewiesen wird, was eine Sammlung zusammengehöriger Maßeinheiten inklusive ihrer Umrechnungsfaktoren ist. Allerdings nimmt eCX XML in seiner gesamten Katalogbeschreibung keinerlei Bezug auf Standardklassifikationssysteme. Der gesamte Aufbau des `SCHEMA`-Teils von eCX XML ist in Abbildung 4.14 zusammengefasst.

Die Einträge der einzelnen Artikel in den Katalog befinden sich unterhalb des `DATA`-Elements, genau genommen im `ITEM`-Element. Jeder Artikel kann mehrere `OWNER` besitzen, d.h. mehreren Elementen vom Typ `CATEGORY` oder `NAVIGATION` zugeordnet werden. Die Beschreibung der Artikeleigenschaften geschieht nicht durch Verwendung von `ATTRIBUTE`, sondern über eine Menge

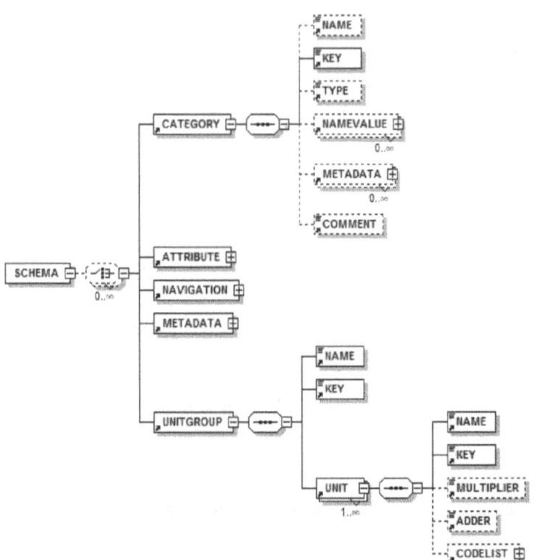

Abb. 4.14: Das `SCHEMA`-Element

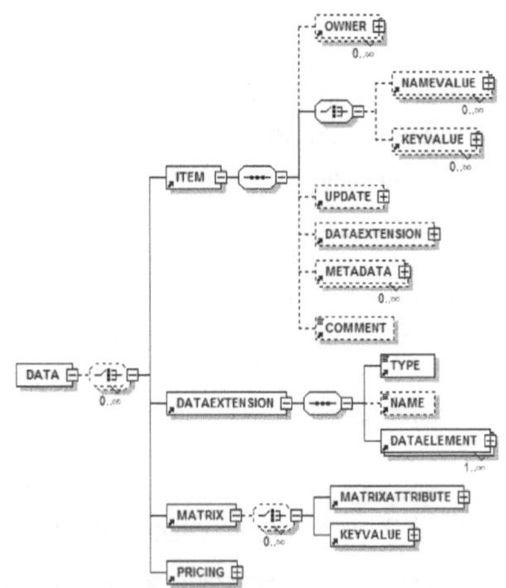

Abb. 4.15: Das `DATA`-Element

von `NAMEVALUE`- oder `KEYVALUE`-Einträgen. Bemerkenswert ist das `DATAEXTENSION`-Element, das in mehrfacher Hinsicht verwendet werden kann: einerseits sollen damit Assoziationen zu anderen `ITEM`-Einträgen realisiert werden können, andererseits können hier erweiterte Artikelbeschreibungen abgelegt werden. Als Beispiele nennt die Spezifikation das Hinterlegen einer Abfrage, etwa nach Zubehör, oder einen Verweis auf die Webseite des Herstellers.

Das interessanteste Element von eCX XML heißt `MATRIX`, wodurch im Katalog unterschiedliche Optionen mit unterschiedlichen Preisen innerhalb eines Artikels angeboten werden können. Unterhalb des einleitenden `MATRIX`-Elements wird für jedes Merkmal ein `MATRIXATTRIBUTE`-Element angelegt, in das seine verschiedenen Ausprägungen eingebettet werden. `KEYVALUE` im Parallelast enthält die Berechnungsvorschrift für die Matrix, also wie der tatsächliche Produktcode, die Produktbeschreibung und der Preis in Abhängigkeit von der gewählten Variante gebildet werden. Die Verbindung zwischen einem konfigurierbaren Produkt und einer Matrix geschieht über eine entsprechende `DATAEXTENSION` am Produkt vom Typ `Matrix`.

Die Basispreise werden im `PRICING`-Element festgelegt. Unter `ITEM` werden die Artikel, auf die sich die Preisangaben beziehen, spezifiziert, die Preislisten werden in `PRICEELEMENT` festgelegt. Hier lassen sich Preisstaffeln, Rabatte und einkäuferabhängige Preise festlegen (`CONTRACT`, siehe oben).

Sowohl die `SCHEMA`- als auch dei `DATA`-Strukturen können mit den üblichen Operationen Hinzufügen und Löschen bearbeitet werden. Aktualisierungen werden über Synchronisation umgesetzt, wobei hier zwischen partieller und vollständiger Synchronisation unterschieden wird.

4.1.5 Bewertung der vorgestellten Formate

Nach der Betrachtung der für Produktkataloge relevanten Definitionsmöglichkeiten der XML-Formate BMEcat, cXML, xCBL und eCX XML wird nun ein Katalog von Vergleichskriterien vorgestellt und anschließend auf die einzelnen Formate angewandt. Die Vergleichspunkte werden dafür in zwei Kategorien unterteilt, in allgemeine Informationen und spezielle Katalogeigenschaften.

Aufstellung des Kriterienkatalogs

Teil 1: Allgemeine Informationen

- Organisation

  Hier wird geklärt, welches Konsortium bzw. welche Firma für die Herausgabe und die weitere Entwicklung des Formats verantwortlich ist. Hierbei wird auf die Historie verzichtet.

- Schlüsselanwender

  Um einen Eindruck zu bekommen, wie relevant ein Format ist, wird hier eine Auswahl der Firmen und Anwender gezeigt, die den Standard einsetzen und damit unterstützen. Teilweise ist die Grenze zum Kriterium Organisation fließend.

- Version

  Zu jedem Format wird die aktuell gültige Version und ihr Verabschiedungsdatum genannt.

- Verbreitung

  Obwohl alle Katalogformate den internationalen Einsatz erlauben und anstreben, werden in unterschiedlichen geographischen Regionen unterschiedliche Formate eingesetzt.

- Umfang

  Unter diesem Aspekt wird angegeben, ob sich das Format rein auf Produktkataloge konzentriert, oder darüberhinausgeht im Sinne von weiteren Geschäftsdokumenten oder dem Transportablauf.

- Dokumentation

  Ein wichtiger Punkt für die Einsetzbarkeit eines Formats ist seine Dokumentation und deren Verständlichkeit. Diese Belange werden unter dem Stichwort Zugänglichkeit subsumiert.

- Besonderheiten

  Praktisch jeder der vier Vertreter bietet eine Besonderheit an, die keines der anderen Formate realisieren kann. Diese Besonderheiten werden hier aufgelistet.

- Ausblick

  Zumindest für einige der Formate ist absehbar, wohin ihre zukünftige Entwicklung gehen wird.

Nach diesen allgemeinen Informationen werden die Formate noch einem detaillierten, katalogspezifischen Kriterienkatalog unterzogen, der im Folgenden erläutert wird.

Teil 2: Katalogeigenschaften

- Katalogoperationen

  Alle Formate bieten einen elementaren Satz von Operationen auf Katalogen an, darunter Hinzufügen, Ändern und Löschen. Besonderheiten hier sind die Konstruktion eines neuen Gesamtkatalogs oder die Möglichkeit, statt des ganzen Artikels nur seine Preisangaben zu modifizieren.

- Standardklassifikationen

  Hier wird wiedergegeben, ob die Katalogbeschreibung auf Standardklassifikationen, wie Industrieklassifikationssysteme, Produktklassifikationssysteme oder Produktnummernsysteme Bezug nehmen kann.

- Zusätzliche Strukturierung

  Neben dem Einsatz von Standardklassifikationen ist eine weitere Untergliederung der Kataloge zur Unterstützung von Suchoperationen vorteilhaft.

- Erweiterbarkeit

  Unter diesem Punkt wird angegeben, ob der Anwender das Katalogformat standardkonform um eigene Informationen anreichern kann.

- Beziehungen

  Produkte stehen häufig mit anderen Produkten in einer gewissen Beziehung. In Anlehnung an die in BMEcat definierten Beziehungstypen wird untersucht, ob die Konkurrenzformate einen jeweils äquivalenten Typ anbieten.

- Varianten

  Wie schon weiter oben motiviert, konzentriert sich die vorliegende Arbeit auf den elektronischen Umgang mit Produktfamilien, d.h. mit Produkten bzw. Dienstleistungen, bei denen der Kunde noch einen gewissen Gestaltungsspielraum besitzt. Die Fähigkeiten der Formate in dieser Richtung werden unter dem Punkt Varianten behandelt.

- Spezifikation

  Für eine möglichst exakte Beschreibung der Artikel ist eine strenge Typisierung von großer Bedeutung. Daher wird unter dem Aspekt Spezifikation festgestellt, ob das Format auf dem einfachen DTD-Mechanismus basiert und damit keine Datentypen unterstützt, oder auf dem komplexeren XML-Schema, das neben einer Menge von elementaren Datentypen auch die Einführung eigener Typen erlaubt.

Nachdem nun ein Katalog von Vergleichskriterien aufgestellt und erläutert wurde, werden im Folgenden die vier vorgestellten Katalogformate bezüglich dieser Kriterien verglichen. Eine Zusammenfassung dieses Vergleichs bezogen auf die allgemeinen Informationen findet sich in Tabelle 4.1, eine Gegenüberstellung in Hinblick auf die katalogspezifischen Eigenschaften liegt in Tabelle 4.2 vor.

Vergleich der allgemeinen Informationen

Bezüglich der Organisationen fällt auf, dass einerseits BMEcat und cXML von unabhängigen Organisationen verantwortet werden, während xCBL in erster Linie von Commerce One und eCX XML von Requisite Technologies geführt werden. Insbesondere zu letzterem lassen sich keine genaueren Angaben finden, wer die erwähnten Partner sind.

Vor allem die ersten drei Formate werden durch eine Vielzahl von prominenten Schlüsselanwendern unterstützt. Da BMEcat aus dem deutschsprachigen Raum stammt, finden sich hier auch entsprechend viele deutsche Unternehmen aus allen Bereichen (Automobilbau, Energie, Telekommunikation oder Zahlungsmittel). cXML führt eine sehr große Liste von Unternehmen, die die Entwicklung und Verbreitung unterstützen. Auch hier finden sich neben Hardware- und Softwarefirmen Teilnehmer aus der Automobilbranche, aus dem Unterhaltungssektor oder aus dem Bereich des Bürobedarfs. xCBL wird in erster Linie von Commerce One, darüberhinaus von Hewlett-Packard, Microsoft, SAP Markets und Sun Microsystems unterstützt. Interessant ist, dass Hewlett-Packard auch in cXML involviert ist. Zu eCX XML finden sich keine Aussagen über Kooperationspartner.

	BMEcat	cXML	xCBL	eCX XML
Organisation	eBusiness Standarization Commitee	cXML.org	xCBL.org	Requisite Technologies und Partner
Schlüsselanwender	Audi, BMW, IBM, Oracle, Poet, SAP, Siemens, ...	Ariba, AMD, Cisco, Hewlett-Packard, ...	Commerce One, Hewlett-Packard, Microsoft, SAP Markets, Sun, ...	k. A.
aktuelle Version	1.2 März 2001	1.2.009 Juni 2003	4.0 März 2003	3.6 November 2003
Verbreitung	Europa	USA	USA	k. A.
Umfang	nur Kataloge, (Transaktionen durch openTRANS)	Kataloge und weitere Geschäftsdokumente (B2B)	Katalog und weitere Geschäftsdokumente	nur Kataloge
Dokumentation	umfangreiche, mehrsprachige Spezifikation, Kurzeinführung, Foliensätze	umfangreiches Handbuch, Codebeispiele	knappe, unvollständige Strukturreferenzen, Codebeispiele	Spezifikation mit Codebeispielen
Besonderheiten	openTRANS	PunchOut	Agencies	Varianten
Ausblick	2.0 angekündigt (Stand Juni 2004)	k. A.	langfristig Übergang zu UBL (OASIS)	k. A.

Tab. 4.1: Katalogformate im Vergleich: Allgemeine Informationen

Bei Betrachtung der Versionsnummern fällt auf, dass BMEcat vergleichsweise alt ist. Allerdings hat das keinen negativen Einfluss auf den Leistungsumfang und bietet den Unternehmen, die dieses Format einsetzen eine gewisse Stabilität. Zu xCBL ist anzumerken, dass der letzte Versionssprung von 3.5 auf 4.0 insbesondere im Katalogbereich mehr Änderungen mit sich gebracht hat, als die Initiatoren zugeben wollen.

Alle Formate sind für den weltweiten Gebrauch ausgelegt, allerdings findet BMEcat aufgrund seiner Herkunft im deutschsprachigen und zunehmend im gesamteuropäischen Raum Verwendung. Amerikanische Unternehmen bevorzugen dagegen eher die amerikanischen Entwicklungen cXML und xCBL. eCX XML hat generell nicht die Verbreitung, um entsprechende Aussagen treffen zu können.

Bezüglich des Umfangs können zwei Gruppen unterschieden werden: BMEcat und eCX XML beschränken sich ausschließlich auf die Formulierung von Produkt- bzw. Dienstleistungskatalogen. Eine Erweiterung von BMEcat in Richtung Transaktionen und Protokollabwicklung kann im verwandten Standard openTRANS gesehen werden. cXML ist ein umfassender Geschäftstransaktionsstandard, der neben Katalogen eine Menge von B2B-Geschäftsdokumenten sowie die zugehörige Transportlogik abdeckt. Der Ansatz von xCBL ist noch eine Stufe generischer insofern, dass es sich als Rahmenwerk und Bibliothek von Geschäftsdokumenten versteht. Auch hier ist das Katalogformat nur ein möglicher Dokumententyp.

Alle vorgestellten Formate sind gut dokumentiert, wobei xCBL eine negative Ausnahme bildet: nicht alle Teildokumentationen werden für die aktuelle Version 4.0 angeboten, was insbesondere für Katalogdokumente von Nachteil ist. BMEcat bietet neben einer ausführlichen englischen Spezifikation auch eine deutsche Fassung an, sowie eine Einführung und mehrere Foliensammlung, die einen kompakten Einblick geben. Die Spezifikation von eCX XML ist knapp, aber dank prägnanter Beispiele gut verständlich.

An Besonderheiten bietet BMEcat neben einer sehr feingranularen Katalogdarstellung die künftige Kompatibilität mit openTRANS an. Ein Merkmal, das nur cXML bietet sind die *PunchOut*-Kataloge, die eine dynamische Katalogintegration zur Anfragezeit ermöglichen. xCBL bietet mit dem Konzept der *Agencies* Kontrollinstanzen für Dokumente und Klassifikationssysteme. eCX XML bietet als einziger der hier Betrachteten Katalogstandards die explizite Möglichkeit zur Modellierung von Produktvarianten.

Über die zukünftige Entwicklung kann nur bei BMEcat und xCBL eine Aussage getroffen werden. Bei BMEcat ist bereits 2002 mit der Entwicklung der Version 2.0 begonnen worden, allerdings war diese zum Zeitpunkt der Erstellung dieser Arbeit noch nicht verabschiedet[2]. Sie soll unter anderem die Spezifikation konfigurierbarer Produkte erlauben. xCBL wird als Basis für die Entwicklung der *Universal Business Library* (UBL) der OASIS genommen. xCBL hat bereits auf seiner Webseite angekündigt, sich massiv um die Kompatibilität mit diesem zukünftigen Standard zu bemühen. Es bleibt abzuwarten, ob xCBL vollständig in UBL aufgehen wird.

Vergleich der Katalogeigenschaften

Nachdem der vorige Abschnitt die vier Formate auf einer eher allgemeinen Ebene verglichen hat, folgen nun die Betrachtungen aus dem Blickwinkel der Produktkataloge beginnend mit den Operationen, die auf Katalogen möglich sind. Dabei bietet BMEcat den größten Umfang: als einziges Format kennt es eine Operation zur Übermittlung eines neuen Katalogs bzw. einer neuen Version eines Katalogs. Die Standardoperationen Hinzufügen, Ändern und Löschen bieten alle vier Vertreter. Nur BMEcat und xCBL unterscheiden darüberhinaus zwischen einer Manipulation des gesamten Produkteintrags und einer alleinigen Manipulation der Preisangaben.

Vor allem um den Katalogaustausch zwischen Unternehmen zu erleichtern, ist der Einsatz von Standardklassifikationssystemen, wie sie zu Beginn von Abschnitt 4.1 genannt wurden, eine große Vereinfachung, da semantische Integrationsprobleme vollständig entfallen. BMEcat kann mittels `CLASSIFCATON_SYSTEM` Bezug auf beliebige standardisierte Klassifikationssysteme (eCl@ss, UN/SPSC, ...) oder auch auf selbst erstellte Klassifikationen nehmen und ist damit am flexibelsten. cXML ist auf die Einbindung von UN/SPSC beschränkt. xCBL macht in der Spezifikation keine Bemerkungen zur Einbindung der oben genannten Klassifikation. Allerdings kennt es eine Vielzahl von eigenen Klassifikationen für Länder, Währungen und Einheiten. eCX XML bietet keine entsprechenden Möglichkeiten. Generell kann gesagt werden, dass die mittels DTD spezifizierten Formate (siehe unten) hier im Nachteil sind.

2. Stand Juni 2004

	BMEcat	**cXML**	**xCBL**	**eCX XML**
Katalogoperationen				
Neuer Katalog	ja	nein	nein	nein
Hinzufügen	ja	ja	ja	ja
Ändern	ja	ja	ja	ja
Löschen	ja	ja	ja	ja
Trennung Preis/Produkt	ja	nein	ja	nein
Standardklassifikationen	beliebige	UN/SPSC	internationale Einheiten, Währungen, ...	nein
zusätzliche Strukturierung	ja, Kataloggruppen, Merkmalsgruppen	nein	ja, Kataloggruppen	ja, Kataloggruppen
Erweiterbarkeit	ja, `USER_DEFINED_EXTENSIONS`	bedingt, `SearchGroup`	ja, `Object-Attribute`	bedingt, `DATAEXTENSION`, `METADATA`
Beziehungen				
Ersatzteil	ja, `sparepart`	nein	nein	bedingt, `DATAEXTENSION`
ähnlicher Artikel	ja, `similar`	nein	ja, `Alternative`	bedingt, `DATAEXTENSION`
Nachfolger	ja, `followup`	nein	ja, `Substitute`	bedingt, `DATAEXTENSION`
Bestandteil	ja, `consists_of`	nein	ja, `Component`	bedingt, `DATAEXTENSION`
Zubehör	ja, `accessories`, `mandatory`, `select`	nein	ja, `Accessory`	bedingt, `DATAEXTENSION`
weitere	ja, `diff_orderunit`, `others`	nein	nein	nein
Varianten	bedingt, `select`	nein	nein	bedingt, `MATRIX`
Spezifikation	XML-Schema	DTD	XML-Schema	DTD

Tab. 4.2: Katalogformate im Vergleich: Katalogeigenschaften

Neben dem Rückgriff auf Standardklassifikationen ist es bei zunehmender Kataloggröße hilfreich, die einzelnen Produkte in Kataloggruppen und -untergruppen einzuteilen. Auch hier bietet BMEcat wieder die umfangreichsten Möglichkeiten: neben der Möglichkeit, mittels `CATALOG_GROUP_SYSTEM` ein umfangreiches Kataloggruppensystem einzuführen (wobei jedes

Produkt mehreren Gruppen zugewiesen werden kann), können auch Produktmerkmale hierarchisch in Gruppen eingeteilt werden (`FEATURE_SYSTEM`). Außer cXML kennen alle weiteren Formate zumindest das Konzept der Kataloggruppen (`CatalogSchema` in xCBL, `CATEGORY/NAVIGATION` in eCX XML).

Je nach Einsatzgebiet des Katalogs ist die kontrollierte Erweiterbarkeit des Formats von Bedeutung. BMEcat bietet hierzu die `USER_DEFINED_EXTENSIONS`, die beliebig komplexe XML-Strukturen enthalten dürfen, und im `HEADER`, in der `CATALOG_STRUCTURE` und in einzelnen `ARTICLE`-Elementen auftreten können. In cXML kommen die `SearchGroups` diesem Zweck am nähesten, mit denen eine Menge von Standardattributen definiert werden kann, die einzelne Artikel haben können. xCBL kennt die ebenfalls unstrukturierten `ObjectAttribute`-Einträge, die auf verschiedenen Ebenen des Katalogs eingesetzt werden können. eCX XML bietet mittels `DATAEXTENSION` auf der Ebene einzelner Artikel und `METADATA` auf der Ebene der Kataloggruppen ebenfalls gewisse Erweiterungsmöglichkeiten.

Speziell für die Beschreibung komplexer Produktstrukturen sind die Beziehungstypen von Interesse. BMEcat kennt hier neun verschiedene Typen, die in Tabelle 4.2 aufgeführt sind. Bemerkenswert ist, dass es drei Arten von Zubehörbeziehungen gibt: neben optionalem Zubehör (`accessories`) können notwendige Zusatzartikel (`mandatory`) und eine Auswahl von Artikeln, aus denen mindestens einer verwendet werden muss (`select`), modelliert werden. An Besonderheiten bietet BMEcat weiterhin die Möglichkeit, alternative Verpackungseinheiten zu definieren (`diff_orderunit`) oder eine undefinierte Beziehung (`other`) einzusetzen. Während cXML die Idee der Beziehungen zwischen Artikeln gar nicht kennt, besteht in eCX XML über das allerdings sehr generische `DATAEXTENSION`-Element zumindest eine eingeschränkte Möglichkeit. xCBL bietet ähnlich umfangreiche Beziehungstypen an wie BMEcat, nur Ersatzteil, die Vielfalt an verschiedenen Auswahlmöglichkeiten und die BMEcat-Besonderheiten fehlen. Insbesondere an den Beziehungstypen kann man gut erkennen, wie sehr sich die Entwickler von BMEcat von xCBL inspirieren haben lassen.

Für die vorliegende Arbeit ist insbesondere die Behandlung von Varianten interessant. Während cXML und xCBL dafür keine Konstrukte anbieten, kann BMEcat in gewisser Weise über die notwendigen Auswahlartikel (Beziehungstyp `select`) dazu verwendet werden, Varianten zu modellieren. Abhängigkeiten zwischen diesen Auswahlartikeln sind nicht vorgesehen. Auch eCX XML unterstützt die Modellierung von Varianten durch das `MATRIX`-Element. Es bietet die gleiche Mächtigkeit wie BMEcat.

Im letzten Vergleichspunkt wird betrachtet, in welcher Form die Spezifikation des Katalogformats vorliegt. BMEcat und xCBL basieren auf XML-Schema und haben dadurch eine große Anzahl an Datentypen zur Verfügung. Dadurch können Produkte und vor allem deren Attribute sehr exakt spezifiziert werden, z.B. Längeneinheiten in “cm”. xCBL geht hier einen Schritt weiter und erlaubt es, Umrechnungsformeln zwischen gleichartigen Einheitentypen zu hinterlegen (`ComparableUOMConversionFactor`). Ein genereller Nachteil von XML-Schema ist, dass die Spezifikationen sehr umfangreich und schlecht lesbar sind. cXML und eCX XML sind in der einfacheren und kompakteren DTD-Notation definiert. Ihnen fehlt der entsprechende Typenreichtum.

4.2 Anforderungen an ein geeignetes Datenmodell

Die im vorigen Abschnitt gezeigten Katalogformate sind allesamt nicht als Datenmodell für das Vertragsverhandlungssystem Marrakesch geeignet, da sie mehrere der Anforderungen, wie sie in den Abschnitten 3.1 und 3.2.1 erläutert wurden, nicht erfüllen können. Der größte gemeinsame Kritikpunkt ist die fehlende oder nur schlechte Unterstützung von Produktvarianten. Nur eCX XML bietet mit seinem `MATRIX`-Konstrukt explizit die Möglichkeit von konfigurierbaren Produkten an, ohne allerdings Abhängigkeiten zwischen verschiedenen Auswahlmöglichkeiten ausdrücken zu können. In BMEcat kann auf sehr umständliche Art und Weise die Konfigurierbarkeit durch verschiedene Beziehungen zwischen Produkten ausgedrückt werden, wobei im Gegensatz zu eCX XML die Bestandteile immer eigenständige Produkte bleiben und keine spezielle Berechnungsvorschrift für den Gesamtpreis angegeben werden kann. Die für den Anfang von 2004 angekündigte Version 2.0 von BMEcat soll gerade in diesem Bereich Verbesserungen liefern, ist aber noch nicht verfügbar. Zur Verteidigung der in Abschnitt 4.1 vorgestellten Katalogformate muss allerdings gesagt werden, dass sie nicht als firmeninterne Speicherformate, sondern als Austauschformate über Unternehmensgrenzen hinweg gedacht sind.

Ein für ein Vertragsverhandlungssystem wie Marrakesch geeignetes Datenformat muss also von Grund auf neu entwickelt werden. Dazu werden im Folgenden die Anforderungen von Abschnitt 3.1 weiter vertieft.

(1) Gesucht ist eine kompakte Notation, die komplexe Variantenstrukturen übersichtlich, platzsparend und redundanzfrei darstellen kann. Einerseits ist z.B. im Automobil- oder im Flugzeugbau mit sehr hohen Variantenzahlen im Bereich von 10^{30} und mehr zu rechnen, außerdem muss auch jede einzelne Variante innerhalb des Datenmodells rekonstruierbar und adressierbar sein.

(2) Weiterhin sollen Einschränkungen und Bedingungen formulierbar sein, die den Variantenraum gezielt beschneiden können. Dabei sind insbesondere Gebote bzw. Verbote bestimmter Kombinationen gemeint. Dadurch wird die eben schon geforderte Kompaktheit weiter unterstützt und eine natürlichere Abbildung der Realwelt erreicht.

(3) Die Modellierungssprache soll sowohl für Anbieter mit hohem Detailwissen als auch für Nachfrager, die unter Umständen nur eine vage Vorstellung ihrer Wünsche haben, sinnvoll einsetzbar sein. Diese Anforderung ist nötig, da das Marrakesch-Datenmodell sowohl Anbietern als auch Nachfragern zur Verfügung steht. In der Regel wird der Anbieter seine Produkte exakter beschreiben, als selbst ein gut informierter Kunde es in Form seines Bedarfs auszudrücken vermag.

(4) Um semantische Probleme zu vermeiden, wird ein gemeinsamer Wortschatz gefordert, in dem jedes Bestandteil einer Produktfamilie verzeichnet ist. Um zwischen unterschiedlichen Detaillierungsstufen vermitteln zu können, sollen Ableitungsbeziehungen zwischen den einzelnen Worten möglich sein.

(5) Eine weitere Anforderung an die Modellierungssprache ist ihre Erweiterbarkeit mittels Vorlagen. Anstatt immer wieder den selben Sachverhalt mit den elementaren Konstrukten modellieren zu müssen, soll die Möglichkeit bestehen, entsprechende Vorlagen anzulegen

und diese mit in den Modellierungsprozess einzubringen.
Diese Anforderung ist als optional zu betrachten. Zwar trägt sie weiter zur besseren Lesbarkeit des Datenmodells bei, allerdings können die Vorlagen jederzeit durch elementare Modellierungselemente ersetzt werden.

Wie bereits in Abschnitt 3.2.1, der Beschreibung der Lösung des Modellierungsproblems, erläutert, löst Marrakesch sämtliche Forderungen durch einen zweigeteilten Lösungsansatz. Ausgehend von einem Objektbereich, der alle Produkte und Bauteile der Anwendungswelt umfasst, werden zwei Strukturen entwickelt: Zuerst werden die Objekte in ein multidimensionales Begriffssystem eingeordnet. Dieses Begriffssystem basiert auf dem Prinzip der Generalisierung bzw. der Spezialisierung und bietet damit die Antwort auf die Anforderungen (3) und (4) der obigen Aufzählung. Anschließend werden die nun strukturierten Objekte als Bauteile oder Baugruppen für die Konstruktion neuer Produkte in mereologische Graphen eingebracht. Die mereologischen Graphen basieren auf der Teil-Ganze-Beziehung und stellen Variantenstücklisten dar, die in dieser Form auf [WeMü81] zurückgehen. Es handelt sich dabei um eine graphische Notation, die rekursiv eine Baugruppe aus einfacheren Baugruppen oder elementaren Bauteilen aufbaut, wobei im Gegensatz zum einfachen Gozintograph [VaRi63] Auswahlmöglichkeiten gegeben sind. Dadurch ist Anforderung (1) abgedeckt. Mit der Erweiterung dieser Modellierungsmethode um Implikationen [Wede89] wird Anforderung (2) erfüllt.

Die folgenden zwei Abschnitte geben einen genaueren Einblick in das hierarchische Begriffssystem, sowie in das Konzept der mereologischen Graphen. Während das Begriffssystem mit vergleichsweise einfachen Mitteln den gemeinsamen Wortschatz und dessen Zusammenhang sicherstellt, liegt der Schwerpunkt der Ausführungen auf den mereologischen Strukturen in Abschnitt 4.4.

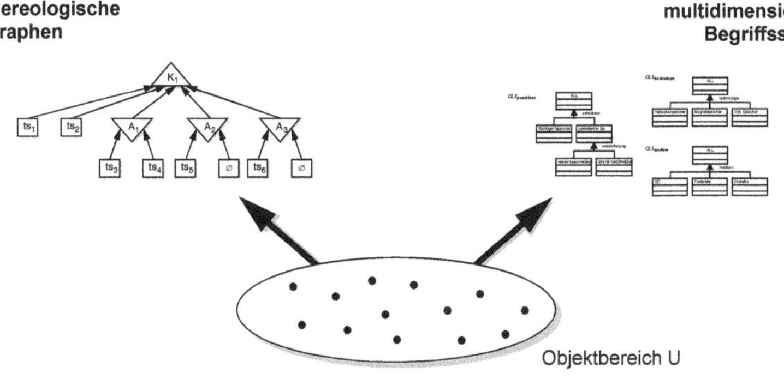

Abb. 4.16: Einbettung in Begriffsklassifikation und Mereologie

4.3 Das multidimensionale Begriffssystem

Dieser Abschnitt stellt den einen Teil des Datenmodells von Marrakesch vor. Wie in Abbildung 4.16 skizziert dient das multidimensionale Begriffssystem der Zuordnung aller Objekte aus der Realwelt, also dem Objektbereich, zu einer oder mehreren voneinander unabhängigen Begriffsklassen. Durch ein gemeinsames Begriffssystem ist sichergestellt, dass alle Beteiligten eine gemeinsame Terminologie nutzen, und dass verwandte Objekte durch entsprechend ähnliche Merkmale beschrieben werden. Die Verwandtschaft von Objekten manifestiert sich durch die Generalisierungsbeziehung der Begriffsklassen, denen sie zugeordnet sind. Da je nach Anwendung nach unterschiedlichen Kriterien generalisiert wird, ist eine einfache Begriffshierarchie nicht ausreichend. Daher erlaubt das multidimensionale Begriffssystem von Marrakesch die gleichzeitige Klassifizierung nach mehreren Gesichtspunkten, solange diese voneinander unabhängig sind. Die Unabhängigkeit der einzelnen Dimensionen der Begriffshierarchien kann jedoch nicht durch das System sichergestellt werden, sondern ist eine Anforderung an den Modellierer. Das hier vorgestellte multidimensionale Begriffssystem ist damit ein Metamodell, das durch die Methodik der Klassifikation entsprechend der benötigten Anwendungsdomäne befüllt werden muss.

4.3.1 Theoretische Grundlagen

Unter Klassifikation wird eine vollständige Zerlegung einer Menge von Gegenständen in paarweise disjunkte Teilmengen verstanden, wobei der Begriff sowohl den Vorgang des Zerlegens, als auch dessen Ergebnis bezeichnet [Mitt84]. Die Einteilung der Gegenstandsmenge in Begriffsklassen geschieht dabei aufgrund von Klassifikationsgesichtspunkten. Der Klassifikationsprozess kann iterativ wiederholt werden, d.h. jeder Begriff kann gemäß weiterer, feinerer Klassifikationsgesichtspunkte weiter unterteilt werden. Die bekannteste mehrstufige Klassifikation ist die Taxonomie, d.h. die Einordnung von Organismen in Art, Gattung, Ordnung, Klasse und Reich [Mitt84]. Hierbei handelt es sich um eine natürliche Klassifikation, d.h. die entsprechenden Gesichtspunkte sind bezüglich der Gegenstandsmenge wesentlich und in der Natur der Sache liegend. Im Gegensatz dazu gibt es auch künstliche Klassifikationen, die etwa auf der Haarfarbe oder dem Namen basieren. Allerdings gibt es keine festen Kriterien zur Unterscheidung von natürlichen und künstlichen Klassifikationen. Analog gibt es auch keine exakten Kriterien für die Reihenfolge von hierarchisch angeordneten Klassifikationen. Jedoch empfiehlt sich hier die differentia specifica als Klassifikationsgesichtspunkt, d.h. innerhalb einer Begriffsklasse ist das Merkmal, das eine Teilklasse von den restlichen Individuen unterscheidet, als ein Gesichtspunkt geeignet. Beispielsweise wird die Ratio häufig als differentia specifica des Menschen im Vergleich zu den übrigen Säugetieren zitiert.

Der praktische Nutzen einer mehrstufigen Begriffshierarchie ist die Ordnung, der eine vormals unstrukturierte Gegenstandsmenge unterworfen wird. Beispielsweise ordnet die *Association for Computing Machinery* (ACM, [ACM04a]) ihre gesammelten Publikationen seit 1964 durch das ACM *Computing Classification System* [ACM04b]. Dieses Klassifikationssystem wird durch einen vierstufigen Baum beschrieben, wobei die oberen drei Ebenen durch Buchstaben bzw.

Zahlen benannt werden. Eine Publikation über die Anfrageverarbeitung in Datenbanksystemen wäre etwa unter H.2.4 einzuordnen, wobei H die Klasse *Information Systems*, 2 die Unterklasse *Database Management* und 4 schließlich *Systems* bezeichnen. Analog werden alle weiteren Bereiche der Informatik abgedeckt, beginnend bei Hardware über Software und Anwendungen bis zum *Computing Milieux*. Jede Publikation wird maximal zwei dieser Klassen zugeordnet, wodurch es dem interessierten Leser möglich ist, thematisch ähnlich gelagerte Veröffentlichungen zu suchen, oder überhaupt Informationen zu gewissen Themen zu suchen. Neben dem ordnenden Aspekt bietet ein mehrstufiges Klassifikationssystem den Vorteil, dass gewisse Beziehungen zwischen höheren/gröberen und niedrigeren/feineren Klassen offenbar werden. Die nächsthöhere Begriffsklasse wird auch als genus proximum bezeichnet, also der nächsthöhere Artbegriff [Mitt84]. Diese Beziehung spielt für Marrakesch eine wichtige Rolle, wie weiter unten noch erläutert wird.

4.3.2 Objekt und Begriffsklasse

Ziel des in dieser Arbeit entwickelten elektronischen Verhandlungssystems ist das Zusammenbringen von Anbietern und Nachfragern. Dazu ist es notwendig, dass sie dieselbe Terminologie nutzen, d.h. zu gegebener Angebots- und Nachfragespezifikation muss feststellbar sein, ob damit die gleichen Objekte gemeint sind oder nicht. Es darf nicht passieren, dass ein Vertragsabschluss nicht zustande kommt, weil die eine Partei von "Mainboard" und die andere von "Motherboard" oder "Hauptplatine" spricht. Dieses Problem wird als Synonymproblem bezeichnet. Schlimmer ist, wenn zwei Geschäftspartner einen Vertrag schließen, der auf einem unterschiedlichen Verständnis einzelner Begriffe basiert, ohne dass die Partner das bemerken. Weitere ähnlich gelagerte Probleme sind Homonyme und Äquipollenzen, die sehr häufig bei der Integration von Daten, Anwendungen oder Prozessen auftreten. Diese Probleme werden unter dem Begriff der semantischen Integration schon lange von der Wissenschaft untersucht, z.B. im Kontext der Schemaintegration in Datenbanksystemen [BaLN86]; sie stellen ein großes Hindernis beim Laden von *Data-Warehouse*-Systemen [BaGü01] oder in heterogenen Informationssystemen (HIS, [ScHB02]) dar. Die semantische Integration soll jedoch nicht der Fokus dieser Arbeit sein, weshalb hier postuliert wird, dass jeder Marktplatzteilnehmer das dort festgesetzte Vokabular benutzen muss. Dieses Vokabular ist für die Anwendungsdomäne eindeutig und lässt keine Fehlinterpretationen zu, womit die oben genannten Probleme nicht auftreten können. Das Festlegen dieses Vokabulars kann entweder durch den Betreiber des Vertragsverhandlungssystems oder gemeinsam durch alle Beteiligten geschehen. In Abhängigkeit von den im System verhandelten Gegenständen sind unterschiedliche Vokabulare erforderlich.

Bevor das multidimensionale Begriffssystem von Marrakesch eingeführt werden kann, muss die grundlegende Gegenstandsmenge, die anschließend zu klassifizieren ist, definiert werden. Die einzelnen Individuen der Gegenstandsmenge werden im Folgenden als Objekte bezeichnet, ihre Gesamtheit als Objektbereich oder als *Universe of Discourse*.

Def. 4.1: Objekt, Objektbereich (*Universe of Discourse)*

Objekte o sind Dinge, Gegenstände oder Sachverhalte. Dabei können sie sowohl real existieren, oder auch zukünftig, geplant sein. Objekte besitzen eine Menge von Merkmalen, die mit Werten besetzt sein können, aber nicht müssen. Die Menge der Merkmale kann sich von Objekt zu Objekt unterscheiden.

Alle in Marrakesch überhaupt nur möglichen Objekte *o* sind Teil des globalen *Objektbereichs U*, der auch als *Universe of Discourse* bezeichnet wird; es gibt kein Objekt, das außerhalb dieses Bereichs liegt.

Beispiele für Objekte sind ein bestimmter Reifentyp, eine spezielle Grafikkarte, aber auch ein PC, der unter anderem eine Grafikkarte enthält, oder eine Textpassage, die etwa eine Dienstleistung näher charakterisiert. Im Hinblick auf die im Marrakesch-Rahmenwerk vorgesehen *Matching*- und Verhandlungsprozesse sind Objekte also sowohl Einzelbestandteile eines größeren Ganzen oder ein zusammengesetztes (End-)Produkt. Jedes Objekt enthält je nach seiner Beschaffenheit eine nicht vorher festgelegte Menge von Merkmalen. Der oben genannte Reifen hat beispielsweise einen bestimmten Geschwindigkeitsindex und ein genaues Format, während die Grafikkarte einen Grafikprozessor und einen Speicherausbau besitzt. Der Objektbereich variiert dementsprechend je nach Anwendungsdomäne.

Darüberhinaus sind für das folgende Objektmengen *O* von Bedeutung: es handelt sich hierbei um eine Menge von Objekten, die über die Einschränkung von Merkmalen definiert sind (intensional). So ist für die Formulierung der Nachfrage evtl. die Menge aller Objekte, für deren Merkmal "Preis" die Bedingung *Preis < 1000 €* gilt, von Interesse.

Ausgehend von dieser Formalisierung der Objekte aus der Realwelt kann nun ein Begriffssystem aufgebaut werden.

Def. 4.2: Begriffsklasse

Eine *Begriffsklasse cl* wird im Rahmen dieser Arbeit durch einen eindeutigen Klassifikator *P* und eine Menge von Merkmalen $M = \{m_1, \dots m_n\}$ beschrieben:

$$cl := (P, M).$$

Der Begriffsumfang *cl* bestimmt damit die Menge aller Objekte *o*, die dem Klassifikator *P* genügen und mindestens die Merkmale aus *M* besitzen.

Die Menge aller Begriffsklassen im System wird mit *CL* bezeichnet.

Die in dieser Arbeit verwendete Begriffsklasse stellt eine Mischung aus dem wissenschaftstheoretischen Terminus Klasse und der Klasse aus der objektorientierten Programmierung dar. Insbesondere der operationale Teil der objektorientierten Klasse, d.h. die Methoden, werden nicht benötigt. Im folgenden werden daher die Termini Begriff und Klasse synonym verwendet.

Def. 4.3: Beziehung isClassifiedBy

Die Zuordnung eines Objekts *o* aus dem Objektbereich *U* zu einer Begriffsklasse *cl* wird durch die Relation *isClassifiedBy* bezeichnet:

o isClassifiedBy cl

Das Objekt *o* muss dabei dem Klassifikator von *cl* genügen und mindestens die Merkmale aufweisen, die in der Klasse *cl* vorgeschrieben sind.

Der Zusammenhang zwischen Objekt, Begriffsklasse und der *isClassifiedBy*-Beziehung ist in Abbildung 4.17 an einem Beispiel dargestellt. Die Notation orientiert sich dabei an der *Unified Modeling Language* (UML, [UML03][FoSc99]). Auf der rechten Seite ist der Begriff "Speichermedium" definiert mit "Speichermedium" als Klassifikator und den Merkmalen "hersteller" und "kapazität". Auf der linken Seite ist ein Objekt dargestellt, das mit "Speichermedium" in einer *isClassifiedBy*-Beziehung steht: das Medium "Travelstar60" hat alle Merkmale des Begriffs mit Werten belegt (*hersteller = 'IBM'*, *kapazität = 60*). Darüberhinaus sind von diesem Objekt zwei weitere Merkmale und deren Belegungen bekannt, nämlich *upm = 5400* und *schnittstelle = 'IDE'*. Diese Merkmal können beispielsweise für weitere Verfeinerungen der Klassifikation herangezogen werden.

Durch die Beziehung *isClassifiedBy* ist also die Verbindung zwischen dem Objektbereich *U* und dem Begfriffsklassensystem *CL* hergestellt. Dieser Zusammenhang lässt sich sprachkritisch mit der Methode der Prädikation rekonstruieren [Mitt84] [WeOI04b]: Ausgehend vom Elementarsatz $n \varepsilon (p_1) \ldots (p_n) (P)$ kann eine Begriffsklasse *cl* als die Extension des Eigenprädikators *P* verstanden werden, also als die Menge aller Gegenstände, denen die Eigenschaft *P* zugeschrieben werden kann. Die Merkmale der Klasse treten dabei als Apprädikatoren, also als den Hauptprädikator *P* näher beschreibende Eigenschaften, auf. Ein Objekt *o*, das einer Begriffsklasse *cl* zugewiesen wird, ist im Elementarsatz als Nominator aufzufassen, dem mittels affirmativer Prädikation die Eigenschaft *P* zugesprochen wird.

4.3.3 Aufbau von Begriffshierarchien

Wie schon bei den theoretischen Grundlagen in Abschnitt 4.3.1 erwähnt, ist es möglich, einzelne Begriffsklassen iterativ nach einem weiteren Gesichtspunkt zu verfeinern, und somit eine hochauflösendere Zerlegung der Gegenstandsmenge zu erreichen. Dieses Vorgehen wird im

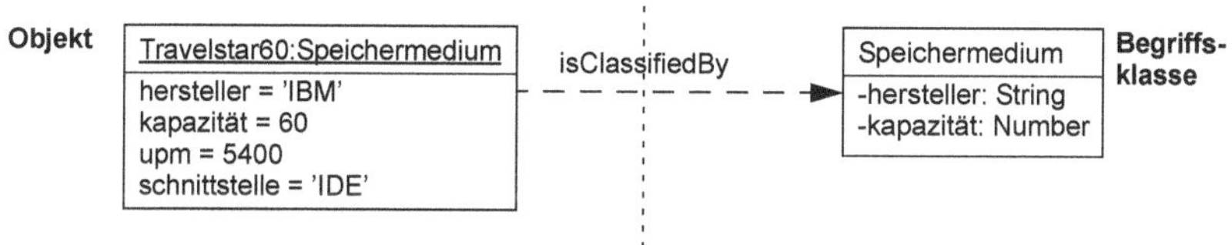

Abb. 4.17: Zusammenhang zwischen Objekt und Begriffsklasse

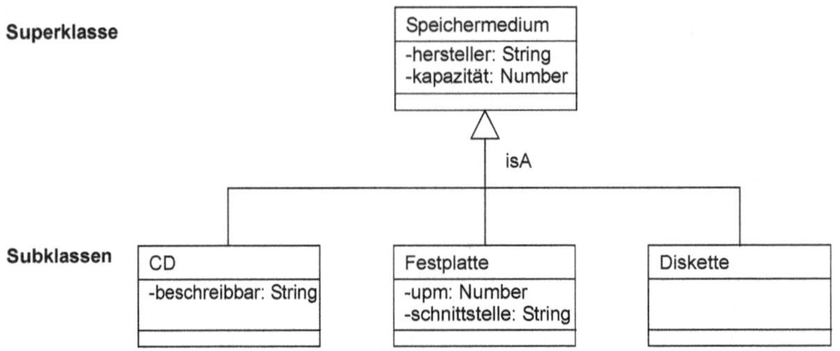

Abb. 4.18: Generalisierung und Spezialisierung

Folgenden auf die speziell für den Kontext von Marrakesch definierten Klassenbegriffe angewandt.

Def. 4.4: Spezialisierung und Generalisierung

Gegeben sind zwei Begriffsklassen cl_{super} und cl_{sub}, die jeweils Teilmengen des Objektbereichs U sind: cl_{super}, $cl_{sub} \subseteq U$. cl_{sub} ist eine Spezialisierung von cl_{super}, in Zeichen cl_{sub} *isA* cl_{super}, wenn gilt:

$$cl_{sub} \subseteq cl_{super}.$$

Umgekehrt wird cl_{super} als Generalisierung von cl_{sub} bezeichnet. Sowohl Spezialisierung als auch Generalisierung sind Beziehungen, die unter dem Begriff Gen/Spez- oder isA-Beziehung subsumiert werden.

Da die Gen/Spez-Beziehung über die Teilmengeneigenschaft definiert ist, ist sie sowohl reflexiv als auch transitiv. Insbesondere folgt aus der Definition, dass der speziellere Unterbegriff cl_{sub} alle Merkmale des allgemeineren Oberbegriffs cl_{super} erbt, und zusätzliche neue Merkmale hinzugewinnen kann. Wo immer Instanzen von cl_{super} gefordert sind, können auch Instanzen von cl_{sub} eingesetzt werden, da, wie die Beziehung *isA* andeutet, ein Element der Begriffsklasse cl_{sub} auch ein Element von cl_{super} ist. Als Beispiel für die *isA*-Beziehung wird die Begriffsklasse "Speichermedium" aus Abbildung 4.17 in drei feinere Begriffe unterteilt (Abbildung 4.18). Es wird zwischen drei verschiedenen Medientypen unterschieden: "CD", "Festplatte" und "Diskette". Alle drei Begriffe übernehmen die Merkmale "hersteller" und "kapazität" von ihrer Superklasse; die Klassen "CD" und "Festplatte" führen zusätzliche Merkmale ein ("beschreibbar" bzw. "upm" und "schnittstelle").

Die bisherige Definition von Generalisierung und Spezialisierung bringt gewisse Nachteile mit sich. Erstens besteht das Problem der Mehrfachgeneralisierung, d.h. ein Unterbegriff kann die Spezialisierung mehrerer Oberbegriffe darstellen. Aus den Erfahrungen mit objektorientierten Programmiersprachen, die multiple Vererbung zulassen, ist bekannt, dass dieses Konzept zwar in manchen Fällen realistisch, aber kaum beherrschbar ist[3]. Zweitens können Begriffsklassen auf der Gegenstandsmenge überlappen, was eine eindeutige Klassifikation unmöglich macht. Um diese Probleme zu lösen, wird wie folgt vorgegangen.

Unterscheidung von beschreibenden und klassifizierenden Merkmalen

Ein Objekt bzw. eine Begriffsklasse wird über eine Menge von Merkmalen *M* beschrieben. Diese Merkmalsmenge besteht in erster Linie aus das Objekt genauer beschreibenden Eigenschaften, stellt also zusammen mit dem Klassifikator des Begriffs, der sprachkritisch gesehen dem Eigenprädikator entspricht, die intensionale Definition des Objekts bzw. des Begriffs dar. Die beschreibenden Merkmale können weiter in global und lokal gültige unterschieden werden: Merkmale, wie "hersteller", "farbe" oder "preis", sind auf sämtliche Objekte anwendbar und werden deshalb – in diesem Anwendungskontext – als global gültig bezeichnet. Andere, eher produktspezifische Merkmale, wie "videosystem" oder "schleuderdrehzahl", sind nur auf bestimmte Produktklassen anwendbar, sind also nur lokal gültig. Gewisse Merkmale erfüllen diese Aufgabe jedoch nicht, da sie klassifikatorischer Natur sind. Beispielsweise ist die Erweiterung des Begriffs "Speichermedium" (Abbildung 4.18) um ein (klassifizierendes) Merkmal "medium" sinnvoll: es handelt sich bei "medium" um die differentia specifica, gemäß der die Unterbegriffe "CD", "Festplatte" und "Diskette" gebildet werden. Ein solches Merkmal wird gem. [SmSm77] als diskriminierend bezeichnet.

Def. 4.5: Diskriminierendes Merkmal

Ein *diskriminierendes Merkmal* ist ein "wesentliches" Merkmal (differentia specifica), an Hand dessen die Objektmenge einer Begriffsklasse vollständig in Unterbegriffe zerlegt werden kann, d.h. die Unterbegriffe sind paarweise disjunkt und ihre Vereinigung ergibt die ursprüngliche Oberbegriffsklasse.

Es muss erwähnt werden, dass die Trennung in beschreibende und diskriminierende Merkmale fließend ist. So kann beispielsweise das global gültige, beschreibende Merkmal "hersteller" durchaus als diskriminierendes Merkmal aufgefasst werden. Eine ausführlichere Diskussion dieser Problematik geht über den Rahmen dieser Arbeit hinaus und wurde bereits im Bereich der *Data-Warehouse*-Systeme umfassend geführt. Der interessierte Leser sei auf die entsprechende Standardliteratur (z.B. [BaGü01]) und insbesondere auf [ABD+99] und [BaHL00] verwiesen.

Klassifizierung ausschließlich nach diskriminierenden Merkmalen

Bei der Spezialisierung eines Oberbegriffs in Unterbegriffe macht die Vererbung des diskriminierenden Merkmals, nach dem klassifiziert wird, keinen Sinn, da dieses innerhalb einer jeden Klasse, die nun gleichzeitig eine Partition ist, konstant ist. Diskriminierende Merkmale können also aus der Vererbung ausgenommen werden. Umgekehrt ist es im Fall der Generalisierung sinnvoll, im Oberbegriff ein diskriminierendes Merkmal einzuführen. In Analogie zur relationalen Rekonstruktion einer Produktdimension im Bereich *Data Warehouse*, wie es in [BaHL00] demonstriert wird, wird auch bei der Bildung des Begriffsklassifikationssystems von Marra-

3. [Carg92] beispielsweise widmet ein gesamtes Kapitel den Problemen, die in C++ durch den Einsatz der multiplen Vererbung auftreten können.

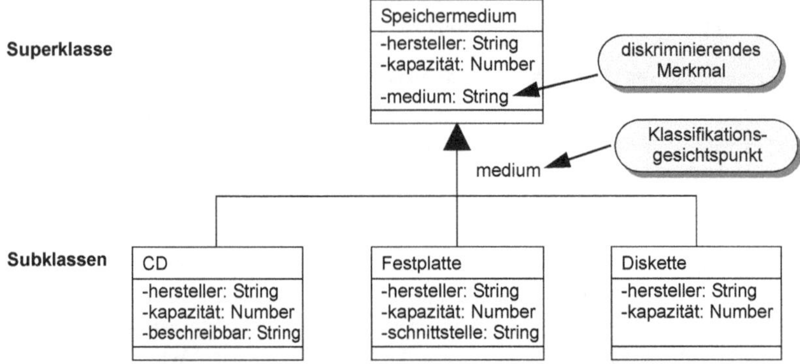

Abb. 4.19: Generalisierung mittels diskriminierendem Merkmal

kesch die Generalisierung wie folgt vorgenommen: Ausgehend von einer Menge von Unterbegriffsklassen $cl_1, \ldots cl_n$ mit Merkmalsmengen $M_1, \ldots M_n$ und einem diskriminierenden Merkmal m entsteht die Oberbegriffsklasse cl_{super} gemäß dieser Vorschriften:

- Der Bezeichner des Oberbegriffs ist frei wählbar, allerdings bietet sich das diskriminierende Merkmal m an.
- Die Merkmalsmenge von cl_{super} ist die Schnittmenge von $M_1, \ldots M_n$ vereinigt mit m. Damit besitzt der Oberbegriff nur die beschreibenden Merkmale, die all seine Unterbegriffsklassen gemein haben, sowie das diskriminierende Merkmal m, bezüglich dessen generalisiert wurde:

$$cl_{super} = (M_1 \cap \ldots \cap M_n) \cup m$$

Angewandt auf das Beispiel von Abbildung 4.18 ergibt sich folgende Situation: Die Unterbegriffe “CD”, “Festplatte” und “Diskette”, die aus dieser Sichtweise auch als Basisklassen bezeichnet werden können, haben jeweils leicht unterschiedliche Mengen von rein beschreibenden Merkmalen. Aus den bisher angestellten Vorüberlegungen ist klar, dass alle Begriffsklassen “Speichermedien”, kurz “medium”, sind. Daher wird “medium” als Klassifikationsgesichtspunkt und diskriminierendes Merkmal des Oberbegriffs festgelegt. Als beschreibende Merkmale wird der Oberbegriff “Speichermedium” mit “hersteller” und “kapazität” versehen, den Merkmalen, die alle drei Begriffe gemein haben. Da es sich bei dieser Form der Generalisierung nicht exakt um die Generalisierung im objektorientierten Sinn handelt, wird sie in Abbildung 4.19 mit einem ausgefüllten Dreieck symbolisiert, statt mit einem unausgefüllten, wie es in der UML üblich ist.

Nach der bisher geführten Diskussion kann nun unter Verwendung der diskriminierenden Merkmale das eindimensionale Begriffssystem definiert werden.

Def. 4.6: Begriffssystem (eindimensional)

Ein *eindimensionales Begriffssystem* CLS_m ist eine Folge von iterativ geschachtelten Klassifikationen, die den folgenden Eigenschaften genügen:

- Als Klassifikationsgesichtspunkte werden nur diskriminierende Merkmale eingesetzt. Dabei darf jede Begriffsklasse nur nach genau einem diskriminierenden Merkmal klassifiziert werden.
- Das Begriffssystem wird von oben durch den generischen Begriff "ALL" abgeschlossen. Alle weiteren Begriffe des Systems sind direkte oder indirekte Unterbegriffe von "ALL".

Das Begriffssystem wird CLS_m nach seinem obersten diskriminierenden Merkmal *m* benannt, durch das die Begriffsklasse "ALL" spezialisiert wird.

Das Ergebnis dieser Definition ist ein hierarchisch angeordneter Klassifikationsbaum, dessen Wurzel ein abstrakter Oberbegriff "ALL" ist, der der gemeinsame Vorfahre aller weiteren Begriffsklassen darstellt. Da es nur erlaubt ist, nach je genau einem diskriminierenden Merkmal zu klassifizieren, ist sichergestellt, dass keine Überlappungen zwischen den Klassen auftreten können. Im Gegensatz zu der aus dem *Data-Warehouse*-Kontext bekannten Theorie ist es hier zulässig, dass die einzelnen Pfade von der Wurzel zu den Blättern des Baumes unterschiedlich lang sind. Dies ist möglich, da auf die Begriffshierarchie keine Aggregationsoperationen angewandt werden, wie es beim *Data Warehouse* der Fall ist.

Im Gegensatz zum *Top Down* orientierten Ansatz der Objektorientierung, der ausgehend von einer allgemeinen Superklasse durch sukzessive Spezialisierung Subklassen ableitet, geht der eben vorgestellte Ansatz von unten nach oben vor. Für die Praxis empfiehlt sich die Mischung der beiden Vorgehensweisen: Der Übergang von der evtl. sehr umfangreichen Gegenstandsmenge auf die erste Klassifikationsebene ist aufgrund der Größe eher schwierig, auf höheren Ebenen hingegen ist der *Bottom-Up*-Ansatz von Vorteil. Um hingegen der Strukturierung im Voraus eine gewisse Richtung vorzugeben, ist der *Top-Down*-Ansatz hilfreich.

Einführung unabhängiger Klassifikationsdimensionen

So wie es keine feste Abfolge von (allgemeinen) Klassifikationsgesichtspunkten gibt (Abschnitt 4.3.1), ist auch die Folge der diskriminierenden Merkmale nicht eindeutig. Sollen Gegenstände nach anderen Merkmalen und in anderen Reihenfolgen klassifiziert werden, so muss dazu ein eigenes Begriffssystem gebildet werden. Dadurch wird das bisher eindimensionale Begriffssystem zu einem multidimensionalen System erweitert.

Def. 4.7: Begriffssystem (multidimensional)

Das *multidimensionale Begriffssystem* CLS_M fasst die Menge aller *n* für eine Anwendungsdomäne benötigten eindimensionalen Begriffssysteme $M = \{CLS_{m_1}, CLS_{m_2}, \ldots, CLS_{m_n}\}$ zusammen.

Jeder Gegenstand aus dem Objektbereich $o \in U$ muss Instanz eines jeden eindimensionalen Begriffssystems CLS_m von CLS_M sein, d.h. es gilt:

$$\forall o \in U\ \forall CLS_m \in M\ \exists cl \in CLS_m\text{: } o \text{ isClassifiedBy } cl$$

Trifft eine Klassifikationsdimension, d.h. ein eindimensionales Begriffssystem, auf einen Gegenstand nicht zu, so wird ihm der Begriff "ALL" zugewiesen.

Ein multidimensionales Begriffssystem ist damit eine Sammlung von unterschiedlichen, eindimensionalen Systemen. Da die einzelnen Klassifikation streng partitionierend angelegt sind, gibt es für jeden Gegenstand o eine feinste Begriffsklasse cl_{min} je Dimension mit maximaler Entfernung von der Wurzel "ALL". Gleichzeitig ist der Gegenstand aufgrund des Substitutionsprinzips auch eine Instanz aller Generalisierungen von cl_{min} inklusive des "ALL"-Knotens.

Die eben eingeführte Theorie des multidimensionalen Begriffssystems wird abschließend am Beispiel in Abbildung 4.20 veranschaulicht. Dazu wird das laufende Szenario der Speichermedien entsprechend erweitert: Die Gegenstände der Anwendungsdomäne Speicher werden in die drei Dimensionen "persistenz", "technologie" und "medium" klassifiziert. Die entsprechenden eindimensionalen Begriffssysteme sind auf der rechten Seite der Abbildung skizziert. $CLS_{persistenz}$ unterscheidet zwischen "flüchtigem Speicher" und "persistentem Speicher", wobei letzterer weiter in "wiederbeschreibbare Speicher" und "einmal beschreibbare Speicher" unterteilt wird; als zweiter Klassifikator dient das Merkmal "wiederholung". In $CLS_{technologie}$ werden die Gegenstände in die Begriffe "Halbleiterspeicher", "Magnetspeicher" und "Optische Speicher" eingeteilt. CLS_{medium} ist in ähnlicher Form aus Abbildung 4.19 bekannt, allerdings werden die einzelnen Medien unter der generischen Begriffsklasse "ALL" zusammengefasst. Der Übersicht halber wird auf Klassifikationsseite auf die Darstellung der Merkmale verzichtet. Diese drei Systeme zusammen bilden das multidimensionale Begriffssystem $CLS_{\{CLS_{persistenz}, CLS_{technologie}, CLS_{medium}\}}$. Auf der linken Seite von Abbildung 4.20 sind exemplarisch zwei Gegenstände dargestellt, "Travelstar60" und "CD-R700MB/80Min"[4]. Im Gegensatz zu Abbildung 4.17 kann diesen Gegenständen keine eindeutige Begriffsklasse zugewiesen werden, wie es aus der UML-Notation bekannt ist. Vielmehr sind beide Gegenstände jeweils Instanzen von drei Begriffen: "Travelstar60" ist ein "wiederbeschreibbarer Speicher" ($CLS_{persistenz}$), ein "Magnetspeicher" ($CLS_{technologie}$) und eine "Festplatte" (CLS_{medium}). "CD-R700MB/80Min" ist "einmal beschreibbar" ($CLS_{persistenz}$), ein "Optischer Speicher" ($CLS_{technologie}$) und eine "CD" (CLS_{medium}).

Da ein Objekt wie im Beispiel demonstriert mehreren Begriffsklassen verschiedener Klassifikationsdimensionen zugeordnet werden kann, wird der *CLASS*-Operator definiert.

Def. 4.8: *CLASS*-Operator

Der *CLASS-Operator* liefert zu jedem Objekt $o \in U$ die Menge von paarweise unabhängigen Begriffsklassen aus *CL*, die das Objekt o instantiiert:

$$CLASS(o) = \{cl_1, \dots cl_n\}.$$

4. Es handelt sich bei "CD-R700MB/80Min" um die Bezeichnung eines real existierenden Produkts, d.h. um einen Eigennamen, auch wenn er den Eindruck erweckt, eher eine intensionale Beschreibung zu sein.

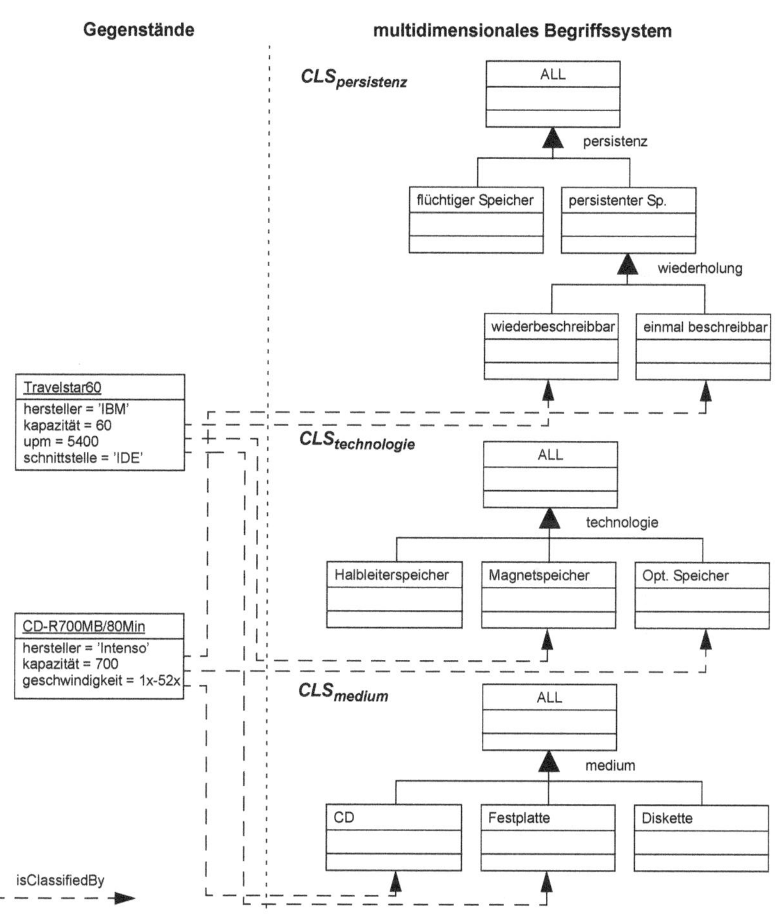

Abb. 4.20: Beispiel für ein multidimensionales Begriffssystem

Dabei gelten folgende Eigenschaften:

- $\forall i \in \{1, \dots n\}$: o *isClassifiedBy* cl_i
- $\forall cl_i, cl_j \in \{cl_1, \dots cl_n\}$: cl_i *isA* $cl_j \Leftrightarrow cl_i = cl_j$

Die Erweiterung auf Mengen von Begriffsklassen legt nahe, auch die Beziehungen *isA* und *isClassifiedBy* entsprechend auf Mengen zu erweitern. Sei $o \in U$ und $CL_1, CL_2 \subseteq CL$, dann gilt:

- o *isClassifiedBy* $CL_1 \Leftrightarrow \exists cl \in CL_1$: o *isClassifiedBy* cl
- CL_1 *isA* $CL_2 \Leftrightarrow \exists cl_1 \in CL_1, cl_2 \in CL_1$: cl_1 *isA* cl_2

Aggregationsmerkmale

Die Gen/Spez-Beziehung wird je Klassifikationsdimension nach oben durch die abstrakte Begriffsklasse "ALL" abgeschlossen. Damit ist jedes Objekt des Objektbereichs U eine spezialisierte Instanz von "ALL" und übernimmt alle in ihr definierten Merkmale. Den Merkmalen von "ALL" kommt daher eine ausgezeichnete Rolle zu, da sie die Schnittmenge aller Objekteigenschaften darstellen. Eine Teilmenge der numerischen Merkmale von "ALL" wird als Aggregationsmerkmale definiert.

Def. 4.9: Aggregationsmerkmal

Ein *Aggregationsmerkmal agg* wird identifiziert durch seinen Merkmalsnamen *aggName*, eine Aggregationsfunktion *aggFkt* $\in$ {*SUM, MAX, MIN*} und ist vom Datentyp *Number*.

Die Menge aller Aggregationsmerkmale wird mit *AggAttr* bezeichnet.

Aggregationsmerkmale sind besonders geeignet, um betriebswirtschaftliche Zahlen, wie Preise, Lieferzeiten oder Garantiedauern zu beschreiben. Wird ein einzelnes Objekt als unteilbare Einheit betrachtet, so sind seine Aggregationsmerkmale mit einem festen Wert belegt, z.B. besitzt das Objekt einen Preis von *100 €*, eine Lieferzeit von *2 Wochen* und eine Garantiedauer von *2 Jahren*. Erst wenn viele solcher Objekte zu einer komplexen Baugruppe zusammengefügt werden (die wiederum ein Objekt aus U ist), kommt die aggregierende Semantik der Merkmale zum Tragen: Der Gesamtpreis ergibt sich als Summe der Einzelpreise, d.h. für das Merkmal Preis gilt *aggFkt = SUM*, die Lieferzeit für die Baugruppe hängt von dem Einzelobjekt mit der längsten Lieferzeit ab (*aggFkt = MAX*) und die Garantie richtet sich im ungünstigsten Fall nach dem Objekt mit der kürzesten Garantiedauer (*aggFkt = MIN*).

Die genaueren Auswirkungen der Aggregationsmerkmale werden weiter unten in Abschnitt 4.6.2 vorgenommen, wo exemplarische Möglichkeiten zur Modellierung von Rabatten in Marrakesch skizziert werden.

4.3.4 Zusammenfassung

Im vorliegenden Abschnitt wurde ausführlich das multidimensionale Begriffssystem von Marrakesch und seine Konstruktionsmethodik erläutert. Ausgehend von der wissenschaftstheoretischen Definition der Klassifikation wurde in einem ersten Schritt ein eindimensionales Begriffssystem aufgebaut, das die Zerlegung einer Gegenstandsmenge nur aufgrund von diskriminierenden Merkmalen zulässt. Jede so entstehende Begriffsklasse darf nur nach genau einem Merkmal weiter klassifiziert werden, sodass ein streng hierarchischer Baum entsteht. Die Dimension wird nach oben von einem abstrakten Begriff "ALL" abgeschlossen. Inspiriert wurde diese Definition des Begriffssystems sowohl von [SmSm77] als auch von der Generalisierung bzw. Spezialisierung der objektorientierten Programmierung. Da in der Praxis der Fall eintreten kann, dass Gegenstände aus dem Objektbereich nach mehreren, unabhängigen Klassifikationsgesichtspunkten gegliedert werden können, erlaubt Marrakesch das Zusammenfassen mehrerer (eindimensionaler) Begriffssysteme zu einem multidimensionalen System. Ein Objekt kann damit mehreren Begriffsklassen gleichzeitig zugeordnet sein, wobei jeder dieser Begriffe einer anderen Dimension angehören muss. Die Unabhängigkeit der einzelnen Begriffssysteme muss der Modellierer, z.B. der Marktplatzbetreiber, sicherstellen. Je nach Anwendungsdomäne müssen eigene multidimensionale Begriffssysteme aufgebaut werden; die Existenz eines allgemeingültigen solchen Systems, das für jede beliebige Anwendung geeignet ist, ist nicht realistisch.

Das so konstruierte Begriffssystem stellt bereits eine Teillösung des Modellierungsproblems, wie es in Abschnitt 3.2.1 formuliert wurde, dar: Es wird eine einheitliche, strukturierte Terminologie für die Beschreibung von Produkten bzw. Dienstleistungen, ihren einzelnen Bestandteilen sowie ihrer Merkmale geschaffen, das es Anbieter und Nachfrager gestattet, eine gemeinsame Sprache zu sprechen, d.h. die semantischen Probleme sind ausgeräumt (Anforderung (4) in Abschnitt 4.2). Darüberhinaus ist auch Anforderung (3) erfüllt: Durch die Generalisierungen bzw. Spezialisierungen in den einzelnen Begriffssystemen sind entsprechende Abhängigkeiten im Datenmodell verankert, die es erlauben, sehr detaillierte Spezifikationen eines Gegenstands mit eher einfachen Spezifikationen in Beziehung zu setzen. Dadurch wird es ermöglicht, vollautomatisch zu überprüfen, ob ein sehr fein ausgearbeitetes Angebot eines Herstellers mit einer eher vagen Nachfrage eines Kunden kompatibel ist oder nicht. Diese Eigenschaft spielt eine wichtige Rolle im *Match-Making*-Prozess, der in Kapitel 5 ausführlich behandelt wird.

4.4 Mereologische Graphen

Nachdem im vorigen Abschnitt das multidimensionale Begriffssystem eingeführt wurde, das dazu dient, einzelne Bauteile sowie ganze Baugruppen gemäß mehrerer unabhängiger Klassifikationskriterien einzuteilen, stellt der vorliegende Abschnitt den zweiten Teil des Datenmodells von Marrakesch vor, den mereologischen Graphen. Inspiriert von der Teil-Ganze-Beziehung und von den verschiedenen Stücklisten der DIN199 sind die besonderen Merkmale dieses Graphenmodells die Fähigkeiten, Mengen von Varianten im Sinne von Produktfamilien zu formulieren, sowie durch komplexe Abhängigkeiten die einzelnen Entscheidungskombinationen effektiv einzuschränken und somit die reale Welt möglichst detailgetreu abzubilden.

4.4.1 Theoretische Grundlagen

Für den konstruktiven Teil des Marrakesch-Datenmodells sind zwei Konzepte von besonderer Bedeutung, die Mereologie als Lehre der Teil-Ganze-Beziehung und die Stückliste zur Abbildung von Erzeugnisstrukturen. Auf beide wird im Folgenden kurz eingegangen.

Mereologie

Unter Mereologie wird die Theorie der Teil-Ganze-Beziehung verstanden. Diese Beziehung wurde bereits von den Philosophen der griechischen Antike untersucht, aber erstmals 1916 von Stanislaw Lesniewski formalisiert und als Mereologie bezeichnet. Lesniewskis Arbeiten, die alle in polnischer Sprache verfasst sind, bauten auf denen von Edmund Husserl von 1901 auf. Lesniewski bezeichnet seine Theorie als Allgemeine Mengenlehre und positioniert sie als Alternative zur klassischen Mengenlehre, die die Zermelo-Russelsche Antinomie der Mengenlehre behebt [Mitt84]. Erst die mereologischen Kalküle von Henry S. Leonard und Nelson Goodman (1940) bzw. von Nelson Goodman (1951), die prädikatenlogische Versionen von Lesniewskis Mereologie darstellen und auch als Individuenkalküle bezeichnet werden, machten die Mereologie einem größeren Publikum zugänglich, da sie in englischer Sprache verfasst waren. Die klassische Mereologie ist rein extensional, sie besteht ausschließlich aus Namen und Aussagen.

Die Mereologie wird in der Regel als Axiomensystem definiert. Allerdings gibt es hier teils sehr unterschiedliche, sogar widersprüchliche Systeme. Ein mögliches Axiomensystem, das die Mereologie als strenge partielle Ordnung festlegt und sich an die Ausführungen in [Simo87] anlehnt, sei im Folgenden kurz skizziert, wobei $x \ll y$ als "x ist ein (echtes) Teil von y" zu verstehen ist:

(1) $\neg\exists x: x \ll x$ (Irreflexivität)

(2) $x \ll y \wedge y \ll z \rightarrow x \ll z$ (Transitivität)

Bereits über das Axiom Irreflexivität lässt sich trefflich streiten: Die Frage, ob ein Teil Bestandteil seiner selbst ist, hat philosophische Ausmaße. Häufig wird daher in Analogie zu "kleiner" und "kleiner-gleich" zusätzlich zur strengen Relation $\ll$ die abgeschwächte Variante $<$ definiert, die auch die Gleichheit der beiden Operanden zulässt. Aufbauend auf diesen Axiomen lassen sich weitere Eigenschaften ableiten, beispielsweise die Überlappung, die angibt, ob sich zwei Oberteile ein oder mehrere gemeinsame Unterteile teilen, die Summe und das Produkt:

(3) $x \circ y \equiv \exists z: z < x \wedge z < y$ (Überlappung)

(4) $x + y \approx \iota z\, \forall w: w \circ z \equiv w \circ x \wedge w \circ y$ (Summe)

(5) $x \cdot y \approx \iota z\, \forall w: w \ll z \equiv w \ll x \wedge w \ll y$ (Produkt)

Die Überlappung liefert einen Wahrheitswert zurück, der angibt, ob x und y mindestens ein gemeinsames Unterteil z enthalten. Dabei sind je nach dem Verhältnis von x und y unterschiedliche Konstellationen denkbar, die in Abbildung 4.21 bildlich aufgezählt sind. Nur im Fall ganz links stehen x und y in keiner Teil-Ganze-Relation zueinander, wodurch ihre Überlappung jeweils eine echte Teilmenge beider darstellt. Die Summe und das Produkt zweier Gegenstände hinge-

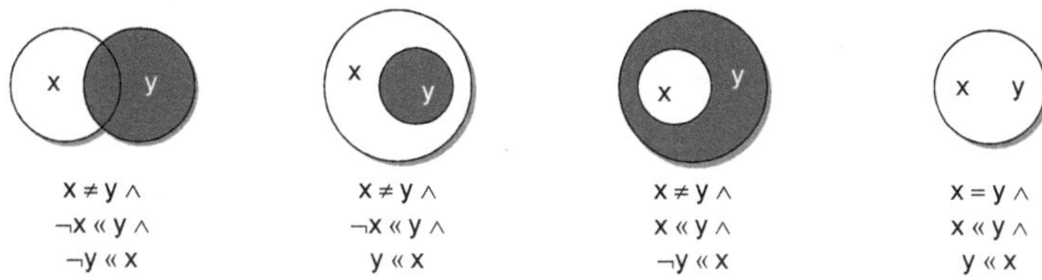

Abb. 4.21: Unterschiedliche überlappende Konstellationen

gen liefern genau einen Gegenstand zurück, die Summe das kleinste gemeinsame Ganze der Operanden, das Produkt das größte gemeinsame Unterteil. Die Summe ist als derjenige Gegenstand z definiert, der mit jedem beliebigen Teil w immer genau dann überlappt, wenn dieses w auch mit x und y überlappt. Das Produkt zweier Operanden ist derjenige Gegenstand z, der für jedes beliebige Teil w ein echtes Ganzes immer genau dann ist, wenn sowohl x als auch y ein echtes Ganzes von w sind. Damit beschreiben die Axiom (1) und (2) zusammen mit den Definitionen (3), (4) und (5) aus algebraischer Sicht einen Verband [Steg01].

Dies soll als Einführung in die Mereologie für die vorliegende Arbeit genügen. Weitere Informationen finden sich in [Mitt84], [Ridd02] oder [Simo87]. Abschließend soll noch erwähnt werden, dass die Teil-Ganze-Beziehung auch in der UML als spezielle Variante der Aggregation vorhanden ist, wobei ähnlich der uneinheitlichen Definition der Mereologie ihre Definition teils als eher unglücklich betrachtet wird (z.B. [BHPB03]).

Stücklisten

Stücklisten sind eine direkte Anwendung der Mereologie und dienen der Abbildung von Erzeugnisstrukturen vom Endprodukt bis zu seinen Einzelteilen. Sie spielen daher im Bereich der Produktionsplanung und -steuerung, sowie der Konstruktion eine wichtige Rolle. Mit ihnen lassen sich unter anderem grundlegende Fragestellungen wie "in welche Produkte fließt ein Material ein? (Teileverwendungsnachweis)" oder "aus welchen Materialien setzt sich ein Produkt zusammen? (Stücklistenauflösung)" beantworten.

Der Aufbau und die verschiedenen Typen von Stücklisten sind durch die DIN-Norm DIN 199 [DIN199-1][DIN199-3][DIN199-4][DIN199-5] definiert und werden dort im Kontext der technischen Produktdokumentation zusammen mit CAD-Modellen und Zeichnungen geführt. Die Norm definiert eine Vielzahl von Begriffen, von denen hier nur die wichtigsten genannt werden:

- *(End-)Erzeugnisse* sind durch Produktion entstandene gebrauchsfähige oder verkaufsfähige Gegenstände [DIN199-1].
- *(Bau-)Teile* sind Gegenstände, deren weitere Aufgliederung aus Sicht der Anwendung nicht erforderlich ist [DIN199-1].
- *(Bau-)Gruppen* setzen sich im Gegensatz zu Teilen aus mehreren Gegenständen zusammen. Dabei können sowohl Gruppen als auch Teile eingehen [DIN199-1].

- Die *Erzeugnisstruktur* stellt alle Beziehungen zwischen den Gruppen und Teilen eines Erzeugnisses gemäß eines bestimmten Gesichtspunktes dar. Beispiele für solche Gesichtspunkte sind Zusammenbau, Funktion oder Disposition. Die Darstellung kann sowohl graphisch als auch tabellarisch geschehen [DIN199-5].

Aufbauend auf diesen Begriffen lassen sich ein Vielzahl von Typen von Stücklisten definieren, von denen hier eine Auswahl vorgestellt wird:

- Das *Erzeugnisstrukturbild* ist eine graphische Darstellung der Erzeugnisstruktur. Hierbei kann entsprechend der Erzeugnisstruktur nach verschiedenen Gesichtspunkten gegliedert werden. Das Bild besteht aus Gruppen bzw. Erzeugnissen, Einzelteilen und Halbzeug, d.h. Teilen, die noch weiter verarbeitet werden müssen, und Mengenangaben. Geht ein Teil in mehrere Gruppen/Erzeugnisse ein, so wird es mehrfach aufgeführt[5] [DIN199-5].
- Die *Baukastenstückliste*, auch als *Gruppenstückliste* bezeichnet, listet tabellarisch oder graphisch alle Teile und Gruppen zusammen mit ihren Multiplizitäten der darunter liegenden Stufe auf. Enderzeugnisse werden durch den Stücklistensatz, i.e. die Gesamtheit aller entsprechenden Baukastenstücklisten, definiert. Vorteile dieses Stücklistentyps ist der geringe Speicherbedarf, da jede Stückliste nur einmal angelegt werden muss. Entsprechend sind auch Änderungen einfach und lokal realisierbar [DIN199-1].
- Die *Mengenübersichtsstückliste* enthält für jeden Gegenstand alle Einzelteil und Baugruppen inklusive ihrer Multiplizitäten. Dadurch ergibt sich unter Aufgabe sämtlicher Strukturinformationen eine übersichtliche Darstellung, die einem Einkaufszettel ähnelt [DIN199-1].
- Die *Strukturstückliste* stellt ebenfalls eine Erzeugnisstruktur mit allen Gruppen und Teilen dar, wobei jede Baugruppe bis zur niedrigsten Stufe aufgelöst wird. Quantitäten beziehen sich auf die direkt übergeordnete Gruppe. Dadurch wird tabellarisch der Gesamtzusammenhang von Mengen- und Strukturinformationen wiedergegeben [DIN199-1].
- Bei der *Variantenstückliste* handelt es sich um die Zusammenfassung mehrerer Stücklisten auf einem Vordruck, um Varianten von Erzeugnissen, also Erzeugnisse, die einen Großteil von Baugruppen gemein haben, gemeinsam darstellen zu können [DIN199-1].
- Ein nur wenig verbreiteter Typ ist die *Plus-Minus-Stückliste*, die unter Bezug auf eine andere Stückliste die hinzukommenden und entfallenden Teile aufführt. Durch dieses Vorgehen lassen sich Varianten von Erzeugnissen besser beschreiben, ohne Scheinbaugruppen anlegen zu müssen [DIN199-1].

Beispielhaft ist in Abbildung 4.22 auf der linken Seite ein Erzeugnisstrukturbild aufgeführt. Die zugehörige Strukturstückliste findet sich auf der rechten Seite der Abbildung. Nur die letzten beiden Typen von Stücklisten beschäftigen sich ansatzweise mit der Darstellung von Produktvarianten. Allerdings ist die Variantenstückliste nur eine Aufzählung der einzelnen Varianten, was beispielsweise bei Modellreihen im Automobilbau aufgrund der exponentiell hohen Anzahl von Varianten nicht durchführbar ist. Zusätzlich ergibt sich eine hohe Redundanz, da die ähnli-

5. Damit steht das Erzeugnisstrukturbild im Gegensatz zum Gozintograph, bei dem mehrfach benötigte Gegenstände nur einmal aufgeführt werden.

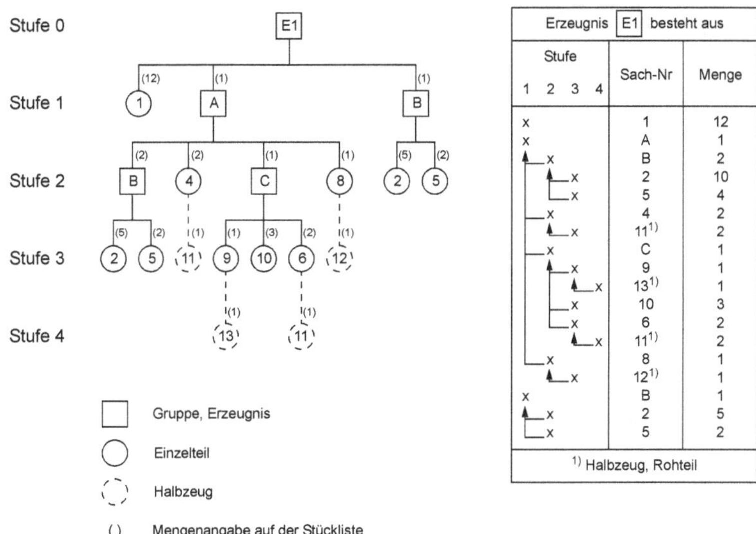

Erzeugnis E1 besteht aus

Stufe 1	Stufe 2	Stufe 3	Stufe 4	Sach-Nr	Menge
x				1	12
x				A	1
	x			B	2
		x		2	10
		x		5	4
	x			4	2
		x		11[1)]	2
	x			C	1
		x		9	1
			x	13[1)]	1
		x		10	3
		x		6	2
			x	11[1)]	2
	x			8	1
		x		12[1)]	1
x				B	1
	x			2	5
	x			5	2

[1)] Halbzeug, Rohteil

Abb. 4.22: Erzeugnisstrukturbild und Strukturstückliste [DIN199-1]

che Grundstruktur aller Modelle wiederholt gespeichert wird. Die Plus-Minus-Stückliste entledigt sich des zweiten Problems der Variantenstückliste: Die Redundanz ist drastisch reduziert, da nur die Unterschiede zu einer Basiskonfiguration aufgezählt werden müssen. Allerdings ist die Anzahl der Stücklisten immer noch identisch mit der Zahl der möglichen Varianten. Damit kann das Konzept der Stücklisten direkt nicht als effizientes Datenmodell für die kompakte Definition von Produktfamilien, wie in Abschnitt 4.2 gefordert, eingesetzt werden.

4.4.2 Der mereologische Graph

Die zentrale Datenstruktur von Marrakesch zur Formulierung von konfigurierbaren Produkten bzw. Dienstleistungen ist der mereologische Graph basierend auf [WeMü81], der informell bereits in Kapitel 3 eingeführt wurde. Es handelt sich dabei um eine spezielle Form der Variantenstückliste. Aus der Kritik heraus, dass große Projekte, wie die Konstruktion eines Reisebusses oder gar eines Flugzeugs mit Erzeugnisstrukturbildern und Variantenstücklisten im Sinne der

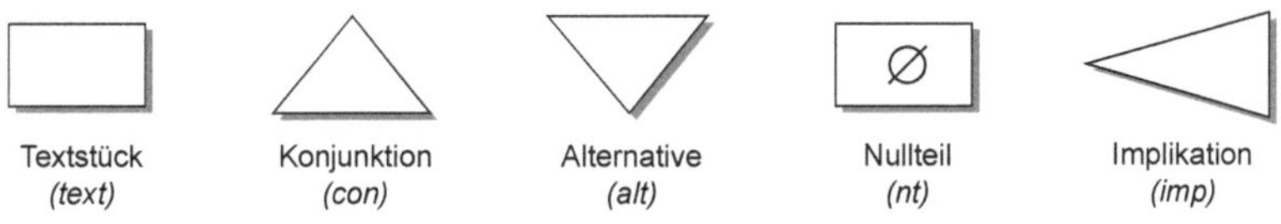

Abb. 4.23: Graphische Symbole der mereologischen Knoten

DIN 199 nicht mehr überschaubar sind, werden die zwei Modellierungselemente der DIN-Stücklisten (Bauteil und Baugruppe) durch vier neue Modellierungselemente ersetzt, die in Abbildung 4.23 dargestellt sind. Das Textstück, dargestellt durch ein Rechteck, entspricht dem atomaren Teil, wie es in der DIN 199 definiert ist: zumindest aus Sicht der momentanen Anwendung ist ein Textstück nicht weiter in seine Einzelbestandteile zu zerlegen. Das zweite Element ist die Konjunktion, ein nach oben zeigendes Dreieck. In eine Konjunktion gehen von unten mindestens zwei Elemente ein, die über ein logisches UND verbunden werden. Damit entspricht die Konjunktion der Baugruppe. Die wesentliche Neuerung ist die Alternative, ein nach unten gerichtetes Dreieck. Von all seinen von unten eingehenden Unterteilen darf nur genau eines gewählt werden, womit die Semantik der Alternative der des logischen XOR entspricht. Dieses Modellierungselement erlaubt es, Varianten kompakt zu modellieren. Um die Mächtigkeit der Alternative zu erweitern, wird das Nullteil, ein spezielles, leeres Textstück, eingeführt. Dadurch können sogenannte Kannalternativen beschrieben werden, die optionale Sonderausstattungen wiedergeben. Um schließlich die Ausdrucksmächtigkeit der mereologischen Graphen noch weiter zu erhöhen, ergänzt [Wede89] das bisherige Modell um Implikationen, das nach links zeigende Dreieck in Abbildung 4.23. Hiermit können Abhängigkeiten zwischen Alternativen modelliert werden, die den freien Produktfamilienraum gezielt einschränken können. Es soll erwähnt werden, dass der Einsatz von Variantenstücklistenstrukturen in Literatur und Praxis nicht übermäßig verbreitet ist. Als Ausnahmen kann [Somm93] angeführt werden, wo das gleiche mereologische Datenmodell als Grundlage für die Optimierung von Variantenkonstruktionsproblemen verwendet wird. Weitere Datenmodelle für Produkte nutzen nur die Teil-Ganze-Beziehung, bieten aber keine effektive Unterstützung für Varianten [JTMZ00] [JLM+03].

Bevor auf die Elemente im einzelnen detailliert eingegangen wird, soll zunächst das Metamodell der mereologischen Graphen in Anlehnung an die Methodik von [JPMM03] präsentiert werden. Jablonski et al. erweitern dabei ein methodenorientiertes Metamodell, etwa das *Entity-Relationship*-Modell (ER-Modell), um domänenspezifisches Wissen. Als Ergebnis wird ein domänenspezifisches Metamodell erreicht, in dessen Rahmen sich in natürlicher Weise Informationsmodelle, die exakt auf den jeweiligen Anwendungsbereich zugeschnitten sind, formulieren lassen. Dadurch wird die Komplexität des Entwurfs und der Pflege eines Informationsmodells drastisch reduziert, d.h. der Entwurf ist übersichtlicher, wird schneller fertiggestellt und ist weniger fehleranfällig.

Das domänenspezifische Metamodell von Marrakeschs Modellierungssprache ist im oberen rechten Teil von Abbildung 4.24 dargestellt. Dazu werden die Elemente des methodischen Metamodells, also Entitätstypen, Beziehungstypen und Attributen, entsprechend der Anwendungsdomäne spezialisiert. Zum Erhalt der Übersichtlichkeit wird allerdings im Folgenden auf die Darstellung der Attribute verzichtet. Aus dem bisher Gesagten ist klar, dass alle fünf Modellierungselement von mereologischen Graphen spezielle Entitätstypen sind. Als Beziehungstypen treten neben der offensichtlichen Teil-Ganze-Beziehung noch der Antezedens und der Konsequens auf, also die Voraussetzung und die Folge der Implikation. Da Beziehungstypen und Entitätstypen gemäß dem methodenspezifischem Metamodell miteinander in Beziehung gesetzt werden müssen, gilt dies auch für ihre Spezialisierungen. Um die Darstellung zu vereinfachen werden zwei Hilfsentitätstypen, Teil und Oberteil eingeführt: Teil ist die Generalisierung, die alle stücklistenartigen Elemente der mereologischen Graphen beinhaltet, d.h. alle Elemente außer der Implikation. Oberteil ist hingegen die Teilmenge aller Teile, die im momentanen Anwendungskontext in kleinere Baueinheiten zerteilt werden, womit hierunter nur Konjunktion und Alternative fallen können. Mit dieser Vereinfachung können nun die Beziehungstypen und die Entitätstypen miteinander verbunden werden: Die Teil-Ganze-Beziehung setzt ein beliebiges Teil als Unterteil mit einem Oberteil als Ganzes in Beziehung. Damit ist sichergestellt, das beispielsweise eine Alternative beliebige Unterteile – sogar eine weitere Alternative – enthalten kann, umgekehrt aber ein Textstück nicht weiter zerlegt werden kann. Die Verbindungen von Antezedens und Konsequens verlaufen analog: Sie sind das Bindeglied zwischen einer Implikation und einer Alternative. Damit ist nun ein vollständiges, domänenspezifisches Metamodell für die Entwicklung von Beschreibungen von Produkt- bzw. Dienstleistungsfamilien, wie es in Marrakesch benötigt wird, spezifiziert. Es gibt vor, aus welchen Modellierungselementen sich eine Produktspezifikation zusammensetzen darf und welche Beziehungen zwischen diesen Elementen erlaubt bzw. verboten sind. Ein mögliches Beispiel ist in der unteren Hälfte von Abbildung 4.24 auf der Ebene des Informationsmodells zu erkennen, das in Marrakesch dem

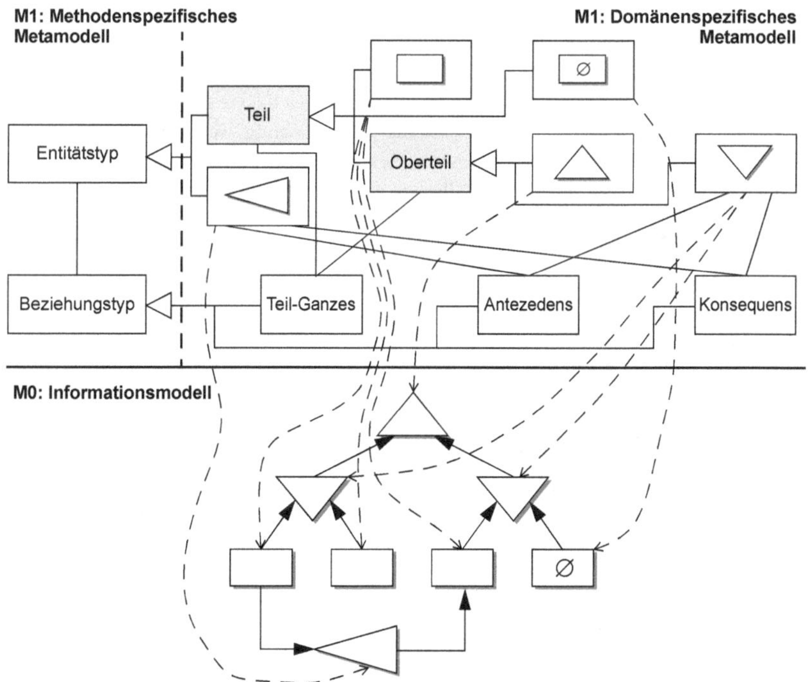

Abb. 4.24: Domänenspezifisches Metamodell mereologischer Graphen

Modell einer Produktfamilie entspricht. Das Bild zeigt ein primitives Produkt, das sich aus ein oder zwei Textstücken zusammensetzt, wobei über zwei Alternativen eine gewisse Wahlfreiheit gegeben ist. Die einzelnen Elemente auf der Ebene des Informationsmodells sind mit gestrichelten Linien ihren Metaelementen zugeordnet. Aus Gründen der Übersichtlichkeit wird auf eine entsprechende Verbindung der Beziehungen verzichtet.

Als Vorteile dieser Entwurfsmethodik können vor allem zwei Punkte genannt werden. Erstens wird die Modellierung eines Informationsmodells durch die Einführung eines domänenspezifischen, also eines speziell auf die Gegebenheiten eines Anwendungsfeldes zugeschnittenen Metamodells drastisch vereinfacht. Einerseits wird das entstehende Informationsmodell übersichtlicher, da es aus weniger Elementen aufgebaut werden kann. Darüberhinaus "weiß" das Metamodell, welche Kombinationen von Elementen und Beziehungen erlaubt bzw. verboten sind. Allerdings muss eine entsprechende Modellierungsumgebung fähig sein, das im domänenspezifischen Metamodell hinterlegte Wissen zu verstehen und in den Modellierungsprozess einfließen zu lassen. [JPMM03] empfiehlt daher den Einsatz von Repositorien [Ortn99a][Ortn99b] anstatt von Datenbanksystemen zur Speicherung der Metamodelle und entsprechenden Anwendungen, die die Mächtigkeit von Repositorien ausnutzen können.

Der zweite Vorteil des Ansatzes ist die Anwendbarkeit von *Reflection* [CzEi00], was in diesem Fall die Fähigkeit der Modellierungsanwendung zur Laufzeit ist, das domänenspezifische Metamodell zu untersuchen. Dies eröffnet die Möglichkeit, neue Metamodellierungselemente zur Laufzeit zu schaffen, sie in das Metamodell einzuordnen und sofort allen Anwendern zur Verfügung zu stellen. Dabei ist der *Reflection*-Mechanismus, den die meisten modernen Programmiersprachen wie Java oder C++ beherrschen, deshalb so wichtig, weil dadurch zu einem gewissen Grad eine Trennung zwischen Anwendungslogik und Modell erreicht wird. Dieser Aspekt des domänenspezifischen Metamodells wird in [DiHM04] näher ausgeführt.

Definition der Modellierungselemente

Nachdem im vorigen Abschnitt der mereologische Graph als die zentrale Modellierungsstruktur von Marrakesch zur Formulierung von Angebot und Nachfrage in Form eines domänenspezifischen Metamodells eingeführt wurde, soll nun eine formale Definition des mereologischen Graphen gegeben werden. Dafür müssen die Menge der Knoten und die Menge der Kanten eingeführt werden.

Def. 4.10: Mereologischer Knoten

Ein *mereologischer Knoten* $mn := \{id, k, O\}$ wird beschrieben durch:

- einen eindeutigen Bezeichner *id*,
- einen Knotentyp $k \in \{$ *'text'*, *'con'*, *'alt'*, *'nt'* $\}$ und
- eine Menge Objekten aus dem Objektbereich $O \subseteq U$, deren Merkmale *mn* dadurch erhält.

Zum vereinfachten Zugriff auf die Bestandteile eines mereologischen Knotens *mn* werden folgende Operationen definiert:

- *id*(*mn*) liefert den Bezeichner *id* von *mn*,
- *typ*(*mn*) liefert den Knotentyp *k* von *mn*,
- *obj*(*mn*) liefert die Menge der Objekte *O*, auf die sich *mn* bezieht.

Die Menge aller mereologischer Knoten im System sei mit *MN* bezeichnet.

Aus datenverarbeitungstechnischen Gründen empfiehlt sich als Wertemenge für *id* die Menge der natürlichen Zahlen, was aber aus konzeptioneller Sicht unerheblich ist. Der Knotentyp *k* gibt an, ob es sich bei dem Knoten um ein Textstück (*text*), eine Konjunktion (*con*), eine Alternative (*alt*) oder das Nullteil (*nt*) handelt. Schließlich kann ein mereologischer Knoten Referenzen auf Objekte aus dem Objektbereich beinhalten. Für Textstücke ist diese Referenz in jedem Fall sinnvoll, für die komplexeren Elemente Konjunktion und Alternative muss die Referenz evtl. auf null gesetzt werden, da beispielsweise die Konjunktion zweier unabhängiger Produkte nicht notwendigerweise als einzelnes Objekt existiert. Durch die Referenz insbesondere der Textstücke auf ein oder mehrere Objekte in *U* kann über den mereologischen Knoten auch auf die Merkmale des Objekts und deren Ausprägungen zugegriffen werden, was für die exakte Beschreibung einer Produktfamilie von essentieller Bedeutung ist.

Def. 4.11: Mereologische Kanten

Eine *mereologische Kante me* := {*id*, *ot*, *ut*, *card*} wird beschrieben durch:

- einen eindeutigen Bezeichner *id*,
- ein Oberteil $ot \in MN$,
- ein Unterteil $ut \in MN$ und
- eine Kardinalität $card \in \mathbf{N}$, die angibt, in welcher Anzahl *ut* in *ot* eingeht.

Auch der Zugriff auf die Bestandteile einer mereologischen Kante *me* wird durch entsprechende Operationen definiert:

- *id(me)* liefert den Bezeichner *id* der Kante *me*.
- *ot*(*me*) liefert das Oberteil *ot* der Kante *me*.
- *ut*(*me*) liefert analog das Unterteil der Kante *me*,
- *card*(*me*) liefert die Kardinalität *card* der Kante *me*.

Mereologische Kanten sind gerichtet, d.h. sie führen von *ut* nach *ot*. Die Menge aller mereologischer Kanten wird durch *ME* bezeichnet.

Die mereologische Kante verbindet zwei mereologische Knoten, wobei das Unterteil mehrfach in das Oberteil eingehen kann. Dabei ist die Semantik der Kante abhängig vom Typ des Oberteils. Geht die mereologische Kante in einen Konjunktion ein, so stellt sie eine klassische Teil-Ganze-Beziehung dar, wie sie in Abschnitt 4.4.1 ausführlich erläutert wurde. Ist das Oberteil vom Knotentyp Alternative, so handelt es sich bei der Kante um eine Auswahlkante. Die Alternative ist kein Ganzes im streng mereologischen Sinn, sondern nur ein Entscheidungspunkt zwischen einem höheren Ganzen (einer Konjunktion) und verschiedenen Unterteilen.

Aus den Definitionen 4.10 und 4.11 lassen sich bereits sehr umfangreiche Produkt- und Dienstleistungsfamilien entwerfen. Die grundlegenden Konstruktionen sind in Abbildung 4.25 dargestellt. Die Konjunktion stellt das logische UND dar, d.h. alle eingehenden Teile zusammen, im Bild a, b und c, bilden das Ganze. Die Alternative ist komplizierter: In ihrer einfachsten Form stellt sie das exklusive Oder (XOR) dar, d.h. genau eines der eingehenden Teile a, b oder c muss ausgewählt werden und ersetzt damit die Alternative und all ihre weiteren eingehenden Teile. Für die Produktkonfiguration muss hier also ein tatsächliches Unterteil gewählt werden, daher wird diese Art der Alternative als Mussalternative bezeichnet. Als veranschaulichendes Beispiel sei hier im Automobilbau die Wahl zwischen einem automatischen und einem manuellen Getriebe genannt; der Kunde muss sich für eine der beiden Optionen entscheiden. Im Gegensatz dazu ist in der Kannalternative, im Bild rechts oben, das Nullteil als ein mögliches Alternativenkind involviert. Dadurch ist es bei der Konfiguration möglich, keine der angebotenen Unterteile zu wählen. Sonderausstattungen, wie etwa ein Schiebedach, lassen sich somit einfach in der Produktfamilie wiedergeben: der Kunde kann sich für das Extra entscheiden, oder durch Wahl des Nullteils darauf verzichten. Eine weitere Form der Alternative ist die quantitative: hier ist im Extremfall nur ein einziges Unterteil nötig, das jedoch in unterschiedlichen Kardinalitäten gewählt werden kann. Beispielsweise bietet ein Automobilhersteller mehrere Musikanlagen an, die sich in der Anzahl der verbauten Lautsprecher unterscheiden. Abschließend ist unten rechts in Abbildung 4.25 die Konstruktion des logischen ODER dargestellt, die sich gemäß der klas-

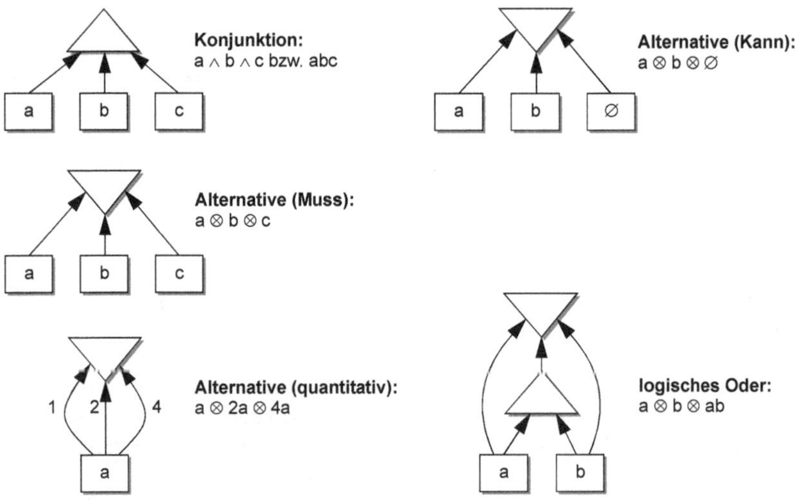

Abb. 4.25: Zusammenspiel der mereologischen Knotentypen

sischen Logik als Alternative aus den beiden Einzelteilen a und b, sowie der Konjunktion der beiden aufbauen lässt.

Für eine realistische Modellierung von Produkten oder Dienstleistungen kann auf die Kardinalität der mereologischen Kanten nicht verzichtet werden. In der graphischen Notation wird sie als Zahl an die Kante geschrieben, wie im Fall der quantitativen Alternative in Abbildung 4.25. Für den weiteren Verlauf der Arbeit wird in der Regel die Kardinalität eins angenommen, in der Graphik bleibt die Kante dafür unbeschriftet.

Nach diesen Vorarbeiten kann nun der primitive mereologische Graph definiert werden. Auffällig an der folgenden Definition ist, dass sie nur indirekt Bezug auf die Menge aller Knoten MN nimmt. Vielmehr wird ein Graph bestimmt durch einen einzelnen mereologischen Knoten, seine Wurzel, und einer Menge von Kanten. Über diese Kanten ist der Bezug auf die Knotenmenge gegeben. Es können also über der selben Menge von Knoten mehrere mereologische Graphen aufgespannt werden. Dadurch wird eine hohe Wiederverwendung einzelner Textstücke erreicht.

Def. 4.12: Primitiver Mereologischer Graph

Ein *primitiver mereologischer Graph* $MG := \{id, w, E\}$ wird beschrieben durch:

- einen eindeutigen Bezeichner id,
- eine mereologische Wurzel $w \in MN$ und
- eine Menge von Kanten $E \subseteq ME$.

Die Kantenmenge E muss so beschaffen sein, dass sich MG aus der Wurzel w als gerichteter, azyklischer und zusammenhängender Graph ergibt.

Der Zugriff auf die einzelnen Komponenten des Graphen wird durch die Operationen $id(MG)$, $wurzel(MG)$ und $kanten(MG)$ realisiert.

Die Anforderung an MG sind offensichtlich: MG ist aufgrund der Definition der mereologischen Kanten per se gerichtet. Die Azyklizität von MG ist ebenfalls einsichtig: Eine Baugruppe darf nie direktes oder indirekte Bestandteil von sich selbst sein, was nur für Alternativen und Konjunktionen eine Rolle spielt. Die Forderung lässt sich formaler wie folgt darstellen:

$$\forall e \in E: \neg\exists n \in UT(e): n = ot(e)$$

Dabei ist $UT(e)$ als die transitive Hülle von $ut()$ zu verstehen, d.h. $UT(e)$ liefert alle Knoten zurück, die direkt oder indirekt Unterteil der Kante e sind. Auch die Forderung, dass MG ein zusammenhängender Graph sein soll, ist verständlich. Formal müssen dazu die folgenden Eigenschaften erfüllt sein:

(1) $\exists e \in E: ot(e) = w$

(2) $\forall e \in E: \quad ot(e) = w \vee$
$\exists e' \in E: ot(e) = ut(e')$

Damit ist sichergestellt, dass mindestens eine der Kanten von der Wurzel w von MG ausgeht (1) und weiterhin, dass das Oberteil einer jeden Kante entweder Unterteil einer weiteren Kante ist oder die Wurzel selbst.

Damit spannt der primitive mereologische Graph den Raum einer Produktfamilie auf und vereinigt dabei die Fähigkeiten eines Erzeugnisstrukturbildes und einer Varianten- bzw. Plus-Minus-Stückliste im Sinne der DIN199. Im Unterschied zum Erzeugnisstrukturbild werden zusätzlich Varianten dargestellt und Bauteile oder -gruppen, die mehrfach in das Erzeugnis eingehen, werden nur ein einziges Mal aufgeführt. Gegenüber der Varianten- und Plus-Minus-Stückliste kann der mereologischen Graph eine beliebige Anzahl von Varianten in einer einzigen Graphik übersichtlich und kompakt darstellen, anstatt für jede Variante eine eigene Stückliste anzulegen. Daher empfiehlt sich der primitive mereologische Graph für die Repräsentation von variantenreichen Produkten und Dienstleistungen, wie beispielsweise im Automobilbau oder bei der Konfiguration von Computern oder komplexen Werkzeugmaschinen.

Die graphische Notation des mereologischen Graphen ist in vielerlei Hinsicht vorteilhaft. Zum einen wird die Lesbarkeit auch komplexer Zusammenhänge generell durch bildliche Darstellungen erleichtert (z.B. [Shne97]). Auch in großen Graphen ist eine effiziente Orientierung durch entsprechende Softwareunterstützung durch Techniken wie *Zoom* oder *Panning* [FDFH95] leicht zu realisieren. Ein weiterer Vorteil ist der kompakte Umgang mit Baugruppen, die in unterschiedliche Oberteile eingehen, da diese Baugruppen nur einmal modelliert werden müssen. Zusätzlich besteht im mereologischen Datenmodell die Möglichkeit, Alternativen erst bei Bedarf vollständig anzuzeigen, d.h. für einen groben Überblick wird nur der Alternativenknoten ohne seine Unterteile dargestellt; erst wenn die genaueren Details dieser Alternative von Interesse sind, wird sie aufgeklappt und all ihre Unterteile werden dargestellt. Im Rahmen der Entwicklung des Datenmodells von Marrakesch wurden auch weitere mögliche Repräsentationen untersucht. Äquivalente Darstellungen lassen sich durch die üblichen Speicherungstechniken von Graphen erstellen, d.h. in Form einer Knoten- und Kantentabelle oder einer entsprechenden XML-Abbildung. Diese Formate sind jedoch nur für die Speicherung und maschinelle Verarbeitung, nicht für den menschlichen Betrachter geeignet. Weitere Repräsentationen als Wörter einer kontextfreien Sprache [HoMU01] [Schö01] sind nur dann einsetzbar, wenn der mereologische Graph eine strikte Baumstruktur aufweist. Geht eine Baugruppe in mehrere Oberteile ein, ist diese Eigenschaft verletzt und der Ausdruck der kontextfreien Sprache enthält redundante Teilausdrücke. Eine Darstellung durch Wörter einer regulären Grammatik, wie in [WeMü81] vorgeschlagen, kann nicht zum Erfolg führen, da die Produktionsregeln regulärer Sprachen nur einseitig entartete Bäume generieren können [HoMU01] [Schö01]. Im Folgenden wird nun behandelt, wie aus dem mereologischen Graphen ein einzelnes Erzeugnis abgeleitet wird.

Def. 4.13: Erzeugnis eines mereologischen Graphen

Das *Erzeugnis* erz_{MG} eines mereologischen Graphen MG ist ein spezieller mereologischer Graph, der genau eine einzige Variante aus dem Variantenraum darstellt. Es gilt $erz_{MG} := \{id, w, F\}$ wobei

- id der eindeutige Bezeichner des Erzeugnisses ist,

- $w \in M$ die Wurzel des Erzeugnisses ist und
- $F \subseteq E$ eine Teilmenge der Kanten von MG ist.

Für F muss zusätzlich zu den Bedingungen, die der mereologische Graph erfüllt, gelten:

$$\forall e \in F \wedge typ(ot(e)) = 'alt' :$$
$$\neg \exists e' \in F \setminus \{e\}: ot(e) = ot(e')$$

Für das Erzeugnis muss ebenso wie für den mereologischen Graphen insbesondere sichergestellt werden, dass er ausgehend von der Wurzel w zusammenhängend bleibt.

Die Menge aller Erzeugnisse eines mereologischen Graphen MG wird mit ERZ_{MG} bezeichnet.

Die Definition eines Erzeugnisses ähnelt stark der eines mereologischen Graphen. Allerdings stellt die Forderung an die Kantenmenge F eine wesentliche Einschränkung dar, nämlich dass alle Alternativen des Graphen entschieden sind, d.h. jede Alternative ist Oberteil nur noch einer einzigen Kante. Auch erz_{MG} ist wieder ein gerichteter, azyklischer und zusammenhängender Graph. Der Übergang von MG zu erz_{MG} ist in Abbildung 4.26 veranschaulicht: In den ursprünglichen mereologischen Graphen ist das Erzeugnis gekennzeichnet durch durchgezogene Pfeile und Knoten eingezeichnet. Alle Kanten, die für das Erzeugnis irrelevant sind, sind gestrichelt dargestellt; die nicht involvierten Knoten bleiben per definitionem unverändert. Aus der Abbildung ergibt sich die Bemerkung, dass es nicht genügt, aus der Kantenmenge von MG die unerwünschten Alternativentscheidungen zu entfernen, um F zu erhalten: Wird eine Alternative entschieden, so können nicht nur die nicht gewählten Kanten, die von dieser Alternative ausgehen, aus F entfernt werden, sondern auch alle ihnen folgende. In der Abbildung wird durch die Entscheidung der rechten Alternative zum Textstück c nicht nur die Kante zur darunterliegenden Konjunktion, sondern auch die Kanten von der Konjunktion zu den Textstücken a und b überflüssig. Dies wird jedoch über die Forderung nach dem Zusammenhang des Erzeugnisgraphen

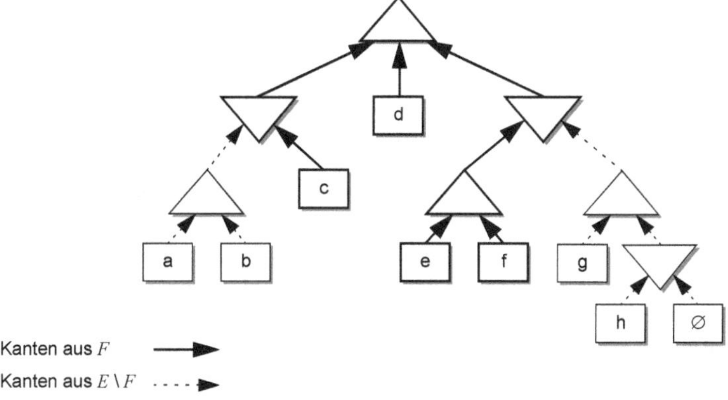

Abb. 4.26: Zusammenhang mereologischer Graph – Erzeugnis

sichergestellt, da der Teilgraph ausgehend von dieser Konjunktion nicht mehr mit der Wurzel verbunden ist.

In Anlehnung an die Mengenübersichtsstückliste gemäß der DIN199 wird schließlich noch die Mengenübersicht eines mereologischen Graphen definiert.

Def. 4.14: Mengenübersicht

Die *Mengenübersicht eines Erzeugnisses* erz_{MG} ist die lexikographisch sortierte Konkatenation aller Textstücke im Erzeugnis. Geht ein Textstück mehrfach ein, so wird die Gesamtkardinalität als Exponent an das Textstück angefügt.

Die *Mengenübersicht eines mereologischen Graphen MG* ist die Menge aller Mengenübersichten aller möglichen Erzeugnisse von *MG*.

Um die Mengenübersicht eines Erzeugnisses zu erhalten, müssen also alle Blätter der Erzeugnisgraphen traversiert werden. Evtl. ist dabei eine Umsortierung nötig. Die Mengenübersicht des Erzeugnisses in Abbildung 4.26 lautet cdef. Um die Mengenübersicht des mereologischen Graphen zu erhalten, müssen alle möglichen Erzeugnisse untersucht werden. Im Beispiel ergibt sich die Menge {abdef, abdgh, abdg, cdef, cdgh, cdg}. Gegenüber der Erzeugnisstruktur geht bei der Mengenübersicht der innere Aufbau des Erzeugnisses verloren. Dennoch eignet sich die Mengenübersicht als einfaches und effizient berechenbares Äquivalenzmaß für Erzeugnisse und mereologische Graphen.

Ein Verfahren für die Berechnung der Mengenübersicht soll hier nur kurz skizziert werden. Dazu muss der mereologische Graph *MG* von seiner Wurzel *w* aus durchlaufen werden. Die zentrale Berechnungsvorschrift ist die folgende Funktion *gm*, die rekursiv auf die Knoten des Graphen angewandt werden:

$$gm(n) = \begin{cases} (gm(n_1)^{card_1}, gm(n_2)^{card_2}, \ldots, gm(n_k)^{card_k}) & \text{, falls } typ(n) = \text{'alt'} \\ (gm(n_1)^{card_1} \cdot gm(n_2)^{card_2} \cdot \ldots \cdot gm(n_k)^{card_k}) & \text{, falls } typ(n) = \text{'con'} \\ n & \text{, falls } typ(n) = \text{'text'} \\ \lambda & \text{, falls } typ(n) = \text{'nt'} \end{cases}$$

Dabei sind $n, n_1, n_2, \ldots n_k \in MN$, wobei die Knoten n_i die direkt in n eingehenden Unterteile sind. Mit $card_i$ werden die Kardinalitäten der Kanten, über die die n_i in n eingehen, bezeichnet. Handelt es sich bei dem aktuellen Knoten n um eine Alternative, so liefert die Anwendung von *gm* eine durch Kommata separierte Liste der Kindknoten zurück, die entsprechend weiterverarbeitet werden müssen. Im Fall einer Konjunktion ist das Ergebnis von *gm* ein einziges Element, nämlich die Konkatenation, in obiger Formel durch das Symbol "·" verdeutlicht, der Kindknoten. Ist der aktuelle Knoten hingegen ein Textstück oder das Nullteil, so wird der Knoten selbst, bzw. das Leerzeichen λ zurückgegeben, wodurch sichergestellt ist, dass die Anwendung von *gm* auf einen mereologischen Graphen terminiert. Im Ergebnis der Anwendung von *gm* auf einen Graphen *MG* müssen schließlich die Klammern aufgelöst werden: durch fortlaufendes Ausmul-

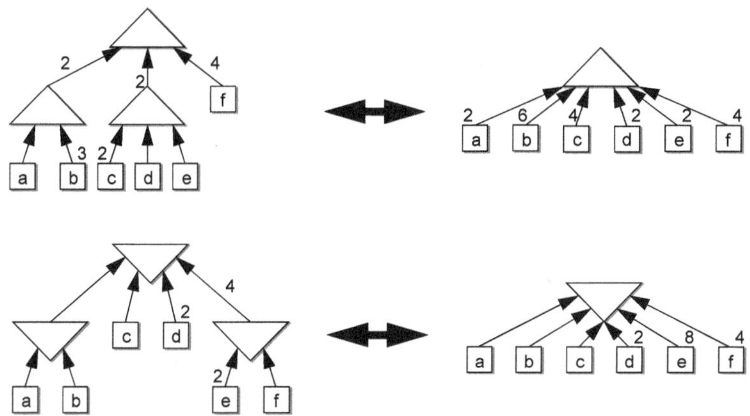

Abb. 4.27: Reduktion von gestaffelten Konjunktionen und Alternativen

tiplizieren und Zusammenfassen gleicher Textstücke, sowie eine abschließende lexikographische Sortierung erhält man die Mengenübersicht von *MG*. Beim Zusammenfassen gleicher Teilausdrücke werden die üblichen Rechenregeln der Potenzrechnung verwendet. Auf eine detailliertere Beschreibung des Verfahrens soll hier verzichtet werden, da es für das Folgende nur von untergeordneter Wichtigkeit ist.

Umformungen auf primitiven mereologischen Graphen

Bei der Modellierung mereologischer Graphen bestehen gewisse Freiheiten in dem Sinne, dass äquivalente Produktfamilien unterschiedlich dargestellt werden können. Außerdem ist ein mereologischer Graph kein statisches Gebilde; insbesondere im Verlauf des *Match Making* oder während des Verhandlungsdialogs finden ständig Modifikationen an der Struktur statt. Bevor im Folgenden auf die einzelnen Umformungen eingegangen wird, die die Semantik des Graphen erhalten, muss die Äquivalenz zwischen zwei mereologischen Graphen definiert werden.

Def. 4.15: Äquivalenz von mereologischen Graphen

Zwei mereologische Graphen MG_1 und MG_2 sind *äquivalent*, wenn ihre Mengenübersichten identisch sind.

Der Äquivalenzbegriff basiert also auf der Mengenübersicht. Zwar wird dabei der strukturelle Aufbau der einzelnen Erzeugnisse vernachlässigt, über den gesamten Erzeugnisraum ergibt sich dennoch ein geeignetes Vergleichsmaß.

(1) Zusammenfassen gleichartiger innerer Knoten

Sowohl durch die Modellierung eines mereologischen Graphen als auch durch Veränderungen z.B. während des *Match Making* ist es möglich, dass eine oder mehrere Alternativen als Unterteil in eine weitere Alternative eingehen. Gleiches gilt für Konjunktionen (linke Hälfte von Abbildung 4.27). Ein Zusammenziehen dieser direkt aufeinanderfolgenden inneren Knoten in das Oberteil, wie es in der rechten Hälfte in Abbildung 4.27 dargestellt ist, ändert die Semantik des mereologischen Graphen im Sinne der eben definierten Äquivalenz nicht, denn es gilt im Beispiel:

$$((ab^3)^2(c^2de)^2f^4) = (a^2b^6c^4d^2e^2f^4)$$

Beim Zusammenziehen der inneren Knoten ist zu beachten, dass die unteren Alternativen bzw. Konjunktionen für andere Teile des Graphen noch relevant sein können. Es darf daher nur die Kante zur oberen Alternative bzw. Konjunktion gelöscht werden; die Unterteile der unteren Alternative bzw. Konjunktion werden direkt mit der oberen verbunden.

Es ist anzumerken, dass das explizite Modellieren mehrerer Alternativen bzw. Konjunktionen direkt untereinander als Mittel zur weiteren logischen Gliederung der Produktfamilie eingesetzt werden kann, etwa um Reifen in verschiedene Klassen einzuteilen. Allerdings ist diese Art der Modellierung ein Missbrauch der Mereologie: Diese Klassifikation ist orthogonal zur Teil-Ganze-Beziehung und sollte daher im multidimensionalen Begriffssystem hinterlegt werden (Abschnitt 4.3).

(2) Behandlung des Nullteils

Im Verlauf des *Match Making* oder während des Dialogs kann es durch die Entscheidung einer Kannalternative geschehen, dass das Nullteil direkt in eine Konjunktion eingeht (Abbildung 4.28). In diesem Fall kann die Kante, die das Nullteil mit der Konjunktion verbindet, eliminiert werden. Auch hier ändert sich nichts an der Semantik der beiden Graphen.

Weiterhin kann ohne Änderung der Semantik sichergestellt werden, dass der gesamte mereologische Graph nur ein einziges Nullteil enthält, sowie dass alle von ihm ausgehenden Kanten die Kardinalität eins tragen. Dieser Fall sollte weder durch die Modellierung noch durch Manipulationen eintreten.

(3) Elimination innerer Knoten

Geht in eine Alternative bzw. eine Konjunktion nur ein einziges Unterteil ein, so ist dieser innere Knoten überflüssig. Wie in Abbildung 4.29 demonstriert, kann das singuläre Unterteil die Stelle des inneren Knoten einnehmen. Dabei sind die Kardinalitäten entsprechend zu multiplizieren. Dieser Fall sollte nicht bei der Modellierung auftreten, kann sich aber durch Manipulationen im *Match Making* oder im Dialog ergeben.

Abb. 4.28: Behandlung des Nullteils unter einer Konjunktion

Abb. 4.29: Elimination eines inneren Knotens

(4) Distributivität von Alternativen

Eine weitere die Semantik erhaltende Umformung eines mereologischen Graphen basiert auf der Distributivität von Alternativen. Wie in Abbildung 4.30 veranschaulicht, kann eine Konjunktion, in die mehrere Alternativen eingehen, nach unten durchgedrückt werden. Dabei entstehen viele einzelne Konjunktionen, die von einer einzigen Alternative als Oberteil zusammengehalten werden. Auf eine Produktfamilie bezogen entspricht diese Umformung der (naiven) Aufzählung aller möglichen Einzelkonfigurationen. Dafür ist eine Vielzahl zusätzlicher Knoten und vor allem Kanten notwendig. Die Äquivalenz in der Abbildung ist offenbar gegeben:

((a,b)(c,d) = ((ac),(ad),(bc),(bd))

Die Umkehrung dieser Umformungsregel gilt im allgemeinen nicht, d.h. eine Alternative über beliebigen Konjunktionen kann in der Regel nicht zu einer kompakteren Darstellung mit einer Konjunktion über mehreren Alternativen umgeformt werden.

(5) Zusammenfassen gleicher Unterteile von Konjunktionen

Ist ein Unterteil über mehrere Kanten mit einer Konjunktion verbunden, so können diese Kanten zu einer einzigen zusammengefasst werden, deren Kardinalität die Summe der Kardinalitäten der einzelnen Kanten ist. Auch dieser Fall tritt in erster Linie im Verlauf des *Match Making* oder des Verhandlungsdialogs auf.

Geht hingegen dasselbe Unterteil über verschiedene Kanten in dieselbe Alternative ein, so darf nicht zusammengefasst werden, da es sich hierbei um eine quantitative Alternative handelt (Abbildung 4.25).

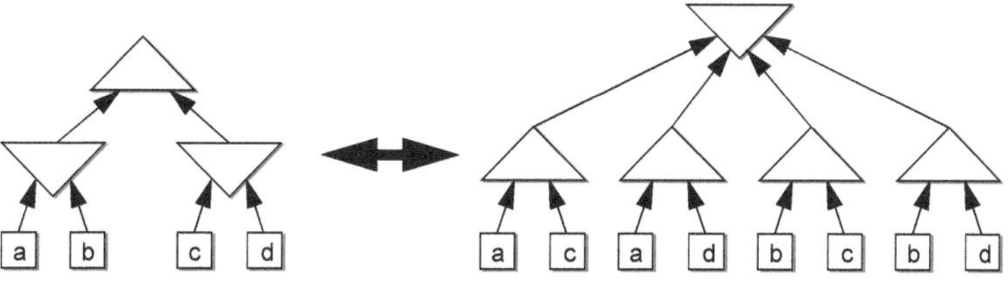

Abb. 4.30: Distributivität von Alternativen

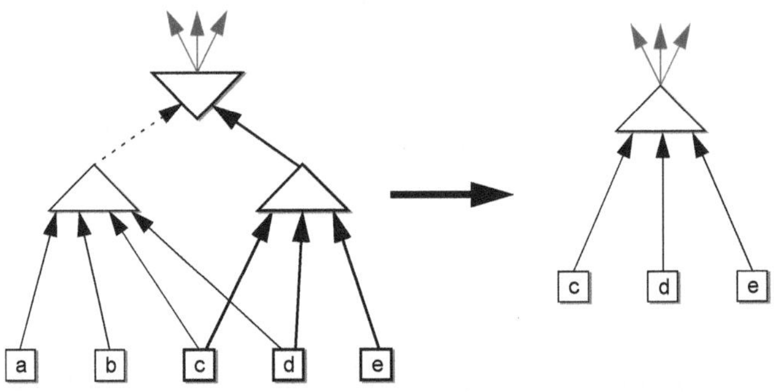

Abb. 4.31: Auflösen einer Alternative

(6) Auflösen einer Alternative

Die wichtigste Manipulation an einem mereologischen Graphen während des *Match Making* oder im Dialog ist die Auflösung einer Alternative. Beispielsweise muss ein Kunde im Verkaufsdialog die Alternative "Farbe" entscheiden. Aufgrund der XOR-Semantik der mereologischen Alternative darf nur ein einziges Unterteil dieser Alternative gewählt werden, das evtl. wiederum komposit ist und weitere Alternativen enthält.

Der Prozess des Auflösens einer Alternative ist in Abbildung 4.31 dargestellt. Die Alternative wird zugunsten des rechten Teilgraphen entschieden. Damit werden alle weiteren Kanten, die in die Alternative eingehen gelöscht. Im Beispiel in der Abbildung ist das alternative Unterteil eine weitere Alternative. Auf die Kanten, die in diese eingehen, hat die Löschung keinen Einfluss. Auch alle Knoten bleiben bestehen. Durch die bisherigen Maßnahmen tritt der in Punkt (3) vorgestellte Fall ein: Die entschiedene Alternative ist ein innerer Knoten mit nur einem einzigen Eingang und kann entsprechend durch sein Unterteil, im Bild die Konjunktion über c, d und e, ersetzt werden.

Es ist von grundlegender Wichtigkeit festzustellen, dass die Auflösung einer Alternative im Gegensatz zu den weiteren hier vorgestellten Umformungen nicht die Semantik des mereologischen Graphen erhält, da die Mengenübersicht des Ausgangsgraphen reduziert wird. In der Abbildung wird die Mengenübersicht {abcd, cde} reduziert auf {cde}.

Hiermit ist eine Vielzahl von Umformungen auf primitiven mereologischen Graphen gegeben, die mit Ausnahme von Punkt (6) die Semantik des Graphen im Sinne der Äquivalenz der Mengenübersichten erhalten. Dennoch sind diese Umformungen nicht zwingend anzuwenden. Für den Anwender mag die Vereinfachung des Graphen die Lesbarkeit erhöhen, für die weitere elektronische Verarbeitung, d.h. für das *Match Making* und die Verhandlung im Dialog, ist es aber in der Regel geschickter, die ursprüngliche Struktur zu erhalten, wie die Ausführungen zur Rekonfiguration in Abschnitt 6.3.2 zeigen werden.

4.4.3 Erweiterung um materielle Implikationen

Mit dem bisher vorgestellten Konzept des mereologischen Graphen lassen sich bereits sehr komplexe Produktfamilien vergleichsweise kompakt und lesbar darstellen. Als Defizit muss aber erwähnt werden, dass insbesondere die Alternativen und ihre späteren Entscheidungen voneinander vollkommen unabhängig sind, was so nicht der realen Welt entspricht. Daher wurde der mereologische Graph in [Wede89] um die materielle Implikation erweitert. Die Implikation stammt aus der formalen Logik und stellt die Beziehung zwischen einer Reihe von Vorbedingungen, meist als Antezedens bezeichnet, und einer Folgerung, dem Konsequens[6], dar, in Zeichen $A_1, \dots A_n \prec A$, wobei die A_i die einzelnen Bestandteile des Antezedens sind, die gleichzeitig erfüllt sein müssen, und A den Konsequens symbolisiert. Umgangssprachlich lässt sich die Implikation als "wenn ... dann ..." erklären, d.h. wenn A_1 und ... und A_n erfüllt sind, dann muss auch A gelten. Es ist wichtig festzuhalten, dass die materielle Implikation aus der formalen Logik nicht mit der logischen Subjunktion der klassischen Logik, symbolisiert durch "$\rightarrow$", verwechselt werden darf. Während es sich bei der Implikation um eine Relation zwischen Aussagen handelt, also um eine Metaaussage, ist die Subjunktion ein Junktor, der zwei Aussagen zu einer neuen Aussage auf der selben Ebene verbindet. Dennoch besteht ein Zusammenhang zwischen Implikation und Subjunktion: Die Implikation $A \prec B$ gilt genau dann, wenn die Subjunktion $A \rightarrow B$ wahr ist. Eine wichtige Folgerung aus dieser Diskussion ist, dass sich die aus der klassischen Logik stammende Äquivalenz $A \rightarrow B \equiv \neg A \vee B$ nicht auf die materielle Implikation anwenden lässt. Weitere Ausführungen zu den beiden Begriffen finden sich in [Mitt84] oder in [Inhe03].

Der Einsatz von materiellen Implikationen in den oben vorgestellten mereologischen Graphen erlaubt es, effizient die bisher unabhängigen Entscheidungsspielräume zweier Alternativen in Beziehung zu setzen. In der Praxis lassen sich dafür vielfältige Beispiele finden, etwa "Cabrio $\prec$ Verdeck", "spezielle CPU $\prec$ spezielle Hauptplatine", ... Im Folgenden werden verschiedene Arten von Implikationen vorgestellt.

Auswirkungen von Implikationen auf das Datenmodell

Die einfachste Form der Implikation ist die elementare Implikation, die einen einstelligen Antezedens mit einem einstelligen Konsequens verbindet, und damit der primitivste Sonderfall der materiellen Implikation aus der formalen Logik ist.

Def. 4.16: Elementare Implikation

Eine *elementare Implikation* auf einem primitiven mereologischen Graphen MG ist eine materielle Implikation $a \prec b$, wobei $a, b \in MN$. Dabei muss für die Knoten a und b gelten:

- a und b sind Teil von MG, d.h. $\exists e \in E$: $ut(e) = a$ und $\exists e' \in E$: $ut(e') = b$.

---

6. In der Literatur finden sich sowohl die lateinischen Begriffe *Antezedens* und *Konsequens*, sowie ihre deutschen Varianten *Antezedenz* und *Konsequenz*. Im Folgenden wird die ursprüngliche, lateinische Variante verwendet.

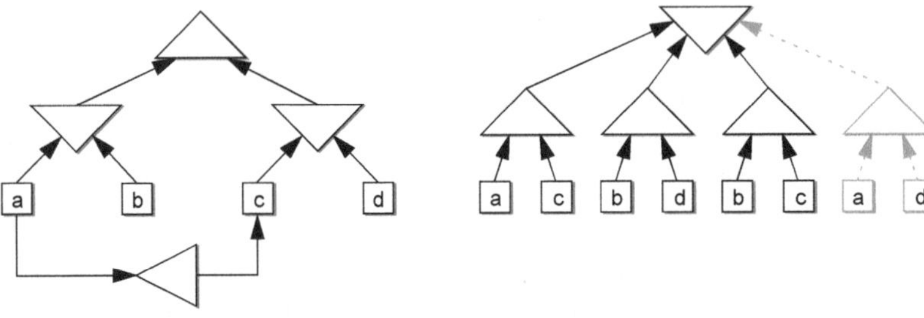

Abb. 4.32: Darstellung einer elementaren Implikation

- a und b sind direkte oder indirekte Unterteile zweier unabhängiger Alternativen alt_a und alt_b.

Die Semantik der elementaren Implikation ist, dass die Alternative alt_b zu b entschieden werden muss, falls alt_a zu a entschieden wird.

Die elementare Implikation wird graphisch durch ein zum Antezedens deutendes, liegendes Dreieck dargestellt (Abbildung 4.32). In diesen Implikationsknoten geht ein Pfeil vom Antezedensteil ein, außerdem führt ein Pfeil zum Konsequensteil. Im Bild werden die beiden Alternativen so in Relation gesetzt, dass bei Auswahl des Textstücks a in der linken Alternative in der rechten Textstück c gewählt werden muss, d.h. $a \prec c$. Jede andere Entscheidung der rechten Alternative ist damit unzulässig. Damit kann die Wirkung einer Implikation auf mereologischen Graphen mit der von Triggern auf Relationen aktiver Datenbanksysteme verglichen werden ([McDa89], [WiCe96]): Um die Konsistenz der Daten zu erhalten muss bei Eintreten des Ereignisses und Erfüllung der Bedingung die im Trigger vereinbarte Aktion ausgeführt werden (*Event-Condition-Action*-Prinzip, ECA). Die Implikation wird durch Erfüllen ihres Antezedens "gefeuert" und veranlasst dadurch die Umsetzung des Konsequens im Sinne der Aktion eines Triggers. Der Vorteil des Konzepts der Implikation wird sofort sichtbar, wenn man die bezüglich der Mengenübersicht äquivalente Variante ohne Verwendung der Implikation im rechten Teil der Abbildung betrachtet: Hier muss durch Anwendung des Distributivgesetzes jede zulässige Kombination der Alternativenunterteile angeschrieben werden. Die verbotene Kombination ad ist der Übersicht halber angedeutet.

Es ist leicht einzusehen, dass Implikationen nur unterhalb von Alternativen sinnvoll sind, wobei es sich um zwei verschiedene, voneinander unabhängige Alternativen handeln muss. Unabhängig ist dabei so zu verstehen, dass nicht die eine Alternative ein direktes oder indirektes Unterteil der anderen sein darf. Wie dies sichergestellt werden kann, wird in Abschnitt 4.5 behandelt. Alternativen sind das einzige Modellierungskonstrukt, das einen Entscheidungsspielraum ermöglicht, alle anderen Elemente sind strikte Vorgaben, deren Änderung nicht zur Debatte steht, weshalb eine Implikation auf deren Basis entweder immer erfüllt oder unmöglich ist. Von welchem Typ die direkten Unterteile der an der Implikation beteiligten Alternativen sind, ist hingegen unerheblich, d.h. es kann sich sowohl um ein elementares Bauteil oder um eine zusammengesetzte Baugruppe handeln. Weiterhin ist es nicht zwingend erforderlich, die Implikation direkt an den Unterteilen aufzuhängen, tiefere Ebenen sind ebenfalls möglich. Dennoch ist es sowohl im Hinblick auf die Verständlichkeit der Modellierung als auch für die automatisierte Weiterverarbeitung von Vorteil, die Implikation so nahe wie möglich an den zugehörigen Alternativen anzusetzen.

Weiter präzisieren lässt sich der Punkt, an dem eine Implikation ansetzt, durch die Definition des Kontexts, der den Pfad von der Wurzel eines mereologischen Graphen bis zum Angriffspunkt des Antezedens oder des Konsequens einer Implikation eindeutig beschreibt.

Def. 4.17: Kontext

Der *Kontext* kt eines Knotens $m \in MN$ in einem mereologischen Graphen MG ist eine geordnete Menge von Knoten $m_1, \ldots m_n \in MN$, die sogenannten Kontextelemente. Dabei gelten folgende Eigenschaften:

(1) $m_1 = w = wurzel(MG), m_n = m$

(2) $\forall m_i, m_{i+1} \in kt: \exists me \in E: ot(me) = m_i \wedge ut(me) = m_{i+1}$

(3) $\exists m_i \in kt: typ(m_i) = \text{'alt'}$

Der Kontext wird notiert durch $kt_{MG}(m) := \{m_1, \ldots m_n\}$. Sind der betroffene mereologische Graph MG oder der Knoten m aus dem Zusammenhang ersichtlich, so wird auf sie in der Notation verzichtet.

Der Kontext eines Knotens m ist also eine Folge von Knoten, die einen zusammenhängenden Pfad von der Wurzel w des Graphen bis zu m selbst darstellen. Die letzte Eigenschaft der Definition erfordert, dass der Pfad eine Alternative beinhaltet, da sonst wie bereits erläutert eine Implikation nicht sinnvoll wäre. Mit der Einführung des Kontextbegriffs kann die Definition der elementaren Implikation weiter präzisiert werden.

Def. 4.18: Kontextsensitive elementare Implikation

Eine *kontextsensitive elementare Implikation* auf einem primitiven mereologischen Graphen MG ist eine Implikation, bei der Antezedens und Konsequens je durch Angabe eines Kontexts näher spezifiziert werden: $(a, kt_{MG}(a)) \prec (b, kt_{MG}(b))$ mit $a, b \in MN$.

Die kontextsensitive Implikation trifft nur dann zu, wenn der Antezedens im Rahmen seines Kontexts gewählt wird.

Die kontextsensitive Implikation ist also eine Spezialisierung der elementaren Implikation, die sich nur dann unterscheidet, wenn es mehrere Kontexte für den Antezedensknoten gibt, d.h. es existieren verschiedene Wurzelpfade zu dem Knoten. Ein Beispiel für diese Situation ist in Abbildung 4.33 gegeben: Die Textstücke a und b liegen direkt unter der Alternative A, die auf zwei unterschiedlichen Pfaden erreicht werden kann. Die dementsprechenden Kontexte lauten:

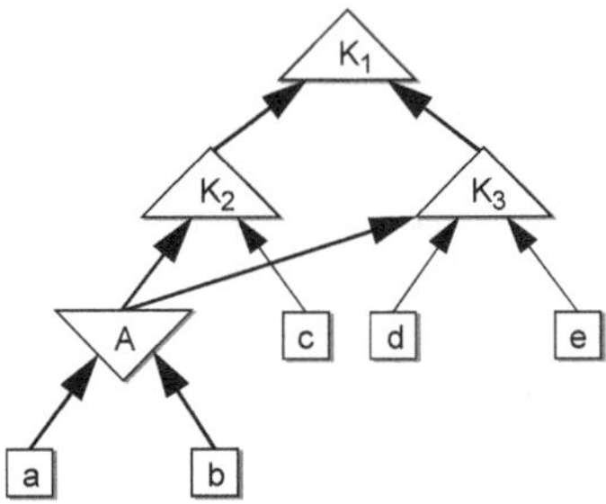

Abb. 4.33: Multiple Kontexte für a und b

$kt_1(a) = \{K_1, K_2, A, a\}$ und
$kt_2(a) = \{K_1, K_3, A, a\}$.

Die zwei Kontexte von b entstehen analog. Durch die Abhängigkeit der Implikation von einem bestimmten Kontext ist es möglich, Implikationen so im mereologischen Graphen zu installieren, dass sie je nachdem, auf welchem Weg man vor allem an die Antezedensalternative herangeht, feuert oder auch nicht. Vorstellbar ist etwa eine spezielle Behandlung einer Alternativenentscheidung, wenn diese im Rahmen eines Sonderausstattungspakets gewählt wird.

Ein weiterer Aspekt der Implikation ist die Richtung, in die sie wirkt. Die definierte Wirkung einer Implikation kann als vorwärtsgerichtet bezeichnet werden. Ein wichtiger Effekt ist aber auch die dadurch induzierte rückwärtige Wirkung, die von der Konsequensalternative ausgeht und sich auf die Antezedensalternative bezieht. Zur Erläuterung wird auf Abbildung 4.34 verwiesen. Im linken Teil der Abbildung ist die "normale" vorwärts gerichtete Implikation v: $a \prec c$ dargestellt. Der Umkehrschluss aus dieser Implikation ist, dass bei der Entscheidung der Alternative A_2 zu einem anderen Unterteil als c, also zu d oder e, der Antezedens a in der Alternative A_1 nicht gewählt werden darf. Wird also der Konsequens einer Implikation nicht gewählt, so muss auch sichergestellt werden, dass ihr Antezedens nicht mehr ausgewählt werden kann. Dies kann durch eine Menge von entgegengesetzten Implikationen ausgedrückt werden, im Beispiel durch r_1: $d \prec b$ und r_2: $e \prec b$, die explizit die rückwärtige Wirkung von v darstellen. Offenbar

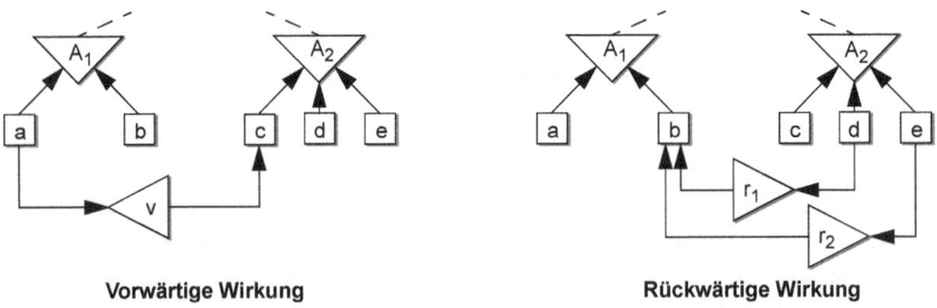

Abb. 4.34: Vorwärtige und rückwärtige Wirkung einer Implikation

stößt hier die Ausdrucksmächtigkeit der elementaren Implikation an ihre Grenzen: Es entstehen so viele rückwärtige Implikationen, wie das Konsequenselement Geschwister hat. Praktisch unlösbar ist die explizite Formulierung dieser Implikationen, wenn das Antezedenselement mehrere Geschwister besitzt; dann nämlich ist der rückwärtige Konsequens eine Disjunktion der Geschwister oder die Negation des Antezedens von *v*. Daher werden im folgenden Abschnitt entsprechende Erweiterungen der Implikation vorgenommen.

Komplexe und beschränkt komplexe Implikationen

Wie eben motiviert, ist es wünschenswert, die Ausdrucksmächtigkeit der elementaren Implikation zu erweitern. Die allgemeinste Form der Implikation ist die sogenannte komplexe Implikation.

Def. 4.19: Komplexe Implikation

Eine *komplexe Implikation* auf einem mereologischen Graphen *MG* ist von der Form $A \prec B$, wobei *A* und *B* beliebige Ausdrücke der klassischen Aussagenlogik über mereologischen Knoten aus *MG*.

Auch die komplexe Implikation kann kontextsensitiv gestaltet werden. Dann werden die mereologischen Knoten in den Antezedens- und Konsequensausdrücken durch ihre Kontexte ersetzt, d.h. der Kontext wird je Knoten angegeben.

Mit den Möglichkeiten der komplexen Implikation lässt sich die rückwärtige Wirkung der Implikation *v* aus Abbildung 4.34 viel kompakter und auf unterschiedliche Arten ausdrücken:

- Reduktion auf nur eine Implikation:
  $r\colon d \vee e \prec b$
- Unabhängigkeit von der Anzahl der Unterteile der Alternativen A_1 und A_2:
  $r'\colon \neg c \prec \neg a$

Ein Nachteil der komplexen Implikation ist, dass sie in der Regel nicht mehr graphisch darstellbar ist. Die aussagenlogischen Ausdrücke lassen sich nur in einer neben dem mereologischen Graphen geführten Tabelle festhalten. Ein weiteres Problem der komplexen Implikation ist die hohe Komplexität der logischen Ausdrücke, die die Aussagenlogik zulässt (Erfüllbarkeitsproblem der Aussagenlogik, SAT, [HoMU01] [Schö01]). Daher werden im Folgenden bekannte Vereinfachungen angewandt, die schließlich zum Begriff der beschränkt komplexen Implikation führen.

(1) Hinunterdrücken und Elimination der Negationen
Durch wiederholte Anwendung der Regeln von DeMorgan werden die Negationen bis auf die terminale Ebene des Antezedens- bzw. Konsequensausdrucks hinuntergedrückt. Dort wird jede Negation, die nun nur noch auf ein einziges Unterteil einer Alternative wirkt, durch Komplementbildung in die Disjunktion aller Geschwister des negierten Unterteils konvertiert. Damit sind schließlich alle Negationen eliminiert.
$\neg(A \wedge B) = \neg A \vee \neg B,\ \neg(A \vee B) = \neg A \wedge \neg B$ DeMorgan
$\neg a_i = a_1 \vee \ldots \vee a_{i-1} \vee a_{i+1} \vee \ldots \vee a_n$ Elimination der Negation

(2) Behandlung von Antezedens und Konsequens
Der verbleibende logische Ausdruck des Antezedens wird nun in die disjunktive Normalform (DNF) umgewandelt, der Konsequensausdruck in die konjunktive Normalform (KNF). Es ist allgemein bekannt, dass das durch den Einsatz diverser algebraischer Umformungsregeln immer möglich ist ([Schö00]). Damit hat die Antezedensseite folgendes Aussehen:
$A_1 \vee ... \vee A_n$, wobei $A_i = a_{i1} \wedge \ldots \wedge a_{is}$ Disjunktive Normalform
Der Ausdruck auf der Konsequensseite lautet:
$K_1 \wedge ... \wedge K_n$, wobei $K_i = k_{i1} \vee \ldots \vee k_{it}$ Konjunktive Normalform

(3) Zerlegung der komplexen Implikation
Die so umgeformte komplexe Implikation wird abschließend gemäß der folgenden Äquivalenzen in eine Menge sogenannter beschränkt komplexer Implikationen umgewandelt:
$A_1 \vee A_2 \prec K \equiv A_1 \prec K, A_2 \prec K$
$A \prec K_1 \wedge K_2 \equiv A \prec K_1, A \prec K_2$
Diese Äquivalenzen besagen, dass eine gemäß der ersten zwei Schritte manipulierte beliebig komplexe Implikation auf der Antezedensseite an den Disjunktionen bzw. auf der Konsequensseite an den Konjunktionen zerteilt werden kann. Das Resultat ist eine Menge von Implikationen, deren Antezedens eine Konjunktion von mereologischen Knoten (eine einzelne Klausel der DNF) und deren Konsequens eine Disjunktion von mereologischen Knoten ist (eine einzelne Klausel der KNF). Die Anzahl der sich ergebenden beschränkt komplexen Implikationen ist das Produkt aus der Anzahl der Antezedensdisjunktionen und der Anzahl der Konsequenskonjunktionen.

Def. 4.20: Beschränkt komplexe Implikation

Eine *beschränkt komplexe Implikation I* auf einem mereologischen Graphen *MG* ist von der Form I: $a_1 \wedge \ldots \wedge a_n \prec k_1 \vee \ldots \vee k_m$, wobei die a_i, k_j mereologische Knoten in *MG* sind. Auch die beschränkt komplexe Implikation kann kontextbasiert formuliert werden; dazu wird jeder mereologische Knoten durch seinen Kontext ersetzt.

Schritt	r: $d \vee e \prec b$	r': $\neg c \prec \neg a$
(1) Negationen	nicht notwendig	$d \vee e \prec b$
(2) DNF/KNF	bereits erfüllt	bereits erfüllt
(3) Zerlegung	$e \prec b$ $d \prec b$	$e \prec b$ $d \prec b$

Tab. 4.3: Umformung einer komplexen Implikation in beschränkt komplexe

Durch die oben angegebene Verarbeitungskette kann jede komplexe Implikation in eine Menge von beschränkt komplexen umgewandelt werden, ohne dabei an Ausdruckskraft zu verlieren. Angewandt auf die beliebig komplexen Implikationen r: $d \vee e \prec b$ und r': $\neg c \prec \neg a$ aus dem obigen Beispiel laufen die Umformungen ab, wie in Tabelle 4.3 dargestellt. Allerdings sind diese zwei Implikation nicht sonderlich aussagekräftig, da sie bereits nach der Behandlung der Negationen zusammenfallen und schließlich die elementaren rückwärtigen Implikation r_1 und r_2 aus Abbildung 4.34 zurückliefern.

Um den Unterschied zwischen elementaren und beschränkt komplexen Implikationen zu verdeutlichen, sei eine weitere komplexe Implikation I gegeben:

I: $a \wedge \neg(b \wedge c) \prec (e \wedge \neg f) \vee g$

(1) Behandlung der Negationen

$a \wedge (\neg b \vee \neg c) \prec (e \wedge \neg f) \vee g$ DeMorgan

$a \wedge (\bar{b} \vee \bar{c}) \prec (e \wedge \bar{f}) \vee g$ Komplement
mit $\bar{b} = b_1 \vee \ldots \vee b_n$, $\bar{c}$ und $\bar{f}$ analog

(2) Umformung in DNF bzw. KNF

$$(a \wedge b_1) \vee \ldots \vee (a \wedge b_n) \vee (a \wedge c_1) \vee \ldots \vee (a \wedge c_m) \prec (e \vee g) \wedge (f_1 \vee \ldots \vee f_o \vee g)$$

(3) Zerlegen in beschränkt komplexe Implikationen

I_1:	$a \wedge b_1$	$\prec$	$e \vee g$
I_2:	$a \wedge b_1$	$\prec$	$f_1 \vee \ldots \vee f_o \vee g$
...			
I_{2n-1}:	$a \wedge b_n$	$\prec$	$e \vee g$
I_{2n}:	$a \wedge b_n$	$\prec$	$f_1 \vee \ldots \vee f_o \vee g$
I_{2n+1}:	$a \wedge c_1$	$\prec$	$e \vee g$
I_{2n+2}:	$a \wedge c_1$	$\prec$	$f_1 \vee \ldots \vee f_o \vee g$
...			
$I_{2(n+m)-1}$:	$a \wedge c_m$	$\prec$	$e \vee g$
$I_{2(n+m)}$:	$a \wedge c_m$	$\prec$	$f_1 \vee \ldots \vee f_o \vee g$

Somit kann die gegebene Implikation durch $2\,(n + m)$ beschränkt komplexe ersetzt werden, ohne an Ausdruckskraft zu verlieren. Insbesondere die Komplementbildung kann sich dabei negativ auf die Anzahl der entstehenden Implikationen auswirken.

Nachdem nun ein umfassendes Konzept von materiellen Implikationen eingeführt ist, lässt sich der in Definition 4.12 vorgestellte primitive mereologische Graph entsprechend erweitern. Dass dies sinnvoll ist, demonstriert bereits das sehr kleine Beispiel in Abbildung 4.32. Abhängigkeiten zwischen bisher unabhängigen Alternativen können weit prägnanter durch den Einsatz von Implikation modelliert werden, als durch Umstrukturieren des (primitiven) mereologischen Graphen. Die Summe aus diesem Graphen und dem Implikationskonzept wird daher als allgemeiner mereologischer Graph bezeichnet.

Def. 4.21: Allgemeiner mereologischer Graph

Ein *allgemeiner mereologischer Graph MG* ist ein primitiver mereologischer Graph zusammen mit einer Menge von Implikation *I*, die auf ihm operieren.

Mit dieser Definition ist die Einführung des Datenmodells von Marrakesch abgeschlossen. Das Konstrukt des mereologischen Graphen bietet die in Abschnitt 4.2 geforderte kompakte Notation, die auch umfassend konfigurierbare Produktfamilien leicht erfassbar abbilden kann. Durch den metamodellbasierten Ansatz ist es in generischer Weise möglich, das Modell um weitere Elemente zu erweitern. Schließlich wird durch den Einsatz der materiellen Implikation eine effiziente Möglichkeit geboten, Abhängigkeiten zwischen Teilgraphen des mereologischen Graphen zu modellieren, ohne die Kompaktheit und Lesbarkeit zu beschränken. Dadurch wird die zweite Anforderung der Aufstellung aus Abschnitt 4.2 erfüllt. Allerdings birgt die Mächtigkeit dieses Modells die Gefahr, widersprüchliche Spezifikationen zu formulieren, also einen mereologischen Graphen MG mit leerer Erzeugnismenge ERZ_{MG}. Daher wird im verbleibenden Teil dieses Kapitels auf die Validierung von allgemeinen mereologischen Graphen eingegangen.

4.5 Validierung und Konsistenzsicherung

Der allgemeine mereologische Graph, wie er in den vorigen Abschnitten eingeführt wurde, stellt ein umfassendes Datenmodell zum Entwurf komplex konfigurierbarer Variantenräume von Produkten oder Dienstleistungen zur Verfügung. Das Modell ist extrem ausdrucksmächtig, bietet dabei aber auch die Möglichkeit, inkonsistente, widersprüchliche oder schlicht unsinnige Spezifikationen zu definieren. Die Konsistenz eines mereologischen Graphen ist nicht nur bei seiner initialen Modellierung von Bedeutung, sondern nach jeder einzelnen Manipulation, wie sie bei der Entscheidung einer Alternative durchgeführt wird. Es ist also festzuhalten, dass ein mereologischer Graph nach jedem Schritt im *Match Making* oder im Verhandlungsdialog auf seine Korrektheit zu überprüfen ist. Dabei sind zwei Aspekte zu beachten: Einerseits müssen die strukturellen Anforderungen an den primitiven mereologischen Graphen gemäß Definition 4.12 eingehalten werden, andererseits müssen auch die darauf operierenden Implikationen erfüllbar und widerspruchsfrei sein. Während die Untersuchung der strukturellen Korrektheit dank der geleisteten Vorarbeiten eher kurz ausfällt, muss auf die Validierung von Implikationen näher eingegangen werden. Die hier vorgestellten Konzepte wurden im Rahmen von Marrakesch erstmals in [Schr02] untersucht.

4.5.1 Validität des primitiven mereologischen Graphen

Ein primitiver mereologischer Graph ist im wesentlichen genau dann valide, wenn er die in Definition 4.12 angegebenen Eigenschaften erfüllt. Es muss also sichergestellt sein, dass der Graph MG genau eine einzige Wurzel als oberstes Bauteil besitzt, über das der gesamte Graph angesprochen werden kann. Weiterhin muss der Graph auch nach Modifikationen, die beim *Match Making* oder in der Verhandlung auftreten, azyklisch sein; allerdings ist diese Eigenschaft bei einem anfangs azyklischen Graphen nie in Gefahr. Schließlich ist die Forderung, dass der Graph zusammenhängend sein soll, zu gewährleisten. Diese Eigenschaft ist nach jeder Auflösung einer Alternative verletzt, da ein oder mehrere Teilgraphen, nämlich die, die von den nicht gewählten Geschwistern gebildet werden, vom bisherigen Graphen abgetrennt werden. Der Zusammenhang wird wieder hergestellt, indem nicht nur die komplementären Kanten, sondern auch all ihre Folgekanten aus der Kantenmenge E des Graphen MG entfernt werden, sofern sie nicht ein weiteres Oberteil besitzen.

Die formalen Grundlagen für diese Eigenschaften wurden bereits in der Definition selbst und der nachfolgenden Diskussion gelegt. Ihre Umsetzung kann mit allgemein bekannten Verfahren auf gerichteten Graphen realisiert werden (z.B. [CoLR01], [Wilf02]), weshalb hier zugunsten einer ausführlichen Behandlung der Validierung von Implikationen nicht näher darauf eingegangen werden soll.

Neben den direkt aus der Definition des mereologischen Graphen ablesbaren Eigenschaften, kann optional die Validierung im Sinne einer Vereinfachung um einige Punkte aus der Liste der möglichen Umformungen auf Seite 113 ergänzt werden. Hierbei sind insbesondere die Positionen (1)-(3) und (5) zu nennen, also das Zusammenfassen gleichartiger innerer Knoten, die Behandlung des Nullteils, die ersatzlose Elimination innerer Knoten, sowie das Zusammenfassen gleicher Unterteile von Konjunktionen. Allerdings ist die Anwendung dieser Umformungen, wie bereits bei ihrer Einführung erläutert, nicht als verpflichtend anzusehen. Sie dienen im wesentlichen dazu, den mereologischen Graphen für die leichtere Verständlichkeit des Anwenders zu minimieren.

4.5.2 Validität von Implikationen

Während die durch die Definition des mereologischen Graphen zu überprüfenden Eigenschaften vergleichsweise unproblematisch sind, birgt der Einsatz der Implikationen gewisse Risiken. Bereits elementare Implikationen können aufgrund ihrer Transitivität in Form von Ketten einerseits zu Widersprüchen oder andererseits zu Tautologien führen. Das Zulassen von Ausdrücken aus der klassischen Aussagenlogik auf Antezedens- und Konsequensseite verstärkt diese Problematik. Somit lässt sich die Validierung einer einzelnen, meist komplexen Implikation, sowie die Validierung mehrerer Implikationen im Zusammenhang als zu untersuchende Fälle unterscheiden. Bevor jedoch auf diese beiden Punkte eingegangen wird, werden die verschiedenen Referenzfälle, die eintreten können, identifiziert.

Identifikation von Implikationsreferenzfällen

Im vorliegenden Absatz werden problematische Referenzfälle vorgestellt, die durch die Erweiterung des primitiven mereologischen Graphen um Implikationen entstehen. Da Implikationen nur im Kontext von Alternativen möglich sind, wird die Suche nach diesen charakteristischen Fällen auf die Umgebung dieser Konstrukte beschränkt. Die Betrachtungen beschränken sich der Übersicht halber auf elementare Implikationen, sind aber aufgrund der oben bereits eingeführten algebraischen Umformungsregeln auch auf ihre komplexeren Varianten anwendbar.

In Abbildung 4.35 sind zwei ungültige Fälle aufgezeigt. Dabei ist die doppelt gestrichene Kante zum Implikationsknoten als beliebig lange Kette von Implikationen zu verstehen, da sich die Wirkung hintereinandergeschalteter Implikationen transitiv fortsetzt. Weiterhin muss noch erwähnt werden, dass die in dieser und in den folgenden Abbildung dargestellten Textstücke jeweils auch durch komplexere mereologische Teilgraphen ersetzt werden können ohne die dar-

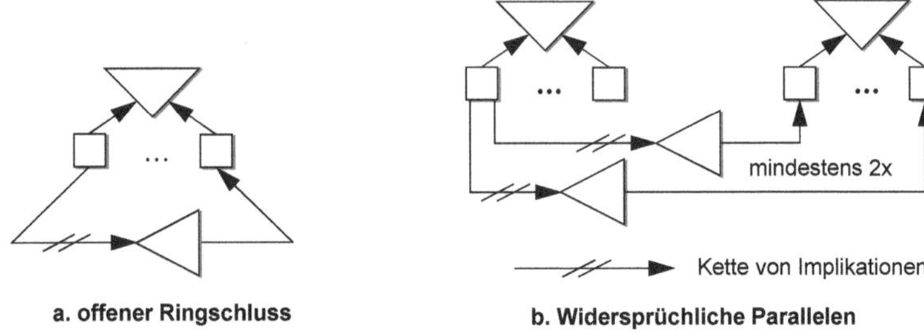

Abb. 4.35: Die Referenzfälle "offener Ringschluss" und "Widersprüchliche Parallelen"

gestellte Situation zu verändern. Auch nach oben sind die Ausschnitte der Graphen beliebig fortsetzbar. Alle Szenarien sind möglichst einfach und prägnant formuliert und mögen von daher trivial erscheinen. In einem tatsächlichen Modell einer Produktfamilie hingegen sind sie aufgrund der transitiven Wirkung der Implikationsketten eher schwer zu identifizieren.

- Offener Ringschluss

  Der erste Fall in Abbildung 4.35 wird als "offener Ringschluss" bezeichnet. Er tritt dann ein, wenn eine Alternative so entschieden wird, dass sie eine Kette von Implikationen feuert, deren letzter Konsequens wieder in der Ausgangsalternative liegt und sich vom ursprünglichen Antezedens unterscheidet, d.h. das Unterteil einer Alternative erzwingt über die transitive Implikationskette ein Unterteil aus dem Komplement. Dies entspricht in der Praxis der Aussage: "wenn Karosserieform *Cabrio*, dann ..., dann Karosserieform *Kombi*", was der XOR-Semantik der Alternative widerspricht. Zur Vermeidung dieser ungültigen Situation kann entweder die Zuordnung der auslösenden Unterbaugruppe zur Alternative aufgehoben werden, oder die Implikationskette muss unterbrochen werden. Welche Lösung vorzuziehen ist, hängt vom jeweiligen Anwendungsfall ab.
  Ein Sonderfall des offenen ist der (geschlossene) Ringschluss. Hier zeigt die von einem Unterteil der Alternative ausgehende Implikationskette auf dasselbe Unterteil. Hierbei handelt es sich aber im Gegensatz zum offenen Schluss um keinen Widerspruch, sondern um eine Tautologie. Diese Art von Ringschluss kann optional entfernt werden, um die Performanz des Validierungsprozesses zu erhöhen.

- Widersprüchliche Parallelen

  Der zweite invalide Fall in Abbildung 4.35 namens "Widersprüchliche Parallelen" geht davon aus, dass dasselbe Unterteil einer Alternative Antezedens für zwei Ketten von Implikationen ist. Beide Ketten haben ihren finalen Konsequens in einer weiteren, gemeinsamen Alternative, allerdings im Widerspruch zueinander. Dabei ist wichtig, dass Implikationen mit gleichem Ursprung gleichzeitig gelten müssen, d.h. einer UND-Semantik unterliegen. Im laufenden Automobilbeispiel wäre "wenn Karosserieform *Kombi*, dann ..., dann Getriebe *automatisch*" und "wenn Karosserieform *Kombi*, dann ..., dann Getriebe *manuell*" ein offenbarer Beleg für den Widerspruch dieses Szenarios. Um das Modell

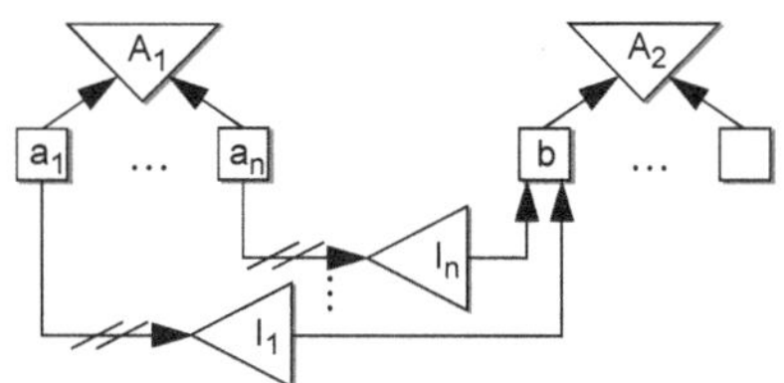

Abb. 4.36: Der Referenzfall “Einstimmiges Urteil”

wieder in einen konsistenten Zustand zu überführen, bestehen die gleichen Möglichkeiten wie oben.

- Einstimmiges Urteil

  Im Referenzfall “Einstimmiges Urteil”, der in Abbildung 4.36 dargestellt ist, wird unabhängig von der Entscheidung der linken Alternative A_1 immer dasselbe Textstück b in der Alternative A_2 impliziert, d.h. jedes Unterteil von A_1 ist Antezedens einer Implikation I_i: $a_i \prec b$. Damit wird der Entscheidungsspielraum der Alternative A_2 faktisch aufgehoben. Daher kann sie vorzeitig aufgelöst werden, indem sie durch das Unterteil b ersetzt wird. Auch Teile der Implikationsketten können aus dem System entfernt werden, was den Gesamtvalidierungsprozess vereinfacht.
  Die vorzeitige Entscheidung von A_2 darf jedoch nur vorgenommen werden, wenn sichergestellt ist, dass die Alternative A_1 überhaupt aktiv ist. Schließlich ist es möglich, dass A_1 durch die Entscheidung einer über ihr angeordneten dritten Alternative nicht mehr erreichbar ist. Erst wenn ein gesicherter Pfad von A_1 zur Wurzel des Graphen existiert, kann die oben vorgestellte Optimierung vorgenommen werden.

- Rückstoß

  Der letzte Referenzfall mit dem Namen “Rückstoß” ist entweder die Folge der Auflösung einer Alternative oder der Behandlung eines der anderen Referenzfälle durch Entfernen einer Kante. Die Ausgangssituation befindet sich in der rechten Bildhälfte von Abbildung 4.37: In der Alternative A_2 wurde aus einem der eben genannten Gründe die Kante zum Unterteil b gelöscht. Dadurch ist die gegebene Implikationskette ausgehend von Alternative A_1 nicht mehr haltbar, denn der Konsequens ist nicht mehr erfüllbar. Auch hier kann abhängig von der Anwendungssituation entweder a als Wahlmöglichkeit von A_1

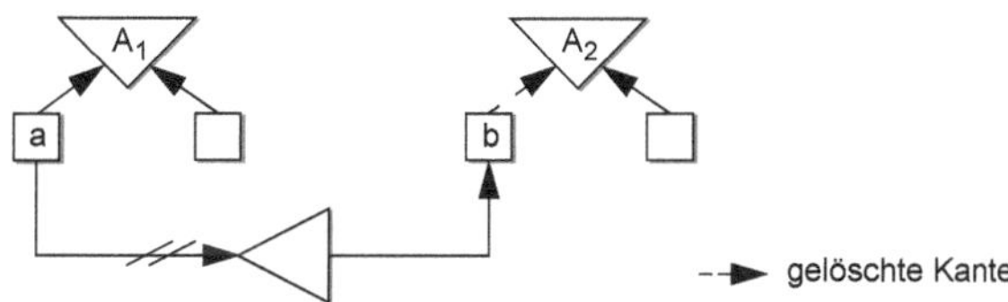

Abb. 4.37: Der Referenzfall “Rückstoß”

eliminiert werden, oder die Implikationskette durch Löschung einer der Implikationen aufgebrochen werden.

Es soll noch einmal betont werden, dass diese Problemfälle in realen Anwendungen für den Modellierer teils sehr schwer zu finden sind und daher nicht unterschätzt werden dürfen. Daher ist hier ein Unterstützungskonzept erforderlich, das z.B. in einen intelligenten Editor für mereologische Graphen integriert werden kann. Da die Validierung von Angebots- und Nachfragestrukturen eine wichtige Rolle spielt, werden für Marrakesch Verfahren entwickelt, die die Konsistenz der beteiligten Graphen sicherstellen. Dabei ist sowohl die Validität der einzelnen Implikationen zu gewährleisten (Intra-Implikations-Validität), sowie die Konsistenz der Implikationen im Verbund (Inter-Implikations-Validität).

Validität einer einzelnen Implikation – Intra-Implikations-Validität

Im Verlauf etwa des Verhandlungsdialogs wird durch fortlaufendes Auflösen von Alternativen der mereologische Graph, der den Konfigurationsraum aufspannt, zunehmend reduziert, was insbesondere auf die Erfüllbarkeit der Implikationen großen Einfluss nimmt. Da jedes gültige Erzeugnis innerhalb des Graphen allen Implikationen zwingend gehorchen muss, muss bei jedem Konfigurationsschritt überprüft werden, wie sich dieser auf die noch nicht gefeuerten Implikationen auswirkt. Einerseits kann es geschehen, dass eine Implikation durch Abtrennen eines Teilgraphen irrelevant wird, weil ihr Antezedens nicht mehr eintreten kann. Umgekehrt kann es geschehen, dass eine Implikation durch die im Konfigurationsschritt gefällte Entscheidung gefeuert wird und damit automatisch eine weitere Alternative aufgelöst wird. In diesem Fall wurde also der Antezedens der Implikation tangiert. Schließlich kann durch das Entscheiden einer Alternative auch der Konsequens einer Implikation betroffen sein; wird er eliminiert, so ist auch ihr Antezedens faktisch nicht mehr wählbar, da sonst die Gesamtkonfiguration widersprüchlich wäre.

Genauer zu untersuchen ist die Situation, wenn der Antezedens einer beschränkt komplexen Implikation erfüllt ist. Da ihr Konsequens im allgemeinen Fall nicht aus einem einzelnen mereologischen Knoten, sondern aus einer Disjunktion von Knoten besteht, kann die Implikation nur verzögert feuern: Es muss sichergestellt werden, dass zumindest eine der Konsequensoptionen wählbar bleibt und schließlich auch gewählt wird; erst dann ist sie vollständig gefeuert. Auf dem mereologischen Graphen bedeutet das, dass mindestens ein Wurzelpfad zu einem der Konsequensknoten erhalten bleiben muss bzw. dass herausgefunden werden muss, welche Kanten auf keinen Fall gelöscht werden dürfen. Um dies zu garantieren, wird im Folgenden ein entsprechendes Verfahren skizziert.

Von allen Kanten des Konsequens werden all seine möglichen Pfade zur Wurzel berechnet. Die Summe all dieser Pfade bildet einen Hilfsgraphen, der ein Teilgraph des ursprünglichen mereologischen ist. Die Kanten werden ausgehend von der Wurzel mit Gewichten zwischen 0 und 1 versehen. Die Summe der Gewichte aller Kanten, die in einen Knoten eingehen, wird als Eingangswert *In* des Knotens bezeichnet, die Summe der Gewichte all der von ihm ausgehenden Kanten als *Out*. Für die Wurzel des Hilfsgraphen wird definiert:

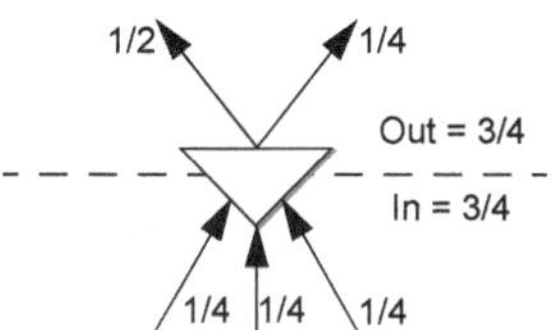

Abb. 4.38: Beispiel für In und Out bei einer Alternative

$$In = Out = 1$$

Die Gewichte der in einen Knoten eingehenden Kanten werden berechnet als der Quotient der ausgehenden Kanten und der Anzahl der eingehenden Kanten, d.h. alle in einen Knoten eingehenden Kanten haben das gleiche Gewicht:

$$g = \frac{Out}{\text{Anzahl eingehender Kanten}}$$

Dabei ist zu beachten, dass nur die Kanten des Hilfsgraphen berücksichtigt werden. So lässt sich der gesamte Hilfsgraph gewichten. Ein Beispiel für die Verteilung der von oben kommenden Gewichte an einer Alternative ist in Abbildung 4.38 dargestellt. Die zwei aus der Alternative ausgehenden Kanten induzieren ein Gesamtgewicht von 3/4, das paritätisch auf die drei eingehenden Kanten verteilt wird.

Um nun die essentiellen Kanten zu identifizieren, muss das Ergebnis bewertet werden, wobei Konjunktionen ignoriert werden können, da hier per definitionem alle eingehenden Kanten fest

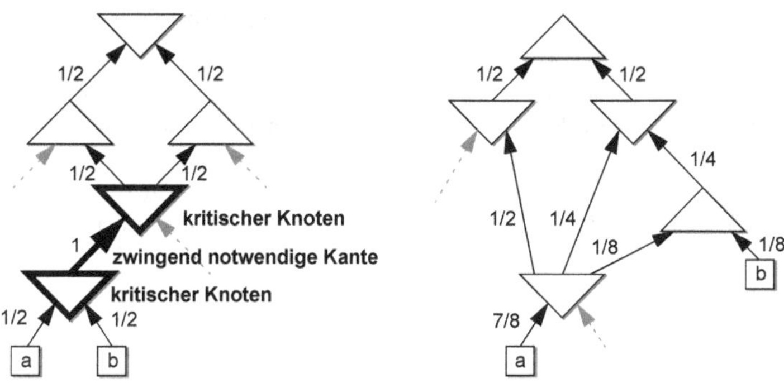

Abb. 4.39: Kritischer Knoten innerhalb eines Zusatzgraphen

gewählt sind. Ist die Summe aller ausgehenden Gewichte *Out* einer Alternative gleich 1, so wird diese Alternative als *kritischer Knoten* bezeichnet, d.h. es muss sichergestellt werden, dass dieser Alternativknoten Teil des Erzeugnisses ist. Dies kann nur dadurch erreicht werden, dass eine der von ihm ausgehenden Kanten des Hilfsgraphen bei der Konfiguration ausgewählt wird. Trägt eine der aus einem kritischen Knoten ausgehende Kante das Gewicht 1, so wird sie als *zwingend notwendige Kante* bezeichnet, d.h. sie muss gewählt werden, weil sie den einzigen gangbaren Pfad zum kritischen Knoten darstellt. Um also die Erfüllbarkeit einer aktiven Implikation zu gewährleisten, müssen im mereologischen (Rest-)Graphen sämtliche kritische Knoten beibehalten werden und – falls vorhanden – die zwingend notwendigen Kanten ausgewählt werden. Nur so kann garantiert werden, dass der Konsequens der Implikation überhaupt wählbar bleibt. Es ist wichtig zu bemerken, dass nach der Auflösung jeder Alternative im mereologischen Graphen die Kantengewichte neu berechnet werden müssen, da durch den Wegfall der entschiedenen Alternative und Teile ihrer Untergraphen neue kritische Knoten und zwingend notwendige Kanten entstehen können.

Um den Ablauf des eben skizzierten Verfahrens zu verdeutlichen, werden in Abbildung 4.39 zwei Beispiele gegeben. In beiden Fällen bilden die gezeigten Textstücke die Konsequensdisjunktion $a \vee b$. Die Graphen stellen jeweils den konstruierten Hilfsgraphen dar, die gepunkteten Kanten deuten den Verlauf des gesamten mereologischen Graphen an. Im linken Beispiel ist offensichtlich die mittlere Alternative dafür verantwortlich, dass die möglichen Konsequensoptionen wählbar bleiben. Auch rechnerisch ergibt sich für diesen Knoten ein *Out*-Wert von 1, weshalb er als kritisch bezeichnet wird. Im Hilfsgraphen besitzt er darüber hinaus nur eine einzige eingehende Kante, wodurch diese das gesamte Gewicht durchgereicht bekommt und damit zwingend notwendig ist. Schließlich ist auch die untere Alternative kritisch. Im Beispiel auf der rechten Seite von Abbildung 4.39 sind sämtliche Konsequensglieder auf vielfachen Wegen erreichbar, weshalb hier weder kritische Knoten noch zwingend notwendige Kanten auftreten. Sobald jedoch die linke obere Alternative zugunsten der gepunkteten Kante aufgelöst wird, ändert sich dies schlagartig. Die genaue Veränderung der Konstellation sei dem interessierten Leser überlassen.

Validität der Implikationen im Zusammenhang – Inter-Implikations-Validität

Bisher wurde sichergestellt, dass jede Implikation für sich alleine valide ist, und falls ihr Antezedens erfüllt und sie dadurch aktiviert ist, die Möglichkeit offengehalten wird, zumindest eine der Konsequensoptionen wählen zu können. Wie die Referenzfälle weiter oben jedoch deutlich gemacht haben, kann eine Kette von jeweils validen Implikationen im Zusammenhang zu einem Widerspruch führen. Je mehr Implikationen auf einem primitiven mereologischen Graphen operieren, um so unübersichtlicher wird deren gemeinsame Wirkung. Daher ist ein Verfahren gesucht, das das Zusammenspiel aller Implikationen im Hinblick auf die identifizierten Referenzfälle überprüft und im Problemfall auch eine geeignete Lösung vorschlägt, um wieder zu einer konsistenten Struktur zurückzukehren.

4.5.3 Aufdeckung von Widersprüchen mittels des Würfelalgorithmus

Wie im letzten Abschnitt motiviert kann eine Kette von Implikationen durch ihre transitive Wirkung Widersprüche erzeugen, die für den Modellierer nicht ohne weiteres erkennbar sind. Um diese zu beheben, müssen, wie bei den Referenzfällen vorgeführt, entweder entsprechende Kanten oder Implikationen gelöscht werden. In diesem Abschnitt wird der Würfelalgorithmus vorgestellt, der zuerst die Widersprüche aufdeckt und zusätzlich die verursachende Alternativenentscheidung identifiziert. Das Verfahren setzt voraus, dass die Implikationen jeweils für sich genommen valide sind.

Obwohl die materielle Implikation nicht mit der Subjunktion der klassischen Logik identisch ist, wie in Abschnitt 4.4.3 erläutert, so ist sie dennoch genau dann gültig, wenn die Subjunktion wahr ist. Insofern gilt auch für die Implikation die bekannte Wahrheitstabelle der klassischen Logik:

$$A \rightarrow K \quad \equiv \quad \neg(A \wedge \neg K)$$

→	A	¬A
K	1	1
¬K	0	1

Aus der Wahrheitstabelle lässt sich herauslesen, dass ein Widerspruch genau dann vorliegt, wenn der Antezedens erfüllt ist, der Konsequens aber nicht. Für die Konfiguration im mereologischen Graphen bedeutet dies, dass gewisse Kombinationen von Alternativenentscheidungen erlaubt sind, während andere Kombinationen verboten sind. Um alle erlaubten Kombinationen zu finden, wird aus allen Alternativen ein multidimensionaler Würfel erzeugt. Dabei bildet jede Alternative mit all ihren Unterteilkanten eine eigene Dimension des Würfels. Jede Zelle im Würfel repräsentiert damit genau eine spezielle Entscheidungskombination der Alternativen. Die Zelle ist entweder mit dem Wert eins belegt, d.h. diese Alternativenbelegung ist erlaubt, oder mit dem Wert null, der anzeigt, dass die entsprechende Kombination unzulässig ist. Bei der Konstruktion des Würfels ist zur Reduktion des zu untersuchenden Raums darauf zu achten, dass nur die Alternativen in Form einer Dimension beteiligt sind, die durch den Antezedens oder den Konsequens einer Implikation berührt sind.

Der so durch die Alternativen aufgespannte Würfel wird durchgehend mit dem Wert eins initialisiert, d.h. es wird anfangs davon ausgegangen, dass jede Kombination möglich ist. In diesen Würfel müssen nun die Nullräume aller auf dem mereologischen Graphen operierenden, für sich alleine validen Implikationen eingetragen werden. Dazu werden diese geeignet transformiert:

(1) Umformung in beschränkt komplexe Implikationen (Abschnitt 4.4.3):
$I: A \prec K$ mit $A = a_1 \wedge \ldots \wedge a_n$, $K = k_1 \vee \ldots \vee k_m$

(2) Weitere Umformung gemäß der Äquivalenz $A \rightarrow K \equiv \neg(A \wedge \neg K)$, dabei wird die äußere Negation vernachlässigt, da die zu löschenden Unterräume des Würfels gesucht werden:
$(a_1 \wedge \ldots \wedge a_n) \wedge \neg(k_1 \vee \ldots \vee k_m)$

(3) Hinunterdrücken der Negation zu den Literalen bzw. Knoten nach DeMorgan:

$(a_1 \wedge \ldots \wedge a_n) \wedge (\neg k_1 \wedge \ldots \wedge \neg k_m)$

(4) Ersetzen der negierten Literale durch ihre Komplemente $\neg k_1 \equiv r_1(k_i) \vee \ldots \vee r_p(k_i)$:

$(a_1 \wedge \ldots \wedge a_n) \wedge (r_1(k_1) \vee \ldots \vee r_p(k_1)) \wedge \ldots \wedge (r_1(k_m) \vee \ldots \vee r_q(k_m))$

(5) Umwandlung in die disjunktive Normalform (DNF) mittels Ausmultiplizieren:

$(g_{1,1} \wedge \ldots \wedge g_{1,r}) \vee \ldots \vee (g_{s,1} \wedge \ldots \wedge g_{s,t})$

Jedes Glied $(g_{i,1} \wedge \ldots \wedge g_{i,r})$ der Disjunktion bestimmt einen Nullraum, d.h. der durch diese Koordinaten bestimmte Teil des Würfels wird mit dem Wert null belegt, da es sich hierbei um unmögliche Kombinationen der Alternativenentscheidungen handelt. Alle die Würfelzellen, die durch die Umformung aller Implikationen unberührt, also auf eins bleiben, stellen erlaubte Konstellationen von Alternativenentscheidungen dar. Durch Eintragen aller Glieder der Disjunktion erhält man den Gesamtnullraum einer beschränkt komplexen Implikation, durch Eintragen der Nullräume aller beschränkt komplexen Implikationen erhält man den Gesamtnullraum des allgemeinen mereologischen Graphen bzw. des betrachteten Teilraums.

Nach Abarbeitung aller Implikationen muss der resultierende Würfel interpretiert werden. Dazu ist jeder Wert einer jeden Dimension, d.h. jedes Unterteil jeder den Würfel aufspannenden Alternative, zu untersuchen. Ein Widerspruch tritt genau dann auf, wenn der gesamte durch ein Unterteil bestimmte Unterraum mit Nullen besetzt ist. Dann nämlich ist diese Entscheidung mit keiner anderen Alternative kompatibel. Der Modellierer muss in diesem Fall entscheiden, wie dieser Konflikt zu beheben ist: Einerseits kann das problematische Teil aus der Alternative durch Entfernen der verbindenden Kante beseitigt werden, was für den Würfel die Löschung des Unterraums bedeutet. Andererseits kann die Implikationskette an einer aus Sicht der Anwendung geeigneten Stelle aufgeschnitten werden. Solange jedoch der Unterraum wenigstens eine mit eins belegte Zelle enthält, ist die Alternative zumindest eingeschränkt mit anderen Entscheidungen kompatibel, d.h. es ist noch keine Aktion durch den Modellierer erforderlich.

Der gesamte Ablauf des Würfelalgorithmus, der als Eingabe einen allgemeinen mereologischen Graphen mit jeweils für sich alleine validen, beschränkt komplexen Implikationen erhält, lässt sich damit in drei wesentlichen Schritten zusammenfassen:

(1) Konstruktion des Würfels mit Initialisierung

(2) Eintragen der Nullräume aller Implikationen

(3) Durchsuchen des Ergebniswürfels nach Widersprüchen und deren Auflösung

Vor allem der zweite Schritt, das Eintragen der Nullräume, erfordert eine genauere Betrachtung, weshalb er in Abbildung 4.40 ausführlicher dargestellt ist. Eingaben in dieses Verfahren sind ein allgemeiner mereologischer Graph *MG* mit beschränkt komplexen Implikationen, sowie der im vorherigen Schritt daraus konstruierte Würfel. Die äußerste Schleife durchläuft alle vorhandenen Implikationen (→1). In jedem Durchlauf ist eine noch nicht bearbeitete Implikation Imp_{cur} auszuwählen und gemäß der oben erläuterten Umformungen in die negierte disjunktive Normalform zu überführen (→2); *DNF* ist eine Liste der einzelnen Disjunktionsglieder $(g_{i,1} \wedge \ldots \wedge g_{i,r})$. In einer weiteren Schleife werden alle Einträge dieser Liste abgearbeitet (→3),

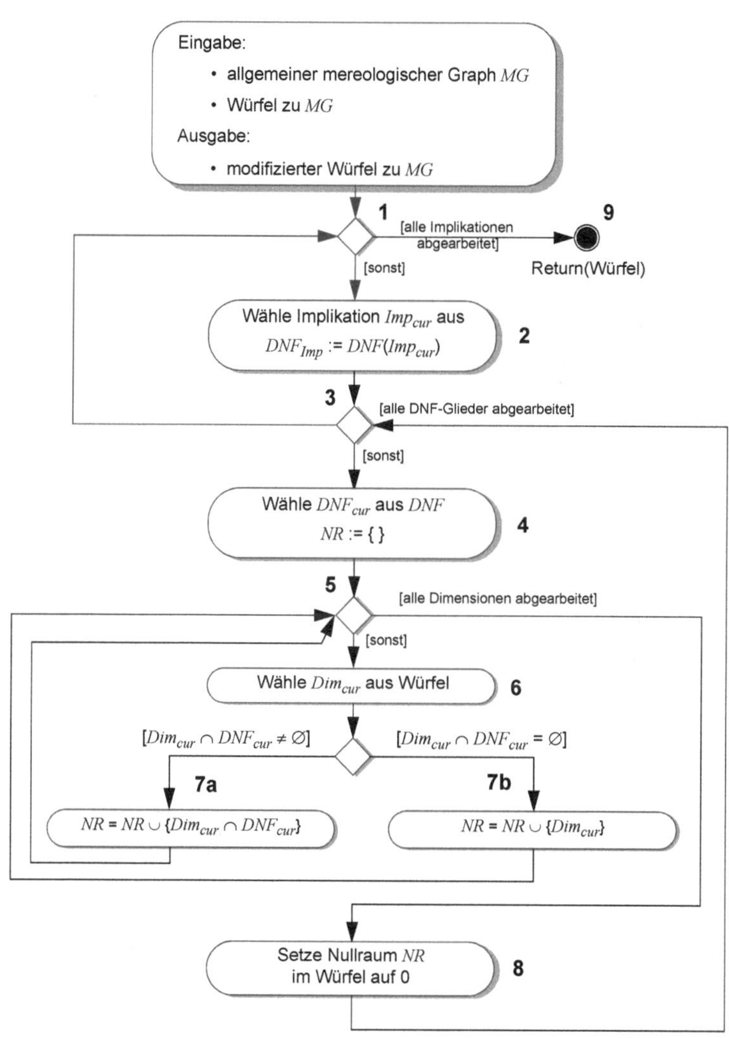

Abb. 4.40: Würfelalgorithmus: Bestimmung der Nullräume

indem jeweils ein Glied DNF_{cur} ausgewählt wird und die den Nullraum aufspannende Koordinate *NR* als leere Menge initialisiert wird (→4). In der innersten Schleife (→5) wird über alle Dimensionen des Würfels iteriert; die aktuelle Dimension wird in Dim_{cur} gehalten. Je nachdem, ob das aktuelle Implikationsglied DNF_{cur} einen Knoten bzw. eine Kante enthält, die zur momentanen Dimension Dim_{cur} gehört, oder nicht, wird im ersten Fall genau der gemeinsame Knoten, im zweiten Fall die gesamte Dimension, d.h. all ihre Knoten, als Teil dem Nullraumvektor *NR* hinzugefügt. Sind alle Dimensionen auf diese Art abgearbeitet (→5), so ist dieser Vektor vollständig besetzt; der durch ihn bestimmte Teilraum des Würfels wird durchgehend mit Nullen gefüllt (→8). Das geschieht so lange, bis alle DNF-Glieder abgearbeitet sind (→3) bzw. bis schließlich alle Implikationen abgearbeitet sind (→1). Damit ist die Nullraumbestimmung im Würfel abgeschlossen und der modifizierte Würfel wird als Ergebnis zurückgeliefert (→9).

Die Korrektheit des Verfahrens ist offenbar. Auf eine ausführliche Überprüfung wird hier aus Platzgründen verzichtet. Ein entsprechender Beweis muss zuerst zeigen, dass der Algorithmus die Transitivität von Implikationen erkennt. Anschließend genügt es, die zu Beginn von Abschnitt 4.5.2 identifizierten Referenzfälle zu untersuchen.

Wird im Rahmen des *Match Makings* oder der Verhandlung eine Alternative entschieden, so wirkt sich das auch auf den Validitätswürfel aus. Allerdings ist es nicht erforderlich, den Würfel grundlegend neu zu konstruieren, sondern er kann inkrementell reduziert werden: Wird eine Alternative *Alt* zugunsten ihres Unterteils *a* entschieden, so ist zu prüfen, ob *Alt* eine Dimension des Würfels repräsentiert. Ist das der Fall, so kann diese Dimension auf genau den einen Knoten *a* reduziert werden, d.h. der Würfel wird auf die durch *a* festgelegte Hyperebene verkleinert, was der *Slicing*-Operation aus dem Bereich des *Data Warehousing* entspricht ([BaGü01]). Eine Alternativenentscheidung kann den Schnitt entlang mehrerer Dimensionen nach sich ziehen, falls sie Implikationen auslöst, die weitere Alternativen auflösen. Nach der Reduktion des Ausgangswürfels ist eine erneute Suche nach Widersprüchen erforderlich, da durch das Schneiden der Fall eintreten kann, dass die letzten erlaubten Kombinationen für gewisse Dimensionselemente eliminiert werden.

Veranschaulichung an einem Beispiel

Die Anwendung des Würfelalgorithmus wird in Abbildung 4.41 demonstriert. Dargestellt ist der relevante Ausschnitt aus einem mereologischen Graphen, der aus den drei Alternativen *A*, *B* und *C* besteht. Auf diesen Alternativen operieren drei (elementare) Implikationen I_1, I_2 und I_3, die offensichtlich einen Widerspruch produzieren.

Die Konstruktion des Würfels ist trivial, da der Graph so weit reduziert ist. Alle drei Alternativen sind durch die drei Implikationen verbunden, d.h. sie spannen zusammen einen dreidimensionalen Würfel mit je drei möglichen Knoten pro Dimension auf. Um die Übersichtlichkeit im Beispiel zu erhöhen wird für jede Implikation ein eigener Würfel angegeben, tatsächlich existiert jedoch nur ein einziger. Die erlaubten Zellen, die den Wert eins tragen, sind durchsichtig, die verbotenen Zellen mit dem Wert null sind grau schattiert.

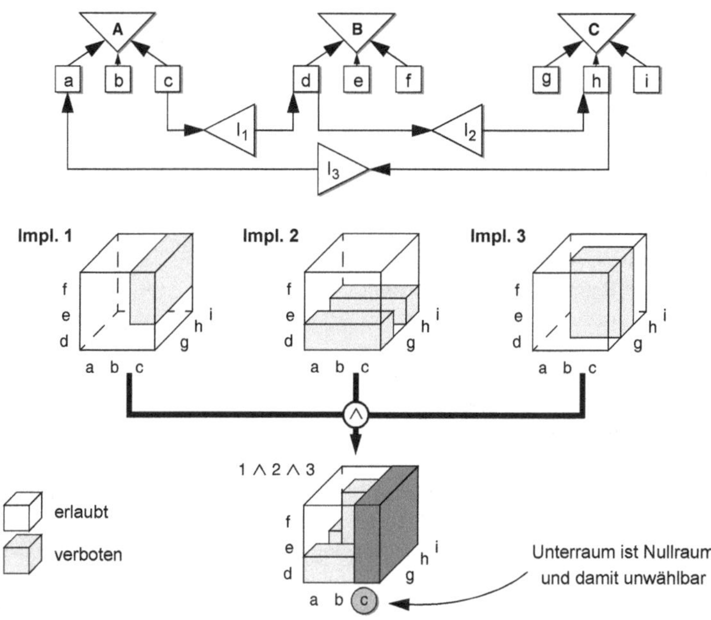

Abb. 4.41: Beispiel Würfel-Algorithmus

Für die Bestimmung der Nullräume müssen die Implikationen entsprechend umgeformt werden. In Anlehnung an die klassische Logik wird die Negation jeder einzelnen Implikation in die disjunktive Normalform überführt. So entstehen aus I_1: $c \prec d$ die Disjunktionsglieder $DNF_{I_1} = \{c \wedge e, c \wedge f\}$. Die einzelnen Glieder überschneiden sich mit den durch die Alternativen A und B aufgespannten Dimensionen, nicht aber mit der Dimension C. Dadurch entsteht der in Abbildung 4.41 im linken Würfel dargestellt Nullraum, der sich genau genommen aus zwei Teilen, dem durch $c \wedge e$ und dem durch $c \wedge f$ definierten, zusammensetzt. Analog wird mit den beiden verbleibenden Implikationen verfahren. Der tatsächliche Würfel entsteht durch Überlagerung der drei einzelnen, in der Abbildung unten dargestellt. Die Analyse der resultierenden mehrdimensionalen Matrix ergibt einen Widerspruch, der durch den Knoten c aus der Alternative A verursacht wird: Es existiert keine Möglichkeit, eine zulässige Kombination der drei Alternativen zu konstruieren, die c enthält. Der Modellierer muss hier eingreifen und die Situation bereinigen. Dabei gibt es, wie weiter oben bereits diskutiert, keine eindeutige Lösung, vielmehr ist diese anwendungsabhängig zu bestimmen.

Optimierung durch Reduktion und Partitionierung

Der Würfelalgorithmus ist ein zuverlässiges Werkzeug einerseits zur Erkennung zulässiger und nicht zulässiger Kombinationen von Alternativenentscheidungen und andererseits zur Feststellung von grundlegenden Widersprüchen. Allerdings verhält sich die Größe des Würfels exponentiell zur Anzahl der in einem mereologischen Graphen vorhandenen Alternativen. Wird eine mittlere Anzahl von m Unterteilen einer jeden von n Alternativen angenommen, so entsteht ein n-dimensionaler Würfel mit m^n Einträgen. Für Anwendungen einer gewissen Variantenvielfalt ist es daher unerlässlich, das Verfahren bezüglich des Würfelvolumens zu optimieren.

Als Ursache für das exponentielle Wachstum des Würfels kann die Anzahl der Alternativen im Graphen sowie die Mächtigkeit dieser Alternativen identifiziert werden. Eine nochmalige Betrachtung der Referenzfälle zeigt weiterhin, dass Abhängigkeiten zwischen Alternativen nur dann problematisch werden, können wenn die auf ihnen operierenden Implikationen Zyklen bilden. Die Richtung der Implikationen ist für die Zyklenbildung unerheblich: Die Referenzfälle "Widersprüchliche Parallelen" und "Einstimmiges Urteil" bilden nur bei ungerichteter Sichtweise einen Zyklus, während der Fall "Offener Ringschluss" auch bei gerichteter Betrachtung problematisch ist. Die grundlegende Idee des im Folgenden vorgestellten Optimierungsansatzes ist die Elimination von "unnötigen" Alternativen. Eine Alternative ist dann unnötig, wenn sie nicht Teil eines solchen Implikationszyklus ist. Um die Menge aller Alternativen in essentielle und unnötige zu unterteilen wird auf dem allgemeinen mereologischen Graphen MG ein Alternativengraph AG konstruiert.

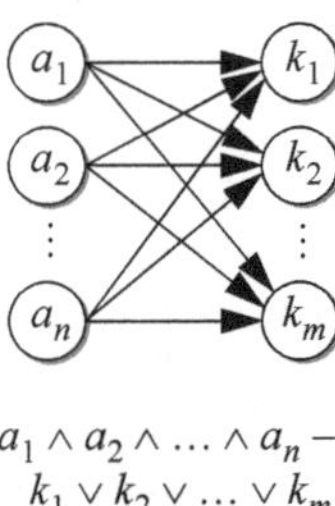

$$a_1 \wedge a_2 \wedge \ldots \wedge a_n \rightarrow k_1 \vee k_2 \vee \ldots \vee k_m$$

Abb. 4.42: Alternativengraph einer beschränkt komplexen Implikation

---

Def. 4.22: Alternativengraph

Ein *Alternativengraph AG* zu einem mereologischen Graphen MG besteht aus Knoten, die die Alternativen von MG sind, und Kanten. Zwei Knoten A_1 und A_2 sind AG genau dann verbunden, wenn in MG eine elementare Implikation existiert, deren Antezedens ein Unterteil von A_1 ist und deren Konsequens ein Unterteil von A_2 ist. Die Kante ist gerichtet und zeigt von der Antezedensalternative auf die Konsequensalternative. Werden zwei Alternativen durch mehrere Implikationen verknüpft, so sind auch entsprechend mehrere Kanten anzutragen.

Die Definition des Alternativengraphen basiert auf elementaren Implikationen; beschränkt komplexe Implikationen werden wie in Abbildung 4.42 dargestellt in eine Menge von elementaren Implikationen umgewandelt.

Nach der Konstruktion des initialen Alternativengraphen aus dem mereologischen Graphen wird mit der Reduzierung von AG begonnen. Dabei werden folgende Alternativen eliminiert:

(1) Alternativen, die weder eingehende noch ausgehende Kanten besitzen,

(2) Alternativen, die keine eingehende und genau eine ausgehende Kante besitzen, oder

(3) Alternativen, die genau einen Eingang und keinen Ausgang besitzen.

Diese drei Arten von Knoten können offensichtlich keine Zyklen bilden bzw. an ihnen beteiligt sein. In Abbildung 4.43 im Teilbild a ist ein exemplarischer initialer Alternativengraph dargestellt, der aus drei voneinander unabhängigen Partitionen besteht. Aus Sicht des mereologischen Graphen bedeutet dies, dass beispielsweise die Alternativen A_6 und A_9 voneinander unabhängig sind in dem Sinne, dass es keine Kette von Implikationen gibt, die die beiden ungerichtet verbindet. Durch die Anwendung der aufgeführten Reduktionsregeln wird die Alternative A_1 eliminiert (Regel 1), die Alternativen A_7, A_8, A_9 und A_{10} (Regel 2), sowie die Alternative A_{12} (Regel 3). Dabei ist anzumerken, dass Alternative A_7 erst in einer späteren Iterationsstufe gelöscht wird, frühestens eine Runde nach der Löschung von A_8. Das Ergebnis der iterativen Reduktion des Beispielgraphen ist in Teilbild b dargestellt, wobei die entfernten Alternativen und Kanten gestrichelt dargestellt sind. Anstatt einen einzigen Würfel über die verbleibenden Knoten zu

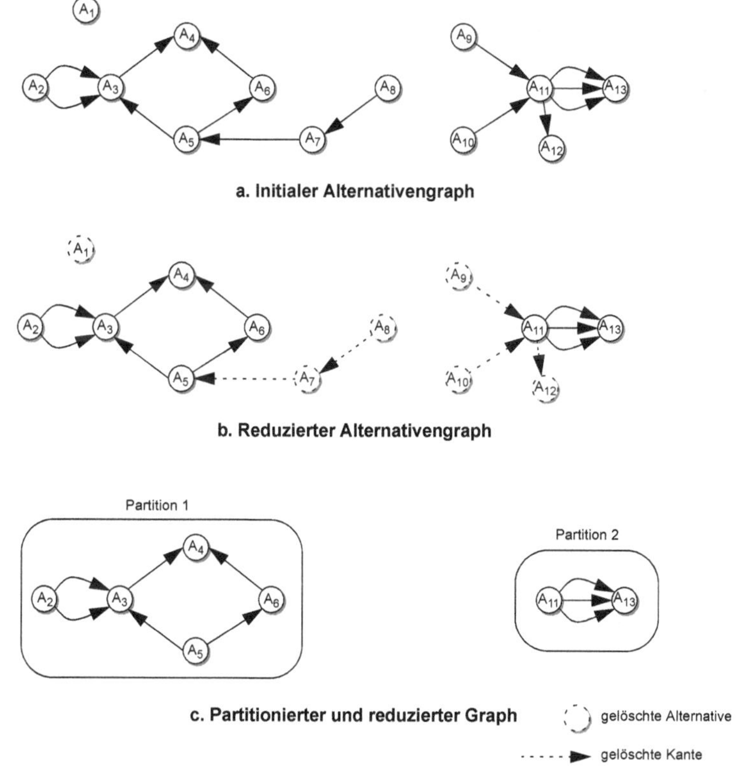

Abb. 4.43: Beispiel eines Alternativengraphen

konstruieren, wird die im Alternativengraphen offensichtliche Partitionierung vorgenommen, d.h. es werden zwei kleinere Würfel für die Partition 1 bzw. die Partition 2 erzeugt (Teilbild c).

Um die Vorteile des Optimierungsverfahrens zu verdeutlichen, soll ein Zahlenbeispiel aufbauend auf Abbildung 4.43 dienen. Der dortige Graph setzt sich aus 13 Alternativen zusammen. Unter der Annahme, dass jede Alternative die gleiche Anzahl von n Unterteilen besitzt, würde der nicht optimierte Würfelalgorithmus einen Würfel der Größe n^{12} untersuchen; die Alternative A_1 wird auch in dieser einfachen Variante nicht berücksichtigt, da sie von überhaupt keiner Implikation tangiert wird. Durch den Einsatz der Reduktion auf dem Kontextgraphen wird die Würfelgröße auf n^7 abgesenkt, durch zusätzliches Partitionieren auf $n^5 + n^2$. Einige Beispiele, die das unterschiedlich starke Wachstum dieser Potenzen visualisieren sollen, finden sich in Tabelle 4.4. Der Unterschied ist schon bei kleinen Werten von n spürbar und liegt bei mehreren Größenordnungen.

n	ohne Optimierung n^{12}	mit Reduktion n^7	mit Reduktion und Partitionierung $n^5 + n^2$
2	4.096	128	36
3	531.441	2.187	252
4	16.777.216	16.384	1.040
5	244.140.625	78.125	3.150
...			
10	10^{12}	$10.000.000 = 10^7$	$100.100 = 10^5$

Tab. 4.4: Würfelgröße bei verschiedenen Optimierungsansätzen

4.5.4 Zusammenfassung

Das Datenmodell, das der allgemeine mereologische Graph anbietet, ist fähig, sehr komplexe Produkt- und Dienstleistungsfamilien vergleichsweise kompakt und gut lesbar auszudrücken. Dennoch sind Modellierungsfehler oder Widersprüche, die evtl. erst im Laufe der Konfiguration eines einzelnen Produkts innerhalb der aufgespannten Produktfamilie auftreten, möglich. Daher widmet sich dieser Abschnitt umfassend der Validierung von mereologischen Graphen. Dabei können drei Grundaufgaben identifiziert werden: Der (primitive) mereologische Graph muss valide sein, was im wesentlichen eine Menge von strukturellen Anforderungen bezüglich des Umgangs mit den Modellierungselementen bedeutet. So muss der Graph azyklisch sein, er muss eine eindeutige Wurzel besitzen und zusammenhängend sein. Diese Forderungen lassen sich direkt aus der Definition des mereologischen Graphen ablesen und können durch ein geeignetes Modellierungswerkzeug sichergestellt werden.

Über die reine strukturelle Validität des mereologischen Modells hinaus können die Implikationen Ursache von Widersprüchen sein. Dazu lassen sich vier Referenzfälle identifizieren. Einerseits ist für jede Implikation für sich allein die Zulässigkeit und Widerspruchsfreiheit bezüglich dieser Fälle zu prüfen. Als weit schwieriger erweist sich die notwendige Validierung der

Implikationen im Zusammenhang: Da sich die implikative Wirkung transitiv fortsetzt, können umfangreich Implikationsketten modelliert werden. Auch diese Ketten sind bezüglich der Referenzfälle zu überprüfen, wozu der Würfelalgorithmus eingeführt wurde. Dabei spannt jede Alternative, die durch eine Implikation tangiert wird, eine Dimension einer multidimensionalen Matrix auf. In jeder Zelle wird markiert, ob die entsprechende Kombination der Alternativen, die durch die Koordinaten repräsentiert wird, zulässig ist oder nicht. Diese Information ist sinnvoll für den Konfigurationsprozess und erlaubt es zusätzlich, Alternativenelemente zu bestimmen, die generell nicht kombinierbar sind. Wie dieser Widerspruch zu beheben ist, muss jedoch der Modellierer bestimmen.

Die hier vorgestellten Verfahren und der Würfelalgorithmus sind wichtige Bestandteile des allgemeinen Marktplatzkonzepts. Einerseits können dadurch alle Teilnehmer bei der Modellierung ihrer Strukturen unterstützt werden, indem diese sofort auf Validität überprüft werden. Andererseits ist es auch in den folgenden Abläufen – im *Match Making* als dem Hauptelement der Informationsphase und in der Verhandlung – unerlässlich, die sich ständig ändernden Strukturen nach jedem Schritt, d.h. nach Entscheiden jeder Alternative, auf ihre Konsistenz zu prüfen.

4.6 Exemplarische Erweiterungen

Das vorgestellte Datenmodell von Marrakesch ist so angelegt, dass es generisch und modellkonform an spezielle Anforderungen jeder Anwendungsdomäne angepasst werden kann. Eine wesentliche Ursache dafür liegt in der Konstruktion bestehend aus methodenspezifischem und domänenspezifischem Metamodell (Abschnitt 4.4.2). Im folgenden wird die Mächtigkeit dieses Vorgehens und des Datenmodells an zwei Beispielen demonstriert.

4.6.1 Einführung eines neuen Modellierungselements

Als letzte offene Anforderung aus Abschnitt 4.2 verbleibt der fünfte Punkt, die Erweiterung des Datenmodells um zusätzliche Modellierungselemente. Zwar handelt es sich hierbei nur um eine optionale Anforderung, allerdings ist die Erweiterung in der Praxis sehr nützlich und steigert weiter die Les- und Verwendbarkeit des Datenmodells, da der Aufwand für den Modellierer reduziert wird. Problematisch an einer Modellerweiterung ist, dass alle darauf aufbauenden Verfahren und Konzepte angepasst werden müssen. Daher wird in diesem Abschnitt eine Erweiterungsmöglichkeit skizziert, die darauf basiert, häufig verwendete Kombinationen von Modellierungselementen unter einem neuen Element zu subsumieren. Diese neuen Modellierungsteile werden als Vorlagen bezeichnet. Der Vorteil des Ansatzes besteht darin, dass einerseits der Komfort bei der Modellierung gesteigert wird, andererseits für die interne Verarbeitung die neu eingeführten Vorlagen dekomponiert werden können und dadurch die eingeführten Definitionen und Algorithmen stabil bleiben, z.B. das Implikationskonzept, der Würfelalgorithmus etc.

Der Umgang mit Vorlagen wird am Beispiel eines Produktkatalogs demonstriert [DiHM04]. Verkäufer bieten in der Regel eine ganze Reihe von Produkten oder Dienstleistungen $P_1, \dots P_n$ an, die jeweils voneinander unabhängig sind. Es ist sinnvoll, all diese Produkte in einem einzi-

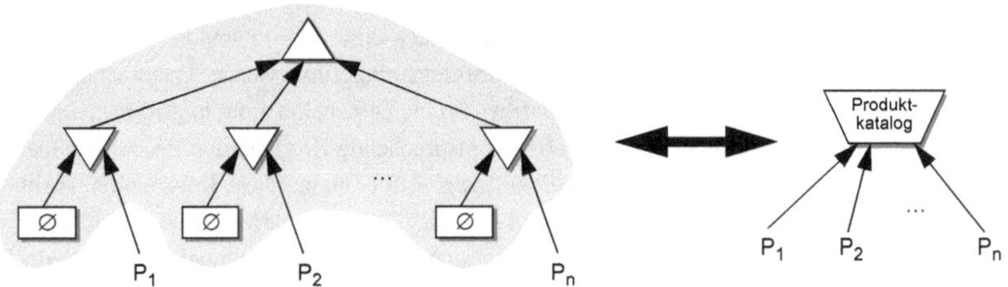

Abb. 4.44: Vorlage "Produktkatalog"

gen Katalog zusammenzufassen. Eine mögliche Modellierung dieses Katalogs ist auf der linken Seite in Abbildung 4.44 dargestellt. Jedes Produkt wird dabei in eine Kannalternative eingebettet, alle diese Alternativen werden durch eine Konjunktion zusammengehalten[7]. Da sich diese Konstruktion evtl. wiederholt, kann für den grau hinterlegten Teil der Modellierung eine eigene Vorlage namens "Produktkatalog" eingeführt werden, wie auf der rechten Seite der Abbildung gezeigt. Diese Vorlage integriert die Konjunktion, die Alternativen, sowie die Nullteile. Als Unterteile gehen die verschiedenen Produkte ein. Der Vorteil der Vorlage ist der Zugewinn an Lesbarkeit: Die Darstellung enthält weniger Knoten und wird auf das Wesentliche, nämlich die einzelnen Produktfamilien, reduziert. Für die maschinelle Verarbeitung hingegen kann die Vorlage jederzeit wieder in die elementare Konstruktion überführt werden.

Die Erweiterung des Datenmodells von Marrakesch um Vorlagen lässt sich nahtlos in das domänenspezifische Metamodell, das in Abschnitt 4.4.2 eingeführt wurde, integrieren. Auf der Metaebene wird die Vorlage "Produktkatalog" als weitere Spezialisierung des abstrakten Elements "Oberteil" bzw. "Entität" hinzugefügt. Außerdem wird ein neuer Beziehungstyp namens "Katalogteil" eingeführt, der vorgibt, dass beliebige Elemente vom Typ "Teil" in die Vorlage als Unterteil eingehen dürfen. Die Änderungen am Metamodell sind in Abbildung 4.45 verdeutlicht.

Zusätzlich zu der Einbettung einer neuen Vorlage in das domänenspezifische Metamodell, das die Benutzung des neuen Elements für den Modellierer definiert, muss auch der innere Aufbau der neuen Vorlage im Metamodell hinterlegt werden. Ein entsprechend mächtiges Modellierungswerkzeug, das fähig ist, diese Metainformationen zu interpretieren, kann, selbst wenn es die Vorlage nicht kennt und kein Symbol dafür anbietet, über Reifikation den inneren Aufbau des neuen Elements auslesen. Da es sich um eine Aggregation bekannter Modellierungskonstrukte handelt, kann das Werkzeug die Vorlage entweder zur Laufzeit neu "lernen" oder es zumindest durch seine elementare Repräsentation ersetzt einsetzen.

7. Streng genommen darf der Graph nur ein einziges Nullteil enthalten. Die Replikate dienen in diesem Fall nur der Steigerung der Lesbarkeit.

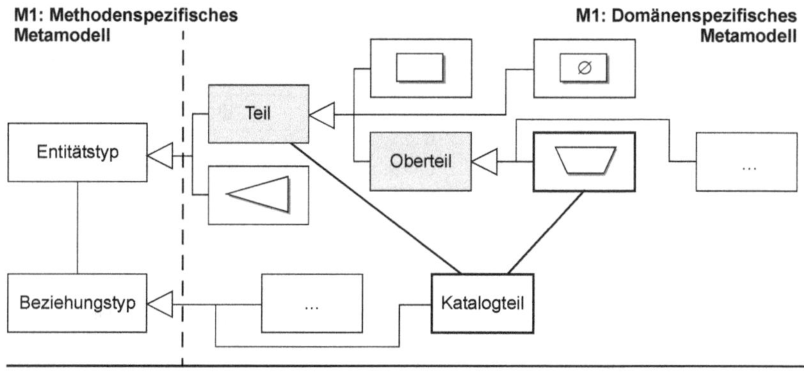

Abb. 4.45: Erweiterung des domänenspezifischen Metamodells

4.6.2 Erweiterung um Preise und Rabatte

Im Rahmen des multidimensionalen Begriffssystems wurden in Abschnitt 4.3.3 Klassen und damit die sie instantiierenden Objekte um sogenannte Aggregationsmerkmale ergänzt, die sich besonders für betriebswirtschaftliche Zahlen eignen, wie Preise oder Lieferzeiten. Der vorliegende Abschnitt soll insbesondere auf den aggregierenden Charakter dieser Merkmale eingehen.

Preise und Preisintervalle

Sämtliche Knoten eines primitiven mereologischen Graphen besitzen das Preismerkmal durch ihre Einordnung ins Begriffssystem. Allerdings ist es offenbar nicht sinnvoll, inneren Knoten wie Alternativen oder Konjunktionen einen expliziten Wert zuzuweisen. Vielmehr ergibt sich dieser Wert durch die rekursive Aggregation aller Unterteile. Dabei gibt die Aggregationsfunktion des Merkmals vor, welche Funktion dafür einzusetzen ist. Eine weitere Besonderheit ergibt sich an Alternativen: Da die Unterteile einer Alternative in der Regel unterschiedliche Preise tragen, kann für die Alternative kein exakter Preis angegeben werden, sondern nur ein Intervall, dessen Grenzen durch das billigste und durch das teuerste Unterteil festgesetzt werden. Somit empfiehlt es sich, die Aggregationsmerkmale generell als Intervall zu speichern. Damit ergeben sich die in Tabelle 4.5 abgebildeten Berechnungsregeln der Intervalle für die unterschiedlichen Knotentypen in Anbetracht der verschiedenen Aggregationsfunktionen SUM, MIN und MAX.

Trivial ist die Behandlung eines Knotens vom Typ "Textstück"; der Wert des entsprechenden Merkmals *wert* ist gleichzeitig Ober- und Untergrenze des Intervalls. Das Nullteil muss sich unabhängig von der Aggregationsfunktion neutral verhalten. Daher wird es im Fall von SUM und MAX mit dem Intervall [0, 0] belegt, im Fall von MIN mit [*, *], wobei * das neutrale Element bezüglich der Minimafindung bezeichnen soll. Bei Konjunktion und Alternative fällt auf, dass

Knotentyp	SUM (z.B. Preis)	MIN (z.B. Garantie)	MAX (z.B. Lieferdauer)
Textstück	[wert, wert]	[wert, wert]	[wert, wert]
Nullteil	[0, 0]	[*, *]	[0, 0]
Konjunktion	$[\Sigma MIN(n_i \cdot min_i),$ $\Sigma MAX(n_i \cdot max_i)]$	$[MIN(min_i),$ $MIN(max_i)]$	$[MAX(min_i),$ $MAX(max_i)]$
Alternative	$[MIN(n_i \cdot min_i),$ $MAX(n_i \cdot max_i)]$	$[MIN(min_i),$ $MAX(max_i)]$	$[MIN(min_i),$ $MAX(max_i)]$

Tab. 4.5: Intervallgrenzen für Aggregationsmerkmale

nur bei der Aggregationsfunktion SUM neben den Intervallwerten min_i und max_i der einzelnen Unterteile auch die Kardinalitäten n_i der Kanten eingehen. Bei der Konjunktion über SUM-Merkmale müssen darüberhinaus die Werte aller Unterteile summiert werden.

Durch Hinzunahme der Implikationen wird die eben dargestellte Tabelle weiter kompliziert, da gewisse Konstellationen, evtl. genau die, die die Ober- oder Untergrenzen bestimmen, eliminiert werden. Die exakte Bestimmung der Grenzwerte ist sicher möglich, aber nur für den Einzelfall bestimmbar. Als gesichert gilt jedoch, dass die Intervalle, die ohne die Berücksichtigung der Implikationen berechnet werden, eine obere Schranke für die tatsächlichen Intervalle darstellen. Für die praktische Anwendung ist es zweifelhaft, ob der erhöhte Berechnungsaufwand für die exakte Bestimmung der Grenzen rentabel ist.

Erweiterung des Preismodells um Rabatte

Im Rahmen der Preisberechnung für die einzelnen Produkt- oder Dienstleistungsvarianten ist häufig die Gewährung von Rabatten üblich. Dabei sind unterschiedliche Rabattstaffelungen in Abhängigkeit vom Gesamtpreis oder von der Kundentreue vorstellbar. Die einfachste Lösung, den aggregierten Preis zu rabattieren, ist eine Änderung außerhalb des mereologischen Gra-

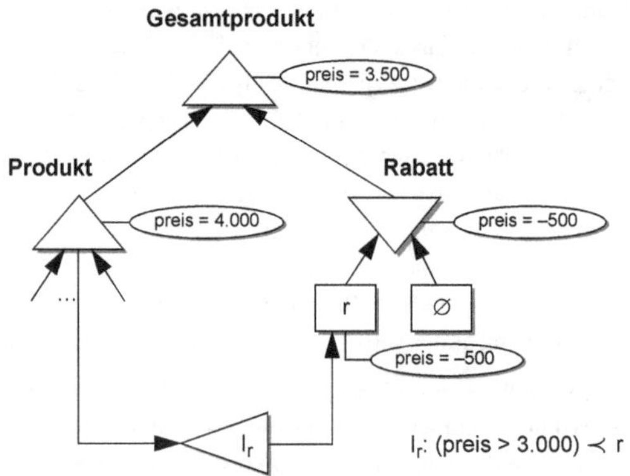

Abb. 4.46: Modellierung von Rabatten

phen, d.h. der Preis der gewünschten Konfiguration wird regulär bestimmt wie im obigen Abschnitt erläutert und anschließend im Zahlungsabwicklungssystem mit einem Rabatt versehen. Allerdings liegt dieser Vorgang außerhalb des elektronischen Verhandlungssystems und ist daher nicht wünschenswert. Daher wird hier eine Erweiterung des Implikationskonzepts vorgeschlagen, die es erlaubt, beliebige Rabatte innerhalb des Datenmodells von Marrakesch auszudrücken.

Die materielle Implikation, deren Antezedens und Konsequens bisher auf logischen Ausdrücken über mereologischen Knoten definiert werden, wird dahingehend erweitert, dass auch Ausdrücke über die Merkmalswerte der mereologischen Knoten formulierbar sind. Somit kann eine Implikation gefeuert werden, wenn das Aggregationsmerkmal "Preis" eines beliebigen Knotens eine gewisse Grenze überschreitet. In Abbildung 4.46 ist die Rabattimplikation I_r: $(preis > 3.000) \prec r$ gegeben, die das Textstück r auswählt, wenn der summierte Preis in der Konjunktion "Produkt" in der linken Bildhälfte den Wert von 3.000 übersteigt. Die Merkmale und ihre Ausprägungen sind in der Abbildung als Ellipsen an die jeweiligen Knoten angehängt.Es ist anzumerken, dass der merkmalsorientierte Teil der Implikation, hier der Antezedens, nicht unterhalb einer Alternative liegen muss. Vielmehr ist er nur sinnvoll, wenn unterhalb durch Alternativen eine Variantenbildung möglich ist, da sonst der implizierende Merkmalswert konstant ist. Im Beispiel wird der mereologische Graph, der die eigentliche Produktfamilie beschreibt, unter eine weitere Konjunktion "Gesamtprodukt" gezogen, in die zusätzlich eine Rabattalternative eingeht. Ob ein Rabatt, der als ein Textstück mit negativem Preis realisiert ist, gewährt wird, wird durch die Implikation I_r, die am ursprünglichen Produktgraphen ansetzt, entschieden.

Die Konstruktion, einem tatsächlichen Produkt eine weitere Konjunktion überzuordnen, kann auch für andere Zwecke hilfreich sein. Beispielsweise lässt sich die Modellierung eines Variantenraums in mehrere Teilbereiche, wie technische Beschreibung, kaufmännischer Teil oder Lieferbedingungen, zerlegen [Wede00]. Dies entspricht durchaus dem mereologischen Verständnis.

4.7 Zusammenfassung

Das vorliegende Kapitel stellt die Grundlage von Marrakesch dar, nämlich das Datenmodell zur Formulierung von komplex konfigurierbaren, variantenreichen Produkt- und Dienstleistungsfamilien. Die ausführliche Untersuchung bekannter moderner Katalogformate, die alle als XML-Grammatiken formuliert sind, in Abschnitt 4.1 zeigt, dass insbesondere der effizienten Modellierung von Varianten, also Produktfamilien mit nur leicht unterschiedlichen Ausstattungen, bisher viel zu wenig Aufmerksamkeit gewidmet wird. Aus dieser Beobachtung und weiteren Merkmalen bzw. Mängeln der untersuchten Formate wird in Abschnitt 4.2 ein Katalog von Anforderungen an ein Datenmodell, wie es ein Vertragsverhandlungssystem für konfigurierbare Produkte benötigt, entwickelt. Die anschließenden Abschnitte 4.3 und 4.4 entwickeln daraufhin das Datenmodell von Marrakesch, das all diese Anforderungen erfüllt. Zuerst wird eine Trennung zwischen dem klassifikatorischen und dem mereologischen Teil des Modells vorgenommen. Durch das multidimensionale Begriffssystem werden beliebige Bauteile oder Baugruppen in Begriffsklassen eingeteilt, wobei ein Element mehreren Begriffen zugeordnet sein kann, sofern diese voneinander unabhängig sind, d.h. in verschiedenen Dimensionen liegen. Durch die Zuweisung eines Teils zu einer oder mehreren Begriffsklassen werden dem Teil typspezifische Merkmale zugewiesen, die es mit entsprechenden Werten belegen muss. Die Bildung des multidimensionalen Begriffssystems durch die Klassifikationsmethodik muss ein erfahrender Anwender, beispielsweise der Marktplatzbetreiber, speziell für die benötigte Anwendungsdomäne übernehmen. Das multidimensionale Begriffssystem stellt einen geordneten Bauteilevorrat zur Verfügung. Dieser Vorrat ist die Grundlage für den mereologischen Graphen, der im wesentlichen die Stücklistendarstellung einer komplexeren Baugruppe aus einfacheren Gruppen und elementaren Bauteilen realisiert. Allerdings ist der mereologische Graph von Marrakesch der gewöhnlichen Stückliste in zweierlei Hinsicht weit überlegen: Erstens wird das Modellierungselement der Alternative eingeführt, wodurch ein Graph nicht mehr nur ein einzelnes Erzeugnis sondern eine Menge von Varianten darstellen kann. Durch Hinzunahme des leeren Textstücks, des Nullteils, können sowohl zwingende Alternativen als auch optionale Sonderausstattungen in natürlicher Weise modelliert werden. Da die Alternativen im mereologischen Graphen voneinander unabhängig sind, wird als zweite Ergänzung gegenüber der gewöhnlichen Stückliste das Konzept der materiellen Implikationen eingesetzt. Hierbei handelt es sich um Alternativen überspannende Bedingungen, die aus einer Vorbedingung, dem Antezedens, und einer Nachbedingung, dem Konsequens, bestehen. Wenn immer der Antezedens erfüllt ist, im einfachsten Fall also ein spezielles Unterteil einer Alternative ausgewählt ist, muss auch der Konsequens realisiert werden, um weiterhin ein Erzeugnis zu generieren, das dem Produktmodell entspricht. Die Wirkung von Implikationen ist transitiv, d.h. die automatisierte Entscheidung einer Konsequensalternative kann den Antezedens einer weiteren Implikation erfüllen, die im Anschluss auszuführen ist. In Abschnitt 4.4 wurden verschieden komplizierte Arten von Implikationen eingeführt, wobei gezeigt wurde, dass sie sich alle auf die sogenannte beschränkt komplexe Implikation reduzieren lassen. Diese zeichnet sich dadurch aus, dass einerseits ihr Antezedens eine Konjunktion von Knoten aus dem mereologischen Graphen ist, während ihr Konsequens durch eine Disjunktion von Knoten gebildet wird.

Aufgrund der Mächtigkeit des bisher entwickelten Datenmodells von Marrakesch ist es einerseits möglich, sehr komplexe Variantenräume knapp und präzise zu formulieren. Andererseits besteht die Gefahr, dass ein Produktmodell Tautologien oder Widersprüche enthält. Dies muss nicht unbedingt bei der Modellierung selbst auftreten, sondern ist auch im späteren Konfigurationsprozess, in dem sukzessive Alternativen aufgelöst werden, möglich. Daher ist es wichtig, dem Datenmodell einen umfassenden Validierungsmechanismus zur Seite zu stellen, der in Abschnitt 4.5 erarbeitet wird. Die Validierung lässt sich in drei Teile untergliedern: Die einfachste Anforderung ist die Konsistenz des primitiven mereologischen Graphen, d.h. des Graphen ohne Berücksichtigung der Implikationen. Die dafür notwendigen Eigenschaften lassen sich direkt aus der Definition des mereologischen Graphen (Definition 4.12) beziehen, d.h. er muss azyklisch, gerichtet und zusammenhängend sein und muss genau eine Wurzel besitzen. Die Hinzunahme der Implikationen erzeugt neben dem Gewinn an Modellierungsmächtigkeit weitere Validierungsprobleme, die in Form von vier Referenzfällen herausgearbeitet werden.

Zuerst ist jede Implikation für sich alleine bezüglich dieser vier Fälle zu überprüfen (Intra-Implikations-Validität). Anschließend ist das Zusammenspiel der Implikationen zu untersuchen (Inter-Implikations-Validität). Aufgrund der transitiven Wirkung können sich Implikationsketten bilden, die ebenfalls die in den Referenzfällen dargestellten Widersprüche verursachen können. Deren Aufdeckung ist weit schwieriger als die Validierung einzelner Implikation. Um dies zu bewerkstelligen wird der Würfelalgorithmus vorgestellt, der aus allen relevanten Alternativen und ihren Unterteilen eine multidimensionale Matrix konstruiert, und für jede Zelle feststellt, ob die durch ihre Koordinaten bestimmte Kombination von Alternativenentscheidungen zulässig oder verboten ist. Dabei werden insbesondere Unterteile identifiziert, die generell nicht kombinierbar sind. Sie oder auf ihnen operierende Implikationen können dann entfernt werden. Da mit steigender Anzahl der Alternativen im mereologischen Graphen die Größe der Matrix exponentiell zunimmt, wird eine Optimierungsstrategie vorgestellt, die Alternativen und damit Dimensionen aus der Konstruktion des Würfels ausschließt, die nicht an Implikationszyklen beteiligt sind, und außerdem den Gesamtwürfel durch unabhängige kleinere Würfel ersetzt.

Damit ist nun ein solides Datenmodell für Marrakesch geschaffen, das geeignet ist, sowohl die Wünsche von Anbietern als auch von Nachfragern auszudrücken. Das Modell ist durch seine domänenspezifischem Modellierung so generisch, dass es nahezu beliebig erweitert werden kann, wie im vorletzten Abschnitt an zwei Beispielen demonstriert wird. Darüberhinaus erfüllt es alle Anforderungen des in Abschnitt 4.2 erarbeiteten Katalogs, was in Tabelle 4.6 zusammengefasst ist. Aufbauend auf diesem Modell wird im folgenden Kapitel 5 das *Match Making*, also das Abstimmen zwischen Angebot und Nachfrage, untersucht.

	Anforderung	**Lösungskonzept**
(1)	kompakte Notation für Darstellung komplexer Variantenstrukturen	mereologischer Graph auf Basis von Stücklisten erweitert um das Modellierungselement "Alternative"
(2)	Einschränkung des Variantenraums, Bedingungen	Implikationsmechanismus aus elementaren und komplexen Implikationen
(3)	unterschiedliches Detailwissen der Beteiligten	multidimensionales Begriffssystem mit hierarchischen Gen/Spez-Beziehungen
(4)	gemeinsamer Wortschatz	Strukturierung des Objektbereichs mittels eines multidimensionalen Begriffssystems
(5)	Erweiterbarkeit des Datenmodells	Definition des Datenmodells mittels eines domänenspezifischen Metamodells, Einführung neuer Modellierungselemente auf Metaebene

Tab. 4.6: Zusammenfassung der Anforderungen an das Datenmodell und der gewählten Lösungskonzepte

5 Match Making – Problemdefinition und Lösungsansätze

Das Vertragsverhandlungssystem Marrakesch erfüllt die in Abschnitt 3.1 aufgestellten Anforderungen an ein Verhandlungssystem für komplex konfigurierbare Produkte und Dienstleistungen umfassend. Nachdem im vorigen Kapitel ausführlich das Datenmodell von Marrakesch als Lösung des Modellierungsproblems diskutiert wurde, erarbeitet das vorliegende Kapitel die Lösung des *Match-Making*-Problems, um die Forderung nach einer effizienten Geschäftspartnerfindung zu realisieren. Die Architektur von Marrakesch basiert auf der Idee eines logisch zentralen Marktplatzes, auf dem ein Broker sowohl die Angebote als auch die Nachfragen in Form von mereologischen Graphen entgegennimmt. Aufgabe des Brokers ist es, zueinander passende Angebote und Nachfragen zu identifizieren und somit potenzielle Geschäftspartner zusammenzubringen. Bevor entsprechende Verfahren für die Lösung des *Match-Making*-Problems erarbeitet werden können, die auch noch bei großen Angebots- und Nachfragezahlen effizient einsetzbar sind, muss in Abschnitt 5.1 eine formale Problemdefinition gegeben werden. Erst dann werden zwei unterschiedliche Lösungsansätze, die aus unterschiedlichen Bereichen des *Soft Computing* stammen, detailliert vorgestellt. Es handelt sich einerseits um das genetische *Match Making*, das als evolutionäres Verfahren mit einer ganzen Population von potenziellen Lösungen arbeitet und diese pro Generation durch zufällig wirkende Variationen verändert, um per Selektion eine qualitativ bessere Folgegeneration zu erzeugen. Das andere Lösungsverfahren basiert auf dem *Simulated Annealing*, einer Erweiterung der lokalen Suche um ein Abkühlungssystem, das bei hohen Systemtemperaturen auch Verschlechterungen in Kauf nimmt, um neue Bereiche des Suchraums zu entdecken. Beide Verfahren werden abschließend mit einer Vielzahl von Messungen auf zwei konträren mereologischen Szenarien miteinander verglichen. Die Konzepte und Messungen des vorliegenden Kapitels basieren auf [Baas03].

5.1 Definition des Match-Making-Problems

Bisher wurde das *Match-Making*-Problem auf einer eher abstrakten Ebene eingeführt, um den globalen Zusammenhang vor allem im Referenzprozess zu erläutern (Abschnitt 3.2.2). Um aber effiziente Lösungsverfahren für dieses Problem entwickeln zu können, ist eine exakte Definition erforderlich. Der vorliegende Abschnitt soll genau das leisten und schlägt dazu einen konstruktiven Weg über das Evaluierungsmaß ein. Dieses Maß ermittelt die prozentuale Ähnlichkeit zwischen einem Angebot und einer Nachfrage, die jeweils als mereologische Graphen formuliert sind. Die detaillierte Einführung des Evaluierungsmaßes erlaubt schließlich eine knappe, aber sehr präzise Definition des *Match-Making*-Problems selbst.

5.1.1 Der Übergang zu mereologischen Bäumen

Für die im Folgenden vorgestellten Verfahren ist es von Vorteil, von der Graphstruktur zu einer Baumstruktur überzugehen, da dadurch einige Verarbeitungsschritte vereinfacht und effizienter gestaltet werden, wie im Folgenden noch klar werden wird. Da mereologische Graphen, wie in Abschnitt 4.4 definiert, eine jeweils eindeutige Wurzel besitzen, ist die entsprechende Transformation in einen Baum vergleichsweise einfach zu erreichen, weshalb hier auf die Angabe eines expliziten Verfahrens verzichtet wird. Ein Beispiel ist in Abbildung 5.1 dargestellt, in dem die Knoten 4 und 7[1] die Baumeigenschaft verletzen, da sie in zwei Oberteile eingehen. Um einen Baum zu erhalten, müssen für diese Knoten und all ihre direkten oder indirekten Unterteile Kopien angelegt werden, die weiterhin die originale *id* des mereologischen Graphknotens tragen; die einzelnen Kopien werden über die zusätzlich eingeführte Duplikatsnummer *dn* identifiziert. Dabei darf allerdings nie vergessen werden, dass alle Kopien im Modell nur ein einziger Knoten sind, d.h. insbesondere im Fall von Alternativen, dass sie sich vollkommen synchron verhalten müssen: Sobald eine Alternative entschieden wird, müssen all ihre Kopien genau identisch entschieden werden.

Def. 5.1: Modifizierter mereologischer Knoten

Der *modifizierte mereologische Knoten* ist ein mereologischer Knoten gem. Definition 4.10 mit einem zweistelligen Bezeichner $id = (gn.dn)$, wobei $gn \in \mathbf{N}$ die Gruppennummer und $dn \in \mathbf{N}$ die Duplikatsnummer darstellt.

Die Kombination aus *gn* und *dn* ist eindeutig.

Um den Zusammenhang zwischen modifizierten mereologischen Knoten mit gleichem *gn* aber unterschiedlichem *dn* sicherzustellen, werden die Knotenduplikate in einer mereologischen Gruppe zusammengefasst.

1. Die mereologischen Knoten sind in den folgenden Abbildungen jeweils mit ihren *id*s bezeichnet.

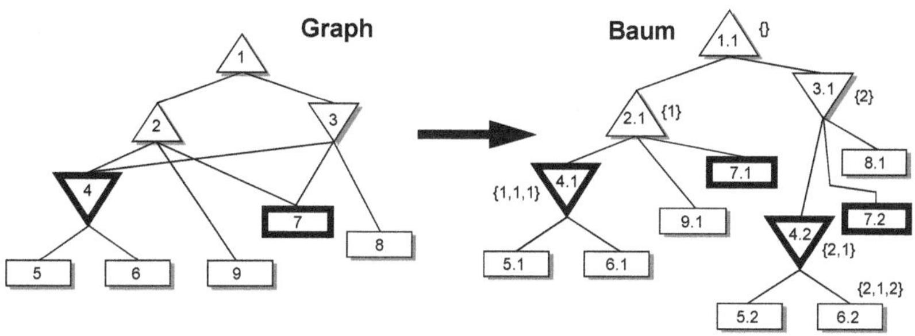

Abb. 5.1: Transformation in einen mereologischen Baum

Def. 5.2: Mereologische Gruppe

Eine *mereologische Gruppe* MG_c ist eine Menge von mereologischer Knoten $m_1, \dots m_n$, wobei $gn(m_1) = \dots = gn(m_n) = c$. Dabei stellt c die ursprüngliche *id* aus dem mereologischen Graphen dar.

In Abbildung 5.1 befinden sich vier mereologische Gruppen: Da die Knoten 4 und 7 jeweils mehrere Oberteile besitzen, entstehen aus ihnen die Gruppen MG_4 und MG_7. Knoten 4 besitzt darüber hinaus die Unterteile 5 und 6, weshalb zwei weitere Gruppen MG_5 und MG_6 entstehen. Durch das Umstellen von Graphen auf mereologische Bäume kann zusätzlich die Baumkoordinate eines Knotens eingeführt werden, die z.B. die Formulierung von Implikationskontexten auf sehr präzise Weise zulässt.

Def. 5.3: Baumkoordinate

Die Baumkoordinate $koord = \{c_1, \dots c_n\}$ eines mereologischen Knotens ist ein Vektor über den natürlichen Zahlen. Dabei wird die Koordinate gemäß der folgenden Vorschrift berechnet:

- Die Wurzel w erhält die leere Koordinate $\{\}$.
- Ein innerer Knoten auf der k-ten Ebene unterhalb der Wurzel erhält an der k-ten Stelle des Vektors die Ordnungszahl, die seine Position innerhalb der Menge seiner Geschwister markiert.

Die Menge aller möglichen Koordinaten wird als K bezeichnet.

Der Baum in Abbildung 5.1 enthält bereits einige Baumkoordinaten. Das Textstück 6.2 wird dort über die Koordinate {2,1,2} identifiziert, was bedeutet, dass ausgehend von der Wurzel erst das zweite Unterteil (Alternative 3.1), dann das erste (Alternative 4.2) und schließlich das zweite (das Textstück selbst) zu wählen ist. Auffällig ist, dass die Koordinate der Kopie 6.1 des Textstücks mit {1,1,2} eine andere ist. Offensichtlich stellt die Baumkoordinate das kompaktere Äquivalent des Kontextes (Definition 4.17) dar, der auf beliebigen Graphen definiert ist.

Abschließend muss durch den Übergang von Graphen zu Bäumen die Definition des Erzeugnisses eines mereologischen Graphen entsprechend adaptiert werden.

Def. 5.4: Erzeugnis eines mereologischen Baumes

Das Erzeugnis *erz* eines mereologischen Baumes *MB* ist das Erzeugnis über *MB* als mereologischer Graph aufgefasst. Zusätzlich muss sichergestellt werden, dass alle Alternativen m_1, m_2, die Mitglied je der selben mereologischen Gruppe MG_c sind, gleich entschieden sind.

Damit ist die bestehende Definition des Erzeugnisses (Definition 4.13) dahingehend erweitert, dass sie erstens auf einer Baumstruktur wirkt und zweitens sicherstellt, dass alle Kopien innerhalb einer mereologischen Gruppe synchron behandelt werden, was im wesentlichen die Alternativen betrifft.

Es soll noch einmal betont werden, dass es sich bei der Umformung eines mereologischen Graphen in eine strenge Baumstruktur nur um eine verarbeitungstechnische Maßnahme handelt. Das in Kapitel 4 eingeführte Datenmodell bleibt davon unberührt und für den Anwender die einzig sichtbare Schnittstelle. Nur die in den folgenden Abschnitten vorgestellten Verfahren greifen auf die Baumeigenschaften zurück.

5.1.2 Quantitatives Match Making von Angebot und Nachfrageraum

Die wichtigste Voraussetzung für die formale Definition des *Match-Making*-Problems ist die Festlegung der Kriterien, bezüglich derer der Abgleich zwischen Angebot und Nachfrage beurteilt wird. Daher wird im Folgenden von einer einzelnen Nachfrage eines Kunden ausgegangen, der eine gesamte Angebotsfamilie gegenübergestellt wird. Dabei wird die Frage untersucht, wie gut ein einzelnes Angebot $erz_{angebot}$ die Nachfrage $ERZ_{nachfrage}$ befriedigen kann, d.h. es ist das Erzeugnis innerhalb des Variantenraumes der Nachfrage gesucht, das dem Angebot am nächsten kommt. Sowohl ein einzelnes Angebot als auch eine einzelne Nachfrage sind technisch gesehen Erzeugnisse eines mereologischen Baumes, sie stammen also evtl. aus einem jeweils umfassenderen Variantenraum. Im Folgenden wird der Angebotsraum mit $ERZ_{angebot}$, ein einzelnes Angebot mit $erz_{angebot}$ bezeichnet. Für die Nachfrageseite wird analog $ERZ_{nachfrage}$ bzw. $erz_{nachfrage}$ eingesetzt.

Eine binäre Entscheidung, ob ein gegebenes Angebot zu einer Nachfrage des Nachfrageraumes passt oder nicht, ist bei der gegebenen Modellierungsflexibilität von Marrakesch nicht sinnvoll. Die Wahrscheinlichkeit, dass ein Kunde seine Nachfrage exakt so formulieret, dass sie genau ein Erzeugnis aus dem Angebotsraum darstellt, ist bei zunehmender Knotenzahl nahezu unmöglich. Daher ist ein flexibler Vergleich wünschenswert. Dazu wird in Marrakesch das strikte Abgleichen durch eine Evaluierung ersetzt, die statt der Entscheidung, ob Angebot und Nachfrage zueinander passen, die Qualität, wie gut sie zusammenpassen berechnet.

Def. 5.5: Evaluierungsfunktion *EVAL*

Die *Evaluierungsfunktion* $EVAL_{ERZ_{nachfrage}}$ ordnet jedem Angebotserzeugnis $erz_{angebot} \in ERZ_{angebot}$ im Kontext eines Nachfragevariantenraumes $ERZ_{nachfrage}$ ein Evaluierungsmaß zwischen 0 und 100% zu, wobei ein höherer Wert eine bessere Übereinstimmung zwischen $erz_{angebot}$ und $ERZ_{nachfrage}$ bedeutet.

Die binäre Entscheidung, ob ein einzelnes Angebot im gegenübergestellten Variantenraum von Nachfragen enthalten ist oder nicht, wird also mit der Verwendung von *EVAL* durch ein prozentuales Qualitätsmaß ersetzt. Damit passen Angebot und Nachfrage immer zusammen, allerdings unterschiedlich gut. Die Berechnung des Evaluierungsmaßes ist eng mit dem Problem der Ähnlichkeit von Bäumen und dem *Tree-to-Tree Correction/Editing Problem* [Selk77] und damit auch mit dem Unix-Werkzeug *diff* verwandt, das die Unterschiede zwischen zwei beliebigen Textdateien `datei1` und `datei2` ermittelt, und auf Wunsch auch ein sogenanntes Editierskript oder *Patch File* erstellt. Durch Anwendung dieses Skriptes auf `datei1` entsteht `datei2`. Die Problematik der Erkennung von Änderungen in Baumstrukturen wird durch die Popularität von XML wieder zum aktuellen Gegenstand der Forschung. Zwar sind solche Verfahren nicht direkt auf Marrakesch anwendbar, aber für das folgende wurden einige grundlegende Ideen aus X-Diff [WaDC03] übernommen und entsprechend erweitert. Bevor jedoch die einzelnen Berechnungsschritte der Evaluierungsfunktion erläutert werden, wird ein Überblick über den gesamten Berechnungsprozess gegeben (Abbildung 5.2).

Der Evaluierungsprozess wird mit dem zu bewertenden Angebot $erz_{angebot}$ und der zugrunde liegenden Nachfragemenge $ERZ_{nachfrage}$ initialisiert und zerfällt in drei Teilbereiche. In Anlehnung an X-Diff wird im Schritt *knotenMatching* eine *Matching*-Menge festgestellt, die Paare von Knoten beider Bäume enthält, die aufgrund ihrer strukturellen Eigenschaften besonders gut zueinander passen. Für diese Paare wird im Schritt *inhaltMatching* die Kompatibilität der Merkmale überprüft. Die Qualität dieser Knotenkompatibilität wird durch die *Match*-Kennzahl ausgedrückt. Sind diese Kennzahlen für alle Paare der *Matching*-Menge ausreichend gut, so kann von dieser Menge ausgehend das Gesamtähnlichkeitsmaß des Angebots- und des Nachfragebaums hierarchisch aus den *Match*-Kennzahlen der Knotenpaare berechnet werden. Als Ergebnis wird ein Ähnlichkeitswert von Angebot und Nachfrage zwischen 0 und 100% zurückgegeben werden. Durch die Einführung dieses Maßes kann die formale Definition des *Match-Making*-Problems erfolgen. Zuvor muss noch auf die drei Teilschritte eingegangen werden.

knotenMatching – Der Abgleich von Knoten zu Knoten

Der Berechnungsschritt *knotenMatching* stellt die strukturelle Ähnlichkeit zwischen einem Knoten des Angebots $erz_{angebot}$ und einem Knoten des Nachfrageraums $ERZ_{nachfrage}$ fest. Die *Matching*-Menge, die dabei zurückgeliefert wird, setzt sich aus sogenannten *Matching*-Einträgen der folgenden Form zusammen:

In einem *Matching*-Eintrag wird dem $angebotsknoten_i$ ein kompatibler $nachfrageknoten_j$ zugeordnet. Da es sich bei $nachfrageknoten_j$ auch um eine Alternative handeln kann, die nur virtuelle Baugruppen des Baums bzw. des Erzeugnisses darstellen und damit nicht direktes Ziel eines

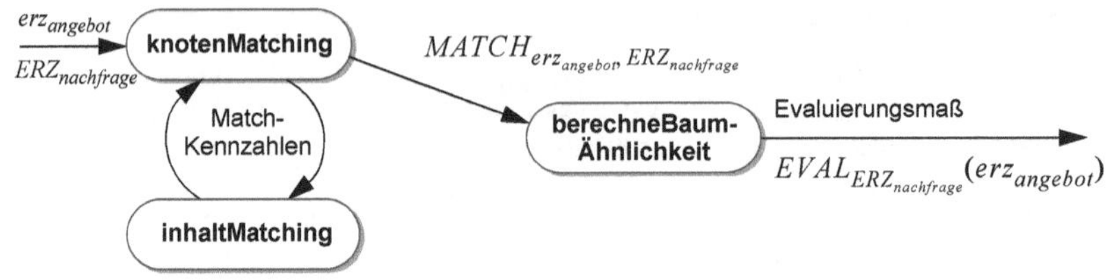

Abb. 5.2: Berechnungsprozess der Evaluierungsfunktion

$angebotsknoten_i \rightarrow$
$\{nachfrageknoten_j,$
$\{(nachfrageknoten_{j1}, match_{j1}), \ldots, (nachfrageknoten_{jn}, match_{jn})\},$
$maxMatch\}.$

altRecord

Knoten-*Matching* sein können, wird $nachfrageknoten_j$ durch den sogenannten *altRecord* unterstützt. Es handelt sich hierbei um eine Liste real existierender, direkter oder indirekter Unterteile, d.h. keiner der Knoten $nachfrageknoten_{ji}$ ist vom Typ Alternative. Jeder Knoten des *altRecord* wird zusammen mit seiner *Match*-Kennzahl $match_{ji}$ gehalten. Die maximale *Match*-Kennzahl des *altRecord* bildet als *maxMatch* den letzten Bestandteil eines *Matching*-Eintrags und wird als globale Match-Kennzahl bezeichnet. Die Bestimmung dieser Kennzahlen wird weiter unten auf S. 158 detailliert behandelt. In Abbildung 5.3 sind ein Angebot und ein Nachfrageraum exemplarisch gegenübergestellt. Darin wird ein Match zwischen Angebotsknoten mn_{12} und Nachfrageknoten mn_{31} festgestellt. Da es sich bei letzterem um eine Alternative handelt, ist

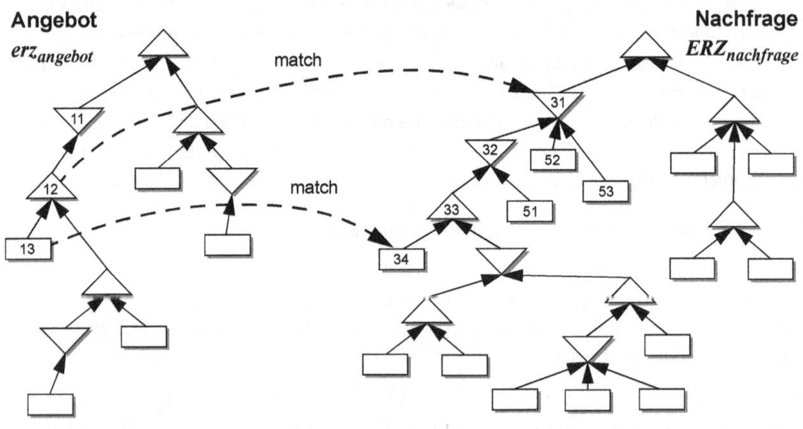

Abb. 5.3: Gegenüberstellung von Angebot und Nachfrage

der *altRecord* entsprechend zu besetzen: Von den drei Kindern von Knoten mn_{31} ist das erste, Knoten mn_{32}, wiederum eine Alternative, d.h. statt Knoten mn_{32} gehen dessen Unterknoten mn_{33} und mn_{51} in die Liste ein. Damit ergibt sich folgender *Matching*-Eintrag:

$$
\begin{aligned}
mn_{12} \rightarrow \quad & \{mn_{31}, \\
& \quad \{(mn_{33}, match_1), (mn_{51}, match_2), (mn_{52}, match_3), (mn_{53}, match_4)\}, \\
& \quad\quad MAX\{match_{1..4}\} \\
& \}
\end{aligned}
$$

Der zweite in Abbildung 5.3 dargestellte *Matching*-Eintrag zwischen den Knoten mn_{13} und mn_{34} ist deutlich einfacher, da es sich bei Knoten mn_{34} um ein Textstück handelt, das als Ziel eines *Matching* zulässig ist:

$$
\begin{aligned}
mn_{13} \rightarrow \quad & \{mn_{34}, \\
& \quad \{(mn_{34}, match_1)\}, \\
& \quad\quad match_1 \\
& \}
\end{aligned}
$$

Damit ist die Ergebnisstruktur des Berechnungsschrittes *knotenMatching* definiert. Ein Knoten-*Matching* zwischen zwei Knoten mn_1 und mn_2 kann nur dann vorliegen, wenn zum einen die Klassen, die die Knoten selbst jeweils instantiieren, miteinander über die *isA*-Beziehung kompatibel sind und zum anderen auch die Typen der beiden Kontexte, also ihrer Wurzelpfade entsprechend korrespondieren. Zur Überprüfung dieser Typkonformität wird der Begriff der Signatur eingeführt.

Def. 5.6: Signatur

Die Signatur $sig_{ERZ}(mn)$ eines mereologischen Knoten $mn \in MN$ bezüglich eines Erzeugnissraums *ERZ* (oder bezüglich eines einzelnen Erzeugnisses $erz \in ERZ$) ist eine geordnete Menge von Teilmengen aus dem Gesamtklassensystem $CL_i \subseteq CL$, $i \in \{1, \ldots n\}$:

$$sig_{ERZ}(mn) \quad = \quad \{CL_1, \ldots CL_n\}$$

Die Klassenmengen CL_i werden wie folgt konstruiert: Sei $kt_{ERZ,mn}$ der eindeutig definierte Kontext des Knotens *mn* innerhalb des Variantenraums *ERZ*. Durch Entfernen aller Alternativen und von *mn* selbst aus $kt_{ERZ,mn}$ entsteht die reduzierte Kontextmenge:

$$
\begin{aligned}
redKt_{ERZ,mn} \quad &= \quad \{mn_1, \ldots mn_k\} \\
&= \quad kt_{ERZ,mn}\ MINUS\ \{mn_i \in kt_{ERZ,mn} \mid k(mn_i) = alt\}\ MINUS \\
&\qquad\quad MINUS\ \{mn\}
\end{aligned}
$$

Dabei wird angenommen, dass die *MINUS*-Operation die Ordnung erhält. Es gilt dann:

$$CL_i = CLASS(mn_i)$$

Die Signatur ist also ein typisierter Kontext, d.h. sie setzt sich aus den Klassen aller realen Knoten des Kontexts von *mn* zusammen. Nicht zu den realen Knoten zählen insbesondere Alternativen, die auf dem Kontext liegen. Beispielsweise kann ein Knoten eine Instanz der Klasse “Lüfter” sein, und in einen konjunktiven Knoten der Klasse “Grafikkarte” eingehen usw. Für das

Knoten-*Matching* von mn_1 aus einem Angebot und mn_2 aus einer Nachfrage ist es notwendig, dass die Signaturen dieser beiden Knoten übereinstimmen. Daher wird nun definiert, wann zwei Signaturen gleich sind.

Def. 5.7: Gleichheit von Signaturen

Seien $mn_1, mn_2 \in MN$ mereologische Knoten im Erzeugnis ERZ_1 bzw. ERZ_2 mit Signaturen $sig_{ERZ_1}(mn_1) = \{CL_{11}, \ldots CL_{1n}\}$ und $sig_{ERZ_2}(mn_2) = \{CL_{21}, \ldots CL_{2m}\}$.

Die Signaturen der beiden Knoten mn_1 und mn_2 sind genau dann gleich, wenn gilt:

$$sig_{ERZ_1}(mn_1) = sig_{ERZ_2}(mn_2) \Leftrightarrow$$
$$|sig_{ERZ_1}(mn_1)| = |sig_{ERZ_2}(mn_2)| \wedge$$
$$CL_{1i}\ isA\ CL_{2i} \vee CL_{2i}\ isA\ CL_{1i}, \forall i \in \{1, \ldots n\}$$

Zwei Signaturen sind also genau dann gleich, wenn sie erstens gleich viele Elemente enthalten und zweitens ihre Komponenten paarweise in einer Gen/Spez-Beziehung zueinander stehen. Durch diesen Gleichheitsbegriff wird sichergestellt, dass der bereits eben erwähnte “Lüfter”, der Bestandteil einer “Grafikkarte” ist, nicht in eine *Matching*-Beziehung mit einem gleichartigen “Lüfter” tritt, der in ein “Netzteil” oder ein “DVD-Laufwerk” eingeht. Nach dieser Einführung der *Matching*-Einträge, der Signaturen und deren Gleichheit kann nun das eigentliche Knoten-*Matching* definiert werden.

Def. 5.8: Knoten-Matching

Das *Knoten-Matching* $MATCH_{erz_{angebot}, ERZ_{nachfrage}}$ zwischen einem Angebotserzeugnis $erz_{angebot} \in ERZ_{angebot}$ und einem Nachfrageraum $ERZ_{nachfrage}$ ist eine Menge von *Matching*-Einträgen der Form

$$a \rightarrow \{n,$$
$$\{(n_1, match_{n_1}), \ldots (m_m, match_{n_m})\},$$
$$maxMatch\},$$

wobei a einen Angebotsknoten und n, n_1, ... n_m Nachfrageknoten repräsentieren. Die Menge $\{(n_1, match_{n_1}), \ldots (n_m, match_{n_m})\}$ bezeichnet den *altRecord*. Für das Knoten-*Matching* müssen folgende Eigenschaften gelten:

(1) ($typ(n)$ = 'alt' $\wedge$ $n_1, \ldots n_m$ sind direkte Kinder von n oder nur durch weitere Alternativen von n getrennt) $\vee$
($typ(n) \neq$ 'alt' $\wedge$ $altRecord = \{(n, match_n)\}$)

(2) $CLASS(a)\ isA\ CLASS(n_i) \vee CLASS(n_i)\ isA\ CLASS(a)\ \forall i \in \{1, \ldots m\}$

(3) $sig_{erz_{angebot}}(a) = sig_{ERZ_{nachfrage}}(n)$

(4) ($nächst\_höhere\_konjunktion(a) \rightarrow$
$\{\ldots,\{\ldots, vater(n), \ldots\}, \ldots\}) \in MATCH_{erz_{angebot}, ERZ_{nachfrage}}$

(5) $typ(a) \neq$ 'alt'

Ein Knoten-*Matching* $MATCH_{erz_{angebot}, ERZ_{nachfrage}}$ liefert also eine Menge von oben beschriebenen *Matching*-Einträgen zurück. Für jeden Eintrag, der den Match zwischen einem Angebotsknoten *a* und einem Nachfrageknoten *n* darstellt, wird ein alternativenfreier *altRecord* angegeben (1). Ein Match kommt nur dann zustande, wenn die Klassenkompatibilität zwischen dem Angebotsknoten und den einzelnen Nachfrageknoten sichergestellt ist (2) und die Signaturen gleich sind im Sinne der Definition 5.7 (3). Wenn ein Match zwischen zwei Knoten *a* und *n* festgestellt wird, so folgt daraus, dass auch zwischen den jeweiligen Vätern ein Match vorliegt, wobei auch hier Alternativknoten übersprungen werden (4, 5).

Abbildung 5.4 zeigt das vollständige Knoten-*Matching* zwischen dem Angebot und dem Nachfrageraum aus Abbildung 5.3. Alle Knoten außer den Alternativen tragen den Buchstaben der Klasse, die der Knoten instantiiert. Die IDs der relevanten Knoten sind neben den Knoten angetragen. Auf den Einsatz komplizierter Klassifikationssysteme wird hier der Übersicht halber verzichtet. Insgesamt sind in diesem Szenario fünf *Matching*-Einträge enthalten:

$$mn_{13} \rightarrow \quad \{mn_{14}, \{(mn_{14}, \ldots)\}, \ldots\}$$

$$mn_{1} \rightarrow \quad \{mn_{2}, \{(mn_{3}, \ldots), (mn_{4}, \ldots)\}, \ldots\}$$

$$mn_{15} \rightarrow \quad \{mn_{18}, \{(mn_{18}, \ldots)\}, \ldots\}$$

$$mn_{16} \rightarrow \quad \{mn_{19}, \{(mn_{20}, \ldots)\}, \ldots\}$$

$$mn_{23} \rightarrow \quad \{mn_{22}, \{(mn_{22}, \ldots)\}, \ldots\}$$

$$mn_{17} \rightarrow \quad \{mn_{21}, \{(mn_{21}, \ldots)\}, \ldots\}$$

Interessant sind insbesondere die Einträge zu mn_1 und mn_{16}, da sie mit Alternativen zur Übereinstimmung gebracht werden. Daher enthält der *altRecord* zu mn_1 nicht den Alternativenkno-

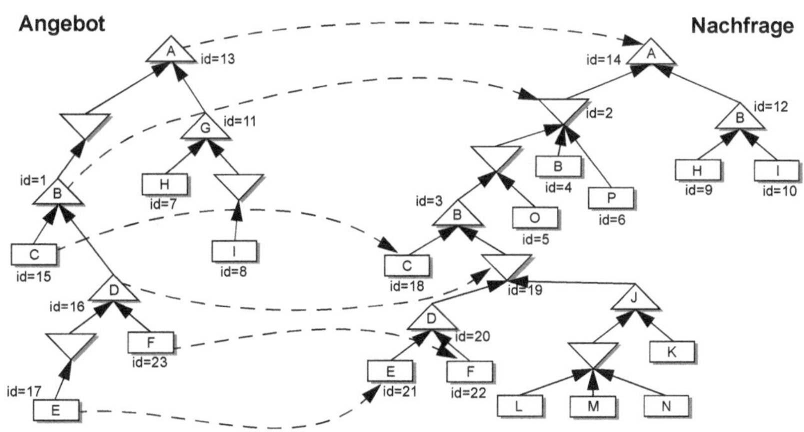

Abb. 5.4: Vollständiges Knoten-Matching

ten mn_2, sondern seine Kinder mn_3 und mn_4; deren Geschwister mn_5 und mn_6 werden nicht übernommen, da ihre Klassen *O* und *P* nicht mit der Angebotsseite übereinstimmen. Weiterhin ist zu bemerken, dass kein *Matching* zwischen mn_7 und mn_9 bzw. mn_8 und mn_{10} zustande kommt, da zwar ihre Klassen identisch sind, sich jedoch ihre Signaturen unterscheiden, d.h. es handelt sich zwar um gleiche Bauteile, die aber in einem jeweils anderen Kontext in das Gesamterzeugnis eingehen. Schließlich lässt sich in Abbildung 5.3 die Eigenschaft (4) von Definition 5.8 nachvollziehen: Ausgehend von den beiden Blattknoten mn_{17} und mn_{15}, die jeweils Teil eines *Matching*-Eintrags sind, kommen auch all ihrer Vorfahren mit Ausnahme von Alternativen zu einer Übereinstimmung mit dem Nachfrageraum. Weiterhin muss bemerkt werden, dass zwischen zwei mereologischen Bäumen keine Übereinstimmung zustandekommen kann, wenn ihre Wurzeln nicht klassenkompatibel sind.

Nach der formalen Definition des Knoten-*Matching* kann nun der Algorithmus *knotenMatching* (Abbildung 5.5) zur Bestimmung aller möglichen Übereinstimmungen zwischen einem Angebot und einem Nachfragevariantenraum eingeführt werden. Das Verfahren geht rekursiv durch die beiden Bäume erz_a und ERZ_n ausgehend von deren Wurzeln. Die Rekursionsstufe 0, also das *Match Making* zwischen den beiden Wurzeln, verläuft in gesonderter Form ab und ist in der Abbildung nicht dargestellt. Wie bereits erwähnt müssen die Wurzeln klassenkompatibel sein, da sonst keine Übereinstimmung möglich ist. Das Knoten-*Matching* $MATCH_{erz_a, ERZ_n}$ wird dementsprechend mit folgendem *Matching*-Eintrag vorbelegt:

$$wurzel(erz_a) \rightarrow \{wurzel(ERZ_n), \{(wurzel(ERZ_n), match)\}, match\}$$

Dabei wird das Evaluierungsmaß *match*, wie gut die beiden Wurzeln miteinander übereinstimmen, durch den Aufruf von *inhaltMatching*($wurzel(erz_a)$, $wurzel(ERZ_n)$, …) berechnet, dessen genaue Berechnung im folgenden Abschnitt behandelt wird. Anschließend werden die Kinder der Wurzeln bestimmt (*angebotsKinder*, *nachfrageKinder*), wobei auf der Angebotsseite Alternativen ignoriert und rekursiv durch die Kindeskinder ersetzt werden. All diese Kinderknoten tragen per se dieselbe Signatur, da ihre Wurzeln klassenkonform sind, womit Eigenschaft (3) des Knoten-*Matching* erfüllt ist. Für das Beispiel in Abbildung 5.4 ergeben sich folgende Kindermengen:

$$angebotsKinder = \{mn_1, mn_{11}\},\ nachfrageKinder = \{mn_2, mn_{12}\}$$

Alle Paare aus dem Kreuzprodukt dieser beiden Mengen sind potenzielle *Matching*-Einträge und müssen daher auf Klassenverträglichkeit, Eigenschaft (2) des Knoten-*Matching*, überprüft werden. Dazu wird ein beliebiger Knoten *a* aus *angebotsKinder* (→1) und ein beliebiger Knoten *n* aus *nachfrageKinder* (→2) ausgewählt. Sollte es sich bei *n* um eine Alternative handeln, so wird diese rekursiv durch ihre Kinder ersetzt, bis diese keine Alternativen mehr sind (→3). Nun wird für die jeweils aktuelle Paarung mittels *inhaltMatching* die Match-Kennzahl berechnet (→4). Sind alle *angebotsKinder* in Kombination mit allen *nachfrageKindern* bewertet worden (→5), so wird eine Liste von temporären *Matching*-Einträgen zurückgegeben, die in der Regel ein M:N-Verhältnis zwischen den Kindermengen darstellt. Im Beispiel von Abbildung 5.4 entsteht nur ein einziger Eintrag:

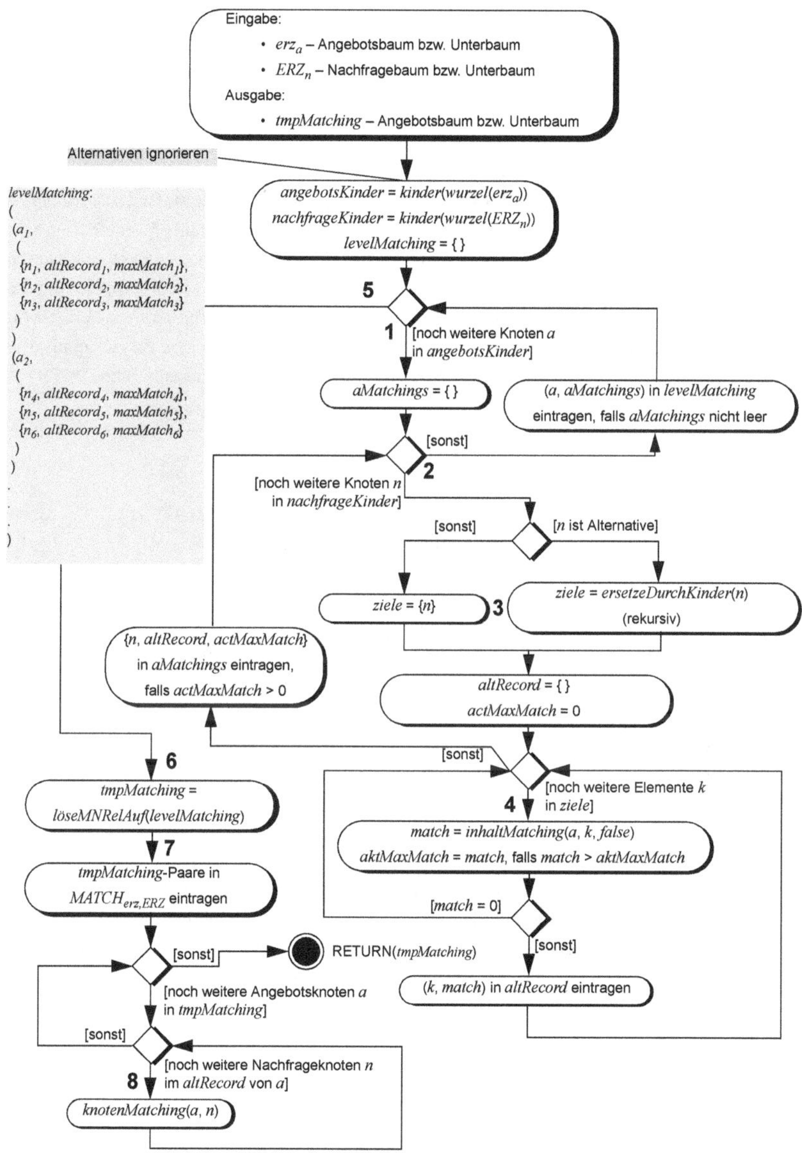

Abb. 5.5: Algorithmus *knotenMatching*

$(mn_1$, (
$\{mn_2, \{(mn_3, 0{,}7), (mn_4, 0{,}2)\}, 0{,}7\}$,
$\{mn_{12}, \{(mn_{12}, 0{,}3)\}, 0{,}3\}$
)
)

In praktischen Anwendungen kann dieses M:N-Verhältnis sehr umfangreich werden, weshalb eine geeignete Strategie zur Reduktion auf 1:1-Beziehungen erforderlich ist. Hierzu wird basierend auf dem *Branch-and-Bound*-Verfahren [MiFo00] die global optimale Kombination von *Matching*-Partnern berechnet (→6). Dabei wird in Kauf genommen, dass nicht jedem Knoten sein optimaler Partner zugeordnet wird, falls diese Paarung das globale Maximum, die Summe aller Match-Kennzahlen, stört. Der genaue Ablauf dieser Optimierungsfunktion *löseMNRelAuf* ist für diese Arbeit nicht weiter von Bedeutung und wird daher übersprungen. Das Ergebnis dieser Optimierung, das in *tmpMatching* gespeichert wird, lautet für das laufende Beispiel:

$(mn_1$,
$\{mn_2, \{(mn_3, 0{,}7), (mn_4, 0{,}2)\}, 0{,}7\}$
)

Alle optimierten Einträge dieser Form werden in das Knoten-*Matching* $MATCH_{erz_a, ERZ_n}$ übernommen (→7). Zusätzlich wird für jeden Eintrag von *tmpMatching*

$$(a, \{n, \{(n_1, match_{n_1}), \ldots (n_m, match_{n_m})\}, maxMatch\})$$

rekursiv die Funktion *knotenMatching*(a, n_i), $1 \leq i \leq m$, aufgerufen (→8). Dadurch ist insbesondere auch die Einhaltung der Eigenschaft (4) der *Matching*-Definition gewährleistet. Im Beispiel resultiert dieser Schritt in den Aufrufen *knotenMatching*(mn_1, mn_3) und *knotenMatching*(mn_1, mn_4). Nach Ende dieser Rekursionsstufe 1 sind die durch die in der Abbildung obersten beiden Pfeile gekennzeichneten Übereinstimmungen identifiziert und in das Knoten-*Matching* eingetragen. Das Verfahren *knotenMatching* muss nun auf die Unterbäume der aktuellen Kindermengen angewandt werden.

Quantisierung der Kompatibilität

Das eben vorgestellte Knoten-*Matching* liefert einen rein strukturellen Abgleich zwischen Angebot und Nachfrage, der im wesentlichen auf dem Konzept der Signatur beruht. Darüberhinaus muss aber auch die inhaltliche Kompatibilität der einzelnen Knotenpaarungen überprüft werden. In diesem Abschnitt wird die entsprechende Funktion *inhaltMatching*, die wiederholt von *knotenMatching* aufgerufen wird, detailliert dargestellt.

Die Überprüfung der inhaltlichen Übereinstimmung basiert im wesentlichen auf dem klassifikatorischen Teil des Datenmodells von Marrakesch: Mittels der Beziehung *isClassifiedBy* können zu einem Knoten seine zugehörigen Klassen festgestellt werden; mit der Gen/Spez-Beziehung *isA* kann anschließend untersucht werden, ob die jeweiligen Klassen des zu untersuchenden Knotenpaares aus dem Knoten-*Matching* zusammenhängen. Wie bereits mehrfach erläutert wird die Übereinstimmungen zwischen den Knoten nicht binär entschieden, sondern durch einen prozentualen Qualitätswert. Neben der Klassenkompatibilität sind insbesondere die Übereinstimmungen der Merkmalswerte der einzelnen Objekte von Interesse. Auch hier wird von einem exakten Abgleich zu einer flexibleren Vergleichsfunktion übergegangen, wie sie die *Fuzzy*-Logik zur Verfügung stellt. Dazu wird im Folgenden der sogenannte Zugehörigkeitsgrad insoweit eingeführt, wie es für das Verständnis der weiteren Ausführungen erforderlich ist. Eine detailliertere Darstellung der *Fuzzy*-Logik findet sich beispielsweise in [Trae94].

Die *Fuzzy*-Logik wurde von Zadeh entwickelt und zählt zu den Methoden des *Soft Computing*, worauf in Abschnitt 5.2 noch näher eingegangen wird. Ein wesentliches Merkmal der *Fuzzy*-Logik sind unscharfe Mengen: Statt einer binären Entscheidung, ob ein Element x Teil einer Menge U ist oder nicht, wird ein prozentualer Wert, der Zugehörigkeitsgrad eines Elements zu der Menge $z_U(x)$, festgestellt. So kann etwa für einen Porsche in Bezug auf die Menge der schnellen Autos der Grad $z_{schnell}(Porsche) = 99\%$ gelten, während für einen Käfer nur $z_{schnell}(Käfer) = 20\%$ gilt. Ein beliebiges Auto, dessen Höchstgeschwindigkeit bei 160 km/h liegt, ist zwar nicht richtig schnell, kann aber auch nicht als langsam bezeichnet werden, weshalb hier ein Grad von $z_{schnell}(160\ km/h\text{-}Auto) = 70\%$ vorliegen mag. Die Zugehörigkeitsgrade eines Objekts x zu mehreren unscharfen Mengen $U_1, \ldots U_n$ lassen sich über das arithmetische Mittel zu einem einzigen Grad verknüpfen, was auch als *Fuzzy*-Und-Verknüpfung bezeichnet wird:

$$z_{U_1, \ldots, U_n}(x) = \frac{z_{U_1}(x) + \ldots + z_{U_n}(x)}{n}$$

Dieser unscharfe Zugehörigkeitsgrad lässt sich insbesondere auf der Nachfrageseite bei der Angabe von gewünschten Merkmalswerten einsetzen. So kann der Nachfrager für das Merkmal m

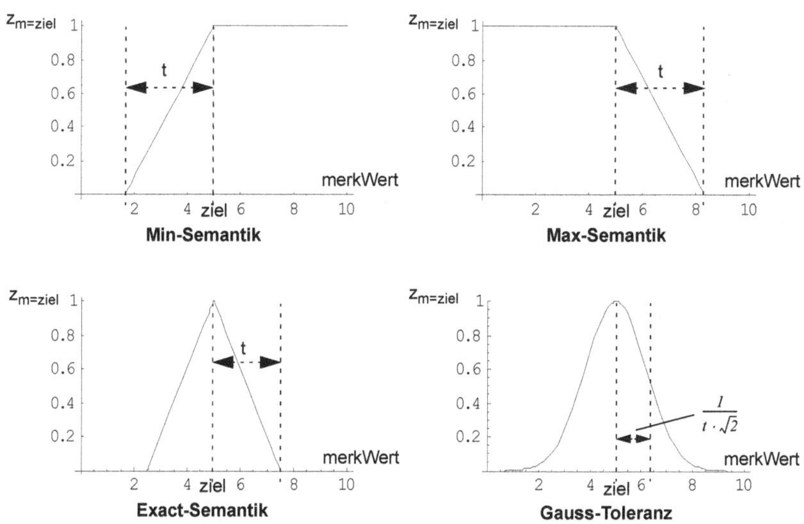

Abb. 5.6: Charakteristische Zugehörigkeitsgradfunktionen

eines Objekts $o \in U$ den für ihn optimalen Wert *ziel* $\in$ *dom*(m) vorgeben. Falls ein Objekt aus dem Angebot diesen Wert exakt erfüllt, so liegt die Übereinstimmung zwischen Nachfrage- und Angebotsobjekt bei 100%. Trägt das Angebotsmerkmal jedoch einen anderen Wert, so kann durch Wahl unterschiedlicher Zugehörigkeitsgradverläufe ein unterschiedlich guter Übereinstimmungswert zurückgeliefert werden. Die wichtigsten charakteristischen Zugehörigkeitsgradfunktionen sind in Abbildung 5.6 dargestellt.

- Die Min-Semantik stellt sicher, dass das Angebotsobjekt bezüglich des Merkmals m mindestens den *ziel*-Wert besitzt; ist dieser Wert erfüllt oder überschritten, so ist ein Zugehörigkeitsgrad von 100% erreicht, bei geringeren Werten fällt der Grad linear ab bis er konstant bei 0% verläuft. Wie schnell der Abstieg auf die Nulllinie geschieht wird mit dem Parameter t festgelegt.
- Die Max-Semantik verhält sich genau invers zur Min-Semantik: Bis zum Erreichen des Wertes *ziel* ergibt sich eine Zugehörigkeit von 100%. Ab dem Erreichen von *ziel* fällt die Zugehörigkeit in Abhängigkeit von t linear ab, um schließlich konstant Null zu liefern.
- Die Exact-Semantik ist die Überlagerung von Min- und Max-Semantik: Hier wird ein Zugehörigkeitsgrad von 100% nur erreicht, wenn das Angebotsmerkmal genau mit dem Nachfragewert *ziel* übereinstimmt. Sowohl bei Über- als auch bei Unterschreitung des Wertes fällt die Zugehörigkeit linear ab.
- Eine Variante der Exact-Semantik stellt die Gauss-Toleranz dar. Hier wird der Abfall der Zugehörigkeit nicht linear sondern durch die Glockenkurve von Gauss bestimmt.

Weitere Verlaufskurven für den Zugehörigkeitsgrad sind möglich, u.a. lässt sich auch die streng binäre Entscheidung durch die charakteristische Funktion χ_{ziel} nachbilden. Die vorgestellten Funktionen lassen sich mit entsprechenden Transformationen der Wertebereiche auch auf Merkmale mit diskreten oder nicht numerischen Wertebereichen anwenden. Durch den Einsatz der *Fuzzy*-Logik im Inhalts-*Matching* wird einerseits die Ausdrucksmächtigkeit des Nachfragers weiter gesteigert und andererseits die Wahrscheinlichkeit, keinen *Match-Making*-Partner zu finden, gesenkt.

Die Behandlung der klassifikatorischen und der merkmalsorientierten Aspekte fließen in den in Abbildung 5.7 dargestellten Algorithmus *inhaltMatching* ein, der nun genauer erläutert wird. Nachdem die Klassenmengen des Angebotsknoten a und des Nachfrageknoten n ermittelt sind (→1), werden diese mittels *isA* auf ihr Verhältnis bezüglich der Gen/Spez-Beziehung untersucht. Ist hier kein Zusammenhang feststellbar, so ist die Berechnung der Match-Kennzahl beendet und es wird der Wert null zurückgegeben. Anderenfalls wird durch den Aufruf der Funktion *ermittleGemeinsameMerkmale* die Schnittmenge der gemeinsamen Merkmale aller Klassen bestimmt und in $Merk_{intersect}$ gespeichert (→2). Die genaue Funktionsweise von *ermittleGemeinsameMerkmale* ist hier nicht von Bedeutung und wird deshalb übergangen. In einer Schleife (→3) werden die Zugehörigkeitsgrade $z_{m=ziel}$ für alle Merkmale aus $Merk_{intersect}$ berechnet und in der Variablen *match* akkumuliert (→4). Dabei werden Aggregationsmerkmale ignoriert, falls nicht über das Flag *wFlag* angezeigt wird, dass es sich um ein spezielles Wurzel-*Matching* handelt. Dieses spezielle Inhalts-*Matching* ist nur bei der Rekursionsstufe 0 des Knoten-*Matching* für Aggregationsmerkmale erforderlich, da diese wie in Abschnitt 4.3.3 und Abschnitt 4.6.2 erläutert durch Aggregation über den gesamten Graphen bzw. Baum errechnet werden; für das Inhalts-*Matching* im inneren der Graphen, d.h. *wFlag* = *false*, spielen sie daher keine Rolle. Sind alle Merkmale aus der Schnittmenge abgearbeitet, so muss der aufsummierte Wert *match* normalisiert werden, wobei auch hier abhängig von *wFlag* unterschiedlich vorgegangen werden muss (→6).

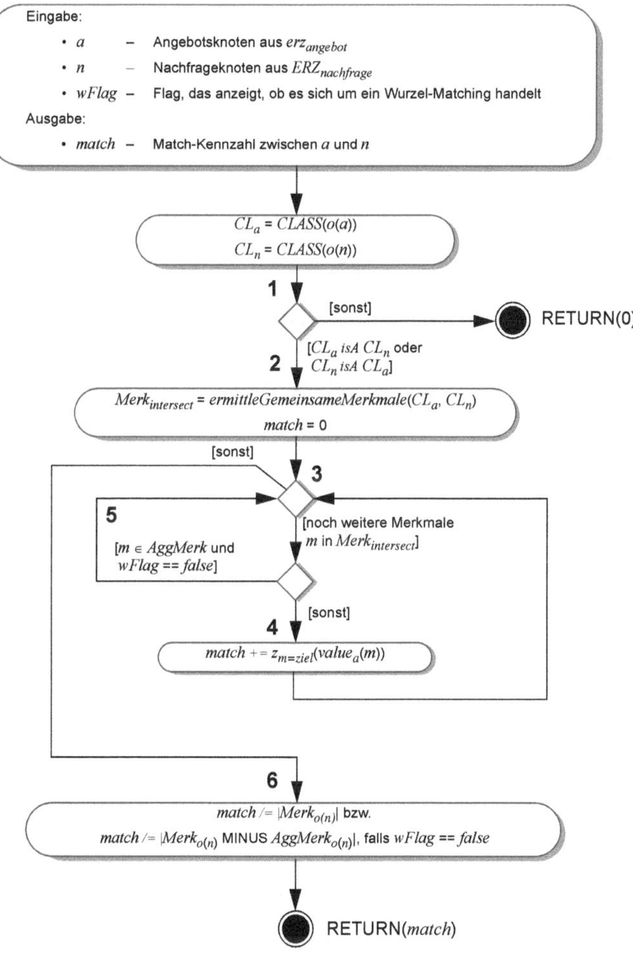

Abb. 5.7: Der *inhaltMatching*-Algorithmus

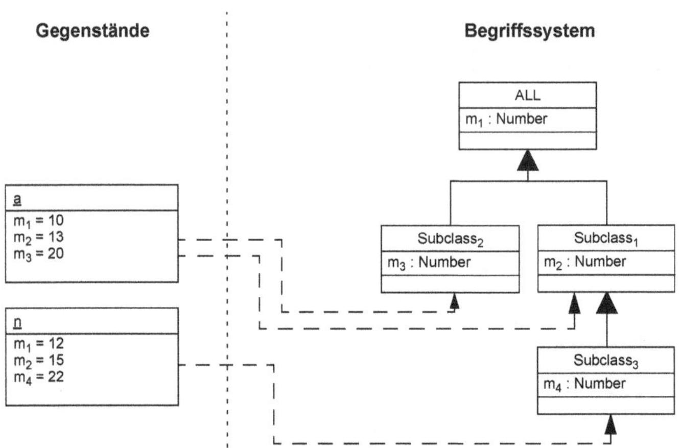

Abb. 5.8: Beispiel zur Ermittlung gemeinsamer Merkmale

Ein Beispiel für das Inhalts-*Matching* basiert auf dem in Abbildung 5.8 dargestellten Szenario. Die zu vergleichende Objekte sind ein Anfrageknoten *a* und ein Nachfrageknoten *n*, wobei *a* die Klassen $Subclass_2$ und $Subclass_1$ instantiiert und *n* die Klasse $Subclass_3$. Dadurch besitzt das Objekt *a* die Merkmalsmenge $\{m_1, m_2, m_3\}$, *n* die Menge $\{m_1, m_2, m_4\}$. Beide Objekte sind offenbar klassenkompatibel, da für die Klasse von *n* gilt: $Subclass_3$ *isA* $Subclass_1$, wobei $Subclass_1$ eine der Klassen von *a* ist. Damit passieren die Knoten *a* und *n* den Punkt 2 im Algorithmus *inhaltMatching*. $Merk_{intersect}$ resultiert damit in der Menge $\{m_1, m_2\}$; allerdings stimmen die Merkmalswerte nur ungefähr überein. Bei einer angenommenen Max-Semantik mit $t = ziel$ für alle Merkmale ergeben sich folgende Zugehörigkeitsgrade:

$$z_{m_1 = 10}(12) = 1 - \frac{12 - 10}{10} = 0,8$$

$$z_{m_2 = 13}(15) = 1 - \frac{15 - 13}{13} = 0,85$$

Da der Angebotsknoten insgesamt drei Merkmale besitzt ergibt sich als endgültige Match-Kennzahl (0,8 + 0,85)/3 = 0,55.

Berechnung der Gesamtkompatibilität

Der letzte Schritt des in Abbildung 5.2 dargestellten Vorgehens ist die Berechnung der gesamten Baumähnlichkeit zwischen dem Angebotserzeugnis $erz_{angebot}$ und den Nachfragevariantenraum $ERZ_{nachfrage}$. Auf Grundlage des zuvor berechneten Knoten-*Matching*, das zu einzelnen Knotenpaarungen die *Matching*-Zahlen liefert, wird nun hierarchisch das Evaluierungsmaß für den gesamten Baumvergleich berechnet. Der Algorithmus *berechneBaumÄhnlichkeit*, der diese Aufgabe erfüllt, ist in Abbildung 5.9 dargestellt. Zur Erläuterung wird wieder das Beispiel aus Abbildung 5.4 bemüht. Darin soll

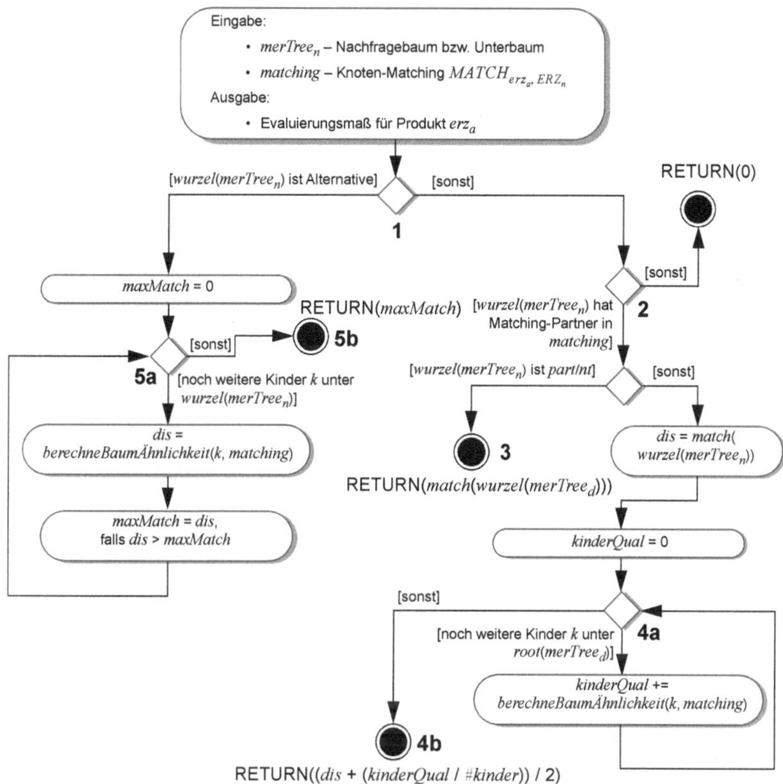

Abb. 5.9: Der *berechneBaumÄhnlichkeit*-Algorithmus

$$
\begin{aligned}
&MATCH_{erz_{angebot}, ERZ_{nachfrage}} = \{ \\
&\quad (mn_{13} \rightarrow \{mn_{14}, \{(mn_{14}, 0{,}8)\}, 0{,}8)\}), \\
&\quad (mn_{1} \rightarrow \{mn_{2}, \{(mn_{3}, 0{,}7), (mn_{4}, 0{,}2)\}, 0{,}7)\}), \\
&\quad (mn_{15} \rightarrow \{mn_{18}, \{(mn_{18}, 1{,}0)\}, 1{,}0)\}), \\
&\quad (mn_{16} \rightarrow \{mn_{19}, \{(mn_{20}, 0{,}4)\}, 0{,}4)\}), \\
&\quad (mn_{23} \rightarrow \{mn_{22}, \{(mn_{22}, 0{,}6)\}, 0{,}6)\}), \\
&\quad (mn_{17} \rightarrow \{mn_{21}, \{(mn_{21}, 0{,}9)\}, 0{,}9)\}) \\
&\}
\end{aligned}
$$

das vollständige Knoten-*Matching* darstellen. Der Algorithmus durchläuft rekursiv den Nachfragebaum. Bei jeder Rekursionsschleife wird überprüft, ob die Wurzel des Nachfragebaums *wurzel*($merTree_n$) eine Alternative ist (→1). Ist das der Fall, so wird das Verfahren *berechne-BaumÄhnlichkeit* rekursiv auf die Kinder *k* der Wurzel angewandt (→5a). Sind alle Kinder abgearbeitet, so wird der bisher gefundene maximale *Matching*-Wert *maxMatch* zurückgeliefert, also der am besten passende Teilbaum der Alternative (→5b). Ist die Wurzel hingegen keine Alternative, so wird das Knoten-*Matching matching* nach einem *Matching*-Partner für den Knoten *wurzel* durchsucht (→2). Ist der Knotentyp von *wurzel* Textstück oder Nullteil, so ist die Berechnung für den aktuellen Teilbaum $merTree_n$ abgeschlossen und die Match-Kennzahl der Wurzel wird zurückgegeben (→3). Ist die Wurzel jedoch vom Typ Konjunktion (gem. Konstruktion kann sie nicht vom Typ Alternative sein), so muss das jeweils mittlere Evaluierungsmaß aller Kinder durch rekursive Aufrufe von *berechneBaumÄhnlichkeit* berechnet werden (→4a), in das schließlich noch das Maß der Wurzel mit einbezogen wird (→4b). Damit setzt sich das Evaluierungsmaß einer Konjunktion einerseits aus der inhaltlichen Übereinstimmung der Konjunktion als Wurzelknoten mit seinem *Matching*-Partner selbst und andererseits aus der strukturellen Kompatibilität der Kinderknoten zusammen.

Im folgenden wird der Aufruf von *berechneBaumÄhnlichkeit* mit dem Knoten mn_{20} der Nachfrage als Wurzel betrachtet. Es handelt sich bei mn_{20} um eine Konjunktion, die sich im *Matching*-Eintrag von mn_{16} mit der Kennzahl *match* = 0,4 befindet. Das mittlere Evaluierungsmaß der Kinder mn_{21} und mn_{22} beträgt (0,6 + 0,9) / 2 = 0,75. Zusammen mit dem Wert von mn_{20} liefert das Verfahren das Teilevaluierungsmaß (0,75 + 0,4) / 2 = 0,575. An die Alternative mn_{19} wird daher der Wert 0,575 weitergereicht. Wird der gesamte Nachfragebaum $ERZ_{nachfrage}$ mit dem Angebot $erz_{angebot}$ durchlaufen, so ergibt sich für $berechneBaumÄhnlichkeit(wurzel(erz_{angebot}), MATCH_{erz_{angebot}, ERZ_{nachfrage}})$ der Wert 0,586.

Damit ist die Berechnung des Evaluierungsmaßes vollständig erläutert. Es bedarf dafür im wesentlichen der drei Algorithmen *knotenMatching*, der die strukturelle Kompatibilität der Knoten feststellt, *inhaltMatching*, der für die strukturkompatiblen Knoten die inhaltliche Übereinstimmung überprüft, und *berechneBaumÄhnlichkeit*, der die Ergebnisse der beiden vorigen Verfahren rekursiv durch den gesamten Nachfragebaum mittelt.

5.1.3 Formale Definition des Match-Making-Problems

Nach den im vorigen Abschnitt gelegten Grundlagen lässt sich nun das *Match-Making*-Problem formal definieren.

Def. 5.9: Das Match-Making-Problem

Sei folgendes gegeben:

- eine Menge $MN = \{mn_1, \dots mn_n\}$ mereologischer Knoten
- eine Menge $ME = \{me_1, \dots me_m\}$ mereologischer Kanten
- ein Objektbereich U
- eine Menge von Klassen CL

- eine Menge von Angebotsspezifikation $A = \{ERZ_{a_1}, \ldots ERZ_{a_s}\}$ bestehend aus allgemeinen mereologischen Graphen (inklusive beschränkt komplexer Implikationen)
- eine Menge von Nachfragespezifikationen $N = \{ERZ_{n_1}, \ldots ERZ_{n_t}\}$ bestehend aus primitiven mereologischen Graphen (exklusive Implikationen)

Dann ist das *Match-Making-Problem* definiert als die Suche nach einer Zuordnung $Z\colon N \rightarrow ERZ_a$, so dass die Summe

$$\sum_{ERZ_n \in N} EVAL_{ERZ_n}(Z(ERZ_n))$$

maximal ist.

Das *Match-Making*-Problem besteht also darin, eine geeignete Abbildungsfunktion Z zu finden, die zu einem Nachfragevariantenraum ERZ_n ein einzelnes Angebotserzeugnis $erz_a \in ERZ_a$ ermittelt. Dabei soll die Summe der Evaluierungsmaße der Z-Abbilder im Kontext des jeweiligen Nachfrageraums über alle Nachfragevarianten hinweg maximal sein, d.h. Z muss jedem Nachfrageraum das Angebot zuordnen, dass ein maximales Evaluierungsmaß entsteht. Da die Nachfragespezifikationen in der Regel höchst unterschiedlich ausfallen, lässt sich das M:N-Verhältnis zwischen M Nachfragen und N Angeboten auf ein 1:N-Problem reduzieren. Daher wird im Folgenden ohne Beschränkung der Allgemeinheit immer nur ein einziger Nachfrageraum betrachtet, d.h. $N = \{ERZ_n\}$.

Komplexität der Problemstellung

Da für die Lösung des *Match-Making*-Problem trotz der vereinfachenden Annahme M Nachfragen N Angeboten gegebenüberstehen, von denen jedes einzelne Element durch einen komplexen mereologischen Graphen bzw. Baum repräsentiert wird, liegt die Vermutung nahe, dass es sich um eine NP-vollständiges Problem handelt, was bedeutet, dass es keinen effizienten deterministischen Lösungsalgorithmus gibt. Dabei wird angenommen, dass $P \neq NP$ gilt. Für eine Einführung in die Grundlagen der NP-Vollständigkeit sei auf [Schö01] oder [Wege99] verwiesen.

Tatsächlich lässt sich beweisen, dass das *Match-Making*-Problem NP-vollständig ist. Allerdings geht die Durchführung dieses Beweises über den Fokus der vorliegenden Arbeit hinaus, da hierfür umfangreiche Grundlagen der Komplexitätstheorie gelegt werden müssten. Das prinzipielle Vorgehen besteht darin, ein bekanntes NP-vollständiges Problem auf das *Match-Making*-Problem durch Abbildung über eine polynomiale Transformationsfunktion zu reduzieren. Bekannte NP-vollständige Problem sind das 3SAT-Problem, das Problem des Handlungsreisenden oder das Rucksackproblem [GaJo89] [Schö01] [CoLR01]. Für den geforderten Nachweis eignet sich besonders das Rucksackproblem, bei dem aus einer Menge von Gegenständen, die sowohl einen Wert als auch ein Gewicht besitzen, einen Rucksack so zu bepacken, dass er einerseits nicht überladen ist, andererseits aber möglichst wertvoll bepackt ist. Falls die Gegenstände atomar sind, ist die Suche nach einer optimalen Bepackung NP-vollständig (0-1-Rucksackproblem).

Wird hingegen zugelassen, die Gegenstände in kleinere Einheiten zu zerlegen, ist das Problem effizient lösbar (mittels eines *Greedy*-Verfahrens der Komplexität $O(n \cdot lg\ n)$, wobei n die Anzahl der Gegenstände ist [CoLR01]).

Neben der Komplexität eines einzelnen *Match-Making*-Vorgangs zwischen einem Angebotsraum und einer Nachfrage besteht die weit größere Marktplatzkomplexität: Da ein Marktplatz der Vermittler für beliebig viele Angebote und Nachfragen ist, muss das an sich bereits aufwendige Kernproblem in vielfacher Ausführung gleichzeitig ausgeführt werden. Daneben sind neue Angebote und Nachfragen zu registrieren und in den Geschäftspartnerfindungsprozess mit einzubeziehen. Der Marktplatz ist also logisch zentral, d.h. alle Angebote, Nachfragen und Begriffssysteme sind zentral und einheitlich verfügbar. Für die technische Realisierung ist die Zentralität hingegen nicht erforderlich bzw. zu ineffizient. Hier sind entsprechende Skalierungsmechanismen beispielsweise durch Verteilung anzuwenden [Rahm94].

In der vorliegenden Arbeit wird insbesondere die effiziente Realisierung des 1:N-Match-Making-Prozesses durch effiziente *Soft-Computing*-Verfahren untersucht.

5.2 Grundlagen des Soft Computing

Aus der Komplexitätslehre ist bekannt, dass es viele nicht effizient berechenbare Probleme gibt, allen voran die Menge der NP-harten Probleme [HoMU01]. Für diese Klasse von Aufgabenstellungen ist kein Algorithmus bekannt, der in polynomialer Zeit eine Lösung berechnen kann. Vertreter sind das Problem des Handlungsreisenden oder das 0-1-Rucksackproblem. In [MiFo00] wird als mögliche Ursachen für die Schwierigkeit der Optimierungs- oder Suchprobleme unter anderem die Suchraumgröße genannt, also die Anzahl der möglichen Lösungen. Sie kann so groß werden, dass die Laufzeit deterministischer Verfahren nicht mehr akzeptabel ist. Eine weitere Schwierigkeit stellen Bedingungen dar, denen eine korrekte Lösung gehorchen muss. Schließlich kann es auch passieren, dass die Bewertungsfunktion, die die Qualität einer Lösung berechnet, nur unpräzise gegeben ist, oder sich mit der Zeit verändert.

Der Aufbau eines Optimierungsproblems ist wie folgt: Die möglichen Lösungen aus dem Suchraum benötigen eine problemabhängige Repräsentation. Hier kommen verschiedenste Strukturen von einfachen Bitlisten bis zu komplexen Graphen in Frage. Weiterhin ist die Spezifikation des Optimierungsziels nötig, wobei es sich in der Regel um die Suche nach dem globalen Minimum bzw. Maximum handelt. Schließlich muss eine Evaluierungsfunktion definiert werden, die zu jeder Repräsentation einer Lösung die Güte, mit der sie das Problem löst, berechnet.

Es gibt eine Vielzahl von Optimierungsverfahren, wobei bestimmte Verfahren nur gewisse Probleme effizient lösen, es gibt also kein Universalverfahren. In [MiFo00] werden zwei Arten von (klassischen) Algorithmen unterschieden:

- Algorithmen, die vollständige Lösungen bewerten, und
- Algorithmen, die Teil- oder Näherungslösungen bewerten.

Der Vorteil von Algorithmen, die nur mit vollständigen Lösungen arbeiten, ist, dass sie zu jedem Zeitpunkt angehalten werden können und eine gültige – wenn auch nicht optimale – Lösung liefern. In diese Kategorie fällt die erschöpfende Suche (*exhaustive search*), die jede mögliche Lösung des Suchraums untersucht und daher nur für Probleme mit kleinem Suchraum sinnvoll ist. Ein weiterer Vertreter sind lokale Suchverfahren, die ausgehend von einer gegebenen Lösung die Nachbarschaft nach einer besseren Lösung durchsuchen. Diese Nachbarschaftssuche wird solange wiederholt, bis keine Verbesserung mehr auftritt. Das Risiko dieser Vorgehensweise ist das Hängenbleiben in lokalen Optima. Zu den lokalen Suchverfahren zählen beispielsweise das Bisektionsverfahren, die Regula Falsi oder das Newton-Verfahren [Stoe99]. Auch einige moderne, heuristische Methoden, wie die im Folgenden beschriebenen evolutionären Verfahren und das *Simulated Annealing*, arbeiten ausschließlich mit vollständigen Lösungen.

Teillösungen können einerseits als unvollständige Lösungen der ursprünglichen Problems, oder als vollständig Lösung eines vereinfachten Teilproblems auftreten. Durch das Festhalten eines Teils der Gesamtlösung wird der ursprüngliche Suchraum eingeschränkt und somit leichter handhabbar. Allerdings ist nicht garantiert, dass das Optimum in diesem Teilraum liegt. Alternativ kann das Ursprungsproblem in mehrere, kleinere Teilprobleme zerlegt werden, die jeweils für sich effizient lösbar sind. Dafür sind jedoch eine geschickte Strategie zur Organisation der Teilräume und eine Anpassung der Evaluierungsfunktion für partielle Lösungen notwendig. Bekannte Vertreter der Algorithmen mit Teillösungen sind *Greedy*-Verfahren, *Divide and Conquer* oder dynamische Programmierung (z.B. [CoLR01]).

Dennoch gibt es viele Probleme, die sich mit den bisher erwähnten, klassischen Methoden nicht befriedigend lösen lassen, sei es bezüglich Laufzeit oder Qualität der Lösung [GaJo89]. In solchen Fällen werden vermehrt Verfahren, die auf Zufall und Heuristiken basieren, erfolgreich eingesetzt. Da es sich beim *Match-Making*-Problem wie im vorigen Abschnitt gezeigt um ein NP-vollständiges Problem handelt, das darüberhinaus auf einem Marktplatz für sehr viele Teilnehmer gleichzeitig zu lösen ist, werden im Folgenden zwei Arten dieser Verfahren zuerst allgemein vorgestellt und in Abschnitt 5.3 auf die tatsächliche Aufgabenstellung angewendet. Es handelt sich dabei zum einen um evolutionäre Verfahren, die auf der natürlichen Evolution basieren. Zum anderen wird *Simulated Annealing* vorgestellt, die simulierte Abkühlung einer Schmelze zum Festkörper.

5.2.1 Evolutionäre Verfahren

Evolutionäre Verfahren sind Optimierungsverfahren, die auf der natürlichen Evolutionslehre basieren, wie sie Charles Darwin bereits 1859 in [Darw59] niedergeschrieben hat. Im Gegensatz zu anderen Optimierungsverfahren arbeiten evolutionäre Methoden nicht mit einer einzelnen möglichen Lösung, sondern parallel mit einer Menge von potenziellen Lösungen, die als Population von Individuen bezeichnet wird. Diese Individuen werden nicht unabhängig voneinander einfach nur parallel verarbeitet, sondern sie konkurrieren innerhalb ihrer Umgebung, also der Problemstellung, miteinander. Das Prinzip der Selektion stellt sicher, dass die Individuen, die besser an die Umgebung, also die Problemstellung, angepasst sind, eine höhere Überlebenswahrscheinlichkeit haben (*survival of the fittest*). Im folgenden sollen einige Grundbegriffe der evolutionären Verfahren erläutert werden. Für ausführlichere Informationen sei etwa auf [Jaco97] [Mich99] [Holl92] [EiSm03] [Weic02] verwiesen.

Individuen

Wie in der biologischen Evolution wird bei Individuen zwischen dem Genotyp, also der genetischen Erbinformation, und dem Phänotyp, der tatsächlichen Ausprägung des Genotyps, unterschieden. Bei evolutionären Verfahren entspricht der Genotyp der formalen Repräsentation einer Lösung. Das Spezifizieren einer geeigneten Repräsentation ist eine der Herausforderung bei der Anwendung evolutionärer Verfahren. Sie muss die konkreten Lösungen des Optimierungsproblems, die damit den Phänotypen entsprechen, kodieren.

Def. 5.10: Individuum

Ein *Individuum* ι besteht aus einem Genotyp $\gamma \in \Gamma$ und einem Phänotyp $\omega \in \Omega$. Dabei steht Γ für die Menge aller Genotypen, dem sogenannten Strukturraum, und Ω für die Menge aller Phänotypen, dem Suchraum des Optimierungsproblems.

Die Abbildung vom Strukturraum der Genotypen auf den Suchraum der Phänotypen geschieht über die Dekodierungsfunktion.

Def. 5.11: Dekodierungsfunktion

Die *Dekodierungsfunktion dec* bildet Genotypen aus dem Strukturraum $\gamma \in \Gamma$ auf ihre Phänotypen aus dem Suchraum $\omega \in \Omega$ ab.
Notation: $dec : \Gamma \rightarrow \Omega$

Da die verwendeten Kodierungen in der Regel sehr viel einfacher sind als in der Natur, wird häufig auf eine Kodierung gänzlich verzichtet, d.h. die Menge der Genotypen und der Phänotypen fallen zusammen ($\Gamma = \Omega$).

Evaluierung von Individuen

Die Phänotypen aus Ω sind in eine Umwelt E eingebettet. Die Qualität, mit der sie an diese Umwelt, also ihren Lebensraum, angepasst sind, wird mit dem Fitnesswert bezeichnet. Übertragen auf ein Optimierungsproblem misst der Fitnesswert, wie gut die einzelne Lösung das gegebene Problem erfüllt. Die Berechnung dieses Gütewerts geschieht durch eine problemabhängige Evaluierungsfunktion. Die geeignete Wahl dieser Evaluierungsfunktion ist grundlegend für den Erfolg des evolutionären Verfahrens.

Def. 5.12: Evaluierungsfunktion

Die *Evaluierungsfunktion* $eval_E$ ordnet jedem Phänotypen $\omega \in \Omega$ in einer gegebenen Umwelt E einen Fitnesswert $\phi \in \mathbf{R}_0^+$ zu.
Notation: $eval_E : \Omega \rightarrow \mathbf{R}_0^+$

Neben der Evaluierungsfunktion auf Phänotypen führt [Weic02] auch eine induzierte Evaluierungsfunktion ein, die auf Genotypen operiert.

Def. 5.13: Induzierte Evaluierungsfunktion

Die *induzierte Evaluierungsfunktion* $EVAL_E$ bildet einen Genotyp $\gamma \in \Gamma$ in einer gegebenen Umwelt E auf einen Fitnesswert $\phi \in \mathbf{R}_0^+$ ab.
Notation: $EVAL_E : \Gamma \rightarrow \mathbf{R}_0^+$
Es gilt: $EVAL_E(\gamma) = eval_E(dec(\gamma))$

Wenn wie oben auf die Unterscheidung zwischen Genotyp und Phänotyp verzichtet wird, fallen auch die Evaluierungsfunktionen $eval_E$ und $EVAL_E$ zusammen, wobei gilt $\Gamma = \Omega$ und $dec = id$.

Selektion

Evolutionäre Verfahren arbeiten nicht mit einer einzelnen Lösung bzw. Individuum, sondern mit einer ganzen Population. Diese Population wird zu diskreten Zeitpunkten $t \in \mathbf{N}_0$ betrachtet, womit auch von einer Generation gesprochen wird.

Def. 5.14: Population

Die *Population pop(t)* einer Generation t besteht aus der Menge von Genotypen $\gamma_i \in \Gamma$, welche sich in der Generation t im System befinden. Die Mächtigkeit von $pop(t)$ wird mit μ bezeichnet.
Notation: $pop(t) = \{\gamma_1, \dots \gamma_\mu\}, |pop(t)| = \mu$.

Aus der aktuellen Generation wird durch die Selektion die Menge der Eltern der Folgegeneration ausgewählt. Diese Menge wird auch als *Mating Pool* bezeichnet. Dabei soll die Selektion die natürliche Auslese simulieren, d.h. Individuen mit höherer Fitness werden mit höherer Wahrscheinlichkeit ausgewählt, als die mit geringerer Fitness. Damit ist die Selektion neben den nachfolgenden strukturmodifizierenden Variationsoperatoren die treibende Kraft im Evolutionsprozess. Während die Variation praktisch ziellos die Genotypstrukturen verändert, entscheidet die Selektion darüber, welche Varianten der Umgebung am besten angepasst sind, also das Optimierungsproblem am besten lösen. Bevor einzelne Selektionsstrategien vorgestellt werden, wird der Selektionsoperator formal eingeführt.

Def. 5.15: Selektionsoperator

Der *Selektionsoperator sel* wählt einen Genotyp $\gamma \in \Gamma$ aus einer Menge von μ Genotypen mit zugeordnetem Fitnesswert $\phi \in \mathbf{R}_0^+$ aus.
Notation: $sel : (\Gamma \times \mathbf{R}_0^+)^\mu \rightarrow \Gamma$

Mit der Zeit haben sich die verschiedensten Selektionsstrategien entwickelt, von denen hier drei exemplarisch herausgegriffen werden, die fitnessproportionale, die rangbasierte und die Turnierselektion.

- Fitnessbasierte Selektion

  Die fitnessbasierte Selektion basiert auf dem Prinzip, dass Individuen mit höherer Fitness mit proportional höherer Wahrscheinlichkeit Nachfolger zeugen sollen. Die Selektionswahrscheinlichkeit $prob_{sel}(\gamma_i)$ für einen Genotyp $\gamma_i \in pop(t)$ berechnet sich wie folgt:

$$prob_{sel}(\gamma_i) = \frac{EVAL_E(\gamma_i)}{\sum_{\gamma \in pop(t)} EVAL_E(\gamma)}$$

Die fitnessbasierte Selektion wird häufig als Rouletterad veranschaulicht, bei dem jedes Individuum einen Sektor einnimmt, dessen Fläche proportional zu seiner Fitness ist (Abbildung 5.10). Die Auswahl der künftigen Eltern geschieht durch μ-maliges Drehen des Rades.

Die fitnessproportionale Selektion wurde in [Holl92] eingeführt und intensiv untersucht. Dabei wurden drei Probleme aufgedeckt: Erstens der Einfluss von einigen wenigen dominanten Individuen, wie in Abbildung 5.10 das blaue und das dunkelgrüne Individuum mit 45% bzw. 25%. Ihre Fortpflanzung ist mit der Wahrscheinlichkeit von 70% gewährleistet, wodurch die konkurrierenden Individuen sehr bald eliminiert werden. Diese einseitige Entwicklung vermindert die genetische Vielfalt, was für die Wirksamkeit von Suchoperatoren von Nachteil ist. Zweitens existiert praktisch kein Selektionsdruck, wenn alle Teilnehmer einen sehr ähnlichen Fitnesswert haben. Die Selektion entartet dann zu einer gleichverteilten Zufallsfunktion. Dabei wird unter Selektionsdruck das Verhältnis zwischen der stärksten und der durchschnittlichen Wahrscheinlichkeit verstanden. Je höher der Selektionsdruck, um so geringere Chancen haben schwächere Individuen. Schließlich liefert das fitnessproportionale Vorgehen unterschiedliche Resultate für transponierte Varianten der selben Fitnessfunktion. Auf einige dieser Probleme wird weiter unten noch genauer eingegangen.

- Rangbasierte Selektion

Die rangbasierte Selektion wirkt dem eben beschriebenen Effekt, dass wenige dominante Individuen ihre Konkurrenten frühzeitig eliminieren, entgegen, indem sie jedem Individuum eine Selektionswahrscheinlichkeit nicht in Abhängigkeit von seiner Fitness, sondern von seinem Rang in Bezug auf die Fitness zuordnet [Bake87]. Dadurch bleibt zwar die Eigenschaft, dass fittere Lösungen mit höherer Wahrscheinlichkeit ausgewählt werden, erhalten, aber die Unterschiede in den Selektionswahrscheinlichkeiten fallen geringer aus,

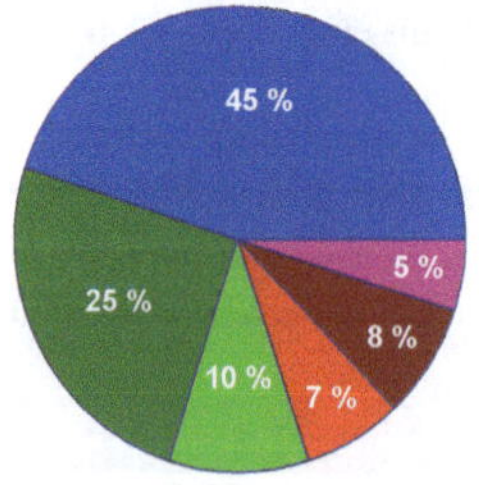

Abb. 5.10: Rouletterad bei fitnessproportionaler Selektion

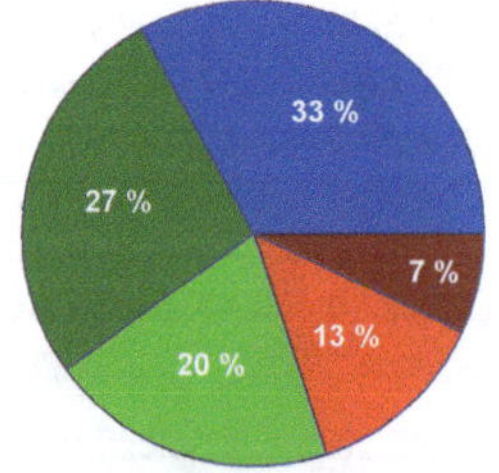

Abb. 5.11: Rouletterad bei rangbasierter Selektion

wodurch eine höhere Diversität erreicht wird. Es gibt verschiedene Realisierungen der rangbasierten Selektion mit unterschiedlichem Selektionsdruck. Die folgende Wahrscheinlichkeitsfunktion wirkt linear und ordnet dem Individuum mit dem niedrigsten Rang die Wahrscheinlichkeit 0 zu.

$$prob_{sel}(\gamma_i) = \frac{2}{\mu}\left(1 - \frac{rang(\gamma_i) - 1}{\mu - 1}\right)$$

Der Unterschied zur fitnessproportionalen Selektion wird durch Abbildung 5.11 verdeutlicht. Es handelt sich hierbei um die selben Individuen wie in Abbildung 5.10, allerdings wird die Selektionswahrscheinlichkeit des stärksten Individuums von 45% auf 33% gedrückt, während die mittleren Vertreter gestärkt werden. Das schwächste Individuum geht verloren.

- Turnierselektion

  Während die bisher genannten Verfahren immer auf dem Vergleich der gesamten Population beruhen, genügt der Turnierselektion eine Ordnungsrelation, mit der die Rangfolge einer Teilmenge von Individuen berechnet werden kann, d.h. die Fitnesswerte werden nur relativ verglichen. Diese Strategie ist sehr beliebt, da sie einfach zu implementieren ist. Für jedes Mitglied des *Mating Pools* wird ein Turnier veranstaltet. Dazu werden $1 \leq x \leq \mu$ Individuen aus der aktuellen Population mit gleicher Wahrscheinlichkeit gezogen. Das beste dieser x Individuen wird in die Menge der künftigen Eltern übernommen.

  Einen wesentlichen Einfluss auf das Verhalten hat die Turniergröße x. Sie sollte eher groß gewählt werden, da dann die Wahrscheinlichkeit steigt, dass Individuen mit überdurchschnittlicher Fitness teilnehmen. Wird x hingegen auf 1 oder 2 gesetzt, so erhält man eine gleichverteilte bzw. eine linear rangbasierte Verteilung. Aufgrund seiner Einfachheit und der Möglichkeit, den Selektionsdruck durch Veränderung der Turniergröße zu variieren, ist diese Art der Selektion die meist verbreitete.

Neben diesen gibt es noch eine Vielzahl weiterer Selektionsstrategien, die aber für das Folgende nicht weiter relevant sind. Weiterführende Informationen finden sich z.B. in [EiSm03].

Variation

Neben der Selektion sind die Variationsoperationen die zweite, treibende Kraft in evolutionären Verfahren. Wie beim natürlichen Zeugungsprozess sind die Nachfolgen in der Regel keine exakten Kopien ihrer Eltern, sondern ihre Erbinformation wird zufällig mehr oder weniger variiert. In evolutionären Algorithmen werden diese Variationen durch strukturmodifizierende Operationen realisiert. Diese wirken rein zufallsbasiert, also nicht deterministisch.

Die wichtigsten Operationen sind die Mutation und die Rekombination (engl. *crossover*). Allerdings sind diese Operationen sehr von der Repräsentation der Individuen und dem eingesetzten Evolutionsverfahren abhängig, weshalb hier nur abstrakte Definitionen angegeben werden, die mit Beispielen aus dem Gebiet der genetischen Algorithmen veranschaulicht werden.

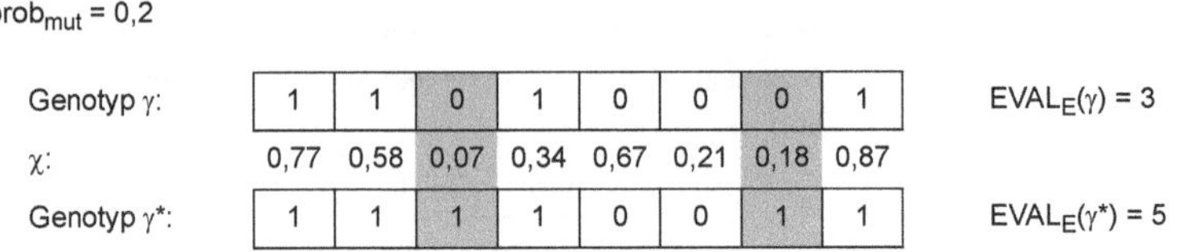

Abb. 5.12: Mutation am Beispiel von genetischen Algorithmen

Die Mutation ist ein unärer Operator, der zufällig den Genotyp eines Individuums an evtl. mehreren Stellen verändert, wodurch "frisches" Erbgut in den Prozess eingeführt wird.

Def. 5.16: Mutationsoperator

Der *Mutationsoperator mut* bildet ein Individuum $\gamma \in \Gamma$ auf ein mutiertes Individuum $\gamma^* \in \Gamma$ ab.

Notation: $mut : \Gamma \rightarrow \Gamma$

Für genetische Algorithmen werden Individuen beispielsweise als Bit-Strings fester Länge kodiert. Ein Mutationsoperator auf einer solchen Repräsentation kann als zufälliges Umkippen eines Bits aufgefasst werden. Ein Beispiel ist in Abbildung 5.12 zu sehen: für jedes Gen des ursprünglichen Genotyps γ, d.h. für jedes Bit, wird eine gleichverteilte Zufallsvariable χ ausgewertet. Liegt ihr Wert unterhalb einer spezifizierten Mutationswahrscheinlichkeit $prob_{mut}$ (im Beispiel 0,2), wird das Gen invertiert, wie in der Abbildung an der dritten und siebten Stelle.

Im Gegensatz zur Mutation ist der Rekombinationsoperator n-är, es werden also die Genotypen von mehreren Eltern vermischt. Dabei ist insbesondere die Vereinigung der vorteilhaften Teileigenschaften der Vorfahren erwünscht, was aber erst durch die Selektion sichergestellt werden kann.

Def. 5.17: Rekombinationsoperator (Crossover)

Der *Rekombinationsoperator rek* erzeugt aus $e \geq 2$ Elternindividuen $\gamma_1 \ldots \gamma_e \in \Gamma$ $k \geq 1$ Kindindividuen $\gamma_1^* \ldots \gamma_k^* \in \Gamma$.

Notation: $rek : \Gamma^e \rightarrow \Gamma^k$

Im Fall der genetischen Algorithmen orientiert sich der Rekombinationsoperator wieder sehr stark an der natürlichen Genetik. Das Beispiel in Abbildung 5.13 demonstriert die Rekombination zweier Elternchromosomen γ_1 und γ_2 an drei Punkten, ein sogenanntes 3-Punkt-*Crossover*. Dabei werden zufällig drei Punkte ausgewählt an denen die Chromosomen durchtrennt werden. Es entstehen zwei neue Individuen durch abwechselndes Zusammensetzen der entsprechenden Teile, im Bild γ_1^* und γ_2^*. Detailliertere Ausführungen zu weiteren Varianten von Rekombination finden sich z.B. in [EiSm03] oder [Jaco97].

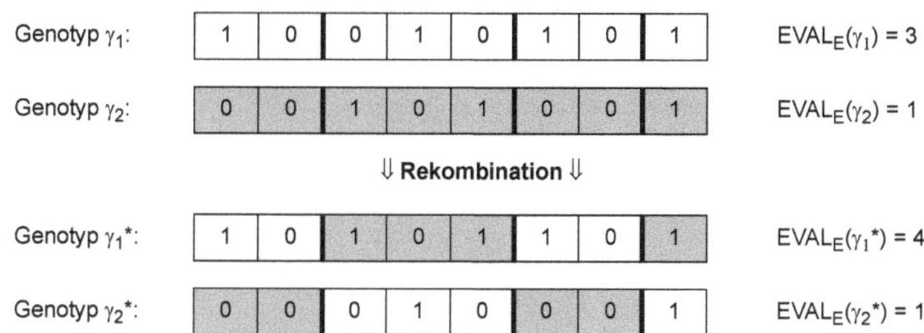

Abb. 5.13: Rekombination am Beispiel von genetischen Algorithmen

Zusammensetzung der neuen Generation

Ein wichtiger Aspekt bei der Bildung der neuen Generation steht im engen Zusammenhang mit der Selektion, findet aber erst nach dem Wirken der Variationsoperatoren statt: Ausgehend von μ Elternindividuen wurden λ Kindindividuen erzeugt. Die neue Population kann einerseits nur aus Kindindividuen bestehen, was als (μ,λ)-Strategie oder Kommastrategie bezeichnet wird. Die entgegengesetzte $(\mu+\lambda)$-Strategie oder Plusstrategie übernimmt die besten Elternindividuen mit in die neue Generation, d.h. aus der Vereinigung der μ Eltern und der λ Kinder bilden die μ besten Individuen die Folgepopulation. In der Praxis kommt häufig eine Mischung aus diesen beiden Extremen zum Einsatz, etwa eine Strategie, die das beste Elternindividuum und die $\mu - 1$ besten Kinder übernimmt.

Die Begriffe Plus und Komma stammen aus dem Bereich der Evolutionsstrategien [Rech73]. In mancher Literatur wird das Zusammensetzen der Folgegeneration auch als *survivor selection* bezeichnet [EiSm03].

Allgemeiner Ablauf

Nachdem nun alle wesentlichen Grundbegriffe eingeführt sind, kann schließlich der Gesamtablauf der evolutionären Verfahren in allgemeiner Weise skizziert werden. Zuerst müssen einige Parameter festgelegt werden: die Populationsgröße μ, die Evaluierungsfunktion $EVAL_E$, die Selektionsstrategie *sel*, das Verfahren, nach dem neue Generationen erzeugt werden sollen (Plus oder Komma), sowie ein Terminierungskriterium, in der Regel eine maximale Anzahl von Iterationen bzw. Generationen.

Bevor das Verfahren in die Evolutionsschleife eintritt, muss eine Initialgeneration erzeugt werden, was meist zufallsbasiert geschieht, d.h. es werden zufällig μ Individuen bzw. Genotypen erzeugt: $pop(0) = \{\gamma_1, \ldots, \gamma_\mu\}$. Anschließend wird jedes Individuum der Population mittels der Evaluierungsfunktion $EVAL_E$ eine Bewertung zugeordnet. Abhängig von der Selektionsstrategie wird aus der bewerteten Population der ausreichend große *Mating Pool* ausgewählt. Durch Anwendung von Mutations- und Rekombinationsoperatoren auf diese Menge von Genotypen wird eine Kindermenge der Größe λ erzeugt. Schließlich wird die Folgepopulation je nach Strategie mit oder ohne Verwendung der aktuellen Generation erzeugt. Damit ist eine Iteration des

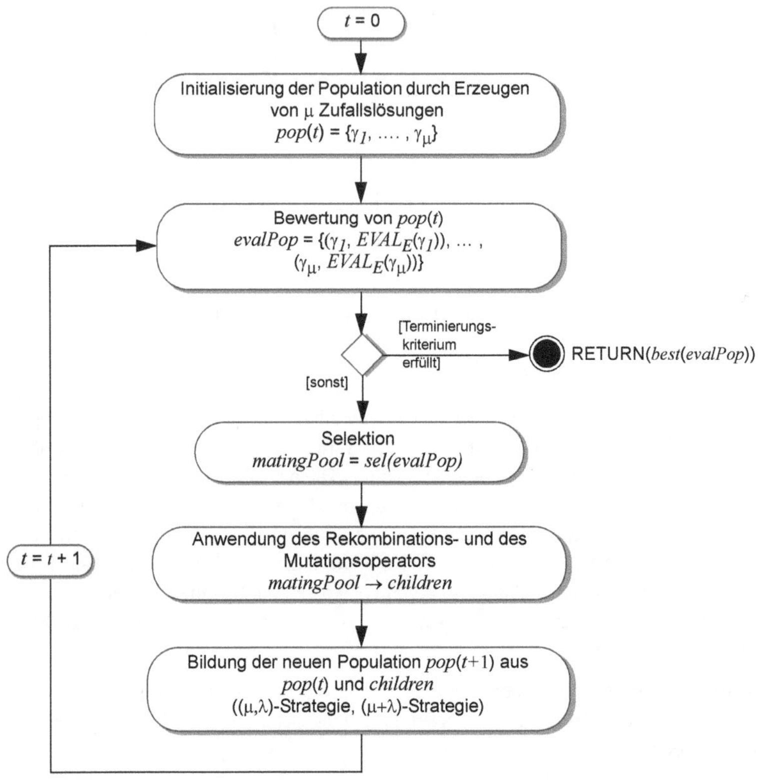

Abb. 5.14: Ablauf eines evolutionären Algorithmus

Evolutionsverfahrens abgeschlossen. Solange das Terminierungskriterium noch nicht erfüllt ist, wird das Verfahren mit der frisch erzeugten Population beginnend bei der Bewertung wiederholt. Der Gesamtablauf ist in Abbildung 5.14 bildlich zusammengefasst.

Damit ist der allgemeine Ablauf, der in dieser oder leicht abgewandelter Form allen evolutionären Verfahren gemein ist, vollständig beschrieben. Als Besonderheiten gegenüber den klassischen Verfahren fällt zu aller erst auf, dass mit einer ganzen Menge von Individuen gearbeit wird, die sich gegenseitig vor allem durch Selektion und Rekombination beeinflussen. Die Selektionsverfahren stellen sicher, dass besser an ihre Umgebung angepasste Individuen eine höhere Überlebenswahrscheinlichkeit haben, wobei Individuen mit geringer Fitness nicht grundsätzlich eliminiert werden müssen. Es ist also vor allem die Selektion, die auf das Optimierungsziel, nämlich maximale Fitness, hinarbeitet. Die Variationsoperationen hingegen agieren vollkommen zufällig und garantieren dadurch, dass auch Lösungen abseits des steilsten Fitnessanstiegs in Betracht gezogen werden. Das ist insbesondere wichtig, um nicht in lokalen Maxima der Fitnesslandschaft hängen zu bleiben.

Einfluss der evolutionären Operatoren

Die Auswirkungen evolutionärer Verfahren zielen in drei Richtungen, die der Erforschung, der Feinabstimmung und die der Diversität. Die Erforschung gibt an, wie sehr das Verfahren neue Bereiche des Suchraums in die Populationen einfließen lässt, während die Feinabstimmung die Fähigkeit bezeichnet, in einem begrenzten Gebiet zuverlässig das Individuum mit den besten Fitnesseigenschaften zu finden, ähnlich einem lokalen Suchverfahren. Die Diversität schließlich trifft Aussagen über die genetische Vielfalt innerhalb einer Population. Ein ausgeglichenes evolutionäres Verfahren findet die Balance zwischen Erforschung und Feinabstimmung in dem Sinne, dass einerseits immer neue Bereiche in die Optimierung miteinbezogen werden, andererseits in den bereits bekannten Gebieten der Fitnesslandschaft zuverlässig die Maxima gefunden werden. Die drei Eigenschaften werden wesentlich durch die weiter oben vorgestellten evolutionären Operationen Selektion, Mutation und Rekombination beeinflusst. Dieser Zusammenhang soll im Folgenden kurz skizziert werden, genauere Ausführungen dazu finden sich in [Weic02].

Die Selektion wirkt sich in jedem Fall negativ auf die Diversität aus, da sie naturgemäß stärkere Individuen bevorzugt. Abhängig vom Selektionsdruck verschiebt sie das Verhalten des Verfahrens in Richtung Feinabstimmung (hoher Selektionsdruck) oder in Richtung Erforschung (niedriger Selektionsdruck).

Im Gegensatz dazu erhöht die Mutation die Diversität im System. Bei der Wirkung der Mutation wird zwischen lokaler Mutation, die Genotypen nur wenig ändert, und Makromutation, die sehr viele, grundlegende Veränderungen vornimmt, unterschieden. Offenbar verstärkt lokale Mutation eher den Aspekt der Feinabstimmung, Makromutation unterstützt hingegen die Erforschung des Suchraums.

Die Wirkweise der Rekombination ist abhängig von der vorherrschenden Diversität: ist die momentane Population sehr homogen, d.h. es liegt geringe Diversität vor, so hat die Rekombination nur einen geringen Spielraum und unterstützt die Feinabstimmung. Bei großer Diversität wird dagegen der Erforschungsaspekt betont, allerdings nie in dem Maß, in dem es die Mutation leisten kann. Die eben erwähnten Zusammenhänge sind zusammenfassend in Abbildung 5.15 veranschaulicht.

5.2.2 Simulated Annealing

Auch das Optimierungsverfahren *Simulated Annealing* orientiert sich an einem naturnahen Prozess, dem Abkühlvorgang aus der chemischen Physik, zählt jedoch nicht zu den evolutionären Verfahren. Die Idee wird Metropolis et al. zugeschrieben, die in [MRR+53] das Abkühlverhalten eines bestimmten Materials, sogenannter Spingläser, basierend auf dem Monte-Carlo-Verfahren simulierten. Dabei wurde der Übergang von der Schmelze des Materials zum Festkörper untersucht. Ziel des Prozesses ist die Suche einer energetisch optimalen Struktur, d.h. eine mög-

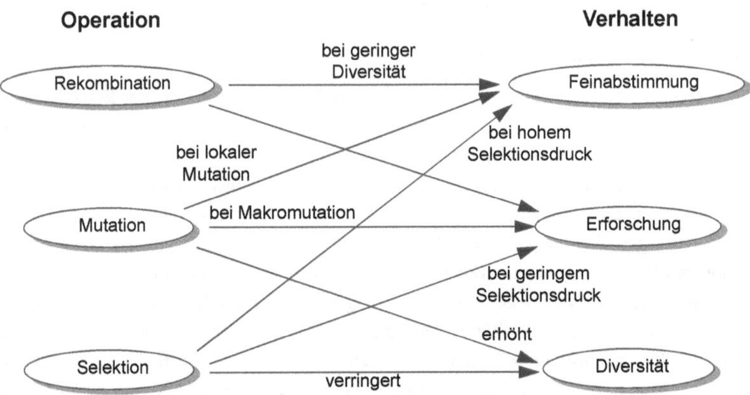

Abb. 5.15: Auswirkungen evolutionärer Operationen auf das Verhalten des evolutionären Verfahrens

lichst gleichmäßige Kristallstruktur, die besonders stabil und energetisch günstig ist. Bei hoher Umgebungstemperatur bewegen sich die Moleküle des Materials wild hin und her (Brownsche Molekularbewegung). Mit abnehmender Temperatur nimmt diese Bewegung ab, die Moleküle pendeln in immer kleineren Bahnen um ihren gedachten Aufenthaltsort.

Angewandt auf das Lösen von Optimierungsproblemen ist dieses Prinzip sehr hilfreich: Während die bisher bekannten, lokalen Suchverfahren in jedem Iterationsschritt zwanghaft nach einer verbesserten Lösung suchen und sich dabei durch lokale Optima ablenken lassen, nimmt *Simulated Annealing* zu Beginn seines Verlaufs auch schlechtere Lösungen mit einer gewissen Wahrscheinlichkeit in Kauf. Es wird also in Analogie zur noch heißen Schmelze ein wildes Hinundherspringen im Lösungsraum ermöglicht. Mit abnehmender Temperatur wird eine Verschlechterung immer unwahrscheinlicher und es wird nur noch Feinabstimmung betrieben. Damit ähnelt das Verfahren zum Ende hin also zunehmend der lokalen Suche. Der Einsatz von *Simulated Annealing* für Optimierungsaufgaben wurde unabhängig von Kirkpatrick et al. und Cerny vorgeschlagen [KiGV83] [Cern85]. Bei geeigneter Wahl von Ausgangstemperatur und Abkühlstrategie kann damit zuverlässig das globale Optimum gefunden werden (Beweise dafür finden sich in [GeGe84], [Haje88] oder [MiRS86]).

Wesentliche Grundlage für sowohl lokale Suchverfahren als auch für *Simulated Annealing* ist der Begriff der Nachbarschaft. Die Nachbarschaft kann einerseits über ein Abstandsmaß definiert werden, andererseits über eine Transformationsabbildung.

Def. 5.18: ε-Nachbarschaft:

Sei *dist* eine Abstandsfunktion, welche je zwei Lösungen $\gamma_1, \gamma_2 \in \Gamma$ ein Abstandsmaß zuordnet:

$$dist : \Gamma \times \Gamma \rightarrow \mathbf{R}_0^+.$$

Die ε-*Nachbarschaft* $NH_\varepsilon(\gamma)$ einer Lösung $\gamma \in \Gamma$ ist die Menge von Lösungen, deren Elemente $\gamma_1, \ldots \gamma_n$ einen Abstand kleiner ε von γ haben, d.h.

$$NH_\varepsilon(\gamma) = \{\gamma' \in \Gamma \mid dist(\gamma, \gamma') < \varepsilon\}.$$

Als Abstandsmaße kommen je nach Repräsentation der Lösungen $\gamma \in \Gamma$ beispielsweise das Euklidische Abstandsmaß oder der Hamming-Abstand in Frage. In der Praxis ist es jedoch häufig sehr umständlich, erst einen neuen Nachbarn von γ zu generieren und nachträglich zu testen, ob er innerhalb von $NH_\varepsilon(\gamma)$ liegt. Einfacher ist es, als Nachbarschaft von γ alle die Lösungen γ' aufzufassen, die durch einen einzigen Transformationsschritt *trans*(γ) erreichbar sind.

Def. 5.19: Definition Transformationsnachbarschaft:

Sei *trans* eine Abbildung auf dem Suchraum Γ mit

$$trans : \Gamma \rightarrow \Gamma.$$

Eine Lösung $\gamma' \in \Gamma$ liegt in der *Transformationsnachbarschaft* $NH_{trans}(\gamma)$ einer Lösung $\gamma \in \Gamma$, wenn sie aus der Anwendung der Transformation *trans* auf γ hervorgeht, d.h.

$$trans(\gamma) = \gamma' \quad \Rightarrow \quad \gamma' \in NH_{trans}(\gamma)$$

Klassische lokale Suchverfahren durchsuchen ausgehend von einer zufällig generierten Initiallösung γ iterativ dessen Nachbarschaft. Eine Lösung aus dieser Nachbarschaft wird dann als aktuell beste Lösung übernommen, wenn die Evaluierungsfunktion dafür einen besseren Wert liefert als das bisherige Optimum. Die Nachbarschaftssuche wird ausgehend von der neuen Lösung wiederholt, bis sich keine Verbesserung mehr einstellt, d.h.

$$\forall \gamma' \in NH(\gamma) : EVAL_E(\gamma) > EVAL_E(\gamma').$$

Genau hierin liegt die schon erwähnte Gefahr, in einem lokalen Optimum verhaften zu bleiben. *Simulated Annealing* akzeptiert eine Nachbarschaftslösung, die eine Verbesserung gegenüber dem bisherigen Optimum darstellt, genau wie die lokalen Suchverfahren. Der Unterschied liegt in dem Fall, dass eine schlechtere Lösung als die momentane gefunden wird. Abhängig von der momentanen Umgebungstemperatur *T* wird auch diese Verschlechterung mit folgender Wahrscheinlichkeit angenommen:

$$p_{accept} = \begin{cases} 1 & \text{, falls } EVAL_E(\gamma_{neu}) > EVAL_E(\gamma_{alt}) \\ e^{\frac{EVAL_E(\gamma_{neu}) - EVAL_E(\gamma_{alt})}{T}} & \text{, sonst} \end{cases}$$

Diese Wahrscheinlichkeitsfunktion ist dem Boltzmann-Selektionsmechanismus entnommen [Mahf97]. Mit abnehmender Temperatur *T* wird die Wahrscheinlichkeit, dass eine Verschlech-

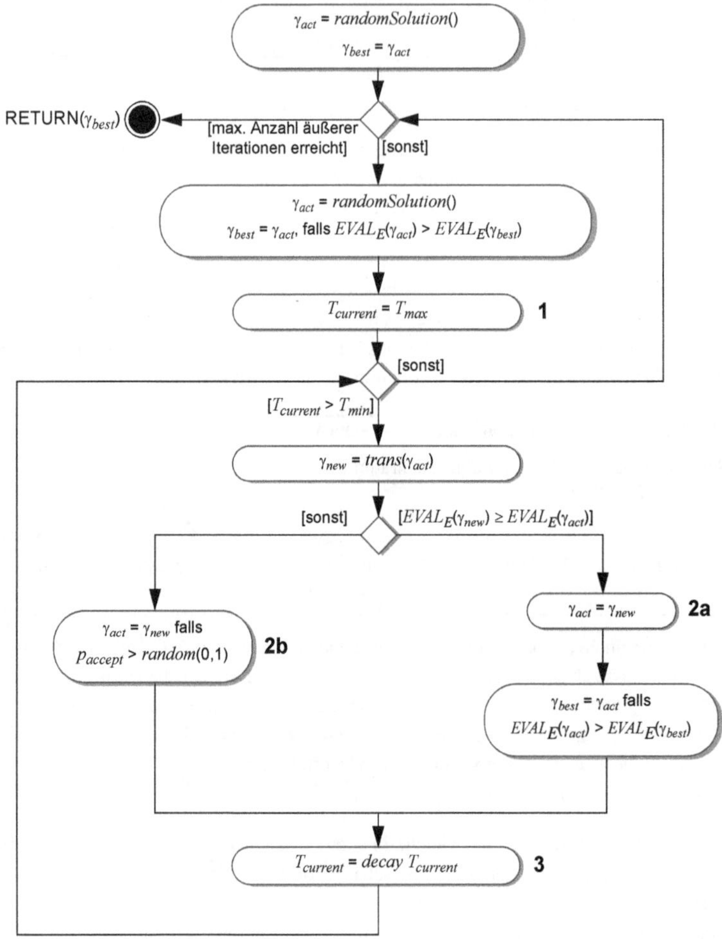

Abb. 5.16: Ablauf von Simulated Annealing

terung in Kauf genommen wird, immer geringer. Damit ergibt sich folgendes Optimierungsvorgehen, dessen genauer Ablauf in Abbildung 5.16 dargestellt ist:

- Das Optimierungssystem wird “aufgeheizt” (→1), d.h. eine hohe Temperatur T liegt vor. Dadurch werden Verschlechterungen mit hoher Wahrscheinlichkeit akzeptiert (→2a), d.h. der Suchraum wird großräumig durchsucht und lokale Optima stellen keine Gefahr zu.

- Während iterativ die Nachbarschaft der momentanen Lösung untersucht wird (→2a, 2b), wird das System langsam heruntergekühlt (→3).
- Zum Ende des Optimierungsprozesses verhält sich *Simulated Annealing* zunehmend wie ein lokales Suchverfahren, weil aufgrund der niedrigen Temperatur die Akzeptanz für eine schlechtere Lösung nahe null ist.

Richtig parametrisiert liefert *Simulated Annealing* das globale Optimum und überwindet die Probleme der lokalen Suchverfahren. Es ist ein probabilistisches Verfahren, d.h. der Weg zum Optimum verläuft jedes mal anders. Dennoch ist diese Optimierungsstrategie nicht ohne Nachteile. Über Erfolg oder Misserfolg von *Simulated Annealing* entscheidet die Umgebungstemperatur. Neben der Wahl einer geeigneten Anfangstemperatur T_{max} ist vor allem die Abkühlstrategie von zentraler Bedeutung. Wird das System zu schnell abgekühlt, geht die Garantie, das Optimum zu finden, verloren. Gute Abkühlraten, wie sie für die Optimalitätsbeweise in [GeGe84], [Haje88] oder [MiRS86] benutzt werden, haben dagegen negative Auswirkungen auf die Laufzeit. Als für die Praxis meist ausreichend zuverlässige Abkühlstrategie sei folgendes Beispiel genannt:

$$T_{current} = decay \cdot T_{current} \quad \text{, mit } 0,80 \le decay \le 0,99$$

Ausführlichere Erläuterungen zu *Simulated Annealing* finden sich neben den bisher zitierten Quellen auch in [Yao91]. In [MiFo00] wird *Simulated Annealing* mit den im vorigen Abschnitt vorgestellten evolutionären Verfahren verglichen. Es kann als Extremfall eines genetischen Algorithmus mit einer einelementigen Population aufgefasst werden. Die abnehmende Verschlechterungswahrscheinlichkeit ähnelt dabei der Metaevolution, wie sie durch die evolutionären Strategien eingeführt wurde.

5.3 Match-Making-Verfahren

Nachdem im vorigen Abschnitt die Grundlagen von evolutionären Verfahren skizziert wurden, werden nun zwei darauf basierende Ansätze zur Lösung des in Definition 5.9 formal definierten *Match-Making*-Problems vorgestellt. Da es sich beim *Match Making* wie skizziert um ein NP-vollständiges Problem handelt, ist der Einsatz von klassischen deterministischen Verfahren nur für kleine Szenarien vertretbar, nicht jedoch auf einem Marktplatz mit mehreren hundert Teilnehmern. Der zu durchsuchende Raum von potenziellen Lösungen, die ein mereologischer Graph, der sich aus tausend oder mehr Knoten zusammensetzt, ist nicht effizient durchsuchbar. Weiter kompliziert wird das Problem durch die Wirkung von Implikationen, die zwar den Suchraum reduzieren, aber es schwieriger machen, eine effiziente Traversierung der verbleibenden Lösungskandidaten zu finden. Der vorliegende Abschnitt stellt daher zwei heuristische Verfahren, die auf Prinzipien der natürlichen Evolutionslehre bzw. von physikalisch-chemischen Vorgängen basieren. Bevor diese Ansätze, das genetische *Match Making* und ein auf *Simulated Annealing* basierendes Verfahren behandelt werden, werden in Abschnitt 5.3.1 beiden gemeinsame Basisoperation, wie die stochastische Generierung eines Erzeugnisses oder die Erzeugnismodifikation informell eingeführt. Um überhaupt evolutionäre Verfahren zur Lösung des *Match-Making*-Problems einsetzen zu können, müssen zuallererst der Suchraum des Problems und die erforderliche Evaluierungsfunktion festgelegt werden.

Die Definition des *Match-Making*-Problems aus Abschnitt 5.1.3 kann wie dort beschrieben auf die Suche des best passenden Angebots aus einer ganzen Menge von Angebotsspezifikationen $A = \{ERZ_{a_1}, \ldots ERZ_{a_s}\}$ zu einem einzelnen gegebenen Nachfrageerzeugnis n reduziert werden. Dabei wird die Qualität, wie gut die einzelnen Angebote zu n passen, durch die Evaluierungsfunktion $EVAL_{ERZ_n}$ berechnet. Da sowohl diese Bewertungsfunktion als auch die im Folgenden noch vorzustellenden strukturmodifizierenden Operationen direkt auf den mereologischen Graph- bzw. Baumstrukturen wirken, ist die Unterscheidung zwischen Genotyp und Phänotyp im Fall des *Match Making* nicht erforderlich, es gilt also $\Gamma = \Omega$. Damit ergibt sich der Suchraum als die Menge aller möglichen Angebotserzeugnisse.

Def. 5.20: Suchraum des Match-Making-Problems

Der *Suchraum* Γ *des Match-Making-Problems* ist die Menge aller gültigen Angebotserzeugnisse $erz_{angebot}$, die durch die verschiedenen Angebotsvariantenräume $A = \{ERZ_{a_1}, \ldots ERZ_{a_s}\}$ definiert sind. Es gilt also:

$$\Gamma = \{erz_{angebot} \in ERZ_a \mid ERZ_a \in A\}$$

Neben der Definition eines Suchraumes ist für evolutionäre Verfahren insbesondere die Evaluierungsfunktion $EVAL_E$ von Bedeutung, die zu jeder Lösung einen Fitnesswert $\phi \in \mathbf{R}_0^+$ bestimmt. Die Aufgabe der (evolutionären) Evaluierungsfunktion wird genau von der Evaluierungsfunktion $EVAL_{ERZ_n}$ aus Definition 5.5 erbracht. Dabei spannt der Variantenraum der Nachfrage ERZ_n im evolutionären Sinne die Umwelt auf, in der sich die Angebotsindividuen bewähren müssen.

Def. 5.21: Evaluierungsfunktion für das Match-Making-Problem

Die *Evaluierungsfunktion für das Match-Making-Problem* ist definiert durch $EVAL_{ERZ_n}$ über den Variantenraum der Nachfrageerzeugnisse ERZ_n. Es gilt:

$$EVAL_E(\gamma) = EVAL_{ERZ_n}(\gamma) = EVAL(\gamma) = \phi_\gamma$$

Mit diesem Verständnis des Suchraums und der zugehörigen Evaluierungsfunktion ergibt sich folgender Ablauf:

- Eine initiale Generation von Lösungen des *Match-Making*-Problems, d.h. ein erste Menge von Angeboten erz_a, wird zufällig generiert.
- Abhängig von den Fitnesswerten wird über das weitere Vorgehen entschieden. Auch die weiteren Strukturmanipulationen geschehen zufallsbasiert.

Verkürzt lässt sich also die Lösungsstrategie wie folgt charakterisieren: "Erzeuge zufallsbasierte Produktkonfigurationen und evaluiere sie gegen den Nachfrageraum."

5.3.1 Allgemeine Basisoperationen

Trotz der unterschiedlichen Charakteristiken von evolutionären Verfahren und *Simulated Annealing* lassen sich einige gemeinsame Grundoperationen feststellen. Diese werden im vorliegenden Abschnitt kurz angerissen. Da sie als Hilfsfunktionen keinen konzeptionellen Einfluss auf den Ablauf der Verfahren besitzen und aus dem in Kapitel 4 definierten Datenmodell leicht einsichtig sind, wird auf eine genaue Darstellung verzichtet.

Umgang mit Implikationen

Sowohl bei der zufälligen Generierung eines Ausgangserzeugnisses, als auch bei stochastischen Modifikationen eines bestehenden Erzeugnisses sind die Validitätsregeln für mereologischen Bäume einzuhalten. Dabei ist vor allem, wie in Abschnitt 4.5 ausführlich motiviert, die Einhaltbarkeit der Implikationen zu überprüfen. Dafür sind zweit Datenstrukturen einzuführen, einerseits die Liste der Entscheidungen von Alternativen und andererseits das Konsequensverzeichnis.

Die Liste der Entscheidungen von Alternativen eines Angebotserzeugnisses $entscheidungen_a$ mit $a \in ERZ_{angebot}$ besteht aus Einträgen der Form (*gn*, *wahl*), wobei *gn* eine mereologische Gruppe vom Typ Alternative darstellt und *wahl* der Index des Unterteils von *gn* ist, zu dem die Alternative *gn* entschieden wurde. Damit wird ein Logbuch über alle Entscheidungen geführt. Das Konsequensverzeichnis zu einem Angebotsraum $ERZ_{angebot}$ $konsequensVerzeichnis_{ERZ_{angebot}}$ ist eine weitere Hilfsstruktur, die zu jeder Implikation imp_i, deren Antezedens erfüllt ist, die einzelnen Konsequensglieder auflistet. Dabei wird jede Konjunktion des Konsequens als eigener Teileintrag dargestellt, der selbst wieder aus einer Menge von elementaren Disjunktionsgliedern bestehen kann. Sowohl die Einträge in $entscheidungen_a$ als auch in $konsequensVerzeichnis_{ERZ_{angebot}}$ sind in Form von Baumkoordinaten gespeichert.

Insbesondere das Konsequensverzeichnis erlaubt eine einfache Überprüfung der Konsequensbedingungen. Der entsprechende Algorithmus *überprüfeKonsequensBedingungen*, auf dessen Darstellung hier verzichtet wird, muss immer, wenn eine Alternative entschieden wird, durch das Konsequensverzeichnis iterieren und aus den einzelnen Konsequensgliedern die Elemente entfernen, die aufgrund der getätigten Entscheidung nicht mehr wählbar sind. Bleibt also der aktuelle Angebotsraum valide, so wird das Konsequensverzeichnis entsprechend reduziert. Wird aus einem der Konsequensglieder das letzte Element entfernt, so ist hingegen die Erfüllbarkeit der zugehörigen Implikation nicht mehr gegeben, da aufgrund der Konstruktion des Konsequensverzeichnisses jedes Glied erfüllt werden muss (UND-Semantik der KNF). In diesem Fall liefert der Algorithmus *überprüfeKonsequensBedingungen* statt des reduzierten Verzeichnisses einen Fehler zurück, der anzeigt, dass die eingegebene Alternativenentscheidung nicht erlaubt ist.

Ein weiterer Basisalgorithmus sowohl für genetisches *Match Making* als auch für *Simulated Annealing* ist das Verfahren *aktualisiereKonsequensBedingungen*, dessen Aufgabe es ist, neue Einträge für das Konsequensverzeichnis zu identifizieren und hinzuzufügen. Ein neuer Eintrag entsteht dadurch, dass die Entscheidung einer Alternative eine Implikation feuert, d.h. ihren Antezedens erfüllt. Der Algorithmus berechnet zu dieser gegebenen Implikation und der Liste der

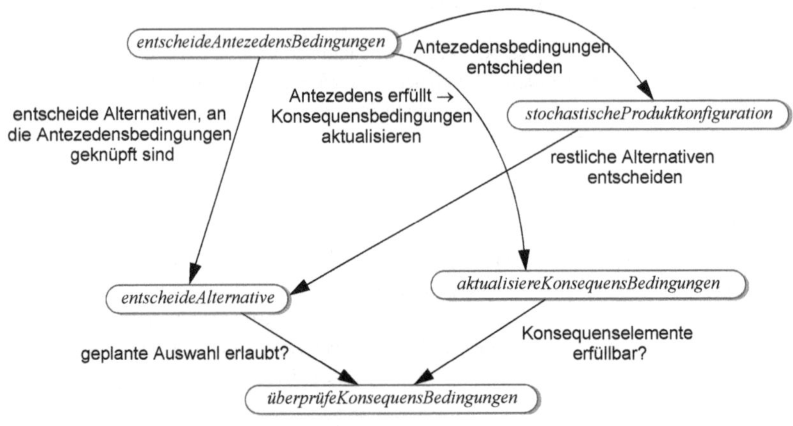

Abb. 5.17: Überblick über die Verfahren zur zufälligen Erzeugung eines Angebots

bereits gefällten Entscheidungen $entscheidungen_a$, ob ihr Konsequens überhaupt erfüllbar ist. Nur in diesem Fall kann die ursächliche Alternativenentscheidung akzeptiert werden und die zugehörigen Konsequensglieder müssen bestimmt und in $konsequensVerzeichnis_{ERZ_{angebot}}$ eingetragen werden. Dabei werden nur die im momentanen Konfigurationszustand noch möglichen Konsequenselemente angefügt.

Das Verfahren *entscheideAntezedensBedingungen* dient ausschließlich der zufallsbasierten Produkterzeugung. Um bei der Generierung möglichst im Voraus die Verletzung von Implikationen zu verhindern, durchläuft dieser Algorithmus alle auf dem Angebotsraum definierten Implikationen und identifiziert deren Antezedenskontexte. Für jeden dieser Pfade zur Wurzel ist zu untersuchen, ob die Alternativen auf dem Pfad bereits entschieden sind; noch nicht entschiedene Alternativen werden zufallsbasiert gelöst. Damit kann für alle Implikationen festgestellt werden, ob sie gefeuert sind oder nicht. Im positiven Fall muss mittels *überprüfeKonsequensBedingungen* und *aktualisiereKonsequensBedingungen* das Konsequensverzeichnis erweitert werden.

Erzeugung und Modifikation einer zufälligen Konfiguration

Ein elementarer Schritt aller evolutionären Verfahren ist die Initialisierung mit einer Anfangspopulation. Übertragen auf Marrakesch bedeutet dies eine Menge von vollständig entschiedenen Angebotserzeugnissen. Dieses zufällige Erzeugen wird durch den Algorithmus *erzeugeProdukt* geleistet, der hier jedoch nicht explizit formuliert wird, da seine wesentlichen Bestandteile von *stochastischeProduktkonfiguration* und *entscheideAntezedensBedingungen* realisiert werden. Damit wird zu einem gegebenen Variantenraum $ERZ_{angebot}$ ein gültiges Einzelangebot $erz_{angebot} \in ERZ_{angebot}$ generiert. Da durch *entscheideAntezedensBedingungen* alle Alternativen, die potenziell Implikationen feuern können, entschieden sind, können die verbleibenden

Alternativen in einem rekursiven Top-Down-Durchlauf durch den verbleibenden Angebotsbaum entschieden werden, ohne dass grundlegende Änderungen am Konsequensverzeichnis befürchtet werden müssen. Bei diesem Durchlauf werden Knoten vom Typ Alternative gesondert behandelt: Alternativen werden durch das Hilfsverfahren *entscheideAlternative* zufällig entschieden, wobei mittels der oben skizzierten Implikationsalgorithmen die Validität des Restbaums garantiert wird. Damit werden die Alternativen zwar zufällig aber im zulässigen Rahmen entschieden. Insgesamt ergibt sich für die Erzeugung eines zufällig erzeugten initialen Angebots der in Abbildung 5.17 dargestellte Zusammenhang der bisher aufgeführten Algorithmen.

Während das eben skizzierte Verfahren *stochastischeProduktkonfiguration* nur für die Erzeugung der Initialgeneration von Nutzen ist, ist der letzte hier vorgestellte Algorithmus *ändereEntscheidung* durchgehend erforderlich. Mit seiner Hilfe wird eine bestehende Angebotskonfiguration durch das Umentscheiden einer Alternative modifiziert. Diese Operation dient sowohl der Suchraumerforschung als auch der Feinabstimmung eines bereits als gut identifizierten Lösungsindividuums. Die wichtigste Datenstruktur für *ändereEntscheidung* ist die Liste $entscheidungen_a$, in der die momentanen Alternativenbelegungen abgelegt sind. Selbstverständlich muss auch bei der Änderung einer Alternative analog zur gesamten Angebotskonfiguration mittels *stochastischeProduktkonfiguration* die Validität der aktiven Implikationen sichergestellt werden.

5.3.2 Genetisches Match Making

Als erstes Verfahren zur Lösung des in Definition 5.9 eingeführten *Match-Making*-Problems wird in diesem Abschnitt das genetische *Match Making* vorgestellt. Der Algorithmus hält sich streng an das in Abbildung 5.14 dargestellte Vorgehen evolutionärer Verfahren. Dennoch weist er aufgrund der mereologischen Bäume, die als Repräsentation der Lösungsräume bzw. der einzelnen Lösungsindividuen dienen, auch eine Ähnlichkeit mit der genetischen Programmierung auf [Koza89]. Dort wird versucht, mittels evolutionärer Verfahren Programmcode zu erzeugen und zu optimieren, wobei ein Programmfragment als Syntaxbaum repräsentiert wird. Gegenüber einfachen Vektorstrukturen, wie sie in Abbildung 5.12 eingesetzt wurden, sind hier zusätzliche Randbedingungen einzuhalten (z.B. müssen die Baumstruktur sowie Klammerung und Syntax korrekt bleiben) und die strukturmodifizierenden Operationen müssen entsprechend angepasst werden. Im Gegensatz zur genetischen Programmierung hat das *Match Making* in Marrakesch kein lauffähiges Programm zum Ziel, sondern ein dem Datenmodell entsprechendes Angebot, das dem durch die Nachfrage aufgespannten Variantenraum am nächsten kommt. Als exemplarischer Angebotsraum für die folgenden Ausführungen wird die in Abbildung 5.18 dargestellte Produktfamilie benutzt.

Die strukturmodifizierenden Operationen des genetischen Match Making

Evolutionäre Verfahren kennen, wie in Abschnitt 5.2 eingeführt, zwei wesentliche Operationen zur Modifikation der Strukturen. Die Mutation (Definition 5.16) dient dazu, den Genotyp zufällig zu verändern, um neues Erbgut einzubringen, was aus Optimierungssicht bedeutet, eine neue Region des Suchraums zu erforschen. Die Rekombination (Definition 5.17) kombiniert die Ge-

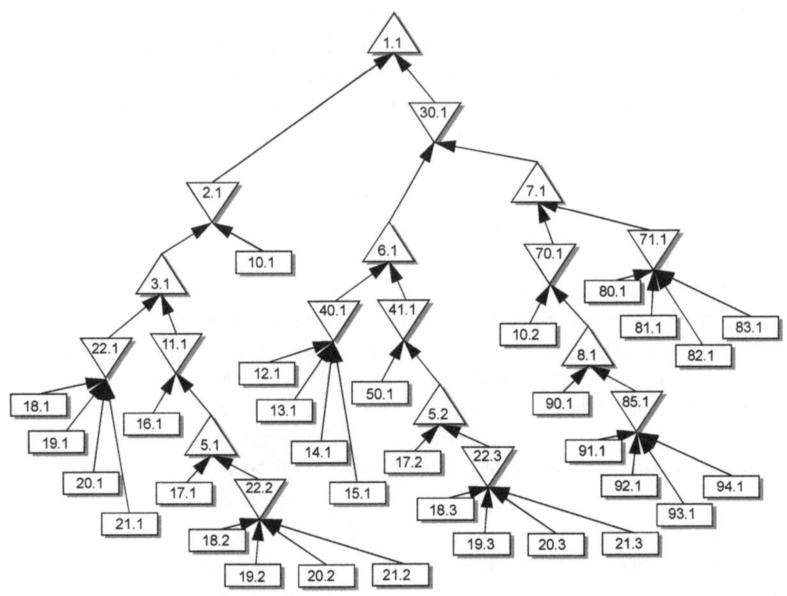

Abb. 5.18: Produktspezifikation

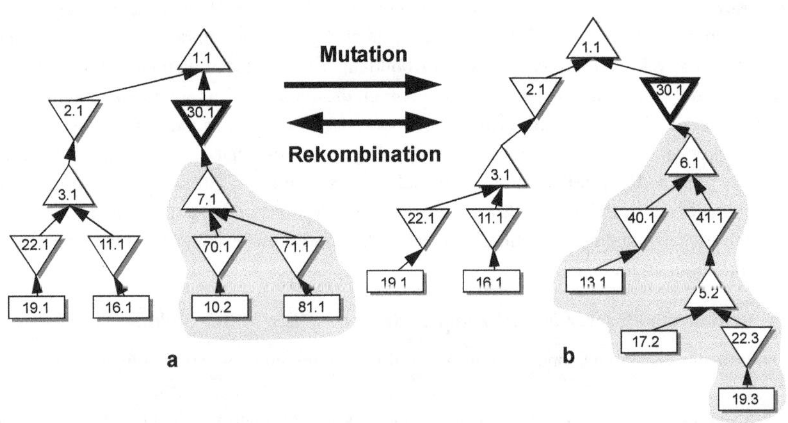

Abb. 5.19: Mutation und Rekombination auf Produktbäumen

notypen mehrerer Individuen, um idealerweise ihre jeweiligen Vorzüge zu vereinen. Die Wirkungsweise beider Operatoren ist stark von der Repräsentation der individuellen Genotypen abhängig und muss daher für das *Match-Making*-Problem von Marrakesch entsprechend gewählt werden.

Ein geeigneter Operator zur Realisierung der Mutation ist der bereits skizzierte Algorithmus *ändereEntscheidung*. Dieses Verfahren ändert zufallsbasiert die Entscheidung einer Alternative und berücksichtigt dabei die Validität der wirkenden Implikationen. Damit ist eine Mutation im Kontext von Marrakesch das Umentscheiden einer Alternative, wie in Abbildung 5.19 gezeigt. Es handelt sich dabei um zwei vollständig konfigurierte Angebote aus dem Gesamtszenario von Abbildung 5.18. Im Teilbild a ist der Ausgangsgenotyp dargestellt, in dem die mereologische Alternativengruppe 30 so entschieden ist, dass der Unterbaum, der durch die Konjunktion 7 definiert ist, zum Tragen kommt. Per Zufall wird die Alternative 30 so mutiert, dass stattdessen der Unterbaum von Konjunktion 6 als Entscheidung gewählt wird (Teilbild b). Je höher im mereologischen Baum die zu mutierende Alternative liegt, um so grundlegender ist die Änderung, die die Mutation des genetischen *Match Making* (GM-Mutation) hervorruft. In der Abbildung wird weiter veranschaulicht, dass zwar modelltechnisch die Reduktion einer entschiedenen Alternative auf das ausgewählte Unterteil, so wie es bei den Umformungen in Abschnitt 4.4.2 vorgeführt wurde, möglich und für den menschlichen Betrachter lesbarer ist, für den evolutionären Prozess aber sehr hinderlich ist, da eine Alternative jederzeit umentschieden werden kann; dazu müsste die Alternative erst wieder erneut in den Baum eingebaut werden.

Ähnlich wie die Mutation kann in Marrakesch die Rekombination nur an Alternativen einsetzen, da nur hier eine Wahlmöglichkeit existiert. Auch die Rekombination lässt sich an Abbildung 5.19 erläutern, mit dem Unterschied, dass nun die Teilbilder a und b als zwei unterschiedliche Genotypen γ_1, γ_2 der gleichen Generation betrachtet werden. Für diese beiden Vertreter werden zufällig gemeinsame Kreuzungsalternativen ermittelt. Anschließend werden die in der Regel unterschiedlichen Entscheidungsunterbäume dieser Alternativen ausgetauscht. Da es sich im Beispiel in der Abbildung um einen sehr einfachen Fall handelt, entstehen durch die Rekombination des genetischen *Match Making* (GM-Rekombination) genau die Ausgangsgenotypen, d.h. $\gamma_1^* = \gamma_2$ und $\gamma_2^* = \gamma_1$.

Ablauf des genetischen Match Making

Nachdem nun alle Vorarbeiten geleistet sind, kann abschließend der Vorgang des genetischen *Match Making* (GM) beschrieben werden (Abbildung 5.20). Als Eingabe gehen in den Algorithmus vor allem die Menge der zur Verfügung stehenden Angebotserzeugnisräume $A = \{ERZ_{a_1}, \ldots ERZ_{a_m}\}$ und der Variantenraum der Nachfrage $N = \{ERZ_{nachfrage}\}$ ein. Als Ergebnis wird ein einzelnes Angebot $erz_a \in ERZ_{a_i}$, wobei $ERZ_{a_i} \in A$, zurückgeliefert, das das beste Individuum nach Ablauf der vorgegebenen maximalen Generationszahl darstellt.

Zum Zeitpunkt $t = 0$ werden die Operatorengewichte initialisiert, die dazu dienen, auf evolutionärer Basis zwischen Mutation und Rekombination zu entscheiden (→1); beim genetischen *Match Making* wird für diese Entscheidung Metaevolution eingesetzt, die im folgenden Teilabschnitt genauer behandelt wird. Anschließend wird die Anfangspopulation *pop*(0) durch μ-ma-

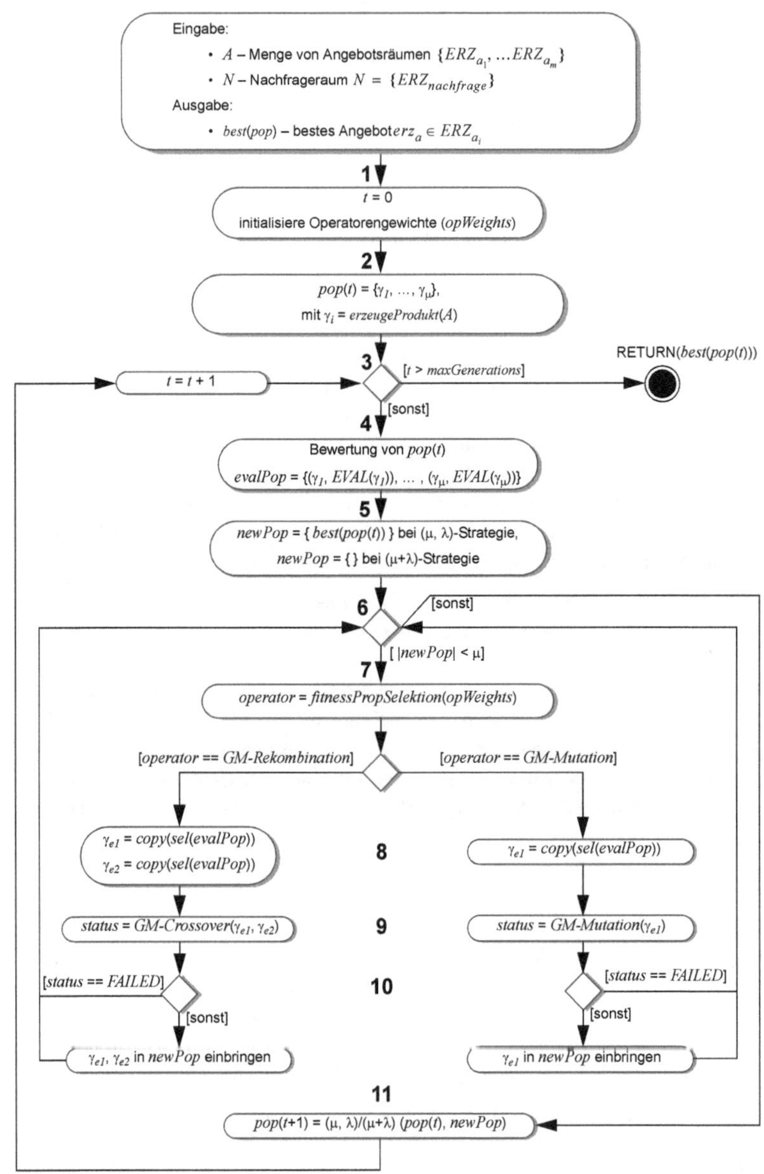

Abb. 5.20: Genetisches Match Making (GM)

liges Aufrufen von *erzeugeProdukt* erzeugt (→2). Erst jetzt beginnt die tatsächliche Evolutionsschleife (→3), die solange wiederholt wird, bis die maximale Anzahl von Generationen durchlaufen ist. Wie schon im allgemeinen Ablauf muss zuerst die bestehende Population mittels der Evaluierungsfunktion $EVAL_N$ bewertet werden (→4). Je nachdem, ob eine Komma- oder eine Plusstrategie verfolgt wird, wird die neue Population *newPop* entweder mit dem besten Individuum aus *pop* oder als leere Menge initialisiert (→5)[2]. Die nun folgende Schleife dient der Erzeugung ausreichend vieler neuer Individuen (→6). Dazu wird pro Durchlauf basierend auf einer fitnessproportionalen Selektion über den Operatorengewichten entschieden, ob die Erzeugung mittels GM-Mutation oder GM-Rekombination geschehen soll (→7). Je nach Operator müssen ein oder zwei Individuen aus *pop* selektiert werden, wobei die in Abbildung 5.2.1 erläuterten Auswahlverfahren zum Einsatz kommen (fitnessbasiert, rangbasiert oder durch Turnier, →8). Diese werden anschließend der jeweiligen strukturmodifizierenden Operation unterworfen (→9) und, falls dieser Vorgang erfolgreich war, in die neue Population *newPop* eingebracht (→10). Sobald diese μ Elemente stark ist, wird der Generierungsprozess beendet und die neue Population $pop(t + 1)$ erzeugt (→11). Je nach Strategie handelt es sich dabei um *newPop* oder um die μ besten Individuen aus der Vereinigung von $pop(t)$ und *newPop*.

Parametrisierung und Optimierung

Neben den Anwendungsparametern A und N, die den Angebots- bzw. den Nachfrageraum darstellen, kann das genetische *Match Making* wie praktisch alle Verfahren des *Soft Computing* durch eine Vielzahl von Systemparametern beeinflusst werden. Die Parameter, die beim genetischen *Match Making* variiert werden können, sind folgende:

- Populationsgröße μ und Anzahl der zu durchlaufenden Generationen *maxGenerations*

  Diese beiden Werte bestimmen im wesentlichen die Laufzeit und die Qualität des Ergebnisses.

- Selektionsverfahren *sel*

  Die Wahrscheinlichkeit dafür, dass ein Individuum mit einer gewissen Fitness zur Strukturveränderung ausgewählt wird, kann durch die oben genannten Strategien fitnessproportional, rangbasiert und turnierbasiert variiert werden.

- Erzeugungsstrategie

  Die neue Generation kann mit Rückgriff (Plusstrategie) oder nahezu ohne Rückgriff (Kommastrategie) auf die Vorfahrengeneration erzeugt werden. Das oben gezeigte Verfahren ist genau genommen eine Mischform, da es in jedem Fall den besten Vorfahren mit in die Folgegeneration übernimmt.

Auf geeignete Belegungen dieser Parameter soll erst in Abschnitt 5.4.1 eingegangen werden, wenn das genetische *Match Making* und das *Simulated-Annealing*-Verfahren gegenübergestellt werden. Neben der Wahl dieser Standardparameter lässt sich das genetische *Match Making* verfahrensspezifisch optimieren. Bereits bei der Vorstellung des Algorithmus in Abbildung 5.20

2. Die Kommastrategie wird nicht strikt implementiert, da genau ein Individuum aus der Elterngeneration auf jeden Fall übernommen wird.

wird in Schritt 7 dynamisch mittels adaptiver Operatorengewichtung entschieden, welche Art der Strukturmodifikation eingesetzt werden soll. Darüberhinaus kann künstlich darauf geachtet werden, dass jede Population immer ein gewisses Maß an Diversität enthält. Schließlich lässt sich aufgrund des bekannten Anwendungskontexts die vollkommen zufallsbasierte Variation durch eine intelligentere Variante ersetzen. Im folgenden soll auf diese Punkte kurz eingegangen werden.

- Adaptive Operatorengewichtung

  Wie in Abbildung 5.15 motiviert haben Mutation und Rekombination einen unterschiedlichen Einfluss auf das evolutionäre Verfahren, wobei einmal das Erforschen neuer Regionen des Suchraums, ein anderes mal die detaillierte Feinabstimmung eines bereits bekannten Teilraums betont wird. Es ist also empfehlenswert, in unterschiedlichen Phasen des evolutionären Prozesses die Mutation oder die Rekombination zu bevorzugen. So ist insbesondere zu Beginn des Prozesses der verstärkte Einsatz der Mutation wünschenswert, während zum Ende hin insbesondere Makromutationen eher störend sind. Die Entscheidung, welcher Operator wann vorzuziehen ist, basiert auf den Operatorengewichten *opWeights*. Deren sinnvolle Belegung ist allerdings ein eigenständiges Optimierungsproblem, so dass sich der Einsatz eines evolutionären Verfahrens anbietet (Metaevolution).

  Hier wird ein Adaptionsschema für die Operatorengewichte basierend auf [Jaco97] vorgestellt, in dem das Gewicht $opWeight(op, t)$ eines Operators op zu einer Generationszeit t mit folgender Formel bestimmt wird:

  $$opWeight(op, t+1) = opWeight(op, t) \cdot \Delta opWeight(op, t+1) \cdot decay_{op}$$

  Das Gewicht der aktuellen Generation t wird also mit der mittleren prozentualen Fitnessänderung des Operatorengewichts $opWeight(op, t+1)$ und einer operatorspezifischen Abklingkonstante $decay_{op}$, wobei gilt $0 < decay_{op} \leq 1$, multipliziert. Auch die Berechnung der Fitnessänderung ist vom Operator abhängig. Für die Mutation gilt:

  $$\Delta opWeight(mut, t+1) = \frac{1}{|mutSolutions|} \cdot \sum_{\gamma \in mutSolutions} \frac{\phi_\gamma}{\phi_{ancestor(\gamma)}}$$

  Mit *mutSolutions* wird dabei die Menge der Lösungen in der Generation $t+1$ bezeichnet, die durch Mutation entstanden sind, während $ancestor(\gamma)$ den direkten Vorfahren liefert, aus dem γ durch Mutation entstanden ist. Für die Rekombination berechnet sich die Fitnessänderung komplizierter:

  $$\Delta opWeight(co, t+1) = \frac{1}{2} \cdot \frac{1}{|coSolutions|} \cdot \sum_{\gamma \in coSolutions} MAX\left(\frac{\phi_\gamma}{\phi_{ancestor(\gamma)_1}}, \frac{\phi_{brother(\gamma)}}{\phi_{ancestor(\gamma)_2}}\right)$$

Dabei stellt *coSolutions* analog die Menge der Lösungen, die durch Rekombination entstanden sind, dar, während mit *brother*(γ) die zweite, durch die Rekombination generierte Lösung bezeichnet wird. Damit wird die prozentuale Veränderung als Mittelwert von

$$MAX\left(\frac{Nachkomme_1}{Elter_1}, \frac{Nachkomme_2}{Elter_2}\right)$$

und

$$MAX\left(\frac{Nachkomme_2}{Elter_1}, \frac{Nachkomme_1}{Elter_2}\right)$$

berechnet, womit dieses Adaptionsschema sehr robust ist gegen den bei Rekombination häufig auftretenden Effekt, dass aus zwei Eltern einerseits ein verbesserter, andererseits ein sehr viel schlechterer Nachkomme entsteht, dessen Fitnessverschlechterung die Verbesserung des Bruders je nach Bewertungsverfahren wieder aufhebt. Weiterführende Informationen dazu finden sich in [Jaco97].

- Einflussnahme auf die Diversität

Ein weiterer wichtiger in Abbildung 5.15 dargestellter Aspekt für den Verlauf eines evolutionären Prozesses ist die Diversität, die ein Maß für die Vielfalt des genetischen Materials darstellt. Eine hohe Diversität sichert eine hohe Kombinationsvielfalt innerhalb einer Population. Die Diversität selbst kann durch den verstärkten Einsatz von Mutation erhöht werden, mit steigendem Selektionsdruck wird sie gemindert. Um immer ein gewisses Niveau von Diversität beizubehalten, kann künstlich die Balance zwischen Mutation und Selektionsdruck beeinflusst werden, wobei die Variation des Selektionsdrucks nur bei der turnierbasierten Selektion durch Reduzierung der Teilnehmerzahl am Turnier möglich ist. Ein simpler Ansatz für diesen manuellen Eingriff stellt folgender Pseudocode dar:

```
diff = φmax – φmin;
if (diff < divLow) then
        opWeight(mut, t + 1) = opWeight(mut, t) · incMutRate;
        competitors = MAX(minCompetitors, competitors – 1);
end if
if (diff > divHi) then
        competitors = MIN(maxCompetitors, competitors + 1);
end if
```

Je nachdem, ob die Diversität, also die Differenz *diff* zwischen dem maximalen und dem minimalen Fitnesswert der momentanen Population, unterhalb der Untergrenze *divLow* oder oberhalb der Obergrenze *divHi* liegt, wird unterschiedlich reagiert. Im ersten Fall wird das Operatorengewicht für die Mutation durch Multiplikation mit *incMutRate* erhöht und bei Verwendung der turnierbasierten Selektion zusätzlich der Selektionsdruck gesenkt, indem die Teilnehmerzahl *competitors* um eins reduziert wird. Überschreitet die Diversität hingegen die Obergrenze, so wird zumindest im Turnierfall die Anzahl der Teilnehmer erhöht, wodurch der Selektionsdruck steigt. Die Mutationsrate wird nicht künst-

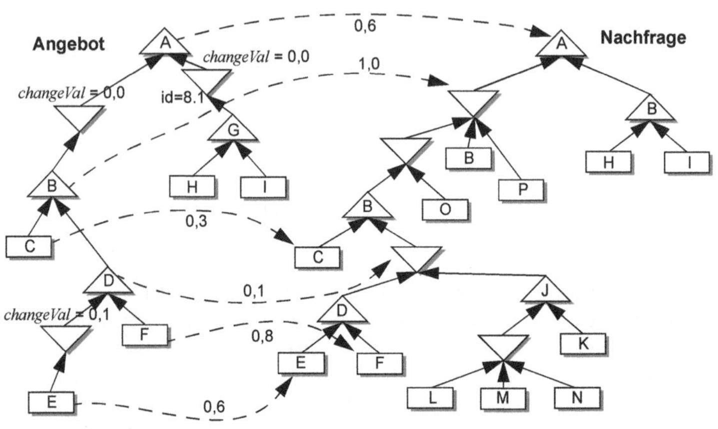

Abb. 5.21: Vollständiges Knoten-Matching

lich abgesenkt, da das automatisch über die adaptive Operatorengewichtung geschieht. Damit ist sichergestellt, dass die Diversität immer in einem "vernünftigen" Rahmen liegt.

- Intelligente Variation

  Die strukturmodifizierenden Operationen von evolutionären Verfahren sind analog zu ihren Vorbildern aus der Natur nicht zielgerichtet, d.h. Kreuzungspunkte und Mutationspunkte werden rein zufällig ausgewählt, wodurch erfolgreiche Teillösungen evtl. unbrauchbar gemacht werden. Bei der Lösung eines Optimierungsproblems steht jedoch in der Regel ausreichend Anwendungswissen zur Verfügung, um diese "Rückfälle" zu umgehen. So definieren Nordin et al. [NoFB96] das explizit definierte Intron (EDI), ein Wert zwischen zwei Knoten eines genotypischen Baums, der ein Maß für die Wahrscheinlichkeit darstellt, dass zwischen den beiden Knoten eine Rekombination stattfindet. So können erfolgreiche Teillösungen, sogenannte *building blocks* vor der Zerstörung durch Rekombination geschützt werden. [Ange96] schlägt für die Bestimmung eines Kreuzungspunkts für die Rekombination vor, einen zum genotypischen Baum strukturgleichen Parameterbaum aufzubauen. Die Parameterwerte der einzelnen Knoten stellen die Wahrscheinlichkeit dar, ob der jeweilige Knoten als Kreuzungspunkt geeignet ist.

  Für die Anwendung auf das genetische *Match Making* von Marrakesch muss dieses Verfahren modifiziert werden. Jedem Knoten des Angebotsbaums vom Typ Alternative wird basierend auf dem in Abschnitt 5.1.3 vorgestellten Knoten-*Matching* ein prozentualer Parameterwert *changeVal* zugewiesen, der angibt, wie gut sich diese Alternative als Kreuzungspunkt für die Rekombination eignet. Abbildung 5.21 stellt eine leicht modifizierte Variante des Knoten-*Matching* dar, in der die Verbindungspfeile mit den maximalen Match-Kennzahlen beschriftet sind. Da jeder Alternativenknoten $mn_{c.i}$ der Angebotsseite genau ein einziges Unterteil *child* besitzt, errechnet sich der Parameterwert *changeVal* gemäß der Formel:

$$changeVal_{mn_{c.x}} = MAX(1 - maxMatch(child(mn_{c.x}))) \cdot \frac{1}{|coord(mn_{c.x})|}$$

Basierend auf den so berechneten Paramterwerten werden die Mutations- und Kreuzungspunkte rangbasiert bestimmt. Dabei steigt die Auswahlwahrscheinlichkeit, je schlechter der Knoten bezüglich seines Inhalts zu seinem *Matching*-Ziel passt, und je näher sich der Knoten an der Wurzel befindet, da sich Abweichungen nahe an der Wurzel bei der Evaluierung stärker auswirken. Die Entfernung eines Alternativenknotens a von der Wurzel wird über die Länge der Koordinate $|coord(a)|$ berechnet. In Abbildung 5.21 sind einige interessante Parameterwerte eingetragen: Eine Alternative erhält dann einen *changeVal*-Eintrag, wenn ihr untergeordneter Auswahlknoten strukturell kompatibel ist. Eine Alternative ohne *Matching*-Ziel bekommt einen zufälligen Parameterwert aus dem Intervall $[0, x]$ mit $x \leq 1$ zugewiesen. Dabei ist x um so kleiner zu wählen, je gesicherter es ist, dass die Alternative auch durch Umentscheiden kein *Matching*-Ziel finden wird. Insbesondere diese Wahl von x ist nur mit Anwendungswissen möglich und geht damit über die Fähigkeiten einfacher evolutionärer Verfahren hinaus. Sind etwa die Kinder einer Alternative fast ausschließlich Instanzen der selben Klasse, so wird eine Änderung der Entscheidung dieser Alternative in den meisten Fällen erfolglos bleiben, weshalb x relativ klein zu wählen ist, um nicht unnötig diesen Teilraum zu durchsuchen. Sind beispielsweise alle Unterteile der Alternative $mn_{8.1}$ in Abbildung 5.21 von der Klasse G, so kann die Alternative nie einen *Matching*-Partner finden und wird daher mit dem Wert $changeVal = 0$ belegt. Durch intelligente Variation kann also der Suchraum effektiv eingeschränkt werden, was den evolutionären Prozess beschleunigt bzw. die Qualität des Ergebnisses verbessert; so kann der Anwender entweder bei gleicher Anzahl von Generationen eine bessere Lösung erhalten, oder eine Lösung gleicher Qualität bei geringerer Anzahl von Generationen. Andererseits muss kritisch angemerkt werden, dass die Evolution nicht mehr vollständig zufallsgesteuert verläuft. Es sind Szenarien konstruierbar, in denen die errechneten Parameterwerte die tatsächliche Situation missverständlich darstellen und den weiteren Verlauf negativ beeinflussen.

Es ist offenbar, dass der Erfolg eines evolutionären Prozesses von sehr vielen Faktoren beeinflusst wird. Eine sinnvolle Wahl dieser Parameter ist hochgradig von den gegebenen Angebots- und Nachfragemengen abhängig, und stellt gewissermaßen selbst ein Optimierungsproblem dar. Sowohl die geeignete Belegung der Standardparameter für das genetische *Match Making*, als auch der Nutzen der drei fortgeschrittenen Optimierungsansätze, die eben vorgestellt wurden, wird sich erst in Abschnitt 5.4 zeigen, wo das genetische *Match Making* mit dem *Simulated-Annealing*-Ansatz auf unterschiedlichen Testszenarien verglichen wird.

5.3.3 Match Making mittels Simulated Annealing

Der zweite Ansatz zur Lösung des in Definition 5.9 eingeführten *Match-Making*-Problems basiert auf dem in Abschnitt 5.2.2 vorgestellten Prinzip des *Simulated Annealing*, d.h. der Nachbildung des Abkühlungsprozesses einer Schmelze. Verglichen mit dem genetischen *Match Making* aus dem vorigen Abschnitt handelt es sich hierbei um ein einfacheres Verfahren. Wie bereits erwähnt ähnelt *Simulated Annealing* dem evolutionären Vorgehen, da es ähnlich zufällig agiert, allerdings setzt es statt einer ganzen Population von potenziellen Lösungen nur einen einzigen Kandidaten ein. Bevor auf den tatsächlichen Ablauf des *Match Making* mittels *Simulated Annealing* (SAM) eingegangen wird, muss die Nachbarschaftsbeziehung zwischen zwei Lösungsindividuen über mereologischen Bäumen definiert werden.

Definition der Nachbarschaft

Wie bereits in Abschnitt 5.2.2 erläutert, existieren zwei unterschiedliche Möglichkeiten, den Nachbarschaftsbegriff zu definieren: Einerseits kann der Abstand zweier Individuen γ_1 und γ_2 mittels eines geeigneten Abstandsmaßes gemessen werden. Da aber insbesondere die Abstandsberechnung zwischen baumartigen Strukturen, wie sie in Marrakesch zum Einsatz kommen, schwierig ist, wird andererseits häufig auf eine Nachbarschaft durch Transformation zurückgegriffen, d.h. die Nachbarschaft einer Lösung γ sind alle die Individuen, die durch jeweils einen einzigen Transformationsschritt erreichbar sind. Als Abbildungsfunktion bietet sich im Fall des *Match Making* die GM-Mutation aus Abschnitt 5.3.2 an, die zufällig eine Alternative im mereologischen Baum auswählt und diese im Rahmen des zulässigen Erzeugnismodells umentscheidet. Damit gilt:

$$trans = GM\text{-}Mutation$$

$$GM\text{-}Mutation(\gamma) = \gamma' \quad \Rightarrow \quad \gamma' \in NH_{GM\text{-}Mutation}(\gamma), \text{ mit } \gamma, \gamma' \in \Gamma.$$

Ablauf des Match Making mittels Simulated Annealing

Der in Abbildung 5.22 dargestellte Ablauf des *Match Making* auf der Basis von *Simulated Annealing* entfernt sich nicht weit von dem allgemeinen Prozess, wie er in Abbildung 5.16 erläutert wurde. Ähnlich wie bei dem genetischen Verfahren muss zuerst eine Initiallösung des Problems mittels der Funktion *erzeugeProdukt* generiert werden (→1a). Anschließend wird in die äußere Schleife eingetreten, die solange durchlaufen wird, bis die maximale Anzahl von Iterationen erreicht ist. Hier wird analog zum Initialisierungsschritt zufällig die aktuelle Angebotskonfiguration γ_{act} mittels *erzeugeProdukt* ermittelt; falls die Evaluierung von γ_{act} einen besseren Wert liefert, als die des bisher besten Individuums γ_{best}, so wird die aktuelle Lösung in γ_{best} abgelegt (→1b). Nun wird in die innere Schleife, den Abkühlungskreislauf eingetreten. Hier wird eine Kopie von γ_{act} solange der GM-Mutation unterworfen (→2), bis ein gültiger Mutant γ_{new} entsteht (→3). Gemäß der obigen Definition der Nachbarschaft ist das mutierte Individuum Nachbar von γ_{act}. Ist die neue Lösung γ_{new} qualitativ hochwertiger als γ_{act}, so wird γ_{new} als aktuelles Individuum übernommen und wie in klassischen lokalen Suchverfahren mit γ_{best} verglichen und evtl. zur neuen besten Lösung (→5a). Ist γ_{new} hingegen schlechter als γ_{act}, so kann γ_{new} dennoch als aktuelle Lösung übernommen wird, falls die aus beiden Evaluierungswerten

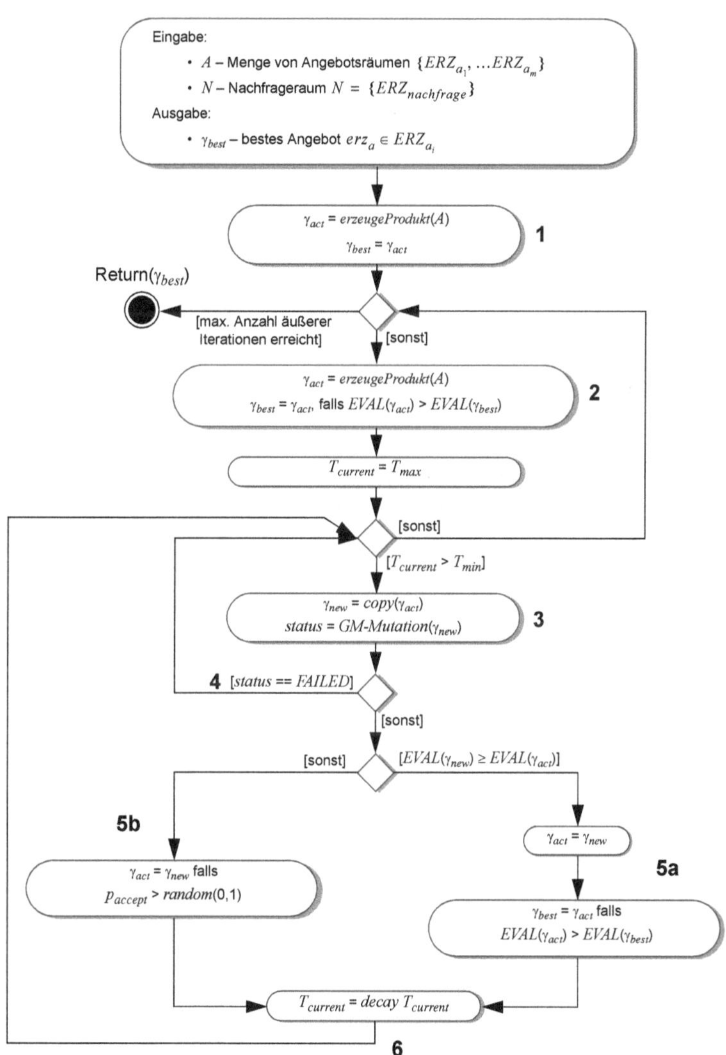

Abb. 5.22: Match Making basierend auf Simulated Annealing (SAM)

und der momentanen Temperatur *T* errechnete Akzeptanzwahrscheinlichkeit p_{accept} größer ist als das Zufallsereignis *random*(0, 1) (→5b). Nach der Abkühlung der aktuellen Temperatur (→6) wird der nächste Durchlauf der inneren Schleife begonnen.

Parametrisierung und Optimierung

Im Gegensatz zum genetischen *Match Making* fallen die Möglichkeiten, geschickte Parameter oder Optimierungsstrategien zu wählen, deutlich geringer aus. Der Verlauf des Verfahrens kann im wesentlichen durch die Bestimmung des Abkühlungsplans, also die Werte T_{max}, T_{min} und *decay* sowie die Anzahl der äußeren Iterationen *outerIterations* beeinflusst werden. Bei einem gegebenen Abkühlungsplan ergibt sich eine Anzahl von inneren, temperaturbedingten Iterationen, deren Größe mit der folgenden Formel bestimmt werden kann:

$$tempIterations = round\left(\frac{\ln\left(\frac{T_{min}}{T_{max}}\right)}{\ln(decay)}\right)$$

Die Gesamtzahl der durchgeführten Iterationen ergibt sich als *outerIterations* · *tempIterations*. Ob es bei konstanter Schleifenzahl sinnvoller ist, mehr äußere Durchläufe durchzuführen, oder mehr temperaturbedingte, müssen die Messungen im folgenden Abschnitt zeigen.

Als einzige Optimierungsstrategie lässt sich im Fall des *Simulated Annealing* die intelligente Variation, genauer die intelligente Mutation, einsetzen. Da auf nur einem einzigen Individuum operiert wird, entfallen verfahrensbedingt die (intelligente) Rekombination, die adaptive Operatorenwahl und die Diversitätsüberwachung.

5.4 Vergleich der verschiedenen Match-Making-Verfahren

Der vorige Abschnitt gibt einen detaillierten Einblick in zwei Lösungsansätze für das *Match-Making*-Problem, die auf den Methoden des *Soft Computing* basieren. Dabei fällt die Behandlung des genetischen *Match Making* (GM) intensiver aus, da für dieses Verfahren eine größere Anzahl von Variationsmöglichkeiten besteht. Die Leistungsfähigkeit dieser Verfahren wurde durch ausführliche Test auf unterschiedlichen Angebotsvariantenräumen untersucht. Der vorliegende Abschnitt gibt einen Überblick über die Ergebnisse dieser Messungen. Bevor die Messwerte erläutert werden, müssen zunächst die Testszenarien beschrieben werden.

Als Grundlage für die folgenden Testmessungen werden zwei gegensätzliche, charakteristische Angebotsvariantenräume eingesetzt. Dabei wird aus Gründen der Einfachheit jeweils ein einziger Angebotsraum $ERZ_{angebot}$ einem Nachfrageraum $ERZ_{nachfrage}$ gegenübergestellt. Auf das Verhalten der Algorithmen hat das keinen Einfluss; zudem lassen sich mehrere Angebot mittels eines übergeordneten Alternativenknotens zu einem einzigen zusammenfassen. Die Eckdaten der einzelnen Szenarien sind in Tabelle 5.1 gegenübergestellt. Beide haben eine hohe Anzahl von möglichen Erzeugnissen gemein, wobei die in der Tabelle angegebene Anzahl die Wirkung der Implikationen ignoriert. Das Szenario Flach zeichnet sich dadurch aus, dass der mereologi-

Szenario	Beschreibung der Ausdehnung	Anzahl der Erzeugnisse (ohne Implikationen)	Anzahl der Implikationen
Flach	flach und breit	1.000.000.000	3
Komplex	tief und breit	97.656.250.000	4

Tab. 5.1: Charakteristische Szenarien für die Testmessungen

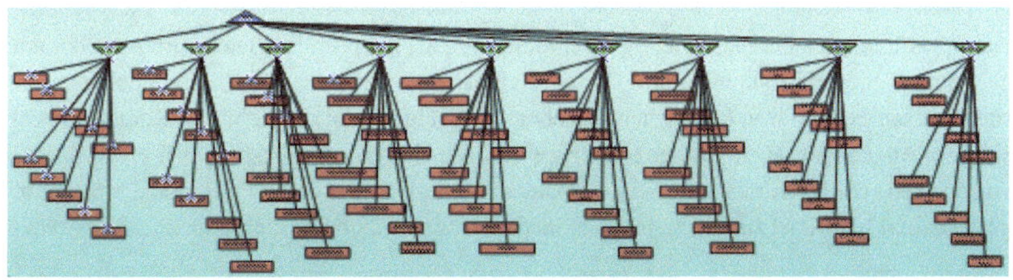

Abb. 5.23: Szenario Flach

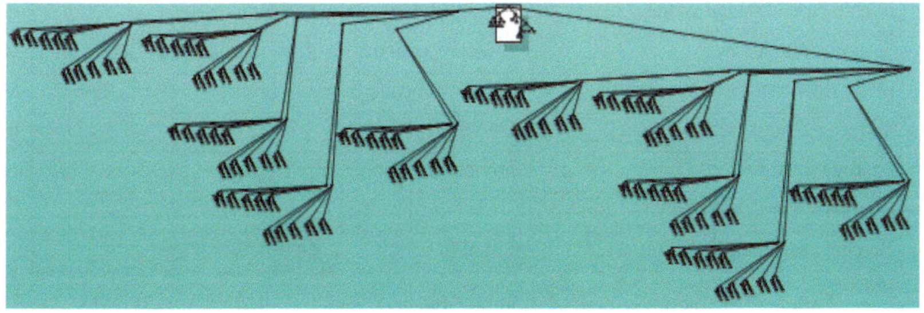

Abb. 5.24: Szenario Komplex

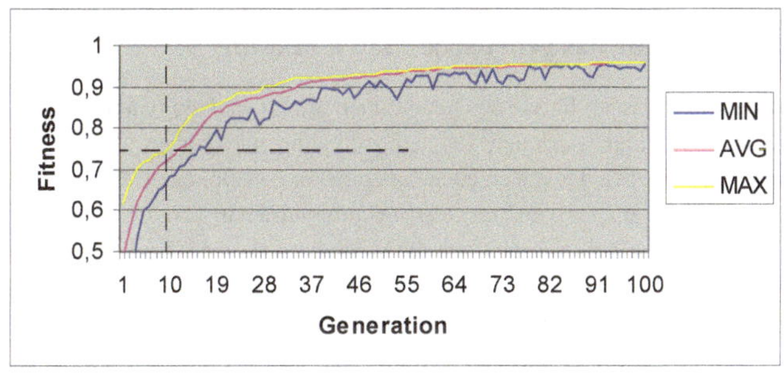

Abb. 5.25: Beispiel einer Kennlinie

sche Baum sehr breit ist, dafür aber nur eine geringe Tiefe besitzt. Hier müssen also viele Einzelteile entschieden werden, ein abschließendes Erzeugnis ist ein einfacher Baum bestehend aus zwei bzw. drei Ebenen, je nachdem, ob die entschiedenen Alternativenknoten beibehalten oder eliminiert werden. Im Fall Komplex ist der mereologische Baum sowohl breit als auch tief angelegt, d.h. hierbei wird es sich vermutlich um das interessantere Szenario handeln. Eine genaue inhaltliche Darstellung der einzelnen Angebotsvariantenräume ist nicht sinnvoll, dennoch sollen Abbildung 5.24 und Abbildung 5.23 eine ungefähre Vorstellung vermitteln.

Die Spezifikationen der Nachfrage werden durchweg als klein im Vergleich zum Angebot angenommen. Sie sind so konstruiert, dass sie als Lösung in den Angebotsstrukturen eingebettet sind, d.h. ein exakter *Match* zwischen Angebot und Nachfrage ist möglich. Alle Knoten sowohl aus dem Angebot als auch aus der Nachfrage besitzen ein Aggregationsmerkmal Preis, für das von der Seite der Nachfrage eine Max-Semantik definiert ist, wobei der Preis, den der Nachfrager maximal gewillt ist zu zahlen, in allen Szenarien knapp über dem Gesamtpreis der versteckten Ideallösung liegt. Alle weiteren Merkmale sind mit zufälligen numerischen Werten belegt und folgen der Exact-Semantik.

Parameter	mögliche/gewählte Ausprägung(en)
Populationsgröße μ	14
Anzahl Generationen *maxGenerations*	100
Initiale Operatorengewichte	0,33 für Mutation und 0,66 für Crossover
Selektionsmodus *sel*	fitnessproportional, rangbasiert und Turnierselektion
Ersetzungsstrategie	Komma, Plus
Adaptive Operatorengewichtung	aktiviert
Intelligente Variation	aktiviert/deaktiviert
Überwachung der Diversität	aktiviert/deaktiviert
Diversitätsschranken *divLow*/*divHi*	normal (0,03/0,06) / hoch (0,1/0,3)

Tab. 5.2: Wertebereiche der Parameter für genetisches *Match Making* (GM)

5.4.1 Messwerte für das genetische Match Making

Bevor die einzelnen Messergebnisse des genetischen *Match Making* (GM) präsentiert werden können, müssen noch einige speziellere Rahmenbedingungen vereinbart werden. In Tabelle 5.2 sind aus den Wertebereichen der verschiedenen Parameter und Optionen, die beim GM möglich sind, dargestellt. Die Parameter μ und *maxGenerations* wurden in Voruntersuchungen bestimmt und bleiben über alle Testläufe konstant, um die Vergleichbarkeit der Ergebnisse zu gewährleisten. Aus diesen bereits leicht eingeschränkten Bereichen der einzelnen Parameter lässt sich eine Vielzahl von Konfigurationen bilden, von denen jedoch nicht alle interessant sind. In Tabelle 5.3 werden alle 24 im folgenden untersuchten Konfigurationen vorgestellt, die einen guten Überblick über die Einflüsse der einzelnen Optimierungskriterien geben. Für jeden Eintrag in der Tabelle wurden je zehn Testläufe über 100 Generationen durchgeführt, wobei jeder Lauf dieselbe

Konfiguration	**Selektions-methode** *sel*	**Ersetzungs-strategie**	**Intelligente Variation**	**Überwachung der Diversität**	**Diversitäts-schranken** *divLow/divHi*
1	fitnessproportional	Komma	aktiviert	aktiviert	normal
2	rangbasiert	Komma	aktiviert	aktiviert	normal
3	Turnier	Komma	aktiviert	aktiviert	normal
4	fitnessproportional	Plus	aktiviert	aktiviert	normal
5	rangbasiert	Plus	aktiviert	aktiviert	normal
6	Turnier	Plus	aktiviert	aktiviert	normal
7	fitnessproportional	Komma	deaktiviert	aktiviert	normal
8	rangbasiert	Komma	deaktiviert	aktiviert	normal
9	Turnier	Komma	deaktiviert	aktiviert	normal
10	fitnessproportional	Plus	deaktiviert	aktiviert	normal
11	rangbasiert	Plus	deaktiviert	aktiviert	normal
12	Turnier	Plus	deaktiviert	aktiviert	normal
13	fitnessproportional	Komma	aktiviert	aktiviert	hoch
14	rangbasiert	Komma	aktiviert	aktiviert	hoch
15	Turnier	Komma	aktiviert	aktiviert	hoch
16	fitnessproportional	Plus	aktiviert	aktiviert	hoch
17	rangbasiert	Plus	aktiviert	aktiviert	hoch
18	Turnier	Plus	aktiviert	aktiviert	hoch
19	fitnessproportional	Komma	aktiviert	deaktiviert	normal
20	rangbasiert	Komma	aktiviert	deaktiviert	normal
21	Turnier	Komma	aktiviert	deaktiviert	normal
22	fitnessproportional	Plus	aktiviert	deaktiviert	normal
23	rangbasiert	Plus	aktiviert	deaktiviert	normal
24	Turnier	Plus	aktiviert	deaktiviert	normal

Tab. 5.3: Untersuchte Konfigurationen des genetischen *Match Making* (GM)

zufällig erzeugte Anfangspopulation zugewiesen bekam. Um etwaige Ausreißer zu eliminieren wurden die Evaluierungsmaße über alle zehn Läufe gemittelt, wodurch für jede Konfiguration drei charakteristische Kennlinien entstehen: der Durchschnitt der jeweils besten Individuen MAX, der Durchschnitt der jeweils mittleren Individuen AVG, sowie der Durchschnitt der jeweils schlechtesten Individuen MIN. In den folgenden Untersuchungen der 24 Konfigurationen wird in der Regel nur die MAX-Kurve dargestellt; nur in besonderen Fällen, z.B. bei der Untersuchung der Diversität, die genau die Differenz zwischen der MIN- und der MAX-Kurve ist, werden alle drei Kennlinien dargestellt. Ein Beispiel für die drei Kurven für eine Konfiguration ist in Abbildung 5.25 zu sehen.

Neben der visuellen Darstellung der Leistungsfähigkeit der verschiedenen Konfigurationen werden zwei kumulierte Fitnesswerte definiert, die den Vergleich zusätzlich vereinfachen. Es handelt sich dabei einerseits um die absolute Summe der Fitnesswerte über alle 100 Generationen hinweg $\phi_{cum,abs}$, und andererseits um die gewichtete Fitnesssumme $\phi_{cum,w}$, die hohe Fitnesswerte in frühen Generationen stärker bewertet als in späteren. Die Kennzahlen sind wie folgt definiert:

$$\phi_{cum,\,abs} = \sum_{gen\,=\,1}^{maxGenerations} \phi(gen)$$

$$\phi_{cum,\,w} = \sum_{gen\,=\,1}^{maxGenerations} \frac{\phi(gen)}{gen}$$

Beide Werte sind um so höher, je früher das *Match-Making*-Verfahren gute Lösungen generiert. Wie bereits erwähnt, gehen in $\phi_{cum,w}$ spätere hohe Fitnesswerte weniger stark in die Gesamtsumme ein als in $\phi_{cum,abs}$. Allerdings bewertet die gewichtete Kennzahl gegebenenfalls Verläufe, die in den ersten Durchläufen hohe Fitnesswerte aufweisen, dann aber schnell gegen einen Sättigungswert konvergieren, zu gut, weshalb in erster Linie $\phi_{cum,abs}$ zur Bewertung der Konfigurationen herangezogen wird. Mit diesen Vorbemerkungen können nun die einzelnen Parameter untersucht werden, um schließlich die optimale Parametrisierung für die zwei Szenarien zu finden.

Einfluss der Selektionsstrategie

Die drei Selektionsstrategien fitnessproportional, rangbasiert und turnierbasiert verhalten sich über alle Konfiguration hinweg jeweils ähnlich. In Tabelle 5.4 sind die Ränge sowohl über die absoluten als auch über die kumulierten Fitnesssummen für die Strategien notiert. Offensichtlich ist in keinem der beiden Szenarien der Einsatz der fitnessbasierten Selektion zu empfehlen; von den verbleibenden Verfahren schneidet der turnierbasierte Modus minimal besser ab. Das schlechte Abschneiden der fitnessproportionalen Methode erklärt sich durch die spezielle Evaluierung eines Angebots. Da es sich bei der Ermittlung der Baumähnlichkeit um eine hierarchische Mittelung der einzelnen *Matching*-Zahlen aus dem Knoten-*Matching* handelt (Abschnitt 5.1.2), fällt ein Unterschied tiefer im Baum weniger ins Gewicht als bei den wurzelnahen Knoten. Dadurch entstehen im fitnessbasierten Fall überdurchschnittlich viele Lösungen, deren oberer Teil gut entschieden ist. Dafür wird für das Durchsuchen der tieferen Baumregionen übermäßig viel Zeit vergeudet. Die beiden anderen Strategien können offenbar zwischen Lösungen, deren untere Hälfte gut entschieden ist, und denen, deren Oberteil gut entschieden ist, deutlich besser unterscheiden.

Der Unterschied wird exemplarisch an den Abbildungen 5.27 und 5.26 dargestellt, also anhand der Konfigurationen 1 und 3 im Szenario Komplex. Offensichtlich ist die Turnierselektion weit überlegen. Eine Lösung mit einer Qualität von 90% wird bereits nach gut 20 Generationen erreicht, während die fitnessproportionale Konfiguration für diesen Wert über 60 Generationen benötigt. Interessant ist dabei zu bemerken, dass die Parameter der beiden Konfigurationen abgesehen von der Selektionsstrategie identisch sind.

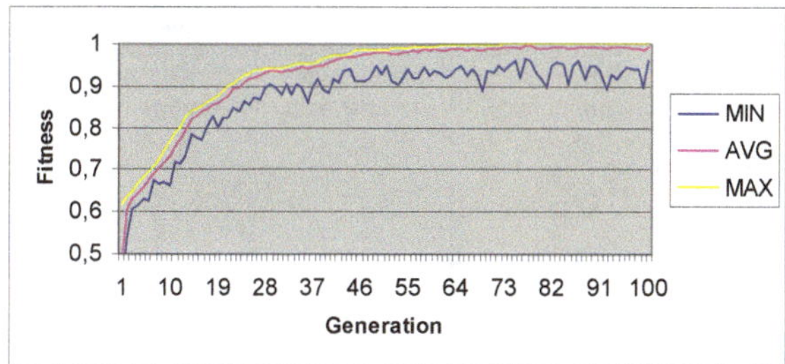

Abb. 5.26:
Konfiguration mit Turnierselektion (Konfiguration 3 – Szenario Komplex)

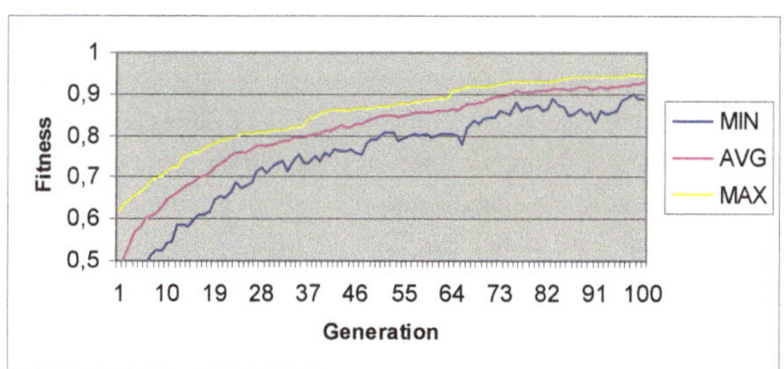

Abb. 5.27:
Fitnessproportionale Konfiguration (Konfiguration 1 – Szenario Komplex)

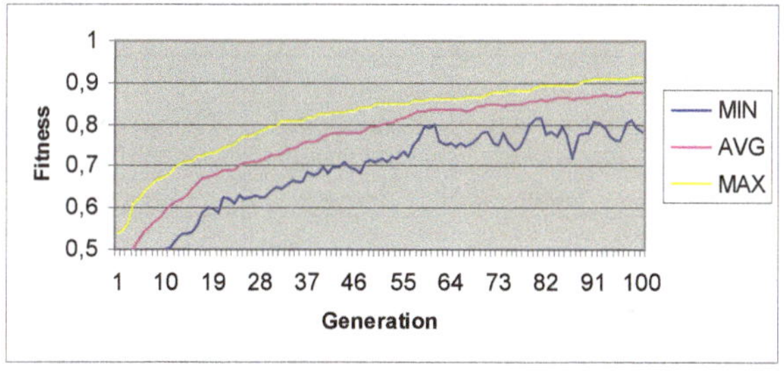

Abb. 5.28:
Konfiguration mit Kommastrategie (Konfiguration 13 – Szenario Flach)

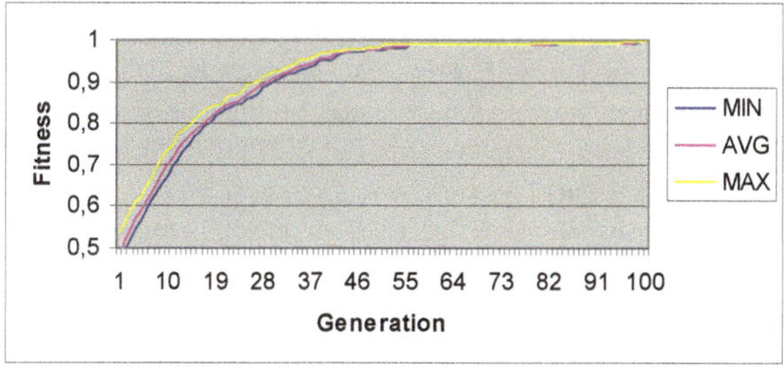

Abb. 5.29:
Konfiguration mit Plusstrategie (Konfiguration 16 – Szenario Flach)

Selektionsmethode	Szenario Flach		Szenario Komplex	
	Platzierungssumme bzgl. $\phi_{cum,abs}$	Platzierungssumme bzgl. $\phi_{cum,w}$	Platzierungssumme bzgl. $\phi_{cum,abs}$	Platzierungssumme bzgl. $\phi_{cum,w}$
fitnessproportional	130	138	132	132
rangbasiert	90	100	85	87
Turnier	80	62	83	81

Tab. 5.4: Platzierungssummen bezüglich der Selektion

Einfluss der Ersetzungsstrategie

Genau die Hälfte der in Tabelle 5.3 vorgestellten Konfigurationen benutzt die Komma- bzw. die Plusstrategie, um die neue Population zu erzeugen. Die Ergebnisse der Messungen bezüglich dieses Parameters wurden analog zur Selektionsstrategie aufsummiert und in eine Gesamtrangordnung überführt. Aus Tabelle 5.5 lässt sich sofort erkennen, dass die Plusstrategie über beide Szenarien und unabhängig davon, ob die absolute oder die gewichtete Fitnesssumme betrachtet wird, die bessere Wahl ist. In diesem Fall zahlt es sich aus, dass die neue Generation aus dem gemeinsamen Pool der Eltern und ihrer Kinder gebildet wird. Ein inhärentes Problem dieser Ersetzungsstrategie ist jedoch die schnelle Abnahme der Diversität aufgrund des hohen Selektionsdrucks. Allerdings wird diesem Problem beim genetischen *Match Making* in Marrakesch mit einer gezielten Diversitätsüberwachung begegnet, was im fogenden Abschnitt näher betrachtet wird.

Strategie	Szenario Flach		Szenario Komplex	
	Platzierungssumme bzgl. $\phi_{cum,abs}$	Platzierungssumme bzgl. $\phi_{cum,w}$	Platzierungssumme bzgl. $\phi_{cum,abs}$	Platzierungssumme bzgl. $\phi_{cum,w}$
Komma	204	201	183	184
Plus	96	99	117	116

Tab. 5.5: Platzierungssummen bezüglich der Ersetzungsstrategie

In den Abbildungen 5.32 und 5.33 sind wieder zwei bis auf die Ersetzungsstrategie identische Konfigurationen abgebildet. Es handelt sich um die Konfigurationen 13 und 16 jeweils im Szenario Flach. Abgesehen davon, dass der Verlauf der Plusstrategie überhaupt deutlich besser ist fallen zwei weitere Aspekte auf: Wie zu erwarten ist die Diversität, im Bild der Abstand zwischen der MIN- und der MAX-Kurve zu einer Generation t, im Fall von Plus deutlich geringer. Außerdem ist die MIN-Kurve bei der Wahl einer Plusstrategie im Gegensatz zur Kommastrategie sehr glatt. Werden die Eltern in die Auswahl der Folgegeneration mit einbezogen, so kann diese nicht schlechter sein als ihre Vorgängergeneration, d.h. das Evaluierungsmaß selbst des jeweils schlechtesten Individuums nimmt streng monoton zu. Wird hingegen eine Kommastrategie verfolgt, so wird beim GM zwar der beste Vorfahre übernommen, aber alle $\mu - 1$ weiteren Individuen der Folgepopulation entstehen durch Variation, wodurch eine Verschlechterung der

Qualität zumindest für einige möglich ist, wie die MIN-Kurve von Abbildung 5.32 zeigt. Die AVG-Kurve von Komma verläuft deutlich glatter, da sie sowohl positive wie negative Ausreißer herausmittelt. Die MAX-Kurve ist monoton steigend, da auf jeden Fall der beste Vorfahre übernommen wird.

Einfluss der Diversitätsüberwachung

Bereits bei der Untersuchung der Ersetzungsstrategie wurde auf das Problem der zu stark abnehmenden Diversität bei der Plusstrategie eingegangen. Dadurch wird die genetische Vielfalt der einzelnen Individuen einer Generation eingeschränkt und der explorative Charakter des evolutionären Prozesses geht verloren; es besteht das Risiko, dass das Verfahren an lokalen Optima stagniert. Um dem entgegenzuwirken, wurde weiter oben die künstliche Diversitätsüberwachung eingeführt, die garantieren soll, dass immer eine gewisse Diversität vorliegt, aber auch nicht Überhand nimmt. Um die Wirksamkeit dieses Mechanismus zu überprüfen, wurden bei den Messungen die Konfigurationen 19-24 ohne Diversitätsüberwachung mit ihren Zwillingskonfigurationen 1-6 mit Überwachung verglichen. In Tabelle 5.6 sind die Veränderungen in der Gesamtrangliste für beide Szenarien verzeichnet, wobei hier nur die Fitnesssumme $\phi_{cum,abs}$ berücksichtigt wurde. Es ist auffällig, dass der Einsatz der Diversitätsüberwachung in allen Fällen eine Verbesserung mit sich bringt. Insbesondere der Übergang von den Konfigurationen 22-24 auf 4-6 bewirkt eine Steigerung um bis zu 16 Positionen. Diese besonders gute Auswirkung der Diversitätskontrolle lässt sich dadurch erklären, dass die Konfiguration 22-24 die Plusstrategie verfolgen, die wie bereits erläutert besonders anfällig für einen Mangel an Diversität ist. Dieses Resultat verstärkt damit die bereits vorher geäußerte Vermutung, dass die Plusstrategie nur dann sinnvoll einzusetzen ist, wenn durch einen künstlichen Eingriff von außen die Diversität hochgehalten wird.

Konfigurationspaar	Verbesserung in Szenario Flach	Verbesserung in Szenario Komplex
$19 \rightarrow 1$	1	1
$20 \rightarrow 2$	2	3
$21 \rightarrow 3$	5	6
$22 \rightarrow 4$	10	10
$23 \rightarrow 5$	9	5
$24 \rightarrow 6$	8	16

Tab. 5.6: Konfigurationspaare bezüglich der Diversitätsüberwachung ($\phi_{cum,abs}$)

Die Wirkung der Diversitätskontrolle wurde zusätzlich mittels zweier verschiedener Grenzintervalle untersucht. Die Konfigurationen 13-18 gehen aus den eben vorgestellten Konfigurationen 1-6 hervor, indem die Schranken *divLow* und *divHi* von 0,03 bzw. 0,06 auf 0,1 bzw. 0,3 erhöht wurden. Damit liegt die Diversität insgesamt auf einem deutlich höheren Niveau und beeinflusst den Verlauf des evolutionären Prozesses noch mehr. Die Veränderung durch die Erhöhung der Schranken sind in Tabelle 5.7 gegenübergestellt. Mit Ausnahme der Paarung von

Konfigurationspaar	Verbesserung in Szenario Flach	Verbesserung in Szenario Komplex
7 → 1	2	3
8 → 2	-4	5
9 → 3	4	14
10 → 4	2	8
11 → 5	2	2
12 → 6	-1	17

Tab. 5.8: Konfigurationspaare bezüglich der intelligenten Variation ($\phi_{cum,abs}$)

Konfiguration 1 und 13 wird in allen Fällen eine weitere Verbesserung erreicht. Besonders erwähnenswert ist der Übergang von Konfiguration 24 → 6 → 18. Hier ergibt sich im Szenario Komplex durch Hinzunahme der niedrigen Diversitätsschranken eine Verbesserung von Platz 18 auf Platz 2, durch den Übergang auf die hohen Schranken sogar die Verbesserung auf Platz 1 (bezogen auf $\phi_{cum,abs}$).

Einfluss der intelligenten Variation

Als letzte Optimierungsmaßnahme ist die intelligente Variation zu untersuchen, die die völlig zufallsbasierten Variationsoperatoren Mutation und Rekombination durch Anwendungswissen in zielgerichtetere Bahnen lenken soll. Dazu werden die Konfigurationen 7-12, die auf die intelligente Variation verzichten müssen, mit ihren optimierten Zwillingen 1-6 verglichen. Das Ergebnis findet sich in Tabelle 5.8. Offenbar ist der Nutzen dieser Form von Variation für komplexe Szenarien geeigneter als für flache. Zwar ergeben sich auch im Szenario Flach meist Verbesserungen, aber insbesondere von Konfiguration 8 auf 2 ist die Verschlechterung nicht akzeptabel. Als Ursache für dieses schlechte Abschneiden kann die geringe Tiefe angeführt werden, die ein sehr kompaktes Feld von Wechselwahrscheinlichkeiten *changeVal* nach sich zieht. Für das Szenario Komplex hingegen ist die Verbesserung durch die Verwendung von intelligenter Variation teils enorm. Die intelligente Variation kann also nur für komplexer gestaltete Szenarien, deren Bäume eine gewisse Tiefe aufweisen, empfohlen werden.

Konfigurationspaar	Verbesserung in Szenario Flach	Verbesserung in Szenario Komplex
1 → 13	1	-2
2 → 14	11	2
3 → 15	2	1
4 → 16	8	4
5 → 17	4	4
6 → 18	2	1

Tab. 5.7: Konfigurationspaare bezüglich der Diversitätsschranken ($\phi_{cum,abs}$)

Die optimale Parametrisierung für genetisches Match Making

Aus den Beobachtungen in den vorigen Abschnitten kann nun die optimale Parametrisierung für das genetische *Match Making*, teils in Abhängigkeit vom Szenario, gefolgert werden. Als Selektionsstrategie sollte das rang- oder turnierbasierte Vorgehen favorisiert werden; die fitnessproportionale Strategie liefert durchweg schlechtere Ergebnisse. Die Bildung der neuen Generation sollte mittels der Plusstrategie geschehen, zumindest dann, wenn sie durch eine künstliche Diversitätsüberwachung unterstützt wird. Nur so kann sichergestellt werden, dass sich der evolutionäre Prozess nicht "verirrt". Für die Diversitätsüberwachung hat sich der höherliegende Grenzkorridor zwischen 0,1 und 0,3 als erfolgreicher erwiesen. Der einzige Parameter, der offenbar szenarioabhängig ist, ist die intelligente Variation; sie sollte nur bei komplexen Szenarien eingesetzt, die eine gewisse Baumtiefe aufweisen. Bei Szenarien, deren Bäume nur aus drei Ebenen bestehen, kann diese Form der Variation die Ergebnisse sogar verschlechtern.

Rang	Szenario Flach		Szenario Komplex	
	$\phi_{cum,abs}$	$\phi_{cum,w}$	$\phi_{cum,abs}$	$\phi_{cum,w}$
1	Konf. 16	Konf. 18	Konf. 18	Konf. 18
2	Konf. 17	Konf. 12	Konf. 6	Konf. 6
3	Konf. 18	Konf. 17	Konf. 16	Konf. 17
4	Konf. 12	Konf. 16	Konf. 17	Konf. 16
5	Konf. 6	Konf. 6	Konf. 15	Konf. 15
...				
22	Konf. 1	Konf. 1	Konf. 19	Konf. 13
23	Konf. 19	Konf. 7	Konf. 13	Konf. 7
24	Konf. 7	Konf. 19	Konf. 7	Konf. 1

Tab. 5.9: Rangfolgen der Konfigurationen beim GM

In Tabelle 5.9 sind in Abhängigkeit vom Szenario und der Fitnesssumme die jeweils besten fünf und die schlechtesten drei Konfigurationen gegenübergestellt. Außerdem sind die jeweils zwei besten und schlechtesten Konfigurationen in den Abbildungen 5.31 und 5.30 (Szenario Flach bzw. Szenario Komplex) dargestellt. Auffällig ist das generell gute Abschneiden der Konfigurationen 16-18. Sie unterscheiden sich nur in ihrer Selektionsstrategie und haben die übrigen Parameter optimal im Sinne des vorigen Absatzes belegt (Plus, intelligente Variation, Diversitätsüberwachung mit hohen Schranken). Mit dieser Belegung kann sich sogar Konfiguration 16, die eine fitnessproportionale Selektionsstrategie verfolgt, gegen die Konkurrenten behaupten. Dennoch sollte aufgrund der weiter oben erläuterten Probleme die fitnessproportionale Selektion nicht verwendet werden. Konfiguration 12 schneidet nur in Szenario Flach gut ab. Es handelt sich dabei um eine Kopie von Konfiguration 18 unter Verzicht auf intelligente Variation, die im flachen Szenario nicht zum Tragen kommt. Im Szenario Komplex erreicht Konfiguration 12 nur den 19. Rang unabhängig von der Berechnung der Fitnesssumme. Als durchgehend schlecht können die Konfigurationen 1 und 7 identifiziert werden. Beide verfolgen eine fitnessproporti-

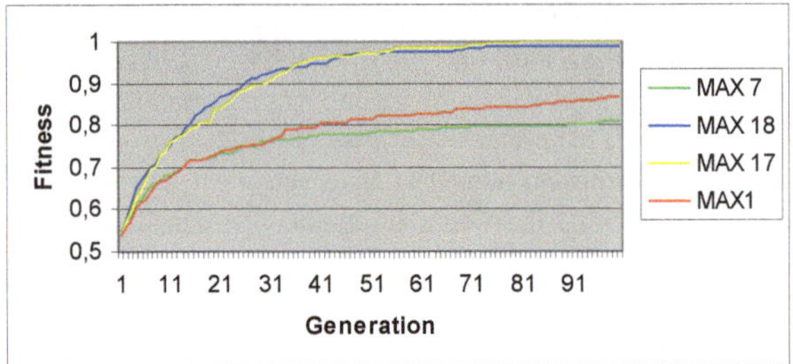

Abb. 5.30: Vergleich der besten und schlechtesten Konfigurationen in Szenario Flach (GM)

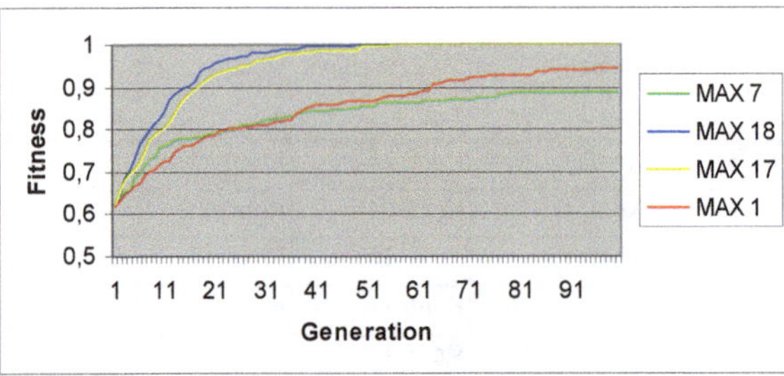

Abb. 5.31: Vergleich der besten und schlechtesten Konfigurationen in Szenario Komplex (GM)

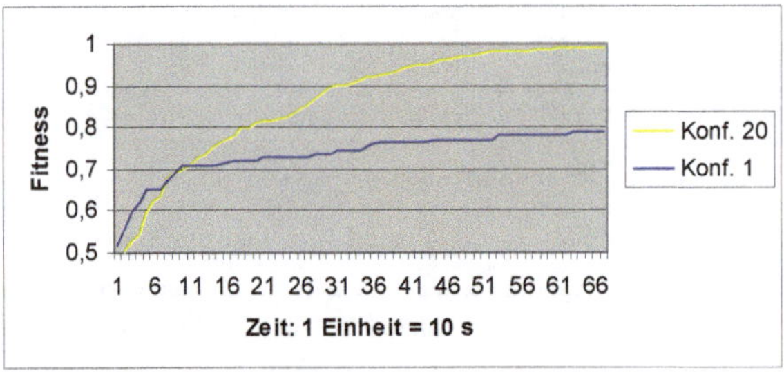

Abb. 5.32: Vergleich der besten und schlechtesten Konfiguration in Szenario Flach (SAM)

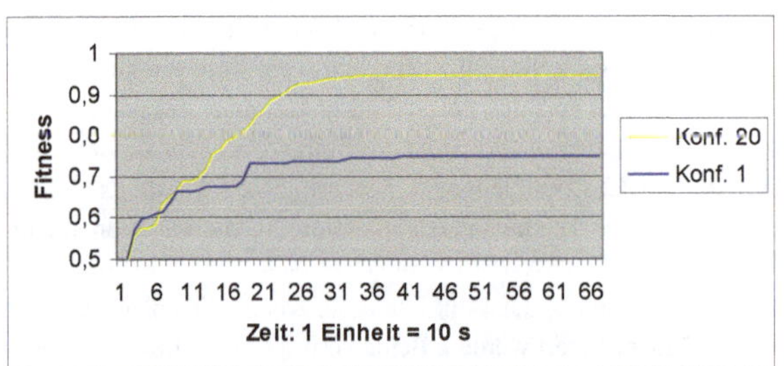

Abb. 5.33: Vergleich der besten und schlechtesten Konfiguration in Szenario Komplex (SAM)

onale Selektion sowie die Kommastrategie. Die Diversitätsüberwachung kann in dieser Konstel-

Konfiguration	T_{max}	T_{min}	*decay*
1	0,3	0,01	0,8
2	0,3	0,007	0,8
3	0,3	0,004	0,8
4	0,3	0,001	0,8
5	0,3	0,01	0,84
6	0,3	0,007	0,84
7	0,3	0,004	0,84
8	0,3	0,001	0,84
9	0,3	0,01	0,88
10	0,3	0,007	0,88
11	0,3	0,004	0,88
12	0,3	0,001	0,88
13	0,3	0,01	0,94
14	0,3	0,007	0,94
15	0,3	0,004	0,94
16	0,3	0,001	0,94
17	0,3	0,01	0,99
18	0,3	0,007	0,99
19	0,3	0,004	0,99
20	0,3	0,001	0,99

Tab. 5.10: Konfigurationen bei SAM

lation offenbar nichts ausrichten, auch die Erhöhung der Grenzen (Konfiguration 13) bringt keinen Nutzen.

Aus den Abbildungen 5.31 und 5.30 lässt sich darüberhinaus gut erkennen, um wieviel die besten Konfigurationen den schlechtesten überlegen sind. Während die Konfigurationen 17 und 18 in beiden Szenarien nahezu die 100%-ige Optimallösung errechnen, erreichen die Konfigurationen 1 und 7 im Szenario Flach nicht einmal die 90%-Marke. Ebenso auffällig ist, wie schnell die besten Konfigurationen eine gute Lösung ermitteln. Im Szenario Komplex benötigen die Konfigurationen 17 und 18 weniger als 20 Generationen, um eine Lösung mit einem Evaluierungsmaß von 90% zu erzeugen. Konfiguration 1 benötigt für eine Lösung der selben Güte etwa 65 Durchläufe, während Konfiguration 7 diesen Wert innerhalb der 100 absolvierten Testläufe gar nicht erreicht.

5.4.2 Messwerte für das Match Making mittels Simulated Annealing

Das *Match-Making*-Verfahren basierend auf *Simulated Annealing* (SAM) bietet deutlich weniger Einstellmöglichkeiten, als das eben untersuchte GM-Verfahren. Daher fällt dieser Abschnitt entsprechend kürzer aus. Die bei SAM maßgebenden Parameter sind das Abkühlsystem, d.h. die Grenzen für die Umgebungstemperatur T_{min} und T_{max}, sowie die Abkühlrate *decay*. Die verschiedenen Konfigurationen, deren Belegungen in Tabelle 5.10 aufgelistet sind, lassen sich in fünf Gruppen mit verschiedenen Abkühlkoeffizienten unterteilen. Für jede dieser Gruppen wurden ausgehend von der immer gleichen Starttemperatur $T_{max} = 0{,}3$ vier unterschiedliche Endtemperaturen untersucht.

Je größer die Temperaturdifferenz $T_{max} - T_{min}$ ausfällt, und je höher *decay* gewählt wird, um so intensiver wird in der inneren Temperaturschleife gesucht. Bei gegenteiliger Belegung verkürzt sich die Suche in der Temperaturschleife und es werden in der selben Zeit mehr äußere Iterationen, also zufällig gewürfelte Startlösungen, untersucht. Für die Bewertung von SAM wurde die zusätzliche Anforderung aufgestellt, dass alle Läufe in etwa gleich lang dauern soll. Somit muss die Anzahl der äußeren Iterationen *outerIterations* in Abhängigkeit von den Temperaturparametern gemäß folgender Formel bestimmt werden:

$$outerIterations = round\left(\frac{15 \cdot ln(decay)}{ln\left(\frac{T_{min}}{T_{max}}\right)} \cdot 50\right)$$

Dabei wurde für Konfiguration 1, die die kleinste Temperaturschleife mit 15 Durchläufen besitzt, ein Wert von *outerIterations* = 50 festgesetzt, wodurch eine durchgehend konstante Zahl von 750 inneren Iterationen ergibt. Analog zu den GM-Messungen wurde jede Konfiguration ausgehend von der selben Startlösung zehn Testläufen unterzogen. Der Verlauf eines jeden Testlaufs wurde alle zehn Sekunden gemessen und in die entsprechende Kennlinie übernommen. Da bei SAM keine Population sondern nur ein einzelnes Individuum betrachtet wird, gibt es keine Unterscheidung zwischen MIN, AVG und MAX. Aus der Bewertung aller Kennlinien durch die Fitnesssumme $\phi_{cum,abs}$ ergibt sich folgender Ausschnitt aus der Rangfolgentabelle:

Rang	Szenario Flach	Szenario Komplex
1	Konf. 20	Konf. 20
2	Konf. 16	Konf. 19
3	Konf. 19	Konf. 17
...		
18	Konf. 6	Konf. 5
19	Konf. 1	Konf. 1
20	Konf. 2	Konf. 9

Tab. 5.11: Rangfolgen der Konfigurationen bei SAM

Offensichtlich dominieren die Konfigurationen mit intensiven Temperatursuchen: Die erfolgreichsten Teilnehmer stammen allesamt aus den beiden Gruppen mit dem höchsten Abkühlkoeffizienten, wobei die mit einer höheren Temperaturdifferenz sich minimal besser platzieren können. Konfigurationen aus den Gruppen mit den niedrigsten *decay*-Werten belegen hingegen die schlechtesten Ränge. In den Abbildungen 5.32 und 5.33 sind die jeweils beste und die schlechteste Konfiguration im Szenario Flach bzw. Komplex gegenübergestellt, wobei die Abszisse mit Zeiteinheiten von jeweils zehn Sekunden beschriftet ist. In beiden Szenarien handelt es sich um die Konfigurationen 20 und 1. Auch hier lässt sich wieder ein drastischer Unterschied zwischen den erreichten Lösungsqualitäten und in der Annäherungsgeschwindigkeit an das Optimum feststellen. Auffällig ist, dass die schlechtere Konfiguration 1 in beiden Szenarien innerhalb der ersten zehn Zeiteinheiten besser abschneidet als die langfristig bessere Konfiguration 20. Erst ab diesem Zeitpunkt ist die Lage der Startlösung weniger wichtig, als die intensive Suche innerhalb der Temperaturschleife. Der große Qualitätsunterschied der Lösungen von gut 20% betont, wie wichtig die Wahl eines geeigneten Abkühlungsplans ist.

5.4.3 Vergleich der Verfahren

Nachdem nun die unterschiedlichsten Parametrisierungen sowohl für das genetische *Match Making* als auch für das *Match Making* basierend auf *Simulated Annealing* untersucht sind, werden abschließend die jeweils besten Konfigurationen direkt miteinander verglichen. Als Vertreter von GM wird Konfiguration 18 (turnierbasierte Selektion, Plusstrategie, intelligente Variation und Diversitätsüberwachung mit hohen Grenzen) betrachtet, SAM wird durch Konfiguration 20 (T_{max} = 0,3, T_{min} = 0,001, *decay* = 0,99) repräsentiert. Um einen Vergleich zu ermöglichen, muss das genetische *Match Making* in Zeiteinheiten anstatt in Generationen bewertet werden, d.h. es muss alle zehn Sekunden die Qualität des besten Individuums ermittelt werden. Die Ergebnisse für die Szenarien Flach und Komplex finden sich in den Abbildungen 5.34 und 5.35. Im Szenario Flach schneidet SAM minimal besser ab als GM, im Szenario Komplex ist GM hingegen sowohl im Hinblick auf Lösungsqualität als auch auf Zeit deutlich überlegen. Klar ist, dass die initiale GM-Lösung in der Regel immer besser sein wird als die initiale SAM-Lösung, da GM mit einer ganzen Population, in den hier dargestellten Messungen mit μ = 14, startet. Allerdings dauert dementsprechend die Initialisierung von GM länger als die von SAM. Für den späteren Verlauf hat diese Tatsache keine Bedeutung mehr, da eine bessere Startlösung keine Garantie für ein bessere Gesamtlösung darstellt. Weshalb GM im Szenario Komplex derart überlegen ist, lässt sich nur vermuten. Offenbar kann hier die Eigenschaft, dass viele Parallellösungen gleichzeitig betrachtet werden, voll ausgenutzt werden. Für eine genauere Begründung wäre eine detailliertere Bestimmung der Fitnesslandschaft des *Match-Making*-Problems erforderlich, was sich im Fall von Marrakesch jedoch als sehr schwierig gestaltet und über den Fokus dieser Arbeit hinausgeht. Als mögliche Bestätigung für diese Vermutung mag jedoch die Messung in Abbildung 5.36 dienen: Um die Leistungsfähigkeit der beiden Ansätze zu testen wurden die Szenarien Komplex und Flach vereinigt, d.h. die beiden mereologischen Bäume wurden unter einer gemeinsamen Wurzel zusammengefasst. Auf die Verwendung von Implikationen wurde verzichtet, um einen möglichst großen Lösungsraum zu erreichen. Zusätzlich wurde für SAM der Wert *decay* = 0,995 minimal erhöht, wodurch sich die Anzahl der Temperaturschlei-

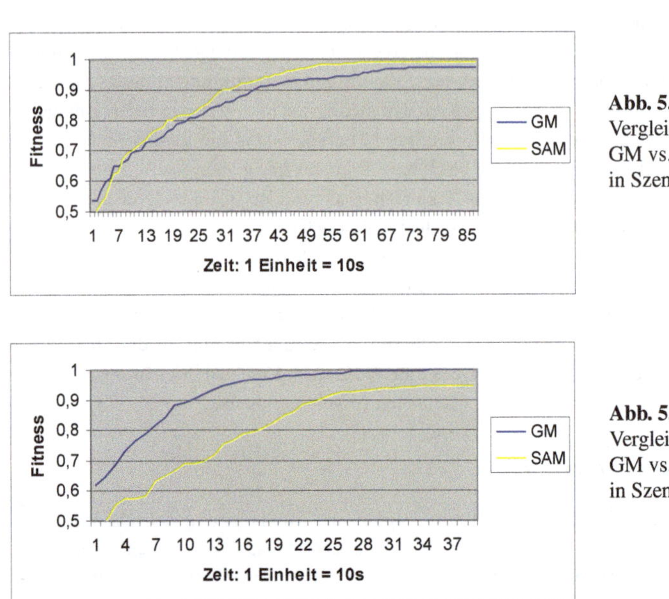

Abb. 5.34: Vergleich GM vs. SAM in Szenario Flach

Abb. 5.35: Vergleich GM vs. SAM in Szenario Komplex

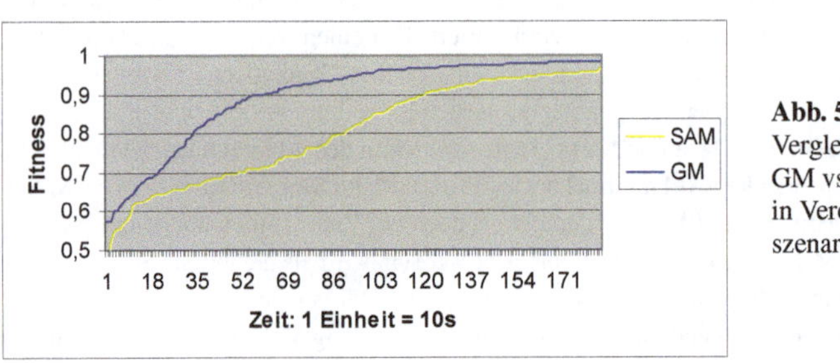

Abb. 5.36: Vergleich GM vs. SAM in Vereinigungs-szenario

fen in etwa verdoppelt. Der Verlauf der beiden Kennlinien kann als Mischung der Kurven aus den Abbildungen 5.34 und 5.35 gesehen werden. Nach ca. 1500 Sekunden liefert GM eine Lösung mit dem Evaluierungsmaß von 98%, nach weiteren 300 Sekunden steigt dieser Wert auf knapp 99%. SAM erreicht in der selben Zeit immerhin eine Güte von 96%. Dabei muss bedacht werden, dass unter den $9 \cdot 10^{19}$ möglichen Lösungen, die dieses Vereinigungsszenario anbietet, genau eine optimale Lösung mit dem Evaluierungsmaß von 100% versteckt ist. Damit demonstrieren beide Verfahren eindrucksvoll, dass mit Verfahren des *Soft Computing* in diesen Dimensionen noch sinnvoll gearbeitet werden kann. Der Einsatz eines klassischen deterministischen Suchverfahrens, das systematisch alle Lösungen der Reihe nach untersucht, wäre hier nicht mehr einsetzbar. Angenommen die Erzeugung einer Lösung im Vereinigungsszenario benötigt eine Sekunde[3], dann benötigt die erschöpfende Suche etwa 10^{12} Jahre. Zwar lassen sich auch deterministische Verfahren z.B. durch *Branch and Bound* [MiFo00] in speziellen Fällen entsprechend optimieren, aber da das *Match-Making*-Problem im allgemeinen NP-vollständig ist, verbietet sich ihr Einsatz in umfangreichen Szenarien.

5.5 Zusammenfassung

Das Kernthema des vorliegenden Kapitels ist das *Match-Making*-Problem, also die Fragestellung: Wie findet man zu einer gegebenen Nachfrage ein passendes Angebot? Dabei sind sowohl Angebot als auch Nachfrage in dem im vorigen Kapitel eingeführten Datenmodell von Marrakesch definiert, d.h. es handelt sich um mereologische Graphen, die Bezug auf ein gemeinsames multidimensionales Begriffssystem nehmen. Um für das *Match-Making*-Problem eine adäquate Lösung zu finden, muss zu aller erst ein Maßstab gefunden werden, der angibt, wie gut ein Angebot und eine Nachfrage zusammenpassen. Die simple Forderung nach einer exakten Übereinstimmung ist sicherlich sehr schwierig nachzuprüfen und außerdem nicht praktikabel, da die Wahrscheinlichkeit, zwei genau identische Erzeugnisse in zwei komplexen mereologischen Graphen zu finden, praktisch gegen null tendiert, was durchaus die Realität widerspiegelt. Daher wurde in diesem Kapitel eine umfassende Evaluierungsfunktion eingeführt, die einerseits durch das *Tree-to-Tree-Correction*-Problem und andererseits durch X-Diff inspiriert ist. Dabei bezieht das Evaluierungsmaß sowohl strukturelle als auch inhaltliche Aspekte mit ein und liefert bei gegebenem Nachfragevariantenraum zu einem einzelnen Angebotserzeugnis einen Qualitätswert zwischen 0 und 100% zurück, der angibt, wie gut das untersuchte Angebot die Nachfrage befriedigen kann. Damit ist der Übergang von der harten binären Entscheidung "Das Angebot kann bzw. kann nicht erfüllt werden" zu einer quantitativen Kompatibilitätsangabe, wie es in der *Fuzzy*-Logik üblich ist, vollzogen.

Auf Basis dieser Evaluierungsfunktion kann schließlich das *Match-Making*-Problem formal definiert werden, als die Suche nach einer Zuordnung, die zu jedem Nachfrageraum die Angebotsmenge findet, in der das jeweils optimale Angebot enthalten ist. Da allerdings bereits die Berechnung des Evaluierungsmaßes zu einem gegebenen Angebots-Nachfrage-Paar sehr aufwendig ist, ist die Lösung des allgemeinen *Match-Making*-Problems, in dem N Nachfragen M Angeboten gegenüberstehen, NP-vollständig. Daher ist es wenig sinnvoll, nach klassischen exakten Verfahren zur Lösung des Problems zu suchen. Stattdessen werden zwei unterschiedliche Lösungsansätze aus dem Bereich des *Soft Computing* entwickelt und detailliert vorgestellt. Das genetische *Match Making* stellt eine Mischung aus genetischem Algorithmus und genetischer Programmierung dar. Es arbeitet mit einer ganzen Population von anfangs zufällig erzeugten Angeboten, deren Qualität durch das obige Evaluierungsmaß bestimmt wird. Durch die üblichen Operationen evolutionärer Verfahren, in diesem Fall Selektion, Mutation und Rekombination, wird aus einer Population ihre Nachfolgegeneration erzeugt. Wie bei der natürlichen Evolution wird über eine gewisse Zahl von Generationen hinweg die optimale Lösung immer besser approximiert. Ebenfalls an einem natürlichen Phänomen orientiert sich das zweite Lösungsver-

3. Dieser Wert ist sehr wohlwollend geschätzt. Die Evaluierung einer Lösung durch GM oder SAM benötigt im Vereinigungsszenario etwa zwei Sekunden (Windows 2000 Server auf Athlon XP1800+ mit 1GB).

fahren, das die *Simulated-Annealing*-Technik einsetzt. Es handelt sich dabei um eine Erweiterung der lokalen Suche, die abhängig von einer äußeren Systemtemperatur, die sukzessive abgesenkt wird, auch Verschlechterungen in Kauf nimmt. Im Gegensatz zum genetischen *Match Making* wird hier pro Iterationsschleife nur eine einzelne Kandidatenlösung betrachtet.

Nach der Vorstellung der beiden Lösungsverfahren wird ein großer Teil dieses Kapitels der optimalen Parametrisierung und dem Vergleich der beiden Ansätze gewidmet. Insbesondere das genetische *Match Making* bietet Raum für vielfältige Optimierungen. Als Ergebnis für das genetische Verfahren kann zusammengefasst werden, dass auf keinen Fall das fitnessproportionale Selektionsverfahren eingesetzt werden sollte, und dass die Plusstrategie, die die neue Generation sowohl aus den mutierten neuen Individuen als auch aus den besten Eltern zusammensetzt, zusammen mit einer expliziten Diversitätskontrolle und mit intelligenter Variation die mit Abstand besten Ergebnisse bei minimaler Zahl von Iterationen liefert. Einen weiteren Beitrag für das gute Abschneiden des genetischen *Match Making* leistet die adaptive Operatorengewichtung. Das Verfahren entscheidet selbständig, wann Mutation und wann Rekombination sinnvoller einzusetzen ist. Diese Entscheidung wird selbst wieder über ein evolutionäres Verfahren getroffen, weshalb hier auch von Metaevolution gesprochen werden kann. Das *Simulated-Annealing*-Verfahren bietet als Variationsparameter einzig die Wahl des Abkühlungssystems. Die Messungen haben ergeben, dass ein umfangreiches Temperaturspektrum sowie ein möglichst langsames Abkühlen die bestmögliche Lösung generiert. Im direkten Vergleich der beiden Verfahren stellt sich das genetische *Match Making* vor allem bei komplexen Szenarien als dasjenige dar, das schneller hochqualitative Lösungen erzeugt.

Damit ist die Frage, wie zu einer Menge von Nachfragen passende Angebote gefunden werden können, beantwortet. Es stehen zwei Verfahren zur Verfügung, die auch in sehr umfangreichen Szenarien, wie sie etwa im Automobilbau vorkommen, noch ausreichend effizient arbeiten. Diese Effizienz ist dringend notwendig, da auf dem elektronischen Marktplatz eine Vielzahl von Angeboten und Nachfragen gleichzeitig verglichen werden muss. Die Verfahren eignen sich hervorragend als Implementierung der in Abschnitt 3.2.3 vorgestellten Lösung das *Match-Making*-Problems und integrieren sich nahtlos sowohl in den in Abschnitt 3.2.2 vorgestellten Referenzprozess als auch in die in Abschnitt 3.3 erläuterte Marrakesch-Systemarchitektur. Das Ergebnis des *Match Making* ist die automatisierte Reduktion der N:M-Beziehung zwischen Angebot und Nachfrage auf viele 1:N- oder 1:1-Beziehungen. Insbesondere letztere sind der ideale Ausgangspunkt für eine anschließende Weiterverarbeitung in Form eines personalisierten Konfigurators oder einer freien Verhandlung.

6 Verhandlung komplexer Strukturen

Als letztes Teilgebiet der elektronischen Vertragsverhandlungen geht das vorliegende Kapitel auf den Verhandlungsprozess selbst ein. In dem in dieser Arbeit aufgebauten Verhandlungssystem Marrakesch wird die Verhandlung als der letzte Schritt vor dem tatsächlichen Vertragsabschluss betrachtet. Im vorgeschalteten *Match Making* werden kompatible Paarungen von Angebot und Nachfrage ermittelt und aufeinander abgestimmt. Die verbleibenden offenen Fragen, im Datenmodell von Marrakesch durch noch nicht entschiedene Alternativen repräsentiert, sind der Gegenstand der abschließenden Verhandlung. Als Grundlagen, die der Schematisierung des Verhandlungsprozesses nützen können, werden in Abschnitt 6.1 wissensbasierte Konfiguratoren, die dialogische Logik nach Lorenz und Lorenzen, sowie die Normenbegründung nach Gethmann untersucht. Im Anschluss daran fasst Abschnitt 6.2 die Ausgangslage des Verhandlungsprozesses im Kontext von Marrakesch zusammen und entwickelt dialogische Verhandlungsschemata einerseits für die Inhaltsebene, andererseits für die Metaebene. Vor einem abschließenden Beispiel und einer Zusammenfassung werden in Abschnitt 6.3 drei Erweiterungs- bzw. Unterstützungsmöglichkeiten für das Verhandlungsvorgehen skizziert. Zum einen wird ein Algorithmus erarbeitet, der eine möglichst kurze Verhandlungsreihenfolge basierend auf der Verkettung von Implikationen berechnet. Weiterhin wird die Möglichkeit der Rekonfiguration, also das nachträgliche Ändern einer bereits getroffenen Entscheidung, in die Dialogschemata eingebaut. Schließlich wird die Vereinfachung des vorgestellten freien Verhandlungsprozesses zu einem Konfiguratorprozess diskutiert. Dabei wird das neuartige Konzept des personalisierten Konfigurators eingeführt.

6.1 Grundlagen für die Verhandlung

Der Prozessschritt "Verhandlung" stellt in Marrakesch die Entscheidung noch nicht aufgelöster Alternativen dar. Damit ist die Verhandlung eng verwandt mit der Konfiguration. Die erfolgreichsten Konfigurationssysteme sind die wissensbasierten, die in Abschnitt 6.1.1 vorgestellt werden. Darüberhinaus ist für die Formalisierung der Verhandlung eine Untersuchung des Dialogs erforderlich. Dazu wird einerseits die dialogische Logik betrachtet (Abschnitt 6.1.2), sowie die Normenbegründung von Gethmann (Abschnitt 6.1.3).

6.1.1 Klassifikation von wissensbasierten Konfiguratoren

Der vorliegende Abschnitt soll einen kurzen Überblick über die unterschiedlichen Strömungen im Bereich der wissensbasierten Konfiguratoren geben. Ausführlichere Informationen finden sich in [Stum97], [SaWe98] und [GüKü99]. Alle drei Publikationen stellen fest, dass es keine einheitliche Definition des Begriffs Konfiguration bzw. Konfigurator gibt. Allgemein anerkannt ist die Tatsache, dass es sich bei der Konfiguration um einen Spezialfall des Entwurfs handelt. Entwurfsaufgaben werden seit [BrCh89] in drei Klassen eingeteilt: In Klasse 1, dem freien Entwurf, existieren weder Vorgaben für den Entwurfsprozess noch für die Struktur des Ergebnisses. Klasse 2 basiert auf einer vordefinierten Dekomposition, kennt aber keine Einschränkungen bezüglich des Prozesses. Klasse 3, der Routineentwurf, setzt sowohl die Kenntnis einer effektiven Problemzerlegung als auch die Existenz wohldefinierter Entwurfspläne voraus. Damit sind einerseits das Entwurfsziel und die zu erfüllenden Anforderungen, als auch die zur Verfügung stehenden Komponenten und deren Funktionen vollständig bekannt. Konfiguration wird in erster Linie der Klasse 3 zugeordnet und wird so als die Synthetisierung eines neuen Artefakts aus gegebenen Komponenten unter Beachtung gewisser Beschränkungen betrachtet. Diese Beschränkungen können beispielsweise gesetzlich, funktional, technisch oder vom Kunden gefordert sein.

Die wissensbasierte Konfiguration ist eine Paradedisziplin für Expertensysteme und für die künstliche Intelligenz überhaupt. Der erste Konfigurator R1/XCON wurde 1982 von Digital Equipment zur Konfektionierung von VAX-Computern eingesetzt [McDe82]. Ausgehend davon sind eine Vielzahl von Ansätzen und Systemen entstanden, die im Folgenden genauer betrachtet werden. Auffällig ist, dass die hauptsächlichen Anwendungsgebiete sich meist in der Computer- oder Kommunikationsbranche befinden. Das Lösen einer Konfigurationsaufgabe umfasst zwei Schritte: Erstens muss das Problem dargestellt werden, zweitens müssen Algorithmen auf dieser Darstellung eine Lösung finden. Die Problemdarstellung zerfällt ebenfalls in zwei Teilaufgaben, die Beschreibung des Anwendungswissens und die deklarative Beschreibung des gewünschten Zielprodukts. Die Formulierung des Anwendungswissens ist dabei die mit Abstand schwierigste Aufgabe. Der allgemeine Ablauf einer Konfiguration ergibt sich damit bei gegebenem Anwendungswissen aus der (deklarativen) Spezifikation der Anforderungen an das gewünschte Enderzeugnis, woraus der wissensbasierte Konfigurator vollautomatisch oder durch Erfragen zusätzlicher Anforderungen folgert, welche Typen zu instanziieren und der aktuellen Konfiguration hinzuzufügen sind. Schließlich gibt er eine einzelne oder eine Menge von vollständig ausspezifizierten Konfigurationen zurück. Bezogen auf Marrakesch ist also bereits das Modellieren und das *Match Making* ein Teil des Konfigurationsprozesses.

Die wissensbasierten Konfiguratoren lassen sich in darstellungsbasierte Ansätze, aufgabenbasierte Ansätze und *Case-Based-Reasoning*-Verfahren unterteilen. Zusätzlich gibt es hybride Verfahren, die eine Kombination der ersten beiden oder aller drei Ansätze verfolgen. Aus dar-

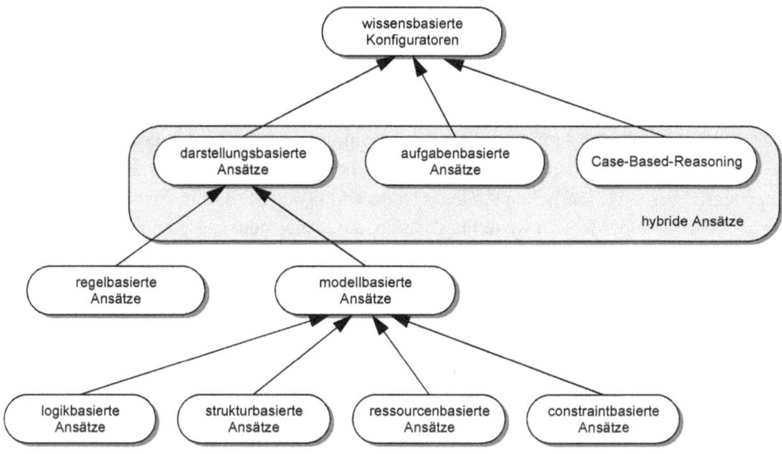

Abb. 6.1: Klassifikation wissensbasierter Konfiguratoren

stellungsorientierter Sicht ist es am wichtigsten, die korrekte Darstellung für die Formulierung von Struktur und Eigenschaften des Anwendungsbereichs zu finden. Im Fall einer deklarativen Darstellung ist zudem ein Inferenzmechanismus erforderlich, der für die Suche nach einer Konfiguration verantwortlich ist. Aus aufgabenorientierter Sicht ist hingegen die Identifizierung der zu lösenden Teilprobleme das zentrale Anliegen, da für jedes Teilproblem potentiell ein anderer Lösungsansatz notwendig sein kann. Einen völlig anderen Ansatz verfolgt das *Case Based Reasoning*, bei dem versucht wird, die Lösung eines neuen Konfigurationsproblems auf ein möglichst ähnliches, bekanntes Problem zurückzuführen. Der Zusammenhang dieser Verfahren ist in Abbildung 6.1 als Integration der Klassifikationen von [Stum97], [SaWe98] und [GüKü99] dargestellt und soll als Orientierung für das Folgende dienen.

Regelbasierte Ansätze

Der Urvater der wissensbasierten Konfiguratoren ist der regelbasierte Ansatz von R1/XCON [McDe82], der zu den darstellungsorientierten Verfahren zählt. Hier wird das Anwendungswissen in Form von Produktionsregeln der Art *IF bedingung THEN aktion* ausgedrückt, wobei sowohl der Bedingungs- als auch der Aktionsteil aus der logischen Verknüpfung mehrerer Elemente bestehen kann. Die Produktionsregeln operieren auf einer Datenbasis, dem sogenannten *working memory*, d.h. die Aktionen verändern die dort gespeicherten Zustände. Der Konfigurationsablauf folgt dem *Recognize/Act*-Zyklus [BOBS89], der in der *Recognize*-Phase die Bedingungen aller Produktionsregeln überprüft. Qualifizieren sich mehrere Regeln, so wird in einer zusätzlichen *Select*-Phase eine dieser Regeln beispielsweise basierend auf einer totalen Ordnung ausgewählt. Schließlich wird in der *Act*-Phase die Aktion der selektierten Regel ausgeführt und auf die Datenbasis angewandt. Dadurch entstehen neue Fakten und der Zyklus beginnt von neuem. Dieser Zyklus terminiert, wenn entweder keine passende Produktionsregel mehr gefunden wird oder eine explizite Haltanweisung erfolgt. Durch die wiederholte Ausführung des Zyklus und die entsprechenden Veränderungen auf der Datenbasis entsteht eine Vorwärtsverkettung, die damit den Inferenzmechanismus dieses regelbasierten Ansatzes repräsentiert.

Der Nachteil des regelbasierten Ansatzes sind seine hochkomplexen Produktionsregeln. Die Wartung dieser Regeln wird mit zunehmender Anzahl immer schwieriger, da die Regeln voneinander abhängen. So enthielt XCON 1989 etwa 17.500 Produktionsregeln und über 31.500 Komponenten bei einer jährlichen Änderungsrate von 40% [BOBS89]. Erschwert wird die Nachvollziehbarkeit der Regeln weiterhin dadurch, dass Anwendungswissen und Wissen über den Kontrollfluss im Aktionsteil vermischt werden. Als Konsequenz legen spätere Verfahren, die gleich im Anschluss vorgestellt werden, Wert auf die Trennung dieser beiden Arten von Wissen.

Modellbasierte Ansätze

Um den hohen Wartungsaufwand und andere Limitierungen von XCON zu umgehen, wurden ab 1980 die modellbasierten Ansätze entwickelt. Ihre Grundannahme ist die Existenz eines Modells, das aus zerlegbaren Entitäten und Beziehungen zwischen diesen besteht. Als generelle Vorteile dieses Vorgehens wurden die bessere Trennung zwischen Anwendungswissen und dessen Verwendung, die erhöhte Robustheit zur Lösung vielfältigerer Probleme, die erhöhte Kombinationsmöglichkeit verschiedener Domänen, sowie die gesteigerte Wiederverwendbarkeit von bereits existierenden Wissensbasen ermittelt [SaWe98]. Innerhalb der modellbasierten Ansätze lassen sich noch feinere Klassen von Verfahren identifizieren:

- Logikbasierte Ansätze

  Ein Vertreter der logikbasierten Ansätze beruht auf der deskriptiven Logik (DL, [BCM+03]), die beispielsweise in semantischen Netzen, in den Programmiersprachen KL-ONE [BrSc85] und CLASSIC [BBMR89], oder in semantischen Datenmodellen eingesetzt wird. Es gibt eine Vielzahl von verschiedenen, jeweils auf die Anwendung bezogenen, deskriptiven Logiken. Jede DL besteht aus *Individuen*, die die Objekte der Anwendungsdomäne beschreiben, aus *Konzepten*, die Mengen von Individuen darstellen, und *Rollen*, die binäre Beziehungen auf den Konzepten repräsentieren. Logikbasierte Systeme operieren auf der intensionalen Beschreibung der Individuen. Mittels Konstruktoren wie UND, ODER, MINDESTENS oder ALLE lassen sich komplexe zusammengesetzte Beschreibungen erstellen.

  Der grundlegende Inferenzmechanismus von DLs ist die Subsumtion, also die Feststellung, ob die Beschreibung eines Konzepts allgemeiner ist als die eines anderen. Die Subsumtion von Konzepten induziert damit eine Inklusionsbeziehung zwischen den Mengen ihrer Individuen. Weitere Inferenzmechanismen lassen sich auf die Subsumtion zurückführen, wie etwa die Klassifikation (Integrieren eines zusätzlichen Konzepts in die durch Subsumtion entstandene Konzepthierarchie) oder die Erkennung, ob ein Indiviuum Instanz eines gegebenen Konzepts ist. Während der Wissensneugewinnung bietet der logikbasierte Ansatz den Vorteil, neue Konzepte durch Subsumtion automatisch in die Konzepthierarchie einzupflegen. Dadurch wird der Wissensingenieur entlastet, und die Wahrscheinlichkeit von Fehlern und Redundanzen ist deutlich geringer.

Nachteilig hingegen wirkt sich aus, dass die Komplexität des logikbasierten Ansatzes NP-vollständig ist, sobald für die intensionale Beschreibung der Konzepte Existenzquantoren oder Disjunktionen zugelassen werden. Ohne diese Konstruktoren ist jedoch die Ausdrucksmächtigkeit des Ansatzes beschränkt.

- Strukturbasierte Ansätze

  Dieser Ansatz, begründet durch [MiFr89], führt die Idee der Schlüsselkomponenten ein, die die essentiellen Funktionalitäten des zu konfigurierenden Systems definieren, und beruht auf vier Annahmen:

  (1) Die Struktur des zu konfigurierenden Systems ist der dominierende Faktor für die Suche einer Lösung.

  (2) Die Menge der zur Verfügung stehenden Komponenten ist fest vorgegeben und jede Komponente hat ihre speziellen Schnittstellen.

  (3) Jede Komponente erfüllt eine gewisse Funktionalität.

  (4) Gewisse Komponenten, die Schlüsselkomponenten, stellen die Schlüsselfunktionalitäten zur Verfügung.

  Dabei ist der Begriff der Struktur in zweierlei Richtungen zu verstehen: Einerseits die Art, welches Teil mit welchem verbunden wird (*structure of assembly*), andererseits der innere Aufbau eines Teils bestehend aus Attributen und sogenannten *Ports*, den Verbindungsschnittstellen (*structure of individual components*). Der Konfigurationsprozess beginnt ausgehend von einer oder mehreren Schlüsselkomponenten damit, dass deren offene *Ports* der Reihe nach durch Verbinden mit geeigneten Komponenten geschlossen werden. Je nach Wahl der Schlüsselkomponenten werden somit automatisch unterstützende Komponenten nachgezogen. Diese Methode der Wissensrepräsentation ermöglicht eine einfache Beschreibung komplexer Beschränkungen der Anwendungsdomäne, solange sich diese mittels Schnittstellen formulieren lassen. Problematisch hingegen ist die Modellierung von nichtstrukturellen Bedingungen, wie etwa die topologische Anordnung (z.B. Minimalentfernung für zwei Bauteile aufgrund von Hitzeentwicklung).

- Ressourcenbasierte Ansätze

  Dieser Ansatz, der auch zu den modellbasierten zählt, beruht auf dem Erzeuger-Verbraucher-Problem [DuKS96]. Die Schnittstellen, über die die technischen Systeme, ihre Komponenten und die Umgebung miteinander interagieren, werden dabei als abstrakte Ressourcen aufgefasst. Jede Entität wird dann durch die Menge und die Typen von Ressourcen charakterisiert, die sie anbietet bzw. verbraucht. Die ebenso über Ressourcen beschriebene Umgebung stellt die vom Kunden verlangten Anforderungen dar. Das Ziel des Konfigurationsprozesses ist damit die Ressourcenbalanzierung, d.h. es ist eine Verknüpfung der Komponenten zu finden, so dass jede Komponente so viele Ressourcen zur Verfügung gestellt bekommt, wie sie benötigt, und gleichzeitig ihre ausgehenden Ressourcen vollständig verbraucht werden. Damit stellt die Balanzierung den Inferenzmechanismus dieses Ansatzes dar. Als Ergebnis liefert der Konfigurator eine Menge von Komponenten und deren Verknüpfung, die die Anforderungen erfüllen. Ein Algorithmus für die Balanzierung ist laut [SaWe98] vergleichsweise einfach: Ausgehend von den Ressourcenanforderungen aus der Umgebung, also der Nachfrage, muss der Reihe nach jeder Ressourcentyp durchlaufen werden, der noch im Ungleichgewicht ist. Dieser muss dann solange mit Instanzen eines entsprechenden Ressourcentyps aufgefüllt werden, bis Gleichgewicht herrscht. Hierbei bestehen evtl. Wahlmöglichkeiten, falls verschiedene Komponenten den selben Ressourcentyp offerieren. Ausgehend von dieser Teillösung müssen nun die weiteren Typen analog abgearbeitet werden. Gerät die Konfiguration in einen unlösbaren Widerspruch, so muss mittels *Back Tracking* zum letzten Entscheidungspunkt zurückgesetzt werden.

Das Anwendungswissen wird von diesem Ansatz in drei Ebenen organisiert: Das Systemwissen beschreibt Typen von Ressourcen, die mit einer Anwendungsdomäne zusammenhängen, und organisiert diese in Form einer Taxonomie. Das Katalogwissen liegt in der Beschreibung der verfügbaren Komponententypen und ist in einer Hierarchie basierend auf Komponentenähnlichkeit aus Blickwinkel von Erzeuger und Verbraucher organisiert. Das heuristische Wissen enthält schließlich erprobte Entscheidungsregeln für die Komponentenauswahl im Konfigurationsprozess.

Ein ganz entscheidender Vorteil des ressourcenbasierten Ansatzes ist die Möglichkeit, Ressourcen aufzuteilen. Wird etwa eine Festplattenkapazität von 500 GB gefordert, so kann dies nicht nur von einer einzelnen großen Festplatte, sondern auch von fünf kleineren mit je 100 GB erfüllt werden. Hier kann beispielsweise das heuristische Anwendungswissen in Hinblick auf Kostenminimierung oder Leistungsfähigkeit der Komponenten entscheiden. Außerdem ist gegenüber dem strukturbasierten Ansatz die Beschreibung der Schnittstellen nicht auf Basis von Komponenten, sondern durch Ressourcen von Vorteil, da durch diese Form der Modularisierung die Wartbarkeit der Wissensbasis erhöht wird.

Der größte Nachteil des ressourcenbasierten Ansatzes ist seine NP-Vollständigkeit [DuKS96]. Darüberhinaus hat auch dieser Ansatz wie sein primitiveres strukturbasiertes Pendant, Probleme, Positionsbeziehungen zu modellieren. Ähnlich schwierig ist der Umgang mit inkompatiblen Komponenten. Dies ist nur durch eine weitere Verfeinerung der Hierarchie der Ressourcentypen möglich, was umgekehrt die Wartbarkeit und Pflege erschwert.

- Constraintbasierte Ansätze

Laut [SaWe98] stellt dieser Ansatz den ersten Versuch dar, ein generisches und anwendungsunabhängiges Modell für Konfigurationsaufgaben anzubieten. Auch in diesem Verfahren nach Mittal und Frayman [MiFr89] wird jedes Objekt von einer Menge von Eigenschaften und von *Ports* näher beschrieben. Durch *Constraints* zwischen den Komponenten bzw. deren Eigenschaften wird die Kombinierbarkeit der Komponenten eingeschränkt. Der Vorteil dieser *Constraints* gegenüber den Produktionsregeln regelbasierter Ansätze ist, dass sie in beide Richtungen wirken, d.h. ein *Constraint* ersetzt zwei

Produktionsregeln. Die Spezifikation einer Konfigurationsaufgabe besteht neben der Beschreibung der einzelnen Komponenten auch aus Gesamtprodukteigenschaften und Optimierungskriterien. Das Ziel eines Konfigurationsprozesses ist die Erzeugung einer oder mehrerer Konfigurationen die sowohl die Produkteigenschaften als auch die Optimierungskriterien erfüllen.

Dieser Lösungsansatz basiert auf zwei vereinfachenden Annahmen, nämlich dass das Konfigurieren eine zielgerichtete Aktivität ist, d.h. der Anwender weiß im Voraus, welche Funktionalitäten das Endprodukt besitzen muss. Außerdem muss der Anwender für jede Funktionalität eine oder mehrere Schlüsselkomponenten angeben können. Unter diesen Annahmen entspricht die Lösung des Konfigurationsproblems dem *Constraint-Satisfaction-Problem* (CSP), das sehr gut erforscht ist [MiFa90] [Tsan93] [SaFr96] [FFH+98].

Insbesondere durch die Verwandtschaft mit dem *Constraint-Satisfaction-Problem* gewinnt der constraintbasierte Ansatz einige Vorteile. So existiert eine Vielzahl von effizienten Lösungsalgorithmen für das CSP, die in natürlicher Weise mehrere alternative Lösungen für ein gegebenes Konfigurationsproblem liefern. Umgekehrt kann eine gegebene Lösung auf ihre Gültigkeit überprüft werden. Schließlich ist auch der Kontrollfluss, der die Lösungssuche steuert, vollkommen vom Anwendungswissen separiert. Als wesentliche Beschränkung ist zu nennen, dass die Anzahl der Komponenten, Eigenschaften, *Ports* und *Constraints* im Voraus bekannt sein muss; eine dynamische Erweiterung ist nicht möglich.

Um die dynamische Hinzunahme und Entfernung von Komponenten zu simulieren, wurden mehrere Erweiterungen am contstraintbasierten Ansatz vorgenommen. Die einfachste Variante nutzt das *Dynamic Constraint-Satisfaction*-Problem (DCSP, [MiFa90]). Hier werden sogenannte *Activity Constraints* eingeführt, die es erlauben, Eigenschaften hinzuzufügen oder zu entfernen, wenn gewisse Prädikate erfüllt sind. Weitere Varianten basieren auf dem *Composite Constraint-Satisfaction*-Problem (CompCSP, [SaFr96]) oder dem *Generative Constraint-Satisfaction*-Problem (GCSP, [FFH+98]), auf die hier nicht näher eingegangen werden soll.

Aufgabenbasierte Ansätze

Im Unterschied zu den sehr vielfältigen darstellungsbasierten Ansätzen gibt es nur wenige aufgabenorientierte Konfiguratoren. Vertreter dieses Ansatzes gehen davon aus, dass die abstrakte Beschreibung der Aufgaben, die das System zu erfüllen hat, wichtiger für die erfolgreiche Bildung einer Wissensbasis ist, als ihre detaillierte Darstellung. Als Beispiel für eine solche Aufgabe wird in [Stum97] die hierarchische Klassifikation genannt, die es ermöglicht, für eine Komponente den richtigen Typ aus einer Taxonomie zu wählen. Aufgrund ihrer allgemeineren Ausrichtung fallen aufgabenbasierte Systeme, ähnlich wie *Case-Based-Reasoning*-Systeme eher in den Bereich der Entwurfssysteme und können dadurch zumindest teilweise auch für Entwurfsaufgaben der Klassen 1 und 2 eingesetzt werden.

Als Vertreter dieser Ansätze, die zumindest annähernd als Konfiguratoren aufgefasst werden können, nennt [Stum97] die Systeme VEXED und VT, sowie DIDS. VEXED [Stein87] identifiziert die Top-Down-Verfeinerung entlang einer strukturellen Taxonomie und die Propagierung von *Constraints* als die zwei zentralen Aufgaben. Die Verfeinerung geschieht mittels Vorwärtsverkettung, die *Constraint*-Propagierung basiert auf der Repräsentation der *Constraints*, womit dieses System auch Elemente der darstellungsbasierten Ansätze enthält. Das System wird im wesentlichen für den Entwurf von VLSI-Schaltkreisen eingesetzt und zählt damit eher zu den Entwurfssystemen.

Das System VT [MaSM88] wurde zur Konfiguration von Aufzugsystemen entwickelt und basiert auf einer Strategie von Vorschlägen und deren Überarbeitung. Als interne Repräsentation dient ein Netzwerk aus meist numerischen Parametern, deren Anfangsbelegungen durch ein Wissensakquisesystem namens SALT [MaMc89] bestimmt werden. Drei Arten von Regeln bestimmen, wie im Netzwerk neue Parameterwerte aus gegebenen berechnet werden, wie Parameterwerte eingeschränkt werden sollen und welche Änderungsvorschläge gemacht werden können, falls eine Parameterbedingung verletzt wird. Tritt im tatsächlichen Ablauf solch eine Verletzung eines Parameters auf, so wird mittels der heuristischen dritten Art von Regeln ein beziehungsabhängiges Rücksetzungsverfahren angestoßen, womit gewisse Alternativen anders entschieden werden.

Ein weiteres aufgabenbasiertes System ist das *Domain-Independent Design System* (DIDS, [RBD+92]), das entwickelt wurde, um die Fehleranfälligkeit von wissensbasierten Systemen zu reduzieren, die hier schon bei kleineren Veränderungen häufig anfallen. Hierbei wurden einerseits aufgabenbasierte Anfälligkeiten identifiziert, die auf der Vermengung von Anwendungswissen und dem Kontrollfluss des Konfigurators beruhen. Andererseits existieren anwendungsspezifische Anfälligkeiten in dem Sinne, dass ein wissensbasiertes System einer Anwendungsdomäne in der Regel nicht auf eine andere anwendbar ist. Um diese Anfälligkeiten zu beseitigen, verlangt DIDS zwei Beschreibungen der Aufgaben eines wissensbasierten Systems: Erstens eine Beschreibung des Problemraums, seiner Eingaben und Ausgaben, auf Wissensebene, zweitens eine Beschreibung des Prozessmodells der Aufgabe auf symbolischer Ebene, d.h. die Mechanismen der Problemlösungsmethode.

Damit veranschaulicht das System DIDS laut [Stum97] die Hauptkritik an den darstellungsbasierten Ansätzen aus Sicht der aufgabenorientierten Vertreter: Die Strategien von darstellungsbasierten Systemen werden nicht in der Sprache des Anwendungsgebiets, sondern in der Sprache der Implementierungen dargestellt. So finden sich in regelbasierten Systemen in den Produktionsregeln explizite Referenzen auf den Ablaufplan. In constraintbasierten Systemen ist der wichtigste Kontrollmechanismus die Anordnung der Bedingungen und der Variablen. Außer dieser knappen Diskussion in [Stum97] findet sich kein Vergleich der darstellungs- und der aufgabenbasierten Ansätze.

Case Based Reasoning

Im Gegensatz zu den bisher vorgestellten Ansätzen basiert *Case Based Reasoning* (CBR, [AaPl94]) auf historischem Wissen in Form von früheren und ähnlich gelagerten Konfigurationsaufgaben. Ist ein neuer Fall zu lösen, so wird der Vorrat der existierenden Lösungen nach dem ähnlichsten, bekannten Fall durchsucht (*Retrieve*-Phase). Aus diesem wird dann durch ein

Minimum von Änderungen, die meist durch die Anwendung von Produktionsregeln geschehen, die aktuelle Lösung bestimmt (*Reuse*- bzw. *Revise*-Phase). Abgeschlossen wird der CBR-Lauf durch Hinzufügen dieser neuen Lösung zum Wissensvorrat (*Retain*-Phase).

Das Prinzip, eine Problemsituation durch Reduktion auf bekannte Probleme zu lösen, ist ein natürliches Vorgehen des Menschen und wird in Form von CBR als Lösungsmittel der künstlichen Intelligenz eingesetzt. Grundvoraussetzung hierfür ist die Annahme, dass ähnliche Probleme auch ähnlicher Lösungen bedürfen.

Basierend auf der Methode, wie das existierende Wissen organisiert ist und genutzt wird, lassen sich verschiedene Varianten von CBR unterscheiden. Beim *exemplarbasierten Schließen* wird die Klasse von bereits gelösten Problemen extensional durch ihre einzelnen Ausprägungen definiert. Die Lösung des Problems besteht darin, ein neues, noch unklassifiziertes Element der passenden Klasse zuzuordnen. Eine automatisierte Anpassung der Lösung an das neue Exemplar existiert nicht. Im Fall des *speicherbasierten Schließens* werden alle bereits bekannten Fälle in einem großen Speicher organisiert, der effizient durchsucht werden muss. Die Organisation des Speichers basiert auf rein syntaktischen Kriterien oder auch auf Anwendungswissen. Das Alleinstellungsmerkmal dieses Verfahrens ist der Einsatz von paralleler Datenverarbeitung. Das *fallbasierte Schließen*[1] charakterisiert gelöste Probleme durch ein Informations- und ein Komplexitätsmaß. Diese Merkmale werden auf einen den Fall beschreibenden Vektor abgebildet. Damit ist die Suche nach der Lösung für ein neues Problem als Vektorvergleich aufzufassen. Bei diesem Vorgehen ist auch eine automatisierte Anpassung der bekannten Lösungen möglich. Das *analogbasierte Schließen* versucht, Probleme durch bekannte Fälle anderer Anwendungsgebiete zu lösen. Daher beschäftigt sich dieser Ansatz insbesondere mit der Identifikation von Analogien sowie der daraus zu erstellenden Abbildungsfunktionen.

Der Vorteil von CBR ist in erster Linie darin zu sehen, dass eine neue Lösungskonfiguration nicht von Grund auf neu entwickelt werden muss, sondern aus einer bereits vollständigen Lösung eines anderen Falls durch Anpassung hervorgeht. Damit benötigt der Konfigurator kein vollständiges formales Modell, solange nicht eine automatische Anpassung der besten bekannten Lösung an das momentane Problem gefordert ist. Es ist also entweder ein formales Produktmodell oder ein Anwender mit Expertenwissen erforderlich. Für Produkte, die nur in begrenztem Umfang konfigurierbar sind, stellt CBR ein effizientes Lösungsverfahren dar. Problematisch ist die Initialisierung der Wissensbasis. Hier müssen entweder Lösungen gesammelt oder künstlich erzeugt werden. Zusätzlich ist ein Ähnlichkeitsmaß für den Vergleich im Retrieval erforderlich. Grundsätzliche Nachteile des Verfahrens benennt [GüKü99]. Demnach liefert CBR in der Regel eher konservative und nur selten innovative Lösungen für ein gegebenes Problem. Außerdem kann eine so entwickelte Lösung nicht begründet werden, da sie nicht generativ sondern durch Ähnlichkeitsvergleich erzeugt wurde. Schließlich zeigt die Erfahrung, dass CBR vergleichsweise schlechte Lösungen liefert.

1. Der Begriff "fallbasiertes Schließen" (eng. *Case Based Reasoning*) wird sowohl als Oberbegriff für den gesamten wissensbasierten Ansatz, als auch für eine spezielle Methodik innerhalb des Ansatzes verwendet.

Ansatz	Wissens-repräsentation	Inferenz-mechanismus	Bewertung
Darstellungsbasierte Ansätze			
Regelbasierte Ansätze	Produktionsregeln	Vorwärtsverkettung	+ frühe kommerzielle Anwendungen – Wartung der Wissensbasis aufwendig
Logikbasierte Ansätze	Beschreibungslogik (Individuum, Konzept, Rolle)	Subsumtion, Klassifikation	+ gute Unterstützung der Wissensaquisition – Subsumtion i.A. NP-vollständig
Strukturbasierte Ansätze	Komponenten, Attribute, *Ports*	Verbinden von *Ports* ausgehend von Schlüsselkomponenten	+ effiziente Dekompostion des Anwendungsgebiets – Darstellungsproblem bei nicht strukturellen Beschränkungen
Ressourcenbasierte Ansätze	Komponenten, Ressourcen	Ressourcen-balanzierung	+ Ressourcenteilung möglich – Ressourcenbalanzierung i.A. NP-vollständig
Constraintbasierte Ansätze	CSP (*Constraints*, Komponenten, Variablen, Domänen)	Suche nach Variablenbelegung, die CSP und Optimierungs-kriterium erfüllt	+ effiziente Wartung der Wissensbasis – *Constraints* erweitern Begrifflichkeiten des Anwendungsgebiets
Aufgabenbasierte Ansätze	Netzwerk von Paramteren	Klassifikation, Anbieten von Konfigurationsalternativen	+Vermeiden von Änderungen an Begrifflichkeiten des Anwendungsgebiets – nur wenige Systeme vorhanden
Case Based Reasoning	historisches Wissen	CBR-Zyklus	+ Nutzen von historischem Wissen – historisches Wissen apriori vorausgesetzt, eher schlechte Lösungen

Tab. 6.1: Vergleich von wissensbasierten Konfiguratoren

Zusammenhang wissensbasierter Konfiguratoren mit Marrakesch

In Tabelle 6.1 sind die eben skizzierten Ansätze der wissensbasierten Konfigurationen gegebenübergestellt. Dabei werden für jeden Ansatz die Art seiner Wissensrepräsentation, sein Inferenzmechanismus, sowie seine Vor- und Nachteile aufgezeigt. Für die vorliegende Arbeit sind offenbar die darstellungsbasierten Ansätze am interessantesten, da Marrakesch durch sein beschreibendes Datenmodell die zu verhandelnden Produkte und Dienstleistungen als Modelle betrachtet. Auffällig ist, dass Marrakesch eine viel detailliertere Sichtweise einnimmt. Die vorgestellten wissensbasierter Konfiguratoren verstehen trotz fehlender einheitlicher Definition unter dem Konfigurationsproblem die Definition der Wissensbasis und das Finden einer den Kundenwünschen entsprechenden Menge von Konfigurationen. Besteht diese Menge aus mehreren Lösungen, so ist im allgemeinen kein weiterer Unterstützungsmechanismus für die Selektion der optimalen Lösung vorgesehen. In der Sichtweise von Marrakesch ist die Konfiguration bzw. die Verhandlung nur der letzte Schritt vor dem Abschluss eines Vertrags: Die Modellierung des Angebots- bzw. Nachfrageraums, sowie das *Match Making* sind von so großer Wichtigkeit, dass sie als eigenständige Aufgaben angesehen werden. Die Gegenüberstellung der beiden Sichtweisen findet sich nochmals in Tabelle 6.2. Das Anwendungswissen der Wissensbasis wird in Marrakesch in zwei Teile zerlegt, in das multidimensionale Begriffssystem zur Ordnung des Objektbereichs, und in mereologische Graphen, die unter Rückgriff auf die Klassifikation die jeweiligen Konfigurationsräume aufspannen. Auch die Wissensbasen einiger Konfiguratoren enthalten in Form von Taxonomien klassifikatorisches Wissen, separieren dieses aber nicht vom Modellwissen. Der Kontrollfluss ist in den Konfiguratoren teils expliziter Teil des Anwendungswissens. In Marrakesch liegt der Kontrollfluss eher abstrakt im Referenzprozess, ist also anwendungsunabhängig. Ist ein detaillierterer Kontrollfluss nötig, muss dieser innerhalb der entsprechenden Prozessschritte definiert werden. Die Inferenzmechanismen der wissensbasierten Konfiguratoren sind teils sehr unterschiedlich und treten auch in Kombination auf. Marrakesch bietet durch den umfangreichen Implikationsmechanismus als Bestandteil des Datenmodells einerseits einen anwendungsspezifischen Ableitungsmechanismus, andererseits durch den *Match-Making*-Prozess einen mächtigen, anwendungsunabhängigen Lösungsmechanismus, der darauf basiert, dass sowohl Kunde als auch Nachfrager ihre Vorstellung unter Einsatz des selben Datenmodells formulieren. Diesem Schritt schließt sich in Marrakesch die Verhandlung bzw. die Konfiguration an. Dabei wird in beiden Fällen die interaktive Beseitigung der letzten, nicht automatisch lösbaren Variationsmöglichkeiten verstanden. Da kein einheitlicher Konfigurationsbegriff vorhanden ist, ist dieses Verständnis durchaus gerechtfertigt.

Wird Marrakesch als Gesamtansatz mit den vorgestellten Konfiguratoren verglichen, so ist eine enge Verwandschaft mit dem regelbasierten Ansatz festzustellen, wobei der Implikationsmechanismus in Marrakesch durch seine Rückwärtswirkung mächtiger ist als die Produktionsregeln und damit den constraintbasierten Systemen ähnelt. Als weitere Gemeinsamkeit mit dem constraintbasierten Ansatz lässt sich die Fähigkeit nennen, sowohl strukturelle Anforderungen als auch ein zusätzliches Optimierungsziel, wie den Preis oder die Lieferzeit, zu berücksichtigen.

Erwähnenswert ist das Integrationspotenzial für wissensbasierte Konfiguratoren, das in [SaWe98] angedeutet wird. Konfiguratoren wie auch andere Systeme können auf Dauer nicht als isolierte Systeme verwendet werden, sondern müssen beispielsweise mit der Produktdatenverwaltung oder dem ERP-System eines Unternehmens interagieren. [SaWe98] nennt die *Stapelverarbeitung von Konfigurationen*, die bei ausreichend spezifizierten Kundenanforderungen unbeaufsichtigt die möglichen Lösungen berechnen. Ebenfalls genannt wird die *inkrementelle Konfiguration*, in der iterativ vom Kunden einzelne Anforderungen erfragt und in die Konfiguration eingebracht werden. Diesen Ansatz beherrscht Marrakesch in natürlicher Weise durch

wissensbasierte Konfiguratoren (darstellungsorientiert)	**Marrakesch**
Wissensbasis	Datenmodell
Anwendungswissen	Begriffssystem Mereologischer Graph
Kontrollfluss	Referenzprozess
Inferenzmechanismus	Implikationen (Datenmodell) *Match Making*
–/eingeschränkt	freie Verhandlung/Konfiguration durch Kunden

Tab. 6.2: Vergleich wissensbasierter Konfiguratoren mit Marrakesch

den Prozessschritt der Verhandlung. Aufbauend auf der inkrementellen Konfigurierung ist auch die *Rekonfigurierung* denkbar, die es erlaubt, eine Konfiguration nachträglich zu erweitern (*Update*), oder defekte Teile auszutauschen. Als letzte Integrationsmöglichkeit bietet sich die Erstellung von *Konfigurationsanalysewerkzeugen* an. Analog zum *Case Based Reasoning* lassen sich aus historischen Konfigurationen Heuristiken und Anwendungswissen herauslesen und formalisieren. Das so gewonnene Wissen kann zur Optimierung des regulären Konfigurationsprozesses genutzt werden.

6.1.2 Dialogische Logik

Die dialogische Logik wurde von Paul Lorenzen und Kuno Lorenz [LoLo78] zur Begründung der klassischen, formalen Logik eingeführt. Anstatt eine zusammengesetzte Behauptung über ihren Wahrheitswert "wahr" oder "falsch" – eine dritte Möglichkeit gibt es nicht, da in der klassischen Logik das *tertium non datur* gilt – zu charakterisieren (wertdefinite Aussagen), wird ihre Geltung oder Nichtgeltung mittels endlicher schematisierter Dialoge ermittelt. Es wird dann von einer dialogdefiniten Aussage gesprochen, was eine echte Erweiterung gegenüber der wertdefiniten Aussage darstellt, allerdings auch komplizierter ist. Ein kurzer Überblick über die dialogische Logik findet sich in [Mitt84], eine detailliertere Einführung in [Inhe03].

Die zusammengesetzten Behauptungen entstehen durch die Verknüpfung von elementaren Aussagen durch logische Zeichen, worunter die logischen Junktoren Konjunktion $\wedge$, Adjunktion $\vee$, Negation $\neg$, Subjunktion $\rightarrow$, sowie die Quantoren Existenzquantor $\exists$ und Allquantor $\forall$ zusammengefasst sind. Im Dialog stehen sich zwei Dialogpartner gegenüber, der Proponent, der eine Behauptung aufstellt, und der Opponent, der die Behauptung anzweifelt und sie zu widerlegen versucht. Der Dialog besteht damit aus Angriffen und Verteidigungen. Der Proponent gewinnt den Dialog, wenn er in der Lage ist, seine zusammengesetzte Behauptung erfolgreich gegen die Angriffe des Opponenten zu verteidigen. Andernfalls gewinnt der Opponent den Dialog.

Ein Dialog besteht aus einer chronologischen Folge von Dialogschritten. Ein Dialogschritt ist entweder der Angriff oder die Verteidigung einer Aussage. Das Verhalten der Dialogpartner in einer bestimmten Dialogsituation wird durch zwei Arten von Regeln bestimmt:

- Partikelregeln

  Die Partikelregeln legen die Behandlung der logischen Zeichen einer zusammengesetzten Aussage innerhalb eines Dialogs fest. Hierzu werden zu jedem Zeichen die erlaubten Angriffe und die notwendigen Verteidigungen festgelegt. Die Partikelregeln stellen somit die dialogische Definition der logischen Zeichen dar.

- Rahmenregeln

  Die Rahmenregeln bestimmen den Dialogverlauf, indem sie über die Zulässigkeit eines Dialogschrittes in einer bestimmten Dialogsituation entscheiden.

Auf beide Arten von Regeln wird im Folgenden genauer eingegangen.

Partikelregeln

Im folgenden werden die dialogischen Definitionen der logischen Zeichen $\wedge$, $\vee$, $\neg$, $\rightarrow$, $\exists$ und $\forall$ erläutert. Dazu wird auf die Aussagen A und B zurückgegriffen, die selbst elementare oder zusammengesetzte Behauptungen sein können:

- Konjunktion $A \wedge B$

  Zur erfolgreichen Verteidigung dieser Aussage muss ein Dialogpartner in der Lage sein, sowohl die Teilaussage A als auch die Teilaussage B zu verteidigen. Der andere Dialogpartner kann die Konjunktion angreifen, indem er entweder die linke Teilaussage („L?") oder die rechte Teilaussage („R?") anzweifelt. Die entsprechende Syntax der dialogischen Logik nach [Inhe03] ist in runden Klammern aufgeführt. Eine Verteidigung auf diesen Angriff erfolgt bei zusammengesetzten Teilaussagen entweder durch die Behauptung weiterer Aussagen oder bei elementaren Teilaussagen durch den tatsächlichen Nachweis der Aussage.

- Adjunktion $A \vee B$

  Zur erfolgreichen Behauptung einer Adjunktion genügt die erfolgreiche Verteidigung einer der beiden Teilaussagen A oder B. Daher kann der andere Dialogpartner eine Adjunktion lediglich mit einem schlichten Zweifel („?") angreifen. Der verteidigende Dialogpartner kann anschließend eine Teilaussage auswählen.

- Negation $\neg A$

  Der Angriff auf eine Negation erfolgt durch die Behauptung der nichtnegierten Teilaussage („A?"). Hierbei tritt ein Rollentausch auf, bei dem der Opponent die Rolle des Proponenten übernimmt, indem er selbst zur Behauptung und Verteidigung der Teilaussage A gezwungen wird. Der ursprüngliche Proponent muss sich nach der dialogischen Definition der Negation nun nicht verteidigen und kann stattdessen einen Gegenangriff gegen die vom Opponenten aufgestellte Behauptung starten.

- Subjunktion $A \rightarrow B$

  Bei der Subjunktion wird die Teilaussage A als Antezedens und die Teilaussage B als Sukzedens bezeichnet. Ein Angriff auf eine Subjunktion erfolgt durch das Bezweifeln des Antezedens A („A?“). Eine Subjunktion ist erfolgreich verteidigt, falls das Sukzedens B erfolgreich gegen die Angriffe verteidigt werden kann. Da der Proponent sich nicht sofort gegen das Bezweifeln des Sukzedens verteidigen muss, kann ein erneuter Rollentausch erfolgen, da der Proponent nun den Zweifel am Sukzedens A („A?“) selbst mit („?“) angreifen kann. Der Opponent muss nun zunächst selbst die Teilaussage A verteidigen können, um anschließend die Subjunktion erfolgreich widerlegen zu können.

- Existenzquantor: $\exists x\, A(x)$

  Die Existenzaussage A kann vom Opponenten lediglich durch einen schlichten Zweifel („?“) angegriffen werden. Der Proponent kann sich erfolgreich gegen den Angriff verteidigen, falls er in der Lage ist, die Aussage $A(x)$ für ein von ihm gewähltes x erfolgreich zu verteidigen. Dem Opponenten obliegt keinerlei Einfluss auf die Wahl des Proponenten.

- Allquantor: $\forall x\, A(x)$

  Beim Allquantor hingegen wählt der Opponent ein x und greift den Proponenten mit („x?“) an, da dieser prinzipiell in der Lage sein sollte, die Allaussage $A(\,)$ für jedes x verteidigen zu können. Der Proponent gewinnt den Dialog, falls er die Aussage $A(x)$ für das vom Opponenten gewählte x erfolgreich verteidigen kann.

Die Partikelregeln sind in Tabelle 6.3 nochmals zusammengefasst, wobei der senkrechte Strich in den Spalten Angriff und Verteidigung verschiedene Wahlmöglichkeiten für den jeweiligen Dialogteilnehmer symbolisiert.

Name	Zeichen	Behauptung	Angriff	Verteidigung
Konjunktion	$\wedge$	$A \wedge B$	L? | R?	$A \mid B$
Adjunktion	$\vee$	$A \vee B$	?	$A \mid B$
Negation	$\neg$	$\neg A$	A?	keine
Subjunktion	$\rightarrow$	$A \rightarrow B$	A?	B
Existenzquantor	$\exists$	$\exists x\, A(x)$	?	$A(x)$, x bel.
Allquantor	$\forall$	$\forall x\, A(x)$	x?, x fest	$A(x)$

Tab. 6.3: Partikelregeln der dialogischen Logik [Inhe03]

Rahmenregeln

Die Rahmenregeln, die zur Normierung des Dialogverlaufs verwendet werden, können nach [Inhe03] in drei obligatorische sowie eine optionale Regel aufgeteilt werden. Die drei obligatorischen Rahmenregeln werden im Folgenden erläutert:

- Eröffnungsregel

  Die Eröffnung eines Dialogs erfolgt durch die Behauptung einer zusammengesetzten Aussage durch den Proponenten.

- Spielregel

  Opponent und Proponent tragen anschließend abwechselnd je ein Argument vor. Zulässige Argumente im Sinne der Spielregel sind:

  (1) Angriffe auf Behauptungen entsprechend der Partikelregeln und
  (2) Verteidigungen gegen vorangegangene Angriffe entsprechend der Partikelregeln.

  Angriffe stellen hierbei Rechte dar, die von jedem Dialogpartner, falls er am Zug ist, ausgeübt werden können. Verteidigungen stellen hingegen Pflichten dar, die nur solange aufgeschoben werden dürfen, bis kein Angriffsrecht mehr ausgeübt werden kann. Je ein Angriff sowie die zugehörige Verteidigung bilden eine Argumentationsrunde. Jede Argumentationsrunde erniedrigt die Anzahl der logischen Zeichen („Partikel") um eins. Somit endet der Dialog nach endlich vielen Schritten in einer Dialogsituation, in der nur noch Elemantaraussagen angegriffen werden können („?"). Die Verteidigung einer Elementaraussage kann entweder gelingen („✓") oder scheitern („†"). Die Frage, ob eine Elementaraussage letztendlich wahr oder falsch ist, wird von der dialogischen Logik nicht behandelt.

- Gewinnregel

  Ein Dialogpartner verliert den Dialog, falls er kein weiteres Argument mehr vorbringen kann oder aufgibt. Der andere Dialogpartner hingegen ist der Gewinner des Dialogs.

Die folgende, optionale Regel schränkt die Anzahl von gewinnbaren zusammengesetzten Aussagen ein. Falls diese Regel angewendet wird, spricht man von „effektiver" Argumentation der Dialogpartner, bei Nichtanwendung von „klassischer" Argumentation:

- Reihenfolgeregel (*Last Duty First*) – optional

  Verteidigungspflichten müssen in der umgekehrten Reihenfolge ihrer Entstehung eingelöst werden, d.h. die jeweils zuletzt durch einen Angriff entstandene Verteidigungspflicht muss zuerst erfüllt werden.

Darstellung eines Dialogverlaufs

Um den Ablauf eines Dialogs darzustellen, existieren zwei mögliche Darstellungsformen. Die Protokollierung eines einzelnen Dialogs bestehend aus den wechselseitigen Sprechakten, die Proponent und Opponent austauschen, wird in Form der Dialogtabelle oder des Dialogtableaus aufgezeichnet. Für dessen Struktur gelten folgende Regeln:

(1) Die Dialogtabelle besteht aus drei Spalten. In der ersten Spalte werden die Dialogschritte aufsteigend beginnend mit der Null numeriert. In der zweiten Spalte werden die Argumente des Opponenten, in der dritten Spalte die des Proponenten notiert.

(2) In der dritten Spalte der ersten Zeile wird die Ausgangsbehauptung des Proponenten, über deren Geltung diskutiert werden soll, notiert.

(3) Eine eventuelle Nummer hinter einem Zweifel („?“) gibt die Zeile an, in der die angegriffene Behauptung steht. Bei Angriffen, die sich auf die unmittelbar vorhergehende Zeile beziehen, wird auf eine Nummer verzichtet.

(4) Verteidigungen stehen grundsätzlich in derselben Zeile wie der entsprechende Angriff und erhalten somit keine Nummer.

(5) Durch eine Punktnotation wird zu jedem Zeitpunkt festgelegt, welches logische Zeichen als nächstes zu behandeln ist. Hierbei gilt, dass das Zeichen mit den meisten Punkten zuerst beseitigt werden muss. Die Punktnotation ersetzt die übliche Klammerung von logischen Ausdrücken.

Die dialogische Logik soll nun an Hand der Beispielaussage $A_1 \rightarrow A_2 \dot{\vee} A_2 \rightarrow \neg A_3$ erläutert werden, wobei A_i etwa für "Alternative i ist konfigurierbar". Zwei mögliche Dialoge um die Geltung dieser Aussage finden sich in den Tabellen 6.4 und 6.5. Eine Kommentierung erfolgt zur besseren Lesbarkeit in einer zusätzlichen vierten Spalte, die nicht zur eigentlichen Dialognotation gehört.

Den Dialog aus Tabelle 6.4 gewinnt der Proponent, da der Opponent keine weiteren Angriffe vorbringen kann. Somit ist zwar nicht die Allgemeingültigkeit der zusammengesetzten Aussage des Proponenten bewiesen, aber zumindest eine Verhandlungsstrategie gefunden, für die die Aussage gültig ist. Wie sich aus der Dialogtabelle leicht ersehen lässt, bestehen innerhalb des Dialogs mehrere Wahlmöglichkeiten, die den Ausgang des Dialogs eventuell beeinflussen. Ein anderer möglicher Verlauf ist in Tabelle 6.5 aufgezeichnet, bei der sich der Proponent bereits in der ersten Runde zu einer anderen Verteidigung als im vorigen Beispiel entscheidet, was sich als fatal herausstellt: durch die Negation von A_3 findet ein Rollentausch mehr statt und dem Proponent bleibt kein weiteres Argument nach der letzten erfolgreichen Verteidigung des Opponenten in Zeile 6.

Zur Darstellung aller möglichen Dialogverläufe zu einer zusammengesetzten Aussage haben Ehrensberger und Zinn in [EhZi97] die Dialogbäume eingeführt. Ein Dialogbaum verzweigt immer dann, wenn der Proponent bzw. der Opponent mehrere Möglichkeiten hat, auf die vorhergehende Aktion zu reagieren. Der Dialogbaum für die Beispielaussage $A_1 \rightarrow A_2 \dot{\vee} A_2 \rightarrow \neg A_3$ ist in Abbildung 6.2 gezeigt. Die Angriffe bzw. Verteidigungen des Opponenten werden mit O gekennzeichnet, die des Proponenten mit P. Die Nummer in Klammern gibt die Argumentationsrunde an. Die Aufgabe eines Teilnehmers gibt dieser mit dem Symbol "%" bekannt. Ein Dialogbaum stellt alle möglichen Dialoge zu einer gegebenen Aussage dar, wobei die Anzahl der verschiedenen Pfade die Anzahl der möglichen Dialoge widerspiegelt. Der Proponent kann daran ablesen, wie er sich in einem Dialog verhalten muss, um ihn zu gewinnen.

Gewinnstrategie

Dialogbäume können aufgrund ihrer Beschaffenheit genutzt werden, eine sogenannte Gewinnstrategie zu finden. Ein Teilnehmer besitzt eine Gewinnstrategie zu einer Behauptung, wenn er jeden Dialog mit welchem Dialogpartner auch immer gewinnen kann. Aus dem Beispieldialogbaum in Abbildung 6.2 kann der Proponent eine Gewinnstrategie ablesen: Unabhängig von den

0		$A_1 \rightarrow A_2 \dot{\vee} A_2 \rightarrow \neg A_3$	Kommentar
1	?	$A_1 \rightarrow A_2$	Der Opponent greift die Adjunktion mit einem schlichten Zweifel an. Der Proponent entscheidet sich für die Verteidigung der linken Seite.
2	A_1?	…	Der Opponent muss nun die Subjunktion angreifen. Der Proponent hingegen macht von seinem Recht Gebrauch, die Verteidigung der Subjunktion aufzuschieben.
3	(A_1 ✓)	?	Es findet ein Rollentausch statt, indem der Proponent die Aussage A_1 angreift. Dem Opponenten gelingt der Nachweis der Elementaraussage.
4		A_2 (2)	Da der Proponent keine weiteren Angriffe durchführen kann, muss er laut Reihenfolgeregel die Verteidigung der Subjunktion aus Zeile 2 nachholen.
5	?	(A_2 ✓)	Der Opponent greift die Elementaraussage A_2 an, die vom Proponenten anschließend erfolgreich verteidigt wird. Da der Opponent keine weiteren Argumente mehr vorbringen kann, gewinnt der Proponent den Dialog.

Tab. 6.4: Erster Beispieldialog

0		$A_1 \rightarrow A_2 \dot{\vee} A_2 \rightarrow \neg A_3$	Kommentar
1	?	$A_2 \rightarrow \neg A_3$	Der Opponent greift die Adjunktion mit einem schlichten Zweifel an. Der Proponent entscheidet sich nun für die Verteidigung der rechten Seite.
2	A_2 ?	…	Der Opponent muss nun die Subjunktion angreifen. Der Proponent entscheidet sich erneut für den Aufschub der Verteidigung. Es kommt daher erneut zum Rollentausch.
3	(A_2 ✓)	?	Der Proponent greift nun die Elementaraussage A_2 an, die anschließend vom Opponenten erfolgreich verteidigt wird.
4		$\neg A_3$ (2)	Gemäß der Reihenfolgeregel holt der Proponent nun die Verteidigung der Subjunktion aus Zeile 2 nach.
5	A_3?	keine	Der Opponent greift die Negation $\neg A_3$ entsprechend der Partikelregel an. Eine Verteidigung des Proponenten ist nicht nötig.
6	(A_3 ✓)	?	Der Opponent gewinnt den Dialog, indem er den Angriff des Proponenten erfolgreich abwehrt, und diesem somit kein weiteres Argument mehr zur Verfügung steht.

Tab. 6.5: Zweiter Beispieldialog

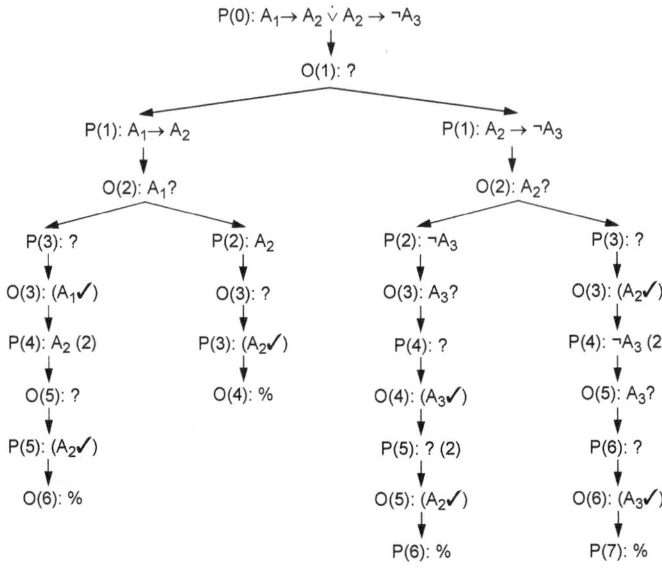

Abb. 6.2: Dialogbaum zur Beispielaussage

Aktionen des Opponenten kann er immer gewinnen und muss nur darauf achten, dass er in Runde 1 nie in den rechten Dialogast eintritt. Damit ist die Aussage $A_1 \rightarrow A_2 \ \dot{\vee} \ A_2 \rightarrow \neg A_3$ dialogdefinit wahr. Gibt es hingegen nur eine Gewinnstrategie für den Opponenten, so ist die zu verhandelnde Aussage dialogdefinit falsch. Darüberhinaus kann zwischen materialer und formaler Wahrheit unterschieden werden [Inhe03]:

- Materiale Wahrheit

  Eine Aussage gilt als material wahr, falls über ihre Geltung nur aufgrund von anerkannten Geltungskriterien einer Argumentationsgemeinschaft entschieden werden kann. Ändern sich die Geltungskriterien, so können sich ebenfalls auch die materialen Wahrheiten ändern. Beispiele hierfür finden sich in der Geschichte der Menschheit. So wurde früher die Erde für eine Scheibe gehalten, und es herrschte das geozentrische Weltbild vor. Übertragen auf das Beispiel aus den Tabellen 6.4 und 6.5 könnte sich die Entscheidung, ob eine Alternative konfigurierbar ist, im Laufe des Konfigurationsprozesses ändern, da eine bestimmte Alternative bereits konfiguriert wurde. Dies könnte wiederum zur Beeinflussung der materialen Wahrheit der zusammengesetzten Aussage führen.

- Formale Wahrheit

  Eine Aussage gilt hingegen als formal wahr, falls der Proponent eine formale Gewinnstrategie besitzt, nach der er jede von ihm zu verteidigende Elementaraussage vom Opponenten übernehmen kann. Für den Proponenten gelten daher zwei weitere formale Spielregeln:

(1) Elemantaraussagen des Opponenten dürfen nicht angegriffen werden.

(2) Der Proponent darf nur Elemantaraussagen behaupten, falls diese zuvor bereits vom Opponenten behauptet wurden.

Eine formale Gewinnstrategie beruht somit einzig und allein darauf, wie eine Aussage logisch zusammengesetzt ist. Die Wahrheit der Elementaraussagen ist somit unabhängig von der Wahrheit der zusammengesetzten Aussage. Dementsprechend geht es bei der Untersuchung der formalen Wahrheit viel mehr um das Erkennen von allgemeingültigen Aussageschemata. Ein Aussageschema gilt dabei als allgemeingültig, falls für dieses Schema eine formale Gewinnstrategie angegeben werden kann. Ein triviales Beispiel für ein allgemeingültiges Aussageschema ist $A \rightarrow A$.

Einfluss der dialogischen Logik auf Marrakesch

Mit den vorigen Abschnitten wurde ein elementarer Ausschnitt der dialogischen Logik präsentiert. Genauere Informationen finden sich in [Mitt84], [Inhe03] und in [LoLo78]. Betrachtet man die dialogische Logik aus dem Blickwinkel der Verhandlung des Vertragsverhandlungssystems Marrakesch, so sind insbesondere die Konzepte der Partikel- und Rahmenregeln von Interesse, da sie den Ablauf des Verhandlungsdialogs ordnen. Die Rollen des Proponenten und des Opponenten lassen sich in natürlicher Weise auf Käufer und Verkäufer abbilden und auch der Rollenwechsel, wie er bei der Subjunktion oder der Negation auftritt, lässt sich auf Verhandlungsszenarien übertragen. Allerdings sind auch grundlegende Unterschiede zwischen der dialogischen Logik und der Vertragsverhandlung im Sinne von Marrakesch zu erkennen. Ziel des Proponenten ist es, im Dialog die Zustimmung des Opponenten zu seiner Behauptung zu gewinnen. Umgekehrt versucht der Opponent diese Behauptung zu widerlegen. Es handelt sich beim Dialog also um ein Spiel mit Gewinner und Verlierer, der Sieg des einen ist die Niederlage des anderen. Daher ist ein Schwerpunkt der dialogischen Logik die Untersuchung von Gewinnstrategien. Auch bei Vertragsverhandlungen ist sicherlich jede Partei bestrebt, für sich ein möglichst positives Resultat zu erreichen, aber beide arbeiten konstruktiv auf einen gemeinsamen Vertrag hin, der ein Artefakt, sei es Produkt oder Dienstleistung sein, das der Verkäufer an den Verkäufer verkauft. Geht beispielsweise der Käufer überhaupt nicht auf die Wünsche seines Kunden ein, um seinen Profit zu maximieren, läuft er Gefahr, dass der Kunde die Verhandlung abbricht und anderweitig versucht, seinen Bedarf zu decken. Daher existiert in diesem Kontext keine Gewinnstrategie in dem Sinne, dem Gegenüber seinen Standpunkt aufzuzwingen. Ein direkter Einsatz der dialogischen Logik für den Prozessschritt der Verhandlung ist demnach nicht möglich.

6.1.3 Problemlösung im Dialog

Der Dialog wird häufig zur Lösung komplexer Probleme herangezogen. So wurde Anfang der 70er Jahre die IBIS-Methodik (*Issue-Based Information System*, [BoSc98]) zur Untersuchung "verzwickter" Probleme entwickelt (englisch *wicked*). Die Ziele von verzwickten Problemen

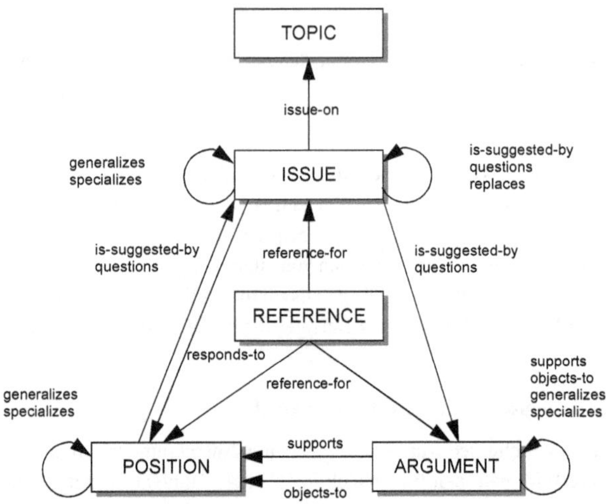

Abb. 6.3: Beispiel für ein Hypertextnetzwerk gemäß IBIS [HHH+92]

sind sehr komplex, in der Regel nur unpräzise formuliert und unterliegen einer permanenten Änderung. Die IBIS-Methodik nutzt aufbauend auf der Theorie der Argumentation einen Dialog aus Frage und Antwort zur Erforschung des Problem- und des Lösungsraums. Dabei handelt es sich um einen ausbaufähigen Ansatz auf Basis eines Hypertextsystems [Wede96], dessen Hypertextnetzwerk sich aus Knoten und Kanten verschiedener Typen zusammensetzt. Wichtige Knotentypen sind Problemfragen (*issue*), Argumente (*argument*), sowie Positionen (*position*). Diese Knotentypen werden durch Kantentypen wie Infragestellen (*questions*), Antwort (*responds-to*) oder Bezugnehmen (*refers-to*) verbunden. Ein Beispiel für ein aus diesen Bausteinen gebildetes Netzwerk findet sich in Abbildung 6.3. Die IBIS-Methodik ist Grundlage für weitere Ansätze im Bereich der elektronisch unterstützten Zusammenarbeit, z.B. [Hash91][HHH+92], worauf hier nicht näher eingegangen werden soll.

Ein wissenschaftstheoretischer Ansatz zur Normenbegründung, der ebenfalls auf dem Dialog oder dem Diskurs basiert, wird von [Geth79] geliefert. Der Zweck der Normenbegründung liegt laut Gethmann darin, “Konflikte, die durch die Unvereinbarkeit von generellen Imperativen verschiedener Subjekte entstehen, auf gewaltlose Weise zu lösen” ([Geth79], S. 50). Um die Normenbegründung formalpragmatisch zu rekonstruieren, sind drei Teilaufgaben zu bewältigen:

(1) Die Sprechhandlung des Begründens ist zu präzisieren und zu rekonstruieren, um überhaupt eine formalpragmatische Analyse zu ermöglichen.

(2) Für Begründungen, deren propositionaler Teil Normen ausdrückt, sollen alle möglichen Dialogverläufe systematisch entwickelt werden.

(3) Es sind Regeln für typische Begründungssituation zu entwickeln, die das Gelingen der Begründungshandlung garantieren.

Um den ersten Punkt, die Rekonstruktion der Sprechhandlung, zu lösen, erweitert Gethmann die einfache Behauptungshandlung BEH (*x*, *A*) zur Begründungshandlung BEGR (*x*, *y*, *A*, *B*, *R*). Dabei ist letztere wie folgt zu verstehen: "der Autor *x* begründet dem Adressaten *y* auf der Basis von *B* mittels des Regelwerks *R*, dass *A*." *x* und *y* sind also die beiden Dialogpartner, *A* wird als Konklusion, *B* als Prämisse und *R* als Regelwerk bezeichnet.

Für den zweiten Punkt muss der Begründungskontext analysiert werden. Die Begründungshandlung setzt sich aus elementaren Behauptungshandlungen zusammen, denen mit Zweifel oder Einwand begegnet wird. Um diese auszuräumen, dient die Begründung, mit dem Ziel, dass der Zuhörer die Behauptung übernimmt. In Folge von genaueren Untersuchungen stellt Gethmann einige charakteristische Minimalanforderungen an die Beschreibung eines Begründungskontexts auf. So müssen die Dialogteilnehmer die Funktionen Proponent und Opponent erfüllen, die so wie in der dialogischen Logik aufzufassen sind (Abschnitt 6.1.2). Weiterhin ist in allen Begründungskontexten eine gewisse Abfolge von Sprechhandlungen zu erkennen, die im wesentlichen aus Behaupten, Bezweifeln, Begründen und Zustimmen bestehen. Die Wahrheit einer Behauptung wird im Dialog durch weitere Behauptungen begründet, wobei sowohl die Prämissen als auch die Konklusionen einer Behauptung angezweifelt werden können. Schließlich müssen die Eigenschaften der Behauptungen gewisse Regeln erfüllen. In einem Begründungskontext, der diese vier charakteristischen Merkmale aufweist, lässt sich die folgende Definition von "Begründen" geben [Geth79]:

BEGR (*P*, *O*, *A*, *B*, *R*) :=

(1) BEH (*P*, *A*)

(2) BEZW (*O*, *A*)

(3) BEH (*P*, $B \wedge R$ (*A*, *B*))

(4.1) BEH (*O*, *A*)

oder

(4.2) BEZW (*O*, *B*) *und* BEGR (*P*, *O*, *B*, *C*, *R*) // $C \neq A, B$

oder

(4.3) BEZW (*O*, *R*) *und* BEGR (*P*, *O*, *R*, *S*, *T*) // $S, T \neq R$

Die Begründung, dass die Konklusion *A* ausgehend von der Prämisse *B* unter Anwendung der Regeln *R* gilt, und die der Proponent *P* an den Opponenten *O* richtet, ist damit eine Abfolge von vier Schritten, wobei der Opponent im vierten Schritt verschiedene Optionen zur Verfügung hat: Im einfachsten Fall nimmt *O* die Behauptung an (4.1). Er kann aber auch Zweifel anmelden, indem er erstens die Prämisse *B* (4.2) oder zweitens das Regelsystem *R* (4.3) anzweifelt. Der erste Zweifelsfall wird als horizontale Begründungsdimension bezeichnet, der zweite als vertikale Dimension. Zwischen diesen beiden Dimension kann im Verlauf des Dialogs jederzeit gewechselt werden. Als Beispiel für einen vertikalen Wechsel sei die Verhandlung der Tagesordnung

		Eröffnung	Verlauf	Abschluss
horizontal	**reduktiv**	a.	b.	c.
	produktiv	d.	e.	f.
vertikal	**reduktiv**	a.	b.	c.
	produktiv	d.	e.	f.

Tab. 6.6: Die zwölf Dialogsituationen nach [Geth79]

genannt. Darüberhinaus kann zwischen einer produktiven Begründungsrichtung und einer reduktiven Begründungsrichtung unterschieden werden. Wird eine produktive Begründungsrichtung verfolgt, so wird eine erfolgreich begründete Konklusion A_i als Prämisse einer weiteren Behauptung von A_{i+1} eingesetzt. Bei reduktivem Verlauf hingegen wird immer die Prämisse A_i von BEH (P, O, B, A_i) bezweifelt und der Proponent muss diese durch eine weitere Behauptung BEH (P, O, A_i, A_{i+1}) belegen.

Um den dritten Punkt zu beantworten, fordert Gethmann zusätzlich das Prinzip der Begründung, d.h. jeder muss seine Behauptungen begründen, wenn er dazu aufgefordert wird. Das Begründungsprinzip selbst kann nicht angezweifelt und begründet werden, sondern wird als Axiom angenommen. Damit lassen sich die in Tabelle 6.6 dargestellten verschiedenen Begründungssituationen klassifiziert nach Dimension (horizontal – vertikal), nach Begründungsrichtung (reduktiv – produktiv), und nach Situation des Dialogs (Eröffnung – Verlauf – Abschluss) identifizieren. Die genaue Analyse der zwölf Situationen findet sich in [Geth79] und führt zu den folgenden vier Postulaten, deren Einhaltung die Begründbarkeit einer Norm garantiert:

(P1) Begründe produktiv!

(P2) Wirke an der expliziten Herstellung einer Diskursbasis mit![2]

(P3) Begründe schrittweise!

(P4) Stimme einer Norm zu, die sich aus gemeinsam akzeptierten Prämissen bzw. Regeln diskursiv ergibt!

Einordnung in Marrakesch

Auch IBIS und Gethmanns Normenbegründung bedienen sich der Dialogform als Lösungsmethode für schwierige Probleme. Beide legen großen Wert auf das Begründen von Aussagen, was für den Verhandlungsprozess, den Marrakesch benötigt, übertrieben anmutet. Ein Kunde muss nicht rechtfertigen, weshalb er sich in einer Alternative für eine bestimmte Option entscheidet, und der Verkäufer hat bereits über seine Spezifikation des mereologischen Graphen die Begründung für die Möglichkeit oder Unmöglichkeit gewisser Konfigurationen gegeben. Natürlich könnte auch diese Spezifikation Gegenstand der Verhandlung sein, was hier jedoch nicht näher ausgeführt werden soll. Für Marrakesch von Interesse sind die Minimalanforderungen, die Gethmann an einen Begründungskontext stellt. Diese stellen ähnlich wie die dialogische Logik

2. (P1) kann nur dann vorteilhaft sein, wenn eine Begründungsbasis existiert.

einen formalen Rahmen für die tatsächliche Begründung dar: Die Funktionen Proponent und Opponent, die wechselseitig von den Teilnehmern angenommen werden können, sowie der Dialog als Abfolge von Sprechhandlungen. Über die Regeln der dialogischen Logik hinaus wird das Prinzip der Begründung benutzt, wodurch der gemeinsame Wille der Teilnehmer zur Konfliktlösung manifestiert wird.

6.2 Der Verhandlungsprozess in Marrakesch

Im vorliegenden Abschnitt wird der Verhandlungsprozess von Marrakesch detailliert eingeführt. Nach einer Zusammenfassung der Ausgangslage in Abschnitt 6.2.1 wird im folgenden Unterabschnitt der Gesamtüberblick über den Prozess gegeben. Aus den zuvor aufgearbeiteten Grundlagen wird der Verhandlungsdialog schematisiert und in drei Teilschritte zerlegt. Im ersten Schritt, dem Metadialog, wird über die Verhandlung diskutiert und die Reihenfolge der entscheidenden Inhaltsdialoge bestimmt (Abschnitt 6.2.3). Darauf basierend werden die einzelnen Inhaltsdialoge geführt, die jeweils eine offene Alternative aus dem Variantenraum entscheiden (Abschnitt 6.2.4). Schließlich sind die Auswirkungen der gefällten Entscheidungen zu untersuchen und die Validität der erreichten Konfiguration ist gemäß den Regeln aus Abschnitt 4.5 zu überprüfen.

6.2.1 Ausgangslage

Die Verhandlung ist in Marrakesch kein isolierter Prozess, sondern ein einzelner Schritt, der in den Referenzprozess, der in Abschnitt 3.2.2 ausführlich vorgestellt wurde, eingebettet ist. Wie in Abschnitt 3.1.4 bereits ausgeführt, ist eine vollautomatisierte Verhandlung, wie sie die künstliche Intelligenz durch den Einsatz von Konfiguratoren (Abschnitt 6.1.1) oder autonomen Agenten (z.B. [WoJe95]) verspricht, in Anbetracht der Art und Komplexität der gehandelten Güter und Dienstleistungen nicht sinnvoll. Für einfache, fertig konfektionierte Gegenstände mag das erfolgreich sein, nicht aber für variantenreiche Produkte wie Automobile, Computer oder Flugzeuge, wie in Abschnitt 3.1.4 motiviert. Insbesondere im eBusiness existiert eine Vielzahl von Verhandlungsmodellen, die in erster Linie 1:N- oder N:M-Verhältnisse zwischen Anbieter und Nachfrager realisieren (Auktionen, Börsen, ...). Der Referenzprozess von Marrakesch erlaubt die Implementierung des Verhandlungsprozessschritts auch durch diese Modelle. Allerdings sind diese ausreichend untersucht, und die vorliegende Arbeit schließt sich der Kritik von Schoop et al. an, die mehrfach darauf hinweisen, dass im B2B-Bereich die direkte bilaterale Verhandlung von Geschäftspartnern wünschenswert ist (*Peer-to-Peer Negotiation*). In [Scho99] [ScQu00] [ScQu01] stellen sie ein entsprechendes Marktplatzmodell vor, das ebenfalls auf dem Austausch von Sprechakten basiert, dazu allerdings Dokumentenverwaltungssysteme einsetzt. Daher formalisiert die vorliegende Arbeit die bilaterale Verhandlung zwischen Anbieter und Nachfrager als Dialog, also als direkte Interaktion zwischen den Teilnehmern. Das Ziel der Realisierung eines Vetragsverhandlungsrahmenwerks muss es also sein, die Beteiligten bestmöglich zu unterstützen, indem ein formaler Rahmen für den Dialog vorgegeben wird.

Die Ausgangslage für einen Verhandlungsdialog ist dank der Einbettung in den Referenzprozess klar vorgegeben. Die Zusammenfassung orientiert sich zumindest in Teilen an den Merkmalen elektronischer Verhandlungen gem. Rebstock, die in Abschnitt 3.1.7 vorgestellt wurden:

- Verhandlungsgegenstand

  Innerhalb des Rahmenwerks von Marrakesch ist der Verhandlungsgegenstand klar vorgegeben als ein komplex konfigurierbares Produkt, das in Form eines mereologischen Graphen basierend auf einem gemeinsamen multidimensionalen Begriffssystem gegeben ist. Je nachdem, wie der Referenzprozess durchlaufen wurde, ist der zu verhandelnde mereologischen Graph das Ergebnis eines *Match-Making*-Vorgangs oder ein unmodifizierter mereologischer Graph, der von einem der Dialogpartner genau so modelliert wurde. Für die Verhandlung ist dieser Unterschied vollkommen irrelevant, es ist nur wichtig, dass sich die zwei Beteiligten auf einen gemeinsamen mereologischen Graphen einigen. Innerhalb des Graphen sind für die Verhandlung die noch unentschiedenen Alternativen der zentrale, noch zu behandelnde Punkt. Ziel der Verhandlung muss die für alle Beteiligten befriedigende Auflösung dieser verbliebenen offenen Fragen sein.

- Protokollkategorie

  Der Fokus der vorliegenden Arbeit liegt auf dem bilateralen Verhandlungsfall, d.h. ein Käufer steht einem Verkäufer gegenüber. Es ist denkbar, dass ein Käufer mit mehreren Verkäufern gleichzeitig in Verhandlungen steht, die sich gegenseitig beeinflussen. Insofern kann auch von einseitig multilateral gesprochen werden. Selbst wenn auch der Verkäufer gleichzeitig in mehreren Verhandlungen steht, so kann dennoch kein beidseitig multilaterales Protokoll festgestellt werden, da auf der Verkäuferseite keine Abhängigkeiten bestehen: Ein Automobilhersteller verkauft beliebig viele, auch gleichartige Automobile, ohne dass sich ein Verkauf auf den anderen auswirkt. Umgekehrt wird ein Automobilkäufer mit mehreren Herstellern/Händlern in Verhandlungen eintreten, und sich in der Regel für genau ein Angebot, das, dass seinen Erfordernissen am nächsten kommt, annehmen.

- Automatisierungsgrad

  Wie bereits in diesem Absatz und in Abschnitt 3.1.4 erwähnt, wird die Verhandlung in Marrakesch als nicht automatisierbar betrachtet. Auf jeden Fall soll Unterstützung gewährt werden, evtl. lässt sich auch eine Teilautomatisierung in dem Sinne erreichen, dass gewisse Entscheidungen durch vorangegangene Entscheidungen mittels Implikationen automatisch gefällt werden.

- Mediationstyp

  Unabhängig davon, ob dem Verhandlungsprozess das *Match Making* vorangeht oder eine andere Einigung auf einen gemeinsamen mereologischen Graphen, ist auf jeden Fall von einer direkten Verhandlung auszugehen. Während das *Match Making* noch anonym, über einen Broker entkoppelt und in einem N:M-Verhältnis abläuft, zeichnet sich die Verhandlung durch den direkten Dialog und ein 1:1-Verhältnis aus, wobei hier die selben Bemerkungen wie zum Gesichtspunkt Protokollkategorie gelten.

Zusammenfassend muss also festgehalten werden, dass die Verhandlung im Rahmenwerk Marrakesch den direkten Dialog zwischen zwei potenziellen Geschäftspartnern auf der Basis eines gemeinsamen mereologischen Graphen darstellt. Das Ziel der Verhandlung ist eine Einigung bezüglich des Vertragsgegenstandes, weshalb der Kern des Dialogs die Abarbeitung der noch offenen Alternativen ist. Ob dafür der mereologische Graph des Käufers oder des Verkäufers zu lösen ist, kann nicht generell festgelegt werden, da es markt- und anwendungsabhängig ist. So kann beispielsweise der Marktplatz, also die Realisierung des Rahmenwerks, bestimmen, dass immer der Graph des Käufers anzunehmen ist. Dies erscheint eher beim Handel mit Dienstleistungen oder hochspeziellen Sonderfertigungen sinnvoll, während sich beispielsweise für Automobile und Computer in der Regel der Angebotsbaum des Verkäufers durchsetzen wird, da dieser den Rahmen des technisch oder rechtlich Machbaren vorgibt.

6.2.2 Überblick über den Verhandlungsprozess

Wie im vorherigen Abschnitt motiviert wird in Marrakesch die Verhandlung als abschließender Teil des Gesamtreferenzprozesses verstanden, dessen wichtigste Aufgabe die Entscheidung der noch offenen Alternativen des mereologischen Graphen ist. Diese Auffassung entspricht der in [SaWe98] angedeuteten inkrementellen Konfiguration bzw. dem Verständnis von [MeTL99], die die Verhandlung als "das gemeinsame Editieren eines Vertrags als strukturiertes Dokument" ansehen. Die Schematisierung des Verhandlungsprozesses, wie er in diesem und den nächsten zwei Abschnitten entwickelt wird, ist in Teilen in [HMDM04] vorgestellt.

Die Verhandlung wird als Dialog zwischen zwei Teilnehmern geführt. Dabei nehmen die Teilnehmer die Rollen Proponent und Opponent ein, wobei der Proponent einen Vorschlag unterbreitet und der Opponent diesen entweder annimmt oder ablehnt und im Gegenzug einen eigenen Vorschlag einbringt, womit ein Rollenwechsel stattfindet. Zwei Annahmen sind für diesen Dialog von Bedeutung:

- Stabilität des Verhandlungsgegenstands

  Der Verhandlungsgegenstand selbst, also im wesentlichen der mereologische Graph, bleibt während der Verhandlung stabil, d.h. seine Struktur wird nicht angezweifelt oder grundlegend verändert. Einzig das Einbringen von Entscheidungen, also der Übergang von der Erzeugnismenge zu einem einzelnen Erzeugnis, ist zulässig.

- Zielgerichtetheit der Verhandlung

  Beide Dialogparteien haben ein zweckgebundenes Interesse, nämlich das Zustandekommen eines gemeinsamen Vertrags. Ähnlich zu Gethmanns Prinzip der Begründung wird damit ausgeschlossen, dass einer der Teilnehmer den Dialog mutwillig in eine Endlosschleife entarten lässt, beispielsweise durch wiederholtes Ablehnen eines Vorschlags, ohne selbst eine annehmbare Alternative zu bieten.

Unter diesen beiden Voraussetzungen stellen sich zwei Fragen, die im Folgenden zu klären sind:

(1) Wie wird eine einzelne Alternative entschieden?

(2) Wie wird die Reihenfolge, in der die Alternativen zu entscheiden sind, bestimmt?

Nach dem bisher Gesagten ist klar, dass beide Fragen mittels des Dialogs zu klären sind. Die Fragen sind nicht vollständig unabhängig voneinander, da sich die zweite nach der Reihenfolge auf die erste nach der Alternative bezieht. Daraus ergibt sich ein Dialog auf zwei Ebenen:

(1) Die Entscheidung einer Alternative geschieht in einem *Inhaltsdialog*. Hier werden die Inhalte der Konfigurationsaufgabe, also die einzelnen Entscheidungsmöglichkeiten, die eine mereologische Alternative anbietet, behandelt und schließlich im positiven Fall eine Option bestimmt. Jeder offenen Alternative wird genau ein Inhaltsdialog zugeordnet.

(2) Die Festlegung der Reihenfolge der Inhaltsdialoge geschieht in einem *Metadialog*. Analog zu den Inhalten kann auch die Reihenfolge frei verhandelt werden. Da hierbei über weitere Dialoge, nämlich die Inhaltsdialoge, debattiert wird, ist die Verwendung der Vorsilbe "Meta" gerechtfertigt.

Die Unterscheidung des Verhandlungsdialogs in die Inhalts- und die Metaebene entspricht damit der horizontalen und vertikalen Begründungsrichtung von Gethmann [Geth79], wo einerseits die Inhalte der Behauptung (Prämisse und Konklusion) und andererseits das zugrundeliegende Regelwerk angezweifelt werden können. Um den Verlauf der Verhandlung möglichst frei zu gestalten, sollen sich Inhalts- und Metadialoge beliebig abwechseln können. Beispielsweise kann der unerwartete Ausgang eines Inhaltsdialogs die bisher angedachte Verhandlungsreihenfolge hinfällig machen und somit einen erneuten Metadialog erfordern. Somit ergibt sich für den

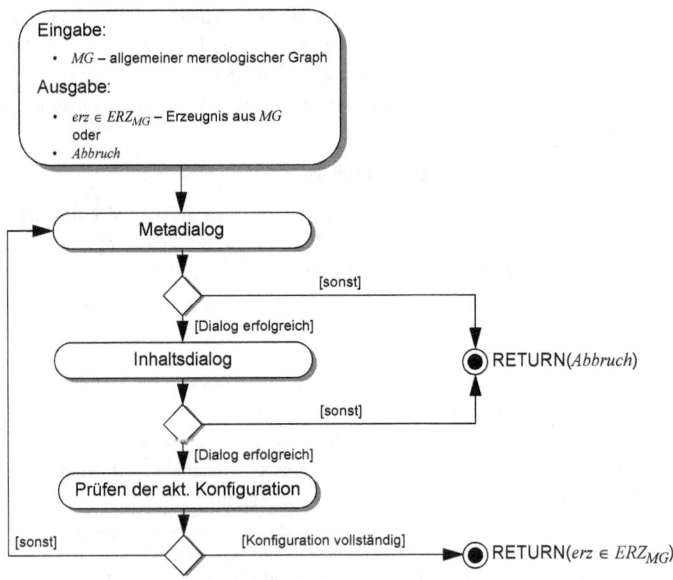

Abb. 6.4: Der allgemeine Verhandlungsprozess

allgemeinen Verhandlungsdialog der in Abbildung 6.4 dargestellte Ablauf. Die Verhandlung bekommt einen allgemeinen mereologischen Graphen *MG* als Eingabe und liefert entweder ein eindeutiges, in jedem Detail ausspezifiziertes Erzeugnis *erz* zurück, falls sich die beiden Verhandlungspartner einigen können, oder einen Abbruch. Die Verhandlung beginnt in jedem Fall mit einem Metadialog, der zumindest den ersten Inhaltsdialog festlegen muss. Kommen die Dialogpartner hier überein, so wird als nächstes der erste Inhaltsdialog der eben festgelegten Sequenz begonnen. Verläuft auch dieser Dialog positiv, so muss die aktuelle Konfiguration durch das Verhandlungssystem geprüft werden. Hierbei ist einerseits die Implikationsbehandlung durchzuführen, die gegebenenfalls weitere Alternativen entscheidet. Andererseits ist festzustellen, ob durch den bisherigen Verlauf bereits eine gültige Endkonfiguration erreicht wurde. Ist das der Fall, ist die Verhandlung als erfolgreich beendet zu betrachten und das generierte Erzeugnis ist damit die Grundlage für den anschließenden Prozessschritt des Vertragsabschlusses. In den meisten Fällen ist die momentane Konfiguration im Lauf der Verhandlung jedoch unvollständig, weshalb wieder zum Metadialog zurückgesprungen wird. Je nachdem, ob einer der Teilnehmer seine Meinung bezüglich der Reihenfolge geändert hat, oder keine weitere Reihenfolge mehr spezifiziert ist, muss dieser Metadialog tatsächlich geführt werden. Alternativ kann aber auch die bestehende Restsequenz bestätigt werden. Der Zyklus aus Metadialog – Inhaltsdialog – Prüfen der aktuellen Konfiguration wird solange wiederholt, bis alle von der Wurzel von *MG* erreichbaren Alternativen entschieden sind. Dabei wird in jedem Durchlauf mindestens eine Alternative gelöst. Kommen die Verhandlungspartner im Metadialog oder im Inhaltsdialog zu keiner Übereinstimmung, so muss der gesamte Verhandlungsvorgang abgebrochen werden, d.h. es kommt keine Einigung zwischen den beiden zustande und sie müssen zurückkehren in die Informationsphase.

Nachdem nun ein umfassender Überblick über den Gesamtverhandlungsprozess gegeben wurde, werden in den folgenden Abschnitten die detaillierten Kommunikationsprotokolle für den Metadialog und den Inhaltsdialog ausgearbeitet.

6.2.3 Spezifikation von Metadialogen

Ziel des Metadialogs ist es, eine Sequenz von Alternativen im mereologischen Graphen *MG* zu liefern, mit dem beide Verhandlungspartner einverstanden sind. Diese Sequenz wird anschließend durch einzelne Inhaltsdialoge sukzessive abgearbeitet. Bevor der Metadialog spezifiziert werden kann, muss die Alternativensequenz formal definiert werden.

Def. 6.1: Alternativensequenz

Sei ALT_{MG} die Menge aller Alternativen eines mereologischen Graphen *MG*, d.h. $ALT_{MG} = \{n \in UT(wurzel(MG)): typ(n) = 'alt'\}$.

Dann ist eine *Alternativensequenz* $seq_{ALT_{MG}}$ definiert als eine beliebige Permutation einer Teilmenge $A \subseteq ALT_{MG}$. Auf der Sequenz sind folgende Operationen möglich:

- $laenge(seq_{ALT_{MG}})$ liefert die Anzahl der Alternativen der Sequenz zurück. Für die Länge gilt: $0 \leq laenge(seq_{ALT_{MG}}) \leq |ALT_{MG}|$.

- $alt(seq_{ALT_{MG}}, i)$ liefert die Alternative an der *i*-ten Position der Sequenz zurück.

Die Menge aller Alternativensequenzen wird mit $SEQ_{ALT_{MG}}$ bezeichnet.

Die Alternativensequenz stellt also eine geordnete Teilmenge aller Alternativen ALT_{MG} eines mereologischen Graphen dar. Die Länge einer Alternativensequenz ist variabel und nur nach oben durch die Gesamtzahl aller vorhandenen Alternativen beschränkt. Für die Abarbeitung der Sequenz wird zusätzlich die Zugriffsfunktion *alt*() definiert.

Für den tatsächlichen Metadialog ist die Definition der Alternativensequenz noch nicht ausreichend. Die Menge aller Alternativen ALT_{MG} lässt sich in drei disjunkte Teilmengen zerlegen (Abbildung 6.5):

$$ALT_{MG} = ALT_{konfiguriert} \oplus ALT_{offen} \oplus ALT_{unerreichbar}$$

Eine Alternative ist demanch entweder bereits konfiguriert ($ALT_{konfiguriert}$), sie ist noch offen (ALT_{offen}) oder aufgrund einer anderen Alternativenentscheidung unerreichbar ($ALT_{unerreichbar}$). Diese Partitionierung ist dynamisch und muss nach jedem Inhaltsdialog angepasst werden. Insbesondere wird die Menge ALT_{offen} sukzessive reduziert werden, wobei ihre Elemente sowohl nach $ALT_{konfiguriert}$ als auch nach $ALT_{unerreichbar}$ migrieren können. Wird eine ungeschickte Alternativensequenz für die Inhaltsdialoge gewählt, so ist es auch möglich, dass eine Alternative von $ALT_{konfiguriert}$ zu $ALT_{unerreichbar}$ verschoben wird. Als Vorschlag, mit dem ein Dialogpartner in den Metadialog gehen kann, ist offenbar nur eine Alternativensequenz über den noch unkonfigurierten, aber noch erreichbaren Alternativen aus ALT_{offen} sinnvoll. Damit wird der Sequenzvorschlag wie folgt definiert:

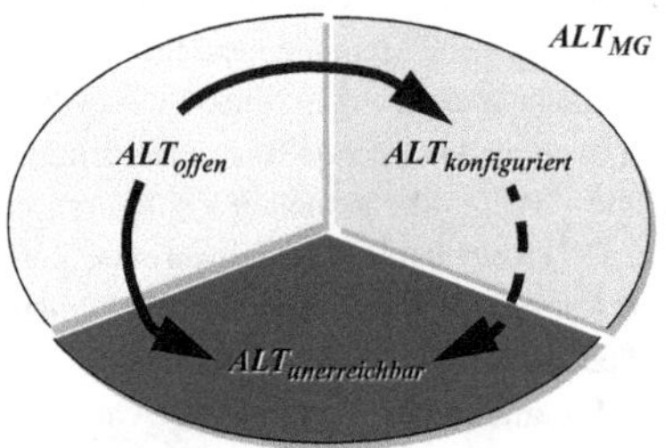

Abb. 6.5: Partitionierung von ALT_{MG}

Def. 6.2: Sequenzvorschlag

Der *Sequenzvorschlag* $seqv_{ALT_{offen}}$ ist eine Alternativensequenz über der Menge der noch offenen Alternativen ALT_{offen}.

Es gilt $seqv_{ALT_{offen}} \in SEQ_{ALT_{MG}}$.

Damit kann nun der Metadialog in Abbildung 6.6 vollständig schematisiert werden. Die erforderlichen Eingaben sind ein mereologischer Graph *MG*, sowie die Menge der noch offenen Alternativen ALT_{offen} und ein evtl. bereits vorhandener Sequenzvorschlag *seqv*. Als Ergebnis liefert der Dialog einen von beiden Seiten anerkannten Sequenzvorschlag *seqv*' oder einen Abbruch zurück. Der Abbruch eines Metadialogs führt zum Abbruch des gesamten Verhandlungsprozesses (Abbildung 6.4). Als erster Schritt innerhalb des Metadialogs wird der vorgegebene Vorschlag *seqv* untersucht. Handelt es sich hierbei um die leere Sequenz, so muss in den tatsächlichen Metadialog eingetreten werden. Enthält *seqv* hingegen eine Folge von Al-

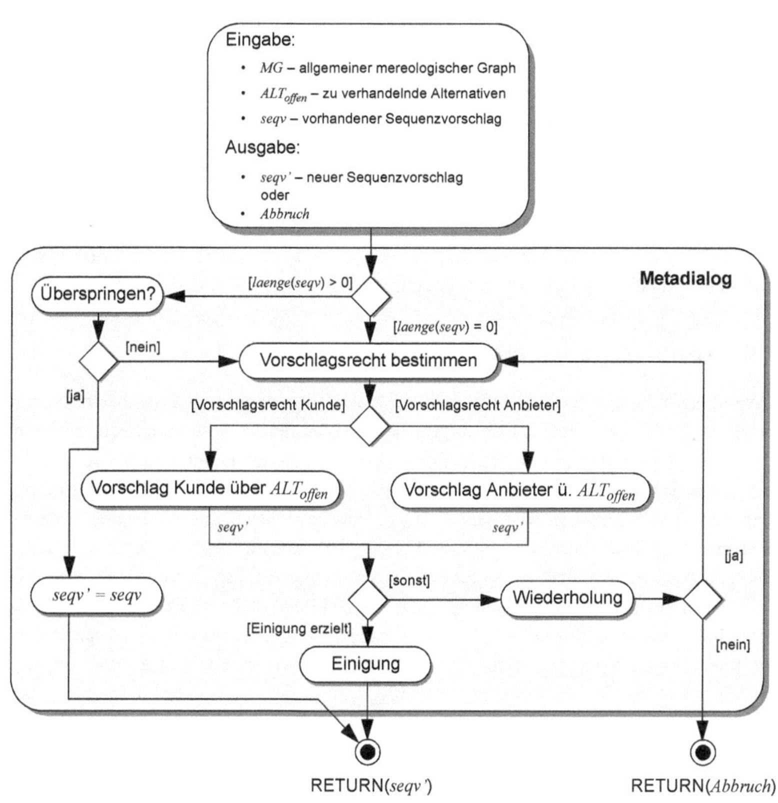

Abb. 6.6: Schematischer Verlauf des Metadialogs

ternativen, den noch unverarbeiteten Resten eines vorhergehenden Metadialogs, so können sich die Dialogpartner darauf verständigen, diese Folge weiter abzuarbeiten und damit den Kern des vorliegenden Metadialogs zu überspringen. Wird in den tatsächlichen Metadialog eingetreten, so muss zu Beginn das Vorschlagsrecht bestimmt werden. Hier sind unterschiedliche Strategien vorstellbar, beispielsweise zufallsbasiert, abwechselnd oder im Extremfall als eigene Verhandlung. Je nachdem, wer das Vorschlagsrecht erlangt, generiert entweder der Kunde oder der Anbieter einen Sequenzvorschlag *seqv'* über der noch unentschiedenen Alternativenmenge ALT_{offen}. Für die Länge des Vorschlags gelten nur die Einschränkungen aus Definition 6.1, womit es sowohl möglich ist, nur den nächsten Inhaltsdialog zu bestimmen, oder den gesamten Verlauf der verbleibenden Verhandlung. Es soll angemerkt werden, dass für den letzten Fall nicht zwingend $laenge(seqv') = |ALT_{offen}|$ gelten muss, da weitere Alternativen aus ALT_{offen} durch Implikationen entschieden werden können oder aufgrund einer Alternativenentscheidung nicht mehr erreichbar sind. Stimmt der Dialogpartner der Vorschlag zu, so wird eine Einigung erzielt und der Metadialog endet mit der Übergabe des gemeinsam akzeptierten Sequenzvorschlags. Kommt hingegen keine Einigung zustande, wird den beiden Teilnehmern die Möglichkeit gegeben, den Vorgang zu wiederholen und wieder bei der Bestimmung des Vorschlagsrechts zu beginnen. Führen auch mehrere Vorschlagsrunden nicht zum Erfolg, so können die Parteien übereinkommen, den Metadialog und damit die gesamte Verhandlung zu beenden. An diesem Punkt besteht die Gefahr einer Endlosschleife: Ein Dialogpartner kann konstant die Vorschläge seines Gegenüber ablehnen, aber weitere Verhandlungsbereitschaft signalisieren. Hier kommt die Annahme der Zielgerichtetheit zum Tragen, d.h. es ist davon auszugehen, dass jede Partei an einem effizienten Ausgang, sei es ein Vertrag oder ein Abbruch, interessiert ist.

6.2.4 Spezifikation von Inhaltsdialogen

In Abbildung 6.7 ist der formale Ablauf eines Inhaltsdialogs dargestellt. Eingaben sind der mereologische Graph *MG* sowie der im vorgeschalteten Metadialog bestimmte Sequenzvorschlag *seqv*. Als Rückgabe liefert ein Inhaltsdialog einen modifizierten Graphen *MG'*, der durch das Entscheiden einer Alternative aus *MG* hervorgeht. Der Dialogablauf beginnt mit dem Herausziehen der zu behandelnden Alternative $alt_{aktuell}$ aus *seqv*; der Sequenzvorschlag wird dabei gleichzeitig um diese Alternative verkürzt. Für den Fall, dass der Sequenzvorschlag und damit auch die extrahierte Alternative leer sind, wird der mereologische Graph *MG* unverändert als *MG'* übernommen und an den Gesamtprozess aus Abbildung 6.4 zurückgegeben. Es ist dann erforderlich, dass im nachfolgenden Metadialog die weitere, nichtleere Reihenfolge festgelegt wird. Kann hingegen $alt_{aktuell}$ bestimmt werden, so ist zu prüfen, ob diese Alternative noch zu entscheiden ist. Der Fall, dass $alt_{aktuell}$ von ALT_{offen} zu $ALT_{konfiguriert}$ oder $ALT_{unerreichbar}$ migriert ist, tritt nur bei mehrstelligen Sequenzvorschlägen auf, die in den Metadialogen nicht wirklich neu verhandelt wurden. Dann kann durch die Entscheidung einer früheren Alternative aus *seqv* die später zu behandelnde entweder schon entschieden oder nicht mehr erreichbar sein. Gilt jedoch weiterhin $alt_{aktuell} \in ALT_{offen}$, so muss diese Alternative entschieden werden, d.h. eine Kante *e* aller Kanten, die in $alt_{aktuell}$ eingehen, muss ausgewählt werden. Für die Kante *e* gilt also $e \in \{me \in E_{MG}: ot(me) = alt_{aktuell}\}$. In der Regel wird der Kunde diese Entscheidung fällen, allerdings sind andere Modi denkbar; beispielsweise kann der Verkäufer die ihm passendste Variante vorschlagen. Können sich die beiden Verhandlungsteilnehmer auf keine der möglichen Varianten einigen, so wird der Inhaltsdialog und mit ihm die gesamte Verhandlung abgebrochen. Wird hingegen eine Übereinstimmung, d.h. eine für beide akzeptable Kante *e*, erreicht, so wird der neue reduzierte mereologische Graph *MG'* aus *MG* erzeugt, indem alle Geschwisterkanten von *e* inklusive ihrer Unterbäume eliminiert werden. Im Rahmen dieser Reduktion kann auch die Überprüfung der noch aktiven Implikationen sowie die Validierung angestoßen werden. Allerdings können diese Aktionen auch im nächsten Schritt des Verhandlungsreferenzprozesses, dem Prüfen der aktuellen Konfiguration, ausgeführt werden. Der Inhaltsdialog endet mit der Übergabe des reduzierten mereologischen Graphen *MG'*.

Der so dargestellte schematische Verlauf des Inhaltsdialogs entscheidet im positiven Fall genau eine Alternative. Im Prinzip ist auch ein komplexeres Ablaufschema vorstellbar und leicht zu

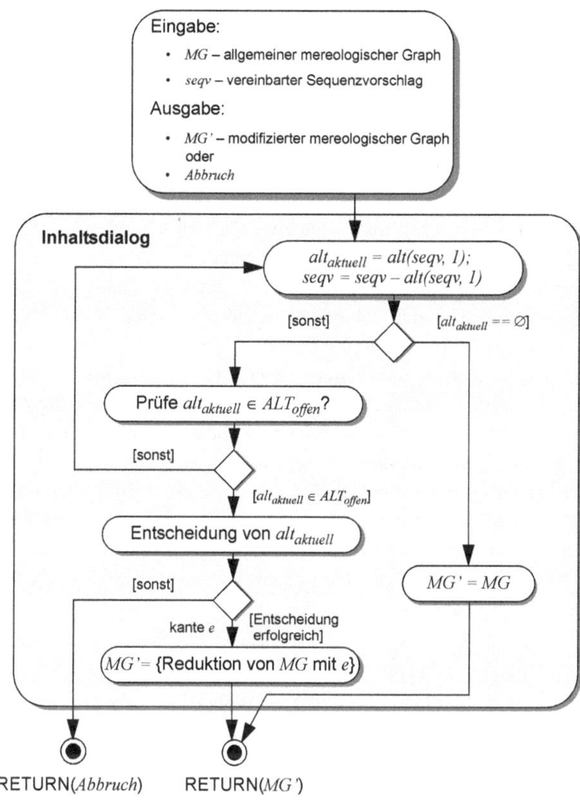

Abb. 6.7: Schematischer Verlauf des Inhaltsdialogs

realisieren, das, solange der Sequenzvorschlag nicht leer ist, weitere Alternativen entscheidet. Allerdings ist hierfür ein höherer Aufwand für die Erzeugung von *MG'* zwingend erforderlich und es muss eine Möglichkeit geschaffen werden, den Inhaltsdialog explizit beenden und einen Metadialog beginnen zu können. Dadurch wird jedoch keine Funktionalität hinzugewonnen, da sich dieses Verhalten bereits mit dem einfachen Inhaltsdialogschema erreichen lässt: Sind beide Teilnehmer mit dem aktuellen Sequenzvorschlag einverstanden, so durchläuft dieser unverändert den Metadialog und mündet in den nächsten Inhaltsdialog.

Der letzte Prozessschritt des Verhandlungsreferenzprozesses aus Abbildung 6.4, das Prüfen der aktuellen Konfiguration, soll hier nicht weiter ausgeführt werden, da der Großteil der anfallenden Aufgaben, die Ausführung von Implikationen und die dadurch sowie durch die Entscheidung der Alternative notwendige Validierung, bereits ausführlich in Abschnitt 4.5 behandelt wurden. Außerdem muss bei der Prüfung festgestellt werden, ob bereits ein vollkommen ausspezifiziertes Erzeugnis konfiguriert wurde, was sich dadurch ausdrückt, dass ALT_{offen} leer ist, d.h. es gibt keine von der Wurzel von *MG* erreichbaren Alternativen, die noch entschieden werden müssen. Ist dies der Fall, so terminiert der Verhandlungszyklus und das gemeinsam im Dialog konfigurierte Erzeugnis kann in den nächsten Prozessschritt des globalen Referenzprozesses aus Abschnitt 3.2.2, den Vertragsschritt, übergehen.

Damit ist der komplette Verlauf für Verhandlungen im Vertragsverhandlungssystem Marrakesch schematisch erfasst. Es wird damit einerseits ein formaler Rahmen aufgestellt, der die Teilnehmer zwingt, in gewissen Bahnen zu agieren. Andererseits lässt dieser Rahmen durch seinen modularen Aufbau bestehend aus Meta- und Inhaltsdialogen und dem ständig möglichen Wechsel zwischen diesen beiden Ebenen größtmögliche Flexibilität für die Teilnehmer zu. Dabei sind jedoch die zwei oben gemachten Grundannahmen zwingend erforderlich. Die möglichen Dialogverläufe können nur sinnvoll und möglichst effektiv sein, wenn sowohl der Verhandlungsgegenstand stabil bleibt, also der mereologische Graph außer Alternativenentscheidungen nicht modifiziert wird, und die Dialogpartner ein ehrliches Interesse an einer Lösung des Verhandlungsproblems haben. Auch ein Abbruch der Verhandlung ist hierbei als sinnvolle Lösung aufzufassen und entspricht durchaus der Realität. Problematisch ist, wenn ein Verhandlungsteilnehmer seinen Gegenüber willentlich blockieren will, da der Metadialog so ausgenutzt werden kann, dass eine Endlosschleife entsteht. Es ist jedoch nicht möglich, die Wiederholung des Metadialogs ohne einen Abbruch der Gesamtverhandlung generell zu verbieten, da nur dadurch den beiden Teilnehmern die Möglichkeit geboten werden kann, zu einer für beide Seiten akzeptablen Reihenfolge zu kommen.

Abschließend wird anhand von Abbildung 6.8 der exemplarische Verlauf eines Verhandlungsprozesses dargestellt. Kunde und Anbieter verhandeln einen mereologischen Graphen, dessen Struktur für das folgende nicht weiter wichtig ist. Die Verhandlung muss mit einem Metadialog beginnen, im Beispiel mit M_1. Der Anbieter gewinnt das Vorschlagsrecht und schlägt die Sequenz $(A_7; A_1; A_3)$ vor, womit der Kunde jedoch nicht einverstanden ist, d.h. es kommt keine Einigung zustande. Beide beschließen jedoch, den Metadialog zu wiederholen. Diesmal wird dem Kunden das Vorschlagsrecht zugesprochen. Er offeriert die Sequenz $(A_1; A_3; A_7)$, die sein Gegenüber akzeptiert. Damit beginnt der erste Inhaltsdialog I_1 um die Alternative A_1. Der Kunde fordert den Anbieter auf, die Optionen von A_1 zu listen. Dieser liefert alle Unterteile von A_1 zurück, also die Knoten, von denen eine Kante $e \in E_{MG}$ ausgeht, deren Oberteil A_1 ist. Der Kunde entscheidet sich im Beispiel für die Option n_i, womit der Inhaltsdialog beendet ist. Der Sequenzvorschlag ist damit auf $(A_3; A_7)$ reduziert, womit beide Teilnehmer immer noch einverstanden sind. Daher endet der Metadialog M_2 mit der einstimmigen Entscheidung für das Überspringen und die Teilnehmer gehen in den Inhaltsdialog I_2 um die Alternative A_3 über. Für das Beispiel sei angenommen, dass jedoch die Überprüfung von A_3 scheitert, da diese Alternative durch die Entscheidung von A_1 nicht mehr relevant ist. Daher wird das nächste Element von *seqv* ermittelt, die Alternative A_7, deren Verarbeitung analog zu Dialog I_2 verläuft. Das weitere Vorgehen ist offensichtlich. Damit ist der Verlauf der Verhandlungen im Rahmen des in diesem Abschnitt formalisierten Verhandlungsschemas ausreichend veranschaulicht.

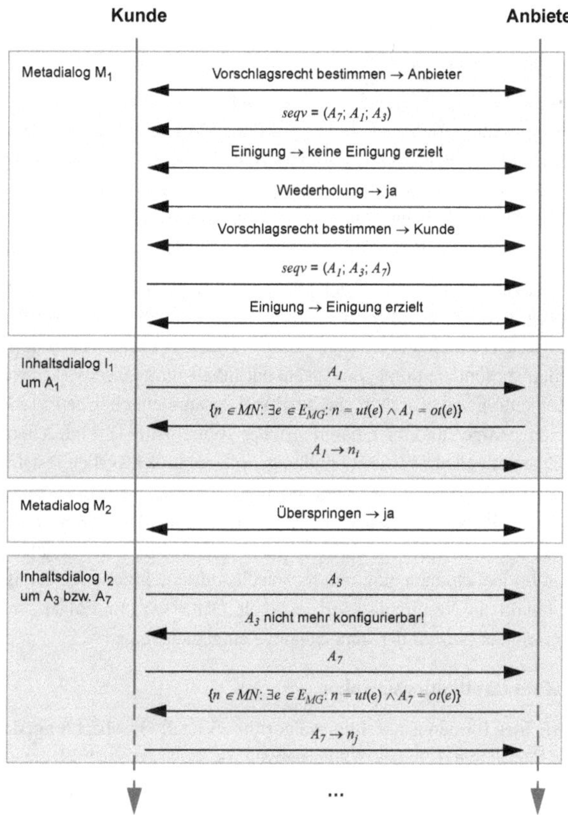

Abb. 6.8: Exemplarischer Verlauf eines Verhandlungsprozesses

6.3 Erweiterungen des allgemeinen Verhandlungsschemas

Im vorherigen Abschnitt wurde der allgemeine schematische Ablauf des Verhandlungsprozesses von Marrakesch vorgestellt. Dieser Ansatz kann durch weitere Konzepte unterstützt und erweitert werden. Im Folgenden wird zuerst in Abschnitt 6.3.1 ein empfehlender Mechanismus für das Finden von Sequenzvorschlägen im Rahmen des Metadialogs vorgestellt. Anschließend wird unter dem Stichwort Rekonfiguration der Verhandlungsdialog dahin erweitert, dass einmal getroffene Entscheidungen wieder rückgängig gemacht werden können, was sowohl innerhalb eines Verhandlungsprozesses als auch nachträglich nach Abschluss eines Vertrags sinnvoll sein kann (Abschnitt 6.3.2). Als letzte Modifikation wird in Abschnitt 6.3.3 die Reduzierung des allgemeinen Verhandlungsvorgangs zum einfacheren Konfigurationsprozess skizziert, bei dem einer der Teilnehmer, in der Regel der Anbieter, durch einen Automaten ersetzt wird.

6.3.1 Empfehlung einer günstigen Dialogfolge

Die zentrale Aufgabe des Metadialogs (Abbildung 6.6) ist die Einigung der Dialogpartner auf eine Verhandlungsreihenfolge *seqv*. Prinzipiell kommt hier jede Permutation der unkonfigurierten und erreichbaren Alternativen aus ALT_{offen} in Frage. Mit zunehmender Komplexität des zu verhandelnden mereologischen Graphen wird auch die Wahl eines solchen Sequenzvorschlags unübersichtlicher, da sich die einzelnen Alternativen gegenseitig direkt oder indirekt mittels der Implikationen beeinflussen können. Daher ist es der Benutzerfreundlichkeit des Verhandlungssystems zuträglich, auch im Fall der Wahl der Reihenfolge der Inhaltsdialoge zu unterstützen.

Zwei wesentliche Kriterien können für eine günstige Reihenfolge identifiziert werden. Zum einen ist es aus pragmatischer Sicht für alle Verhandlungsteilnehmer wünschenswert, dass die Verhandlung möglichst schnell und effizient verläuft. Diese Effizienz kann durch die Anzahl der Dialoge generell, insbesondere durch die Anzahl der Inhaltsdialoge gemessen werden. Zum anderen ist eine Reihenfolge anzustreben, die inhaltlich zusammengehörige Einzeldialoge auf Inhaltsebene nahe beisammen anordnet, damit also der Topik [Mitt84] folgt. Allerdings lässt sich der inhaltliche Zusammenhang vom Verhandlungssystem nur schwerlich feststellen. Aufgrund des Datenmodells von Marrakesch (Kapitel 4) kann das System jedoch vermuten, dass Unterteile des selben Oberteils eine gewisse Verwandtschaft miteinander aufweisen. Ein weiterer Zusammenhang kann aus Antezedens und Konsequens von Implikationen abgeleitet werden, wobei eine Implikation jedoch auch eine rein technische oder rechtliche Abhängigkeit darstellen kann, die keine inhaltliche Verbindung widerspiegelt. Daher wird im Folgenden ausschließlich auf die Minimierung der Anzahl der Inhaltsdialoge eingegangen.

Konstruktion eines Implikationsgraphen

Die grundlegende Idee für den Empfehlungsalgorithmus ist die Beobachtung, dass bei der Entscheidung einer Alternative A_1 mehrere Alternativen $A_2, \dots A_n$ automatisch entschieden werden können, wenn eine Implikation I existiert, deren Antezedens ein Unterteil von A_1 und deren Konsequensglieder Unterteile von $A_2, \dots A_n$ sind. Aus dieser Tatsache lässt sich folgern, dass es sinnvoll ist, Antezedensalternativen möglichst früh zu entscheiden. Dann besteht die Möglichkeit, dass dabei eine Implikation gefeuert wird, die evtl. mehrere Inhaltsdialog einspart und damit den Gesamtdialog verkürzt. Aufgrund der Transitivität von Implikationen verstärkt sich der beobachtete Effekt, d.h. von einer Alternative, an der eine mehrgliedrige Kette von Implikationen beginnt, geht potentiell eine große Automatisierungswirkung aus.

Die Verkettung von Implikationen wurde bereits in Abschnitt 4.5.3 bei der Optimierung des Würfelalgorithmus betrachtet. Dazu wurde in Definition 4.22 der Alternativengraph AG zu einem mereologischen Graphen MG eingeführt, dessen Knoten die Alternativen und dessen gerichtete Kanten die Implikationen von MG darstellen, d.h. zwei Knoten in AG sind genau dann verbunden, wenn eine Implikationsbeziehung zwischen ihren Unterteilen besteht. Für den Empfehlungsalgorithmus wird eine leicht modifizierte Variante des Alternativengraphen eingesetzt, die zwei Alternativen mit höchstens einer Kante je Richtung verbindet, d.h. selbst wenn zwei Knoten über mehrere Implikationen in der gleichen Richtung verknüpft sind, wird nur eine einzige Kante eingezeichnet. Analog zu Abschnitt 4.5.3 werden vorerst nur elementare Implikati-

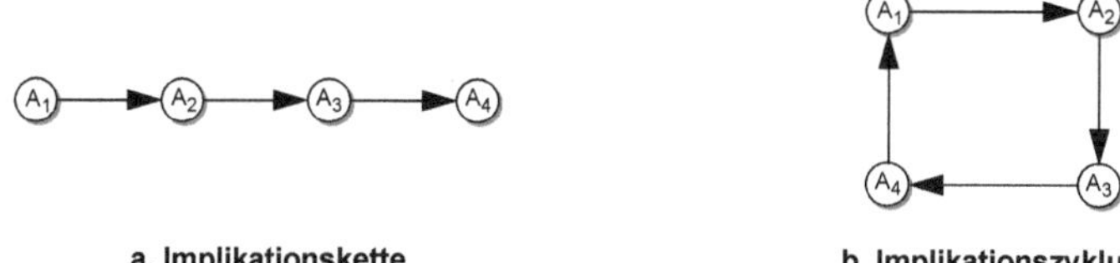

a. Implikationskette **b. Implikationszyklus**

Abb. 6.9: Beispiele für Alternativengraphen

onen betrachtet. Die zwei Beispiele in Abbildung 6.9 demonstrieren zwei markante Fälle: In Teilbild a ist eine Implikationskette über vier Alternativen hinweg dargestellt. Es ist offenbar, dass das Potenzial, den Gesamtdialog zu verkürzen, von links nach rechts abnimmt, d.h. eine frühe Entscheidung von A_4 kann definitiv keinen Dialog einsparen, während nach links hin die Wahrscheinlichkeit für eine Verkürzung zunimmt. Im rechten Teilbild bilden die vier Alternativen einen Zyklus, wodurch sich keine Ordnung der Knoten feststellen lässt, da jede Alternative gleich viele direkte und indirekte Implikationen feuern kann. Daher kann aus Zyklen keine Empfehlung abgeleitet werden. Basierend auf diesen Beobachtung wird für jeden Knoten des Alternativengraphen eine Ordnungszahl berechnet, die angibt, auf wieviele weitere Knoten er direkt oder indirekt einen Implikationseinfluss ausübt. Der bzw. die Knoten mit der höchsten Ordnungszahl ist die Empfehlung des Verfahrens. Die Bestimmung der Ordnungszahlen geschieht in zwei Schritten:

- Entfernen von Zyklen

  Wie am Beispiel in Abbildung 6.9 b erläutert, kann bei Zyklen im Alternativengraph keine Empfehlung gegeben werden. Daher werden die Kanten, die einen Zyklus bilden, entfernt. Das Finden von Zyklen geschieht gemäß den bekannten Standardverfahren der Graphentheorie (z.B. [Wilf02]). Als hinreichendes Kriterium muss gelten, dass sowohl die Anzahl der eingehenden Kanten in den Knoten A, als auch die Anzahl der ausgehenden Kanten größer als eins ist.

- Bestimmung der Ordnungszahlen

  Für jeden Knoten des Graphen wird die Ordnungszahl rekursiv gemäß folgender Formel bestimmt:

  Dabei bezeichnet $Out(A)$ die Menge der von A direkt abgehenden Kanten. Die Ordnungszahl eines Knotens $OZ(A)$ setzt sich also aus der Summe der Anzahl der direkt verbundenen Alternativenknoten und deren eigenen Ordnungszahlen $OZ(A_j)$ zusammen.

Damit ist der Empfehlungsalgorithmus vollständig beschrieben. Zur Veranschaulichung ist er nochmals in Abbildung 6.10 in Form eines UML-Zustandsdiagramms zusammengefasst. Zur aktuellen Konfiguration einer Produktfamilie in Form eines mereologischen Graphen liefert er eine Liste von empfohlenen Alternativen mit der höchsten gefundenen Ordnungszahl zurück. Nach der Konstruktion des Alternativengraphen (→1) und dem Entfernen aller Zyklen (→2) werden alle Alternativen, die zumindest eine ein- oder ausgehende Kante besitzen, in der Liste

$$OZ(A) = |Out(A)| + \sum_{A_j \in Out(A)} OZ(A_j)$$

K gespeichert. Anschließend wird jeder Knoten *k* aus dieser Liste in einer Schleife untersucht. Je nachdem, ob die Ordnungszahl *OZ(k)* größer, kleiner oder gleich dem momentanen Maximum *ozmax* ist, wird dieser Knoten zur alleinigen neuen Empfehlung (→4a), vollkommen ignoriert (→4c) oder der momentanen Empfehlungsmenge hinzugefügt (→4b). Sind schließlich alle Alternativen aus *K* abgearbeitet, kann die endgültige Empfehlung *empf* zurückgegeben werden (→5). Der vorgestellte Empfehlungsalgorithmus kann in unveränderter Form auf erweiterte Alternativengraphen über beschränkt komplexen Implikationen wie in Abschnitt 4.5.3 skizziert angewandt werden.

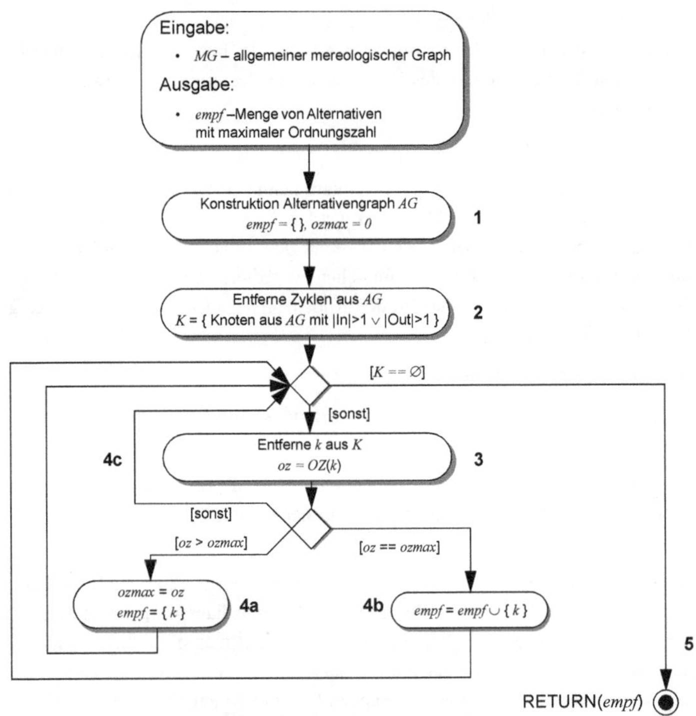

Abb. 6.10: Der Empfehlungsalgorithmus

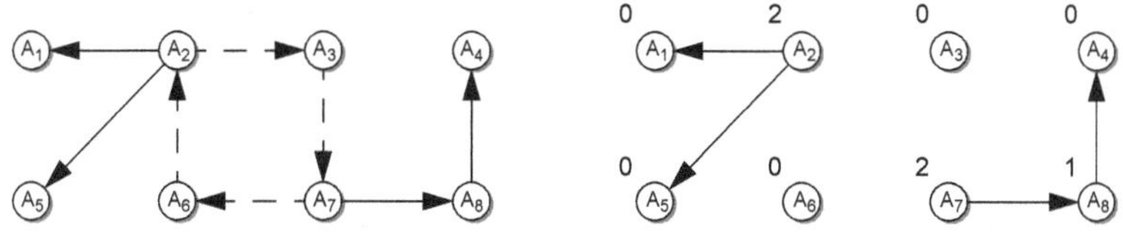

Abb. 6.11: Beispiel für die Anwendung des OZ-Algorithmus

Eine beispielhafte Anwendung des Empfehlungsverfahrens ist in Abbildung 6.11 dargestellt. Der Alternativengraph besteht aus den Alternativen $A_1, \dots A_8$. Im linken Teilbild a wird der Zyklus $A_2 \rightarrow A_3 \rightarrow A_7 \rightarrow A_6$ entfernt. Vom resultierenden Graphen wird zu allen Alternativen außer A_3 und A_6 die Ordnungszahl berechnet; für diese beiden Knoten ergibt sich automatisch der Wert null, da sie weder eingehende noch ausgehende Kanten besitzen. Die höchste Ordnungszahl zwei erhalten am Ende des Algorithmus die Alternativen A_2 und A_7, da sie jeweils auf zwei weitere Knoten wirken. Daher wird den Dialogpartnern in dieser Konstellation empfohlen, vorrangig die Alternativen A_2 und A_7 zu behandeln, da sie die höchste Wahrscheinlichkeit besitzen, auch weitere Alternativen automatisch durch die Ausführung der entsprechenden Implikationen aufzulösen.

Es ist wichtig zu bemerken, dass der Empfehlungsalgorithmus dynamisch ist, d.h. die Berechnung der Ordnungszahlen berücksichtigt die Modifikationen, die durch den fortlaufenden Verhandlungsprozess am mereologischen Graph vorgenommen werden. Diese Tatsache impliziert, dass die Ordnungszahlen für jeden Metadialog neu berechnet werden müssen. Entscheidet der Kunde etwa in der in Abbildung 6.11 dargestellten Konstellation entgegen dem Empfehlungsalgorithmus zuerst Alternative A_4, so müssen die Ordnungszahlen von A_7 und A_8 dekrementiert werden. Für diese neue Konfiguration liefert der Empfehlungsalgorithmus die einelementige Menge $\{A_2\}$ zurück. Allerdings muss der Empfehlungsalgorithmus nicht in der in Abbildung 6.10 dargestellten Form für jeden Metadialog ausgeführt werden, insbesondere kann auf die berechnungsintensiven Graphtraversierungen für die Zyklenbestimmung und die Berechnung der Ordnungszahlen verzichtet werden. Der Alternativengraph kann durch Entfernen von Kanten und entsprechendes Dekrementieren der Ordnungszahlen an den betroffenen Alternativen aktualisiert werden.

6.3.2 Rekonfiguration – die Änderung bereits gefällter Entscheidungen

Der bisher vorgestellte Verhandlungsprozess ist von einer sehr hohen Dynamik und Flexibilität gekennzeichnet, da beide Dialogpartner jederzeit die Verhandlungsreihenfolge nach ihren Vorstellungen ändern können. Ein weiteres Element zur Steigerung dieser Flexibilität ist die Rekonfiguration, also das nachträgliche Ändern einer bereits gefällten Entscheidung. Die Möglichkeit, eine Entscheidung zu modifizieren, ist in realen Verhandlungen zwischen menschlichen Dialogpartnern immer vorhanden. In Computersystemen, die einer definierten Prozessfolge unterworfen sind, ist hingegen die Unterstützung solcher Aktionen sehr gering ausgeprägt; beispielsweise wird untersucht, wie in *Workflow-Management*-Systemen auf unvorhergesehene Ereignisse mit Vorwärts- und Rückwärtssprüngen im Prozess reagiert werden kann [ReDB04]. Auch im Umfeld der wissensbasierten Konfiguratoren ist die Rekonfiguration von hohem Interesse, wie [SaWe98] im Ausblick belegt. Für das Marrakesch Vertragsverhandlungssystem, in dem insbesondere komplex konfigurierbare Produkte behandelt werden, bedeutet die Rekonfiguration das Aufheben bzw. das Ändern einer bereits in einem vorherigen Inhaltsdialog entschiedenen Alternative. Ein solcher Schritt macht einerseits innerhalb eines Verhandlungsprozesses Sinn, da sich beispielsweise für den Kunden im Verlauf der Verhandlung aufgrund von Abhängigkeiten zwischen Alternativen neue Anforderungen ergeben, die eine Modifikation notwendig machen. Andererseits kann die Rekonfiguration auch dazu eingesetzt werden, eine bereits abgeschlossene Konfiguration als Grundlage für einen neuen Verhandlungsprozess zu nehmen. Statt alle offenen Fragen einzeln im Dialog zu behandeln, müssen nur notwendige Einzelentscheidungen aufgehoben und neu untersucht werden, wie es sich auch das *Case Based Reasoning* zu Nutze macht (Abschnitt 6.1.1). In beiden Fällen besteht die Forderung, dass alle anderen Entscheidungen außer der zu ändernden im Rahmen des Möglichen beibehalten werden sollen. Das gilt nicht nur für die Entscheidungen, die zeitlich vor der zu ändernden gefällt wurden, sondern auch für die späteren.

Das Zurücknehmen von Aktionen ist auch aus dem Transaktionskonzept in Datenbanksystemen bekannt [GrRe93]. Relationale Datenbanken wie Oracle [Orac04a] oder IBM DB2 [IBM04] arbeiten transaktionsorientiert, d.h. Modifikationen, die ein Benutzer an der Datenbank durchführt, werden erst dann persistent gespeichert und für alle Benutzer sichtbar, wenn die Transaktion explizit mittels des *COMMIT*-Befehls beendet wird[3]. Tritt innerhalb der Transaktion ein Fehler auf, so kann sie mit dem Befehl *ROLLBACK* wieder vollständig zurückgesetzt werden, d.h. die Datenbank ist dann wieder in dem Zustand vor Beginn der Transaktion. Dieses Zurücksetzen weist eine gewisse Ähnlichkeit mit der hier betrachteten Rekonfiguration auf. Allerdings ist das *ROLLBACK* des Transaktionskonzepts aufgrund der hohen Konsistenzanforderungen für eine benutzerfreundliche Rekonfiguration viel zu streng. So verlangt das ACID-Prinzip [GrRe93], das für Transaktionen erfüllt sein muss, dass eine Transaktion entweder vollständig oder gar nicht ausgeführt wird (Atomizität); nur einen Teil einer Transaktion auszuführen ist damit unmöglich. Weiterhin kann nur die momentan angebrochene Transaktion zurückgesetzt werden; eine frühere mit *COMMIT* beschlossene Transaktion kann nur durch eine neue, vom Benutzer zu erstellende Kompensationstransaktion aufgehoben werden. Für die Rekonfiguration ist es aber gerade wünschenswert, eine beliebige Entscheidung rückgängig zu machen, ohne die restlichen Verhandlungs(teil)ergebnisse zu verlieren. Um in der bildhaften Sprache des Transaktionskonzepts zu bleiben, ist für die Rekonfiguration eher eine *Jump-Back*-Operation erforderlich, die es erlaubt, in einer Aneinanderreihung von Einzelentscheidungen zu einer beliebigen zurückzuspringen, sie zu ändern, und möglichst keine der folgenden Entscheidungen zu verlieren.

3. Dafür muss mindestens die SQL92-Konsistenzstufe *Read Committed* gelten [DaDa97].

Protokoll der entschiedenen Alternativen

Eine grundlegende Voraussetzung für die Rekonfiguration ist eine genaue Protokollierung des Verhandlungsverlaufs. Da nur die inhaltlichen Entscheidungen betroffen sind, genügt es, die Ergebnisse der Inhaltsdialoge aufzuzeichnen. Ein einzelner solcher Dialog wird in Form einer Alternativenentscheidung abgelegt.

Def. 6.3: Alternativenentscheidung

Eine *Alternativenentscheidung* ent_{MG} zu einem allgemeinen mereologischen Graphen MG wird beschrieben durch $ent_{MG} = (alt, e)$, wobei:

- $alt \in ALT_{MG}$,
- $e \in E$ und
- $ot(e) = alt$.

Die Operation $alt(ent_{MG})$ liefert die Alternative *alt* zurück.

Die Alternativenentscheidung ordnet einer Alternativen *alt* die eingehende mereologische Kante *e* zu, die als Ergebnis des Dialogs um *alt* beschlossen wurde. Jeder erfolgreiche Inhaltsdialog, wie er in Abbildung 6.7 schematisiert wurde, liefert genau eine solche Alternativenentscheidung ent_{MG} zurück. Die chronologische Folge all dieser Entscheidungen wird in der Entscheidungssequenz gespeichert.

Def. 6.4: Entscheidungssequenz

Die *Entscheidungssequenz* $seqe_{MG}$ ist eine geordnete Menge von Alternativenentscheidungen $ent_{MG,i}$, die die in den Inhaltsdialogen explizit getroffenen Entscheidungen chronologisch protokolliert:

$$\begin{aligned} seqe_{MG} &= \{ent_{MG,1}, ent_{MG,2}, \ldots\ ent_{MG,n}\} \\ &= \{(alt_1, e_1), (alt_2, e_2), \ldots\ (alt_n, e_n)\} \end{aligned}$$

Die Operation $ent(seqe_{MG}, i)$ liefert die Alternativenentscheidung $ent_{MG,i}$ an der *i*-ten Stelle der Entscheidungssequenz $seqe_{MG}$ zurück.

Die Entscheidungssequenz enthält nur die explizit von den Dialogpartnern entschiedenen Alternativen. Weitere Alternativen, die durch die Ausführung von Implikationen aufgelöst wurden, werden nicht berücksichtigt. Erstens können ihre Entscheidungen automatisch aus der Modellierung von *MG* abgeleitet werden und zweitens können diese Entscheidungen nicht für sich alleine geändert werden ohne die Validität der Konfiguration zu verletzen.

Modifikation des Metadialogschemas

Basierend auf der Protokollierung eines Dialogs in Form der Entscheidungssequenz muss nun der schematische Ablauf des Metadialogs entsprechend um den Rekonfigurationsvorschlag erweitert werden. Während es bisher den Teilnehmern nur erlaubt war, Sequenzvorschläge über ALT_{offen}, also die noch nicht entschiedenen Alternativen, einzubringen, bezeichnet der Rekonfigurationsvorschlag einen besonderen Sequenzvorschlag, der nur aus einer einzigen Alternative aus $ALT_{entschieden}$ besteht.

Def. 6.5: Rekonfigurationsvorschlag

Der *Rekonfigurationsvorschlag* $rekv_{MG}$ auf einem allgemeinen mereologischen Graphen MG ist ein einelementiger Sequenzvorschlag. Er besteht aus der Alternative der Entscheidung $ent_{MG,i} \in seqe_{MG} \subseteq ALT_{entschieden}$:

$$rekv_{MG} = alt(ent_{MG,i}),\ 1 \leq i \leq laenge(seqe_{MG})$$

Der Rekonfigurationsvorschlag liefert die *i*-te bereits entschiedene Alternative aus dem bisherigen Verhandlungsverlauf $seqe_{MG}$. Durch diese Herangehensweise ist das Schema des Metadialogs, wie er in Abbildung 6.6 dargestellt ist, nur minimal zu ändern. Anstatt Kunden und Anbietern zu erlauben, ihre Sequenzvorschläge nur über ALT_{offen} zu treffen, dient nun die Vereinigung $ALT_{offen} \cup seqe_{MG}$ als Basis für die Vorschläge.

Modifikation des Inhaltsdialogschemas

Auch der schematische Ablauf des Inhaltsdialogs aus Abbildung 6.7 muss an die Erweiterung des Verhandlungssystems um die Rekonfiguration angepasst werden. Dazu muss zu Beginn eines Inhaltsdialogs festgestellt werden, ob es sich bei dem Sequenzvorschlag aus dem vorhergehenden Metadialog um einen Rekonfigurationsvorschlag handelt. Ist das der Fall, muss statt des in Abbildung 6.7 dargestellten Ablaufs die tatsächliche, inhaltliche Rekonfiguration ausgeführt werden. Bevor darauf eingegangen werden kann, muss die Wiederholungssequenz eingeführt werden.

Def. 6.6: Wiederholungssequenz

Die *Wiederholungssequenz* $seqw_{MG}(rekv_{MG})$ auf einem allgemeinen mereologischen Graphen MG bezogen auf einen Rekonfigurationsvorschlag $rekv_{MG}$ ist der folgende Ausschnitt aus der Entscheidungssequenz $seqe_{MG}$ der bisherigen Verhandlung:

$$seqw_{MG}(rekv_{MG}) = \{ent_{MG,k+1}, \dots\ ent_{MG,n}\},\ \text{wobei}\ rekv_{MG} = alt(ent_{MG,k})$$

Die Wiederholungssequenz enthält alle Entscheidungen, die in der Entscheidungssequenz *seqe* rechts von der Position der zu rekonfigurierenden Alternative *rekv* liegen. Dieser Teil von *seqe* benötigt eine besondere Behandlung bei der Rekonfiguration, deren Ablauf in Abbildung 6.12 dargestellt ist. Als Eingabe erhält der Algorithmus die aktuelle Konfiguration in Form des mereologischen Graphen *MG* sowie den Rekonfigurationsvorschlag *rekv*. Als Ergebnis wird der modifizierte mereologische Graph *MG'* zurückgegeben, in dem die durch *rekv* bezeichnete Alternativenentscheidung mit allen Auswirkungen aufgehoben wurde. In einem vorbereitenden Schritt müssen die Wiederholungssequenz *seqw* sowie zwei Kopien davon bestimmt werden (→1). In einer ersten Schleife wird die Kopie *undo* von rechts nach links abgearbeitet. In jedem Durchlauf wird in der Konfiguration *MG'* die aktuelle Alternativenentscheidung aus *undo* entfernt (→2). Das Entfernen der Entscheidung bedeutet einerseits das Wiedereinführen der Geschwisterkanten, andererseits aber auch die Aufhebung von evtl. durch die Entscheidung direkt

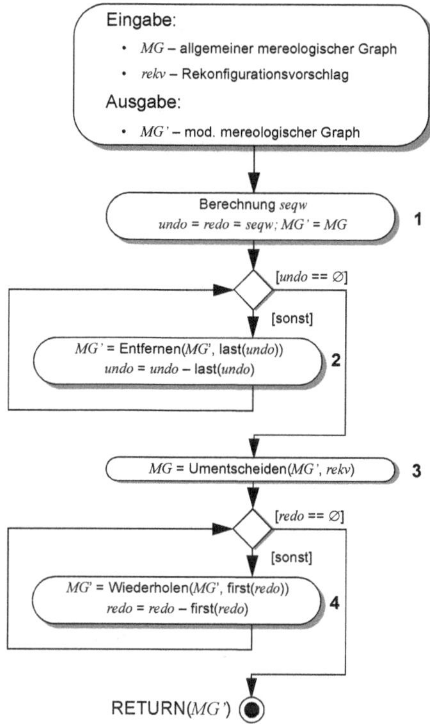

Abb. 6.12: Der Ablauf der inhaltlichen Rekonfiguration

und indirekt gefeuerten Implikationen. Sind alle Entscheidungen entfernt, die nach der zu rekonfigurierenden gefällt wurden, wird schließlich *rekv* umentschieden (→3). Das Umentscheiden inkludiert die vollständige Validierung sowie das Auslösen evtl. tangierter Implikationen. Bis hierher entspricht die Rekonfiguration im wesentlichen dem *ROLLBACK* aus der Transaktionsverarbeitung. In der folgenden Schleife wird die Wiederholungssequenz in Form der Kopie *redo* nun von links nach rechts, also in der ursprünglichen Reihenfolge, wieder auf die Konfiguration angewandt (→4). Dieses Nachfahren der schon einmal durchgeführten Entscheidungssequenz entspricht nahezu der ursprünglichen Folge von Inhaltsdialogen. Allerdings muss bei jedem dieser Dialoge um alt_i überprüft werden, ob er überhaupt noch geführt werden kann, da alt_i durch die Umentscheidung von *rekv* unerreichbar geworden sein kann oder durch eine Implikation beeinflusst werden. Ist die Entscheidung ent_i nicht mehr in der vorgesehenen Weise möglich, so wird sie ignoriert und weiter in der Schleife verfahren. Sind so alle Elemente der Wiederholsequenz nachgezogen, wird der rekonfigurierte mereologische Graph *MG'* zurückgegeben und der "normale" Verhandlungsprozess kann fortgesetzt werden.

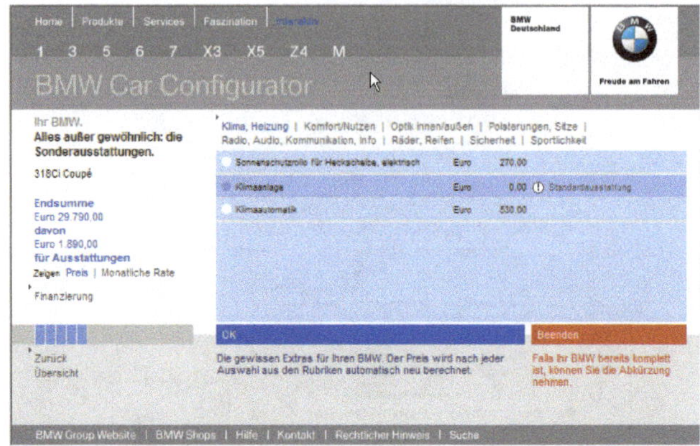

Abb. 6.13: Sonderausstattungen im Konfigurator von BMW [BMW04]

Das eben geschilderte Rekonfigurationsverfahren erhöht die Flexibilität des in Abschnitt 6.2 vorgestellten Verhandlungsprozesses enorm. Es bietet ein schematisiertes Vorgehen für die Änderung einer bereits im Dialog getroffenen Entscheidung, was aus beliebigen Gründen, die sich selbst nicht formalisieren lassen, notwendig sein kann: beispielsweise ändert der Kunde seine Meinung aufgrund der vorangegangenen Verhandlungsschritte, oder aufgrund neuer äußerer Umstände. Dabei kann nicht nur der letzte Teildialog wiederholt werden, sondern jeder beliebige unabhängig davon, wie viele Inhaltsdialoge danach geführt wurden. Diese späteren Inhaltsdialoge werden bestmöglich nachgezogen, was abhängig von der Rekonfiguration nicht zwingend möglich ist. Der Rekonfigurationsalgorithmus, der in der gegebenen Form eine punktuelle Änderung im Sinne eines *Jump Back* vornimmt, kann durch Weglassen der letzten Schleife in Abbildung 6.12 (→4) leicht zu einem *ROLLBACK*-Verhalten umstrukturiert werden.

6.3.3 Allgemeiner und personalisierter Konfigurator

Ein Konfigurator kann als vereinfachte Form der freien Verhandlung betrachtet werden, in dem in der Regel der Käuferseite geringere Freiheiten eingeräumt werden. So wird dem Kunden bei Konfiguratoren im PC-Bereich (z.B. [Dell04]) oder im Automobilsektor (z.B. [BMW04]) nicht wie in Marrakesch die Möglichkeit gegeben, ihre Anforderungen formal im selben Datenmodell, wie es der Konfigurator einsetzt, zu spezifizieren. Allerdings ist es auch fraglich, ob es von Seiten des Verkäufers wünschenswert ist, die genauen Zusammenhänge seines Datenmodells und damit evtl. auch seiner Produktfamilien offenzulegen. Weiterhin dürften die Datenmodelle nicht sehr benutzerfreundlich sein und nicht die Fähigkeit von Marrakeschs Datenmodell besitzen, sowohl vage als auch sehr detaillierte Spezifikationen miteinander vergleichen zu können. Der Kunde ist also in der Position des Reagierenden, der aus dem Angebot auswählen darf und sich großteils der vom Verkäufer bestimmten Reihenfolge beugen muss. Beispielsweise muss im Konfigurator von BMW zuerst die Serie und die Bauform gewählt werden, dann Antrieb und Getriebe, anschließend Farbe und Lackierung, sowie die Innenausstattung. Erst bei der Sonderausstattung kann sich der Interessent frei durch die verschiedenen Themengebiete bewegen (Abbildung 6.13). Ähnlich dem Empfehlungsalgorithmus aus Abschnitt 6.3.1 wird eine Standardreihenfolge vorgeschlagen, die allerdings nur alphabetisch durch die einzelnen Gruppierungen von Optionen führt. Dadurch, dass die in der Regel anbietende Seite des Konfigurators den Konfigurationsprozess dominiert, muss sie nicht durch einen menschlichen Benutzer besetzt sein, sondern kann im einfachen Fall durch eine fest vorgegebene Programmlogik, im fortgeschrittenen Fall auch durch einen "intelligenten" Agenten ersetzt werden, der auf Basis von Regeln und Heuristiken in gewissen Grenzen auf die Reaktionen des Interessenten eingehen kann.

Der Konfiguratorgenerator

Das Datenmodell von Marrakesch in Form der mereologischen Graphen bietet eine gut geeignete Grundlage für die automatisierte Erzeugung von Konfiguratoren. Wie schon im allgemeinen Verhandlungsprozess sind die zu verhandelnden bzw. zu konfigurierenden Teilprobleme die noch offenen Alternativen aus ALT_{offen}. Ein einfacher Konfigurator kann aus einem mereologischen Graphen MG und einer Reihenfolge durch die Alternativen im Sinne eines Sequenzvorschlags $seqv_{MG}$ generiert werden, d.h ein Konfiguratorgenerator muss aus den beiden Eingaben einen Konfigurator erzeugen, wie in Abbildung 6.14 angedeutet. Dabei muss $seqv_{MG}$ ausreichend lang sein, d.h. unabhängig davon, wie sich der Kunde in den einzelnen Konfigurationsschritten verhält, muss garantiert sein, dass am Ende der Sequenz keine unentschiedenen Alternativen in MG vorhanden sind und eine vollständig spezifizierte Einzelvariante aus der gegebenen Produktfamilie erreicht wird. Der Konfigurator stellt damit ein Programm dar, das gemäß der vorgegebenen Reihenfolge den mereologischen Graphen traversiert und dem Benutzer die entsprechenden Wahlmöglichkeiten der jeweils aktuellen Alternative präsentiert. Aufgrund der apriori Bestimmung von *seqv* muss der Konfigurator wie der in Abschnitt 6.2.4 vorgestellte In-

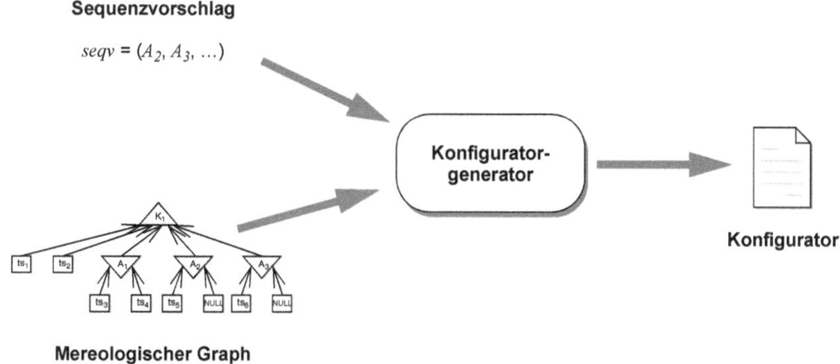

Abb. 6.14: Erzeugung eines Konfigurators

haltsdialog für jede Alternative untersuchen, ob sie noch in ALT_{offen} liegt, oder inzwischen bereits indirekt entschieden oder unerreichbar ist. Ein komplexerer Konfigurator entsteht durch eine dynamische Anpassung der Konfigurationsreihenfolge. Hier ist insbesondere der Empfehlungsalgorithmus aus Abschnitt 6.3.1 denkbar, mit dem eine Minimierung der Konfigurationsschritte erreicht werden kann.

Allgemeine und personalisierte Konfiguratoren

Bereits in Abschnitt 3.3.2 wurde die Idee eines personalisierten Konfigurators eingeführt. Im Gegensatz zu einem allgemeinen Konfigurator, der auf die Bedürfnisse einer möglichst großen Menge von Interessenten zugeschnitten ist, über deren spezielle Anforderungen nichts bekannt ist, ist im Vertragsverhandlungssystem Marrakesch auch bekannt, welche Vorstellungen die einzelnen Nachfrager an das gesuchte Produkt haben. Dadurch ist es möglich, das Ergebnis des *Match Making*, also die Verschmelzung von Angebots- und Nachfragestrukturen als Ausgangsbasis für einen personalisierten Konfigurator zu nutzen. Dieser Konfigurator ist in der Regel nur für eine einzige Transaktion zwischen zwei Geschäftspartnern verwendbar und wird evtl. nur ein einziges mal benutzt. Allerdings bietet er gegenüber einem allgemeinen Konfigurator zwei wesentliche Vorteile: Zum einen berücksichtigen personalisierte Konfiguratoren auch den Kundenwunsch, d.h. der Kunde kann durch Spezifizieren seiner Anforderungen als mereologischer Graph grundlegend Einfluss auf die Gestaltung des Konfigurators nehmen, wodurch er sich nicht in der rein reagierenden Rolle wie bei allgemeinen Konfiguratoren befindet. Zum anderen ist ein personalisierter Konfigurator weit kompakter als sein allgemeines Pendant, da er nicht alle Alternativen betrachten muss, sondern nur noch die, bezüglich derer das *Match Making* keine Einigung feststellen konnte. Dadurch kann der Konfigurationsprozess enorm beschleunigt werden. Natürlich sollte dennoch die Möglichkeit eingeräumt werden, die durch das *Match Making* bereits entschiedenen Alternativen zu rekonfigurieren. In Abbildung 6.15 ist ein abgewandelter Ausschnitt des Referenzprozesses aus Abbildung 3.3 dargestellt, der den Unterschied zwischen personalisierten und allgemeinen Konfiguratoren graphisch veranschaulicht. Der Unterschied, auch in der technischen Realisierung, ist einzig der Prozesspfad, auf dem der Schritt "Konfiguration" erreicht wird. Die Tatsache, dass ein spezieller personalisiert Konfigurator nur einige wenige Male eingesetzt wird, ist kein Problem. Aufgrund des Datenmodells von Marrakesch und der weiter oben in diesem Abschnitt skizzierten automatisierten Generierung von Konfiguratoren entsteht ein nur geringer Aufwand. Kombiniert mit einer sich dynamisch anpassenden Konfigurationsreihenfolge und der Möglichkeit der Rekonfiguration erreicht ein personalisierter Konfigurator nahezu die Mächtigkeit einer dialogischen Verhandlung im Sinne von Abschnitt 6.2.

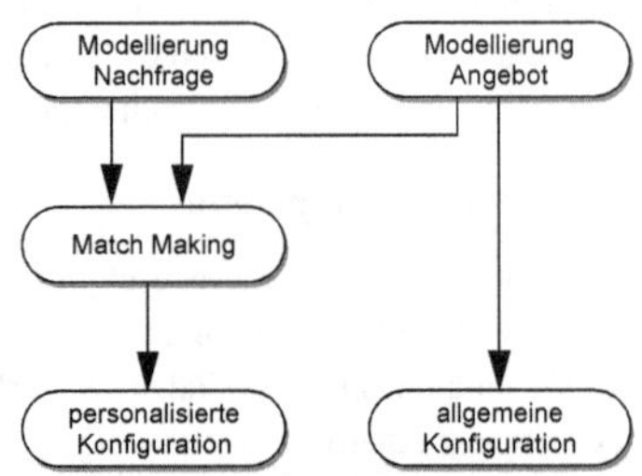

Abb. 6.15: Personalisierte und allgemeine Konfiguration im Referenzprozess

Damit lässt sich das Verhältnis zwischen freier Verhandlung, personalisierten Konfigurator und allgemeinem Konfigurator mit dem Verhältnis von Einzel-/Sonderfertigung, *Mass Customization* und Massenfertigung vergleichen. Sowohl der Dialog als auch die Einzelfertigung bieten dem Kunden ein Höchstmaß an individueller Betreuung und die garantierte Behandlung all seiner Anforderungen. Allerdings steht dem ein hoher Kosten- und Personalaufwand entgegen. Allgemeine Konfiguratoren sowie die Massenfertigung vermeiden diesen hohen Aufwand unter Verlust der Individualität. Personalisierte Konfiguratoren können für den Verhandlungsprozess das leisten, was *Mass Customization* für die Fertigung leistet, nämlich die Verbindung von hoher Individualität und Personalisierung bei niedrigem Aufwand.

6.4 Beispiel eines Konfigurationsprozesses

Der vorliegende Abschnitt demonstriert den oben vorgestellten Konfigurationsprozess inklusive Metadialog und Rekonfiguration an einem exemplarischen Automobilkonfigurator. Als Grundlage dient der Variantenraum einer Automobilfamilie, der in Abbildung 6.16 gezeigt ist. Neben einfachen Komponenten wie Motor, Getriebe, Farbe und Polster enthält die Modellierung eine aus Klimatisierung und Radio zusammengesetzte Baugruppe Interieur, zwei unterschiedliche Familien von Reifen, sowie zwei Ausstattungspakete, die jeweils mehrere Elemente implizieren. Wie bereits erläutert, ist es unerheblich, wie dieser Variantenraum entstanden ist: Für die Erzeugung eines Konfigurators kann es sich einerseits um die unveränderte Modellierung eines Anbieters handeln oder andererseits um das Ergebnis eines *Match-Making*-Prozesses. Im ersten Fall handelt es sich um einen allgemeinen Konfigurator, im zweiten um einen personalisierten Konfigurator (Abschnitt 6.3.3). Die Modellierung der Produktfamilie ist in relationaler Form in einem Oracle-Datenbanksystem abgelegt (Abschnitt 3.3.1). In Abbildung 6.17 ist die initiale Maske des prototypisch im Rahmen von Marrakesch implementierten Konfigurators gezeigt. In dieser Fassung handelt es sich um die umfangreichste Ausbaustufe, d.h. die Konfigurationsreihenfolge ist in Metadialogen frei verhandelbar und jede Entscheidung kann nachträglich rekonfiguriert werden.

Der Konfigurationsprozess beginnt in Abbildung 6.17 mit einem Metadialog, da zu Beginn die zumindest einstellige Sequenz von Inhaltsdialogen bestimmt werden muss. Unter 1. im Bild werden die zur Verfügung stehenden Alternativen aufgezählt. Die Spalte VI gibt an, wieviele vorwärts gerichtete Implikationen von der betroffenen Alternative ausgehen, die Spalte RI die Anzahl der rückwärtsgerichteten Implikationen. Unter VK ist die Anzahl der momentan verbotenen Kanten verzeichnet, die bei der Entscheidung der Alternative nicht mehr wählbar sind, um die Validität der Konfiguration zu erhalten. Unter 2. ist bereits ein Sequenzvorschlag angegeben, der vorsieht, zuerst die Pakete und anschließend das Getriebe zu konfigurieren. Unterhalb des Verhandlungsvorschlags können der Sequenz mittels der Klappmenüs weitere Alternativen hinzugefügt bzw. bestehende Alternativen entfernt werden. Durch die Schaltfläche "Starte Inhaltsdialog" wird die erste Position der Reihenfolge behandelt, mit "Abbruch der Verhandlungen" kann der gesamte Konfigurationsprozess jederzeit vorzeitig abgebrochen werden. Die bildliche Darstellung der beiden Inhaltsdialoge um Paket und Getriebe ist nicht von Interesse; für den

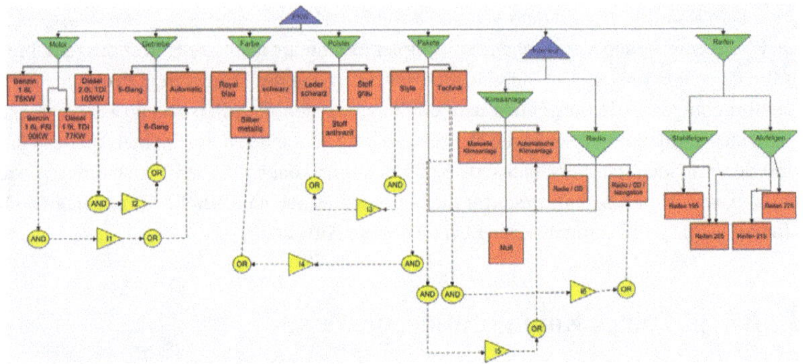

Abb. 6.16: Beispielszenario: Variantenraum eines Automobilkonfigurators

weiteren Verlauf dieses Beispiels wird davon ausgegangen, dass unter Paket "Technik" und unter Getriebe "5-Gang" gewählt wurde.

In Abbildung 6.18 wird der den beiden Inhaltsdialogen folgende zweite Metadialog gezeigt. Unter 1. sind einige Veränderungen an der Auflistung der Alternativen zu erkennen. So sind Radio, Klimaanlage, Pakete und Getriebe mit dem Status "conf" gekennzeichnet, d.h. sie sind bereits entschieden. Dabei wurden Radio und Klimaanlage implikativ gemäß dem in Abbildung 6.16 vorgestellten Datenmodell aufgelöst. Alle weiteren Alternativen tragen weiterhin den Status "offen". Unter 2. wird wie weiter oben der weitere Sequenzvorschlag erarbeitet.

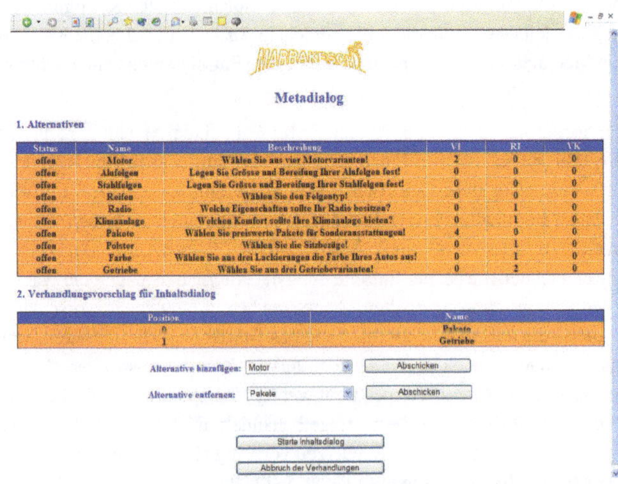

Metadialog

1. Alternativen

Status	Name	Beschreibung	VI	RI	VK
offen	Motor	Wählen Sie aus vier Motorvarianten!	2	0	0
offen	Alufelgen	Legen Sie Grösse und Bereifung Ihrer Alufelgen fest!	0	0	0
offen	Stahlfelgen	Legen Sie Grösse und Bereifung Ihrer Stahlfelgen fest!	0	0	0
offen	Reifen	Wählen Sie den Felgentyp!	0	0	0
offen	Radio	Welche Eigenschaften sollte Ihr Radio besitzen?	0	1	0
offen	Klimaanlage	Welchen Komfort sollte Ihre Klimaanlage bieten?	0	1	0
offen	Pakete	Wählen Sie preiswerte Pakete für Sonderausstattungen!	4	0	0
offen	Polster	Wählen Sie die Sitzbezüge!	0	1	0
offen	Farbe	Wählen Sie aus drei Lackierungen die Farbe Ihres Autos aus!	0	1	0
offen	Getriebe	Wählen Sie aus drei Getriebevarianten!	0	2	0

2. Verhandlungsvorschlag für Inhaltsdialog

Position	Name
0	Pakete
1	Getriebe

Alternative hinzufügen: Motor Abschicken

Alternative entfernen: Pakete Abschicken

Starte Inhaltsdialog

Abbruch der Verhandlungen

Abb. 6.17: Initialer Metadialog

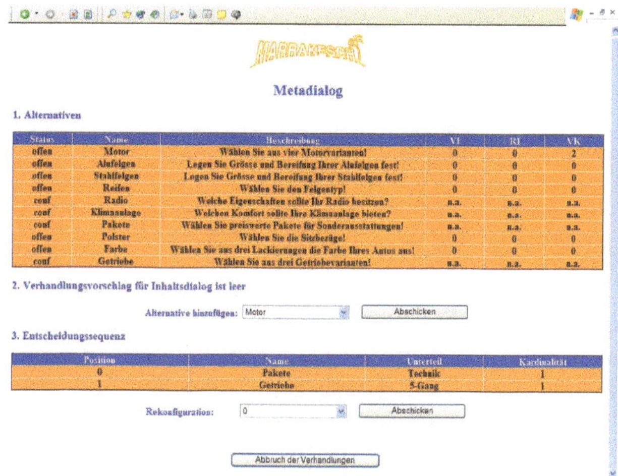

Abb. 6.18: Fortgeschrittener Metadialog

Abb. 6.19: Inhaltsdialog mit eingeschränkten Wahlmöglichkeiten

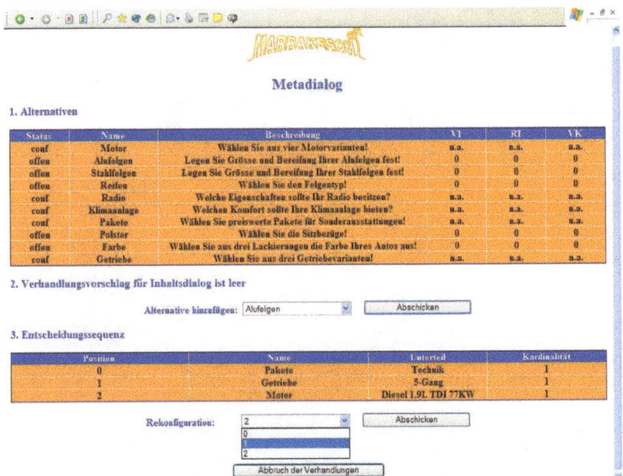

Abb. 6.20: Rekonfiguration: Auswahl der Alternativenentscheidung

Neu ist die Angabe der bisherigen Entscheidungssequenz unter 3. Hier sind der Reihe nach die konfigurierten Alternativen, das jeweils gewählte Unterteil und dessen Kardinalität verzeichnet. Zudem kann im Klappmenü "Rekonfiguration" eine Position dieser Entscheidungssequenz ausgewählt werden. Für den Verlauf des Beispiels wird jedoch Motor für den nächsten Inhaltsdialog ausgewählt. Im Gegensatz zum initialen Metadialog in Abbildung 6.17 enthält diese Alternative inzwischen zwei verbotene Kanten (VK), was durch die rückwärtige Wirkung der Implikationen I_1 und I_2 zwischen Getriebe und Motor verursacht wurde.

Abb. 6.21: Rekonfiguration: Nachfahren der Entscheidungssequenz

Abbildung 6.19 zeigt den Inhaltsdialog um die Alternative Motor. Unter 2. werden die verschiedenen Motoren angezeigt, wobei zwei Varianten nicht mehr wählbar sind. Der Benutzer kann sich also zwischen den verbleibenden Möglichkeiten (Benzin 1.6L FSI 90KW oder Diesel 1.9L TDI 77KW) entscheiden, oder den Inhaltsdialog zugunsten eines neuen Metadialogs verlassen, oder den gesamten Konfigurationsprozess abbrechen. Damit sind alle charakteristischen Masken des rein vorwärtsgerichteten Konfigurators erläutert. Im Gegensatz zu anderen Konfiguratoren ist insbesondere die flexible Bestimmung der Reihenfolge, in der die einzelnen Konfigurationsschritte gelöst werden, auf Basis des Metadialogkonzepts bemerkenswert.

Über das bisher Gezeigte hinaus demonstriert die prototypische Implementierung von Marrakesch auch das Konzept der Rekonfiguration (Abschnitt 6.3.2). In Abbildung 6.20 ist der eben beschriebene Konfigurationsprozess nach der Wahl einer Motorvariante in einem weiteren Metadialog angekommen. Unter 3. ist die bisherige Entscheidungssequenz tabellarisch verzeichnet. Im darunter liegenden Klappmenü Rekonfiguration wird Position 1 ausgewählt, d.h. das Getriebe. Sobald der Knopf "Abschicken" gedrückt wird, werden der letzte und vorletzte Konfigurationsschritt zurückgenommen. Im anschließenden speziellen Inhaltsdialog (Abbildung 6.21) bietet der Konfigurator dem Benutzer unter 3. an, die Entscheidungssequenz nach der rekonfigurierten Alternative zu wiederholen. Wird diese Option in Anspruch genommen, so versucht der Konfigurator, die Redosequenz bestmöglich nachzufahren und es handelt sich um eine punktuelle Rekonfiguration (*Jump Back*). Werden hingegen die nachfolgenden Entscheidungen nicht nachgezogen, so handelt es sich um ein *ROLLBACK*. Damit sind alle Fähigkeiten des in Abschnitt 6.2 und 6.3 vorgestellten Konfiguratorkonzepts in seiner maximalen Ausbaustufe am Beispiel eines Variantenraums aus dem Automobilbau demonstriert worden. Durch Hinterlegung eines anderen Produktmodells in der Datenbank ist derselbe Konfigurator, der als Servlet implementiert ist, fähig, Computer oder Flugzeuge anzubieten, d.h. die Generierung eines Konfigurators, sowohl personalisiert als auch allgemein, reduziert sich auf das Erstellen und das relationale Speichern des gewünschten Produktvariantenraums. Damit wird die Behauptung untermauert, dass die Erzeugung insbesondere eines personalisierten Konfigurators, auch wenn er nur für eine einzige Geschäftstransaktion benutzt wird, nahezu keinen Aufwand darstellt.

6.5 Zusammenfassung

Das vorliegende Kapitel gibt einen umfassenden Einblick in die Schematisierung des Prozessschritts der Verhandlung, wie er für den Referenzprozess aus Abschnitt 3.2.2 erforderlich ist. Der vorgestellte Verhandlungsprozess geht von zwei teilnehmenden Parteien aus. Dabei ist es unerheblich, wie diese Parteien zusammenkommen. Der Referenzprozess von Marrakesch sieht hierfür einerseits den Weg über das *Match Making* vor, das in Kapitel 5 erläutert wurde. In diesem Fall geht ohne Beschränkung der Allgemeinheit ein Angebotsraum, der bereits um die aus der Nachfrage bekannten Optionen vereinfacht wurde, in die Verhandlung ein, der umgekehrte Fall ist ebenso denkbar. Andererseits ist auch die direkte Übernahme eines komplex konfigurierbaren Angebots- bzw. Nachfrageraums als Basis der Verhandlung unter Umgehung des *Match-Making*-Schritts möglich.

Der entwickelte Verhandlungsprozess wurde von drei grundlegenden Strömungen beeinflusst. Die Untersuchung von wissensbasierten Konfiguratoren in Abschnitt 6.1.1 zeigt, dass das Marrakesch-Gesamtsystem eine weit detailliertere Sichtweise als die Konfiguratoren einnimmt, da es die Verhandlung, die sehr eng mit der Konfiguration verwandt ist, nur als letzten Teilschritt betrachtet und Modellierung und *Match Making* als eigene Schritte einstuft. Einige Konfiguratoren versuchen, vollautomatisiert zu agieren, was für die vorliegende Arbeit nicht akzeptabel ist, da für komplex konfigurierbare Produkte und Dienstleistungen berechtigterweise angenommen werden kann, dass eine Automatisierung weder möglich noch wünschenswert ist. Andere Konfiguratoren holen iterativ zusätzliche Anforderungen vom Benutzer ein, was tendenziell einem Verhandlungsdialog ähnelt. Aus der dialogischen Logik, in die Abschnitt 6.1.2 eine Einführung gibt, sind insbesondere die Partikel- und Rahmenregeln erwähnenswert, die den Beweis einer zusammengesetzten Aussage durch einen geordneten Dialog regeln. Definierte Angriffe und Verteidigungen erlauben Proponent und Opponent, die Wahrheit der Aussage zu widerlegen oder zu belegen. Allerdings sieht die dialogische Logik kein kooperatives Verhalten zwischen den beiden Teilnehmern vor. Vielmehr ist es das Ziel beider, seinen Gegenüber mittels einer Gewinnstrategie zu besiegen. Auch eine Gleichberechtigung, dass von beiden Seiten eine Teilverhandlung initiiert werden kann, ist nicht möglich. Ähnlich zur dialogischen Logik geht auch Gethmanns Normenbegründung (Abschnitt 6.1.3) von einem Dialog zwischen Proponent und Opponent aus. Zentral ist hier das bei Bedarf rekursive Begründen einer Aussage. Neben der Schematisierung des Dialogs ist für die vorliegende Arbeit vor allem das axiomatische Prinzip der Begründung von Interesse. Es fordert den Kooperationswillen der beiden Dialogpartner ein, also die Bereitschaft, den Interessenkonflikt gemeinsam zu lösen. Darüberhinaus unterscheidet Gethmann zwischen horizontaler und vertikaler Dialogrichtung. Während im horizontalen Fall Prämissen und Konklusionen bezweifelt bzw. begründet werden, wird im vertikalen Fall das zugrundeliegende Regelsystem verhandelt.

Aus diesen Vorbetrachtungen wurde für Marrakesch ein Verhandlungssystem entwickelt, das Verhandlungsdialoge über einen mereologischen Graphen auf zwei Ebenen einführt. Um möglichst nahe an realen Verhandlungen zu sein, kann zu jedem Zeitpunkt in der Verhandlung in einem Metadialog die Reihenfolge, in der noch offene Alternativen behandelt werden sollen, bestimmt werden. Die Behandlung einer einzelnen Alternative wird hingegen in einem Inhaltsdialog verhandelt. Beide Arten von Dialogen können in dem Fall, dass dauerhaft keine Einigung zustande kommt, abgebrochen werden und führen damit die gesamte Verhandlung zum Abbruch. Dabei beruht der gesamte Verhandlungsprozess auf den Annahmen, dass erstens der zu bearbeitende mereologische Graph während der Verhandlung abgesehen von Alternativenentscheidungen konstant bleibt, und zweitens beide Partner an einer effizienten Lösung des Dialogs interessiert sind und die Verhandlung nicht unnötig in die Länge ziehen oder blockieren. Insbesondere der Metadialog ist um eine Gleichstellung beider Teilnehmer bemüht, indem er beiden die Möglichkeit bietet, einen Vorschlag über das weitere Vorgehen abzugeben.

Auch die Wahl der Reihenfolge, die der Metadialog liefern soll, kann unterstützt werden. Dazu wird in Abschnitt 6.3.1 ein Empfehlungsalgorithmus vorgestellt, der die Alternativen präferiert, die möglichst viele weitere Alternativen durch Implikationen entscheiden können. Dazu wird auf Basis der momentanen Konfiguration des mereologischen Graphen ein Alternativengraph konstruiert, der sich aus den Alternativen und den sie verbindenden Implikationen zusammensetzt. Das Ziel dieses Empfehlungsalgorithmus ist damit die Minimierung der Anzahl der Inhaltsdialoge basierend auf der Annahme, dass das frühe Entscheiden einer Alternative, von der direkt oder indirekt viele Implikationen ausgehen, möglichst viele weitere Alternativen implikativ entscheidet.

Eine mächtige Erweiterung des rein vorwärtsgerichteten Verhandlungsprozesses wird durch die Einführung der Rekonfiguration in Abschnitt 6.3.2 erreicht. Um ein höheres Maß an Realität in das Verhandlungsschema einzubringen, wird insbesondere der Metadialog um die Möglichkeit erweitert, bereits entschiedene Alternativen aus $ALT_{konfiguriert}$ zurück auf die Agenda zu setzen. Der Inhaltsdialog ist dafür um einen neuen Fall zu erweitern, der die Entscheidungshistorie schrittweise bis zu der erneut zu konfigurierenden Alternative zurückrollt. Nach der Neuentscheidung wird diese Historie so gut wie möglich nachgefahren, um so wenige Benutzerentscheidungen wie möglich zu verlieren. Allerdings kann es durch die Rekonfiguration geschehen, dass gewisse Entscheidungen nicht mehr so getroffen werden können wie zuvor.

Abschließend widmet sich das Kapitel einer einfacheren Form der Verhandlung, dem Konfigurator. Während an der freien dialogischen Verhandlung zwei aktiv handelnde Anwender beteiligt sind, kann im Konfigurator eine Seite, in der Regel der Anbieter, durch ein mehr oder minder intelligentes Programm ersetzt werden. Das Datenmodell von Marrakesch erlaubt eine einfache und automatische Erzeugung eines Konfigurators auf Basis der Angebotsspezifikation. Abhängig davon, wie der Konfigurationsprozess im Referenzprozess aus Abschnitt 3.2.2 erreicht wird, kann neben den üblichen allgemeinen Konfiguratoren, die für eine breite Menge an Interessenten geeignet sind, auch ein personalisierter Konfigurator erzeugt werden. Der personalisierte Konfigurator kennt die Anforderungen seines Gegenüber durch das *Match Making* und bietet in erster Linie die Konfigurationsschritte an, zu denen sich der Kunde noch nicht geäußert hat. Diese Form des Konfigurators stellt damit einen Kompromiss zwischen kundenindividueller Betreuung und niedrigerem Aufwand für den Anbieter dar.

7 Zusammenfassung

Der elektronische Handel über das Internet ist für Endverbraucher wie für Unternehmen hochgradig interessant. Die Existenz eines zuverlässigen und allgegenwärtigen Kommunikationsmediums erlaubt die Realisierung unterschiedlichster, teils neuartiger Geschäftsmodelle, die zunehmend die Trennung von Beschaffung, Herstellung und Vertrieb zu einem Gesamtprozess verschwimmen lassen. So nimmt im Fall von *Mass Customization* der Kundenwunsch direkt Einfluss auf die Herstellung, evtl. auch auf die Beschaffung. Vor allem für Unternehmen bietet die Integration von eBusiness in die eigene Wertschöpfungskette die Option auf eine drastische Senkung der Transaktionskosten über alle Phasen einer Handelstransaktion hinweg. Bei genauerer Betrachtung fällt jedoch auf, dass die bestehenden Systeme fast ausschließlich fertig konfektionierte Güter wie CDs, Bücher oder fertig konfigurierte Computer handeln. Diese Güter decken sicher einen großen Teil des Bedarfs ab, allerdings existiert auch eine Vielzahl von hoch konfigurierbaren Produkten und Dienstleistungen, beispielsweise Computer, Automobile, Flugzeuge oder Serviceverträge. Seit Pine II den Begriff *Mass Customization* eingeführt hat [Pine99], ist die Industrie um so mehr an einer kundenindividuellen Fertigung interessiert, da sich höher Kundenzufriedenheit auch in einer festeren Kundenbindung widerspiegelt. Allerdings handelt es sich bei *Mass Customization* um ein Managementkonzept, d.h. es ist ein betriebswirtschaftlich definiertes Geschäftsmodell, für dessen Umsetzung die technischen Voraussetzungen und Umsetzungen noch nicht erbracht sind. Die Modellierung von Produktfamilien, die durch unterschiedliche Konfigurationen eines Basisprodukts entstehen, sind ein technisches Mittel, das Konzept *Mass Customization* in die Praxis zu überführen. Daher konzipiert die vorliegende Arbeit ein flexibles Vertragsverhandlungssystem, das den elektronischen Handel mit komplex konfigurierbaren Produkten und Dienstleistungen ermöglicht.

Die Arbeit beginnt in Kapitel 2 mit einer umfassenden Untersuchung zumindest partiell verwandter Ansätze. Dafür wird auf die zwei B2B-Integrationsrahmenwerke ebXML und RosettaNet, sowie auf die Vertragsverhandlungssysteme COSMOS und SILKROAD, die beide aus dem Forschungsumfeld stammen, näher eingegangen. Alle vier betrachteten Systeme bieten interessante Ansätze, haben aber ein Defizit gemein: Der Umgang mit konfigurierbaren Gütern wird nicht nennenswert adressiert. Daher wird in Kapitel 3 aus der Gegenüberstellung der zuvor untersuchten Arbeiten ein Anforderungskatalog an ein Vertragsverhandlungssystem für komplex konfigurierbare Produkte und Dienstleistungen erarbeitet. Dabei ist das Vertragsverhandlungssystem als eine spezielle Variante des elektronischen Marktplatzes aufzufassen, da die genaue Spezifikation eines komplex konfigurierbaren Guts und seiner Liefer- und Bezahlungsbedingungen genau den Inhalt eines Vertrags zwischen Käufer und Verkäufer widerspiegeln. Der Anforderungskatalog mündet in die Identifikation von drei grundlegenden Problemen: Das Modellierungsproblem drückt die Notwendigkeit eines geeigneten Datenmodells zur effektiven Spezifikation der konfigurierbaren Güter aus. Das Koordinationsproblem adressiert eine flexible Ablaufsteuerung, die Anbieter und Nachfrager ohne Medienbruch durch die gesamte Geschäftstransaktion führt. Das *Match-Making*-Problem fordert neuartige Verfahren für das Zusammenbringen von Angebot und Nachfrage im Kontext dieses neuen Datenmodells.

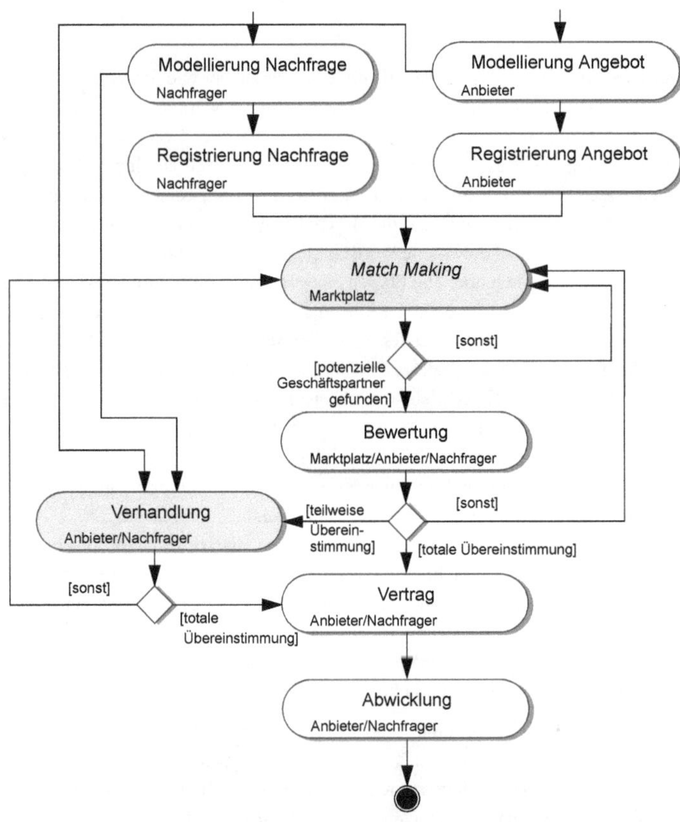

Abb. 7.1: Der Referenzprozess von Marrakesch

Als einen der zentralen Beiträge der vorliegenden Arbeit ist der in Abbildung 7.1 dargestellte Referenzprozess aus Abschnitt 3.2 zu nennen, der die Antwort auf das Koordinationsproblem liefert. Der Prozess stellt dabei die für ein Informationssystem deutlich besser geeignete Variante des von [Schm93] eingeführten Dreiphasenmodells einer Geschäftstransaktion dar, ohne an Allgemeingültigkeit zu verlieren. Gleichzeitig sind innerhalb des Prozessablaufs unterschiedliche Realisierungen der einzelnen Prozessschritte möglich, wodurch statische Produktkatalogsysteme, Auktionssysteme oder Börsensysteme abbildbar sind. Auffällig ist zudem die Möglichkeit, dass Anbieter und Nachfrager beide ihre Vorstellungen in Form des selben Datenmodells ausdrücken können. Die konzeptionelle Untersuchung sowie die prototypische Implementierung des Referenzprozesses ist der Inhalt des Forschungsprojekts Marrakesch, dessen Ergebnisse in dieser Arbeit vorgestellt werden.

Die folgenden Kapitel stellen iterative Vertiefungen der relevanten Prozessschritte aus dem in Kapitel 3 gegebenen Überblick dar. So liefert Kapitel 4 eine ausführliche Darstellung des zweiteiligen Datenmodells, das das Modellierungsproblem löst. Die Produktfamilie, also der durch Konfiguration generierbare Variantenraum, wird in Form von mereologischen Graphen modelliert, einer mächtigen Erweiterung von Stücklisten um Alternativen und Implikationen. Diese graphische Notation erlaubt eine kompakte und dadurch sehr lesbare Wiedergabe selbst umfangreicher Familien. Um die Vergleichbarkeit von Angebots- und Nachfragegraphen zu gewährleisten wird den Knoten der Graphen ein multidimensionales Begriffssystem zugrundegelegt. Ein nicht unwesentlicher Teil des Kapitels beschäftigt sich mit der Validierung von mereologischen Graphen, da durch den Einsatz der Implikationen nicht nur gewünschte Einschränkungen der Kombinationsvielfalt realisiert werden können, sondern auch Widersprüche entstehen können.

Basierend auf dem vorgestellten Datenmodell werden die zwei interessantesten Prozessschritte aus dem Referenzprozess tiefgehend untersucht. Kapitel 5 liefert die Lösung des festgestellten *Match-Making*-Problems. Da es sich bei den Varianträumen um komplexe Graphstrukturen handelt, kann nachgewiesen werden, dass der Abgleich eines Angebotsgraphen mit einem Nachfragegraphen NP-vollständig ist, zumal auf einem elektronischen Marktplatz viele solche Vergleiche gleichzeitig ausgeführt werden müssen. Daher wird vollständig auf die Entwicklung eines klassischen deterministischen Lösungsverfahrens verzichtet und es werden zwei heuristische Verfahren, die auf Methoden des *Soft Computing* basieren, erarbeitet und ausführlich miteinander verglichen. Das genetische *Match Making* ist ein evolutionäres Verfahren, das auch Konzepte der genetischen Programmierung anwendet und Raum für vielfältige Optimierungsmaßnahmen bietet, z.B. Metaevolution, Diversitätsüberwachung oder intelligente Rekombination. Der *Match-Making*-Ansatz basierend auf *Simulated Annealing* ist hingegen eng mit der lokalen Suche verwandt, läuft aber in einem sich langsam abkühlenden Temperatursystem ab; je niedriger die Umgebungstemperatur ist, um so geringer ist die Wahrscheinlichkeit, dass auch eine Verschlechterung der momentanen Lösung akzeptiert wird. In umfangreichen Messungen auf zwei gegensätzlichen Szenarien werden optimale Parametrisierungen für beide Verfahren bestimmt. Beide sind fähig, in kürzester Zeit hochqualitative Ergbebnisse zu liefern, wobei das genetische *Match Making* in den meisten Fällen minimal besser abschneidet.

Kapitel 6 stellt schließlich zwei mögliche Umsetzung des Prozessschritts Verhandlung aus dem Referenzprozess vor (Abbildung 7.1). Während bei einfacher strukturierten Gütern die Verhandlungsphase im wesentlichen durch einen der bekannten Preisfindungsmechanismen realisiert wird, ist bei komplexen Produkten und Dienstleistungen, wie sie in dieser Arbeit fokussiert werden, der Abschluss des Konfigurationsprozesses als Verhandlung aufzufassen. Die Konfiguration und damit auch die Verhandlungsphase ist dann beendet, wenn entweder alle Alternativen des betrachteten Variantenraums entschieden sind, oder die Teilnehmer einen Abbruch der Verhandlung beschließen. Eine gemeinsam ausgehandelte Konfiguration stellt in Form einer Leistungsbeschreibung den resultierenden Vertrag dar. Als allgemeinste bilaterale Umsetzung des Verhandlungsprozesses stellt die Arbeit die freie Verhandlung in dialogischer Form vor. Ausgehend von der dialogischen Logik und der Normenbegründung von Gethmann wird die Verhandlung zwischen Anbieter und Nachfrager schematisiert. Dabei wird zwischen Inhaltsdialogen, die je eine einzelne Konfigurationsentscheidung treffen, und Metadialogen, die die Abfolge der Inhaltsdialoge ermitteln, unterschieden. Durch diese Schematisierung ist eine elektronische Durchführung einer sehr realitätsnahen Verhandlung in flexibler Weise möglich, da beide Beteiligten gleichberechtigt den Dialog steuern können. Aufgrund der sehr detaillierten Spezifizierung der möglichen Produktvarianten durch das gegebene Datenmodell kann der freie Dialog zu einer primitiveren Verhandlungsform, dem Konfigurator, modifiziert werden. Dabei wird das Agieren eines Teilnehmers, in der Regel auf Anbieterseite, durch Programmlogik ersetzt. Ein weiterer Beitrag dieser Arbeit im Kontext der Konfiguratoren ist die Einführung des personalisierten Konfigurators. Während "normale" Konfiguratoren für eine breite Menge von Interessenten aufgebaut werden, adressiert der personalisierte Konfigurator eine einzige Geschäftstransaktion zwischen zwei bestimmten, potentiellen Geschäftspartnern. Als Basis dafür dient nicht der vollständige Angebotsraum, sondern der durch das *Match Making* reduzierte Konfigurationsraum, der durch das Einbringen der Nachfrageoptionen entsprechend eingeschränkt ist. Als Erweiterungen sowohl für die freie Verhandlung als auch für den personalisierten Konfigurator wird zum einen ein Empfehlungsverfahren angegeben, das aufgrund der Implikationsverkettungen im Rahmen des Metadialogs eine möglichst kurze Verhandlungsreihenfolge vorschlägt, und zum anderen die Schematisierung des Dialogs um die Möglichkeit der Rekonfiguration ergänzt, wodurch es auf geregeltem Weg erlaubt ist, früher im Dialog getroffene Entscheidungen zu widerrufen und dabei möglichst alle darauffolgenden Konfigurationsschritte beizubehalten.

Damit stellt Marrakesch ein sehr flexibles Vertragsverhandlungssystem dar, das insbesondere auf den Umgang mit komplex konfigurierbaren Produkten und Dienstleistungen jeder Anwendungsdomäne zugeschnitten ist. Es bietet auf konzeptioneller Seite einerseits einen mächtigen Referenzprozess, der Anbieter und Nachfrager durch alle Phasen einer Geschäftstransaktion begleitet. Andererseits wird ein zweiteiliges Datenmodell eingeführt, das eine kompakte und damit leicht bedienbare Darstellung auch umfangreicher Varianträume von Produkten und Dienstleistungen erlaubt. Auf der technischen Seite werden leistungsfähige *Match-Making*-Verfahren, die Schematisierung einer freien dialogischen Verhandlung sowie das Konzept des personalisierten Konfigurators eingeführt. Somit bietet Marrakesch eine effiziente und sehr flexible Lösung für das Problem mit dem Umgang beliebiger hoch konfigurierbarer Güter im eBusiness.

Literaturverzeichnis

AaPl94 Aamodt, A.; Plaza, E.: Case-Based Reasoning: Foundational Issues, Methodological Variations, and System Approaches. In: *Artificial Intelligence Communications*, Vol. 7, No. 1, 1994, S. 39-59

ABD+99 Albrecht, J.; Bauer, A.; Deyerling, O.; Günzel, H.; Hümmer, W.; Lehner, W.; Schlesinger, L.: Management of multidimensional Aggregates for efficient Online Analytical Processing. In: *Proceedings of the International Database Engineering and Applications Symposium* (IDEAS'99, Montreal, Kanada, 2.-4. August), 1999, S. 156-164.

ACM04a http://www.acm.org, Abruf am 30.1.2004

ACM04b http://www.acm.org/class, Abruf am 30.1.2004

ADO04 http://msdn.microsoft.com/library/default.asp?url=/nhp/default.asp?contentid=28001860, Abruf am 17.1.2004

Ange96 Angeline, P.J.: Two Self-Adaptive Crossover-Operations for Genetic Programming. In: Angeline, P.J.; Kinnear, K.E. (Hrsg.): *Advances in Genetic Programming – Vol. 2*. MIT Press, Cambridge (MA), 1996

Arib03 http://www.ariba.com, Abruf am 4.12.2003

Baas03 Baas, S.: *Einsatz von Soft-Computing-Techniken zur Abstimmung von Angebot und Nachfrage auf elektronischen Marktplätzen*. Diplomarbeit, Friedrich-Alexander-Universität Erlangen-Nürnberg, 2003

BaGü01 Bauer, A.; Günzel, H. (Hrsg.): *Data Warehouse Systeme – Architektur, Entwicklung, Anwendung*. dpunkt.Verlag, Heidelberg, 2001

BaHL00 Bauer, A.; Hümmer, W.; Lehner, W.: An Alternative Relational OLAP Modeling Approach. In: Kambayashi, Y.; Mohania, M.K.; Tjoa, A.M. (Hrsg.): *Second International Conference on Data Warehousing and Knowledge Discovery* (DaWaK 2000, London, Großbritannien, 4.-6. September), 2000, S. 189-198.

Bake87 Baker, J.E.: Reducing Bias and Inefficiency in the Selection Algorithm. In: Grefenstette, J.J. (Hrsg): *Proceedings of the 2nd International Conference on Genetic Algorithms and their Applications*. Lawrence Erlbaum, Hillsdale (NJ), 1987, S. 14-21

Bako98 Bakos, J.Y.: The Emerging Role of Electronic Marketplaces on the Internet. In: *Communications of the ACM*, Vol. 41, No. 8, 1998, S. 35-42

BaLN86 Batini, C.; Lenzerini, M.; Navathe, S.: A Comparative Analysis of Methodologies for Database Schema Integration. In: *ACM Computing Surveys*, Vol. 18, No. 4, 1986, S. 323-364

Bart00 Bartsch, M.: Qualitätssicherung für Software durch Vertragsgestaltung und Vertragsmanagement. In: *Informatik Spektrum*, Band 23, Heft 1, 2000, S. 3-10

BBMR89 Borgida, A.; Brachman, R.J.; McGuinness, D.L.; Resnick, L.A.: CLASSIC: A Structural Data Model for Objects. In: Clifford, J.; Lindsay, B.G.; Maier, D. (Hrsg.): *Proceedings of the 1989 ACM SIGMOD International Conference on Management of Data* (Portland (OR), 31. Mai - 2. Juni), 1989, S. 58-67

BCM+03 Baader, F.; Calvanese, D.; McGuinness, D.; Nardi, D.; Patel-Schneider, P. (Hrsg.): *The Description Logic Handbook – Theory, Implementation and Applications*. Cambridge University Press, Cambridge, 2003

Bern96 Bernstein, P.A.: Middleware: a Model for Distributed System Services. In: *Communications of the ACM*, Vol. 39, No. 2, 1996, S. 86-98

BGB04 Bundesrepublik Deutschland: *Bürgerliches Gesetzbuch*. Neugefasst durch Bek. v. 2.1.2002; zuletzt geändert am 5.5.2004
elektronisch verfügbar unter:
http://bundesrecht.juris.de/bundesrecht/bgb/gesamt.pdf

BHPB03 Barbier, F.; Henderson-Sellers, B.; Parc-Lacayrelle, A.; Bruel, J.-M.: Formalization of the Whole-Part Relationship in the Unified Modeling Language. In: *IEEE Transactions on Software Engineering*, Vol. 29, Nr. 5, 2003, S. 459-470

BizT03 http://www.biztalk.org, Abruf am 21.12.2003

BMEc03 http://www.bmecat.org, Abruf am 2.12.2003

BMW04 http://ecom.bmwgroup.com/ecom30v1/DE/BMW/de/pages/vse/index.jsp, Abgerufen am 6.6.2004

BOBS89 Barker, V.; O'Connor, D.; Bachant, J.; Soloway, E.: Expert systems for configuration at Digital: XCON and beyond. In: *Communications of the ACM*, Vol. 32, No. 3, 1989, S. 298-318

Bode99 Bodendorf, F.: *Wirtschaftsinformatik im Dienstleistungsbereich*. Springer Verlag, Berlin, et al. 1999

BoSc98 Borghoff, U.M.; Schlichter, J.H.: *Rechnergestützte Gruppenarbeit – Eine Einführung in Verteilte Anwendungen*, 2. Auflage. Springer Verlag, Berlin et al. 1998

BrCh89 Brown, D.C., Chandrasekaran, B.: *Design Problem Solving – Knowledge Structures and Control Strategies*. Pitman, London et al. 1989

BrSc85 Brachman, R.J.; Schmolze, J.G.: An Overview of the KL-ONE Knowledge Representation System. In: *Cognitive Science*, Vol. 9, No. 2, 1985, S. 171-216

BrTa96 Brams, S.; Taylor, A.: *Fair Division: from cake-cutting to dispute resolution*. Cambridge University Press, Cambridge, 1996

BSBK99 Beam, C.; Segev, A.; Bichler, M.; Krishnan, R.: On Negotiations and Deal Making in Electronic Markets. In: *Information Systems Frontiers*, Volume 1, Issue 3, 1999, S. 241-258

CACM03 *Communicatons of the ACM*, Schwerpunktthema *Peer to Peer*, Vol. 46, No. 2, Februar 2003

Carg92 Cargill, T.: *C++ Programming Style*. Addison-Wesley, Reading (MA) et al. 1992

Cern85 Cerny, V.: Thermodynamical approach to the travelling salesman problem: an efficient simulation algorithm. In: *Journal of Optimization Theory and Applications*, 45, 1985, S. 41-51

CoLR01 Cormen, T.; Leiserson, C.; Rivest, R.: *Introduction to Algorithms*, 2. Auflage. The MIT Press, Cambridge (MA) et al. 2001

Comm03 http://www.commerceone.com, Abruf am 5.12.2003

COSM03 http://vsis-www.informatik.uni-hamburg.de/projects/cosmos/index.phtml, Abruf am 29.12.2003

Covi04 http://www.covisint.com, Abruf am 19.06.2004

cXML03 N.N.: *cXML User's Guide Version 1.2.009*. 2003
elektronisch verfügbar unter:
http://xml.cxml.org/current/cXMLUsersGuide.pdf

CzEi00 Czarnecki, K.; Eisenecker, U.W.: *Generative Programming*. Addison-Wesley, Boston et al. 2000

DaDa97 Date, C.J.; Darwen, H.: *A Guide to the SQL Standard*, 4. Auflage. Addison-Wesley, Reading (MA) et al. 1997

Darw59 Darwin, C.: *On the Origin of Species*. Murray, London, 1859

Dell04 http://www.dell.de, Abruf am 3.1.2004

DiHM04 Dietrich, A.; Hümmer, W.; Meiler, C.: A Meta Model based Configuration Approach for mass-customizable Products and Services. In: *4th Workshop on Information Systems for Mass Customization* (ISMC 2004, Madeira, Portugal, 29. Februar - 1. März), 2004, publiziert auf CD-ROM

DIN199-1 N.N.: *Technische Produktdokumentation – CAD-Modelle, Zeichnungen und Stücklisten* (DIN 199-1). DIN Deutsches Institut für Normung e.V. 2002

DIN199-3 N.N.: *Begriffe im Zeichnungs- und Stücklistenwesen – Stücklisten-Verarbeitung, Begriffe in Schlüsselsystemen* (DIN 199-3). DIN Deutsches Institut für Normung e.V. 1978

DIN199-4 N.N.: *Begriffe im Zeichnungs- und Stücklistenwesen – Änderungen* (DIN 199-4). DIN Deutsches Institut für Normung e.V. 1981

DIN199-5 N.N.: *Begriffe im Zeichnungs- und Stücklistenwesen – Stücklisten-Verarbeitung, Stücklistenauflösung* (DIN 199-5). DIN Deutsches Institut für Normung e.V. 1981

DNB04 http://dbgermany.dnb.com/German/About/D&B%20Allgemein.PDF, Abruf am 10.06.2004

DuKS96 Durdanovic, I.; Kleine-Büning, H.; Suermann, M.: *New Aspects and Applications of Resource-based Configuration.* Technischer Bericht tr-rsfb-96-023, Universität Paderborn, 1996

EAN04 http://www.ean-int.org, Abruf am 24.06.2004

ebXM01a N.N.: *ebXML Technical Architecture Specification v1.0.4.* Februar 2001 elektronisch verfügbar unter: http://www.unece.org/cefact/ebxml/Documents/ebTA.pdf

ebXM01b N.N.: *ebXML Business Process Specification Schema Version 1.01.* Mai 2001 elektronisch verfügbar unter: http://www.unece.org/cefact/ebxml/Documents/ebBPSS.pdf

ebXM01c N.N.: *ebXML Registry Services Specification v2.0.* Dezember 2001 elektronisch verfügbar unter: http://www.unece.org/cefact/ebxml/Documents/ebrs2.pdf

ebXM01d N.N.: *ebXML Registry Information Model v2.0.* Dezember 2001 elektronisch verfügbar unter: http://www.unece.org/cefact/ebxml/Documents/ebrim2.pdf

ebXM02a N.N.: *Message Service Specification Version 2.0.* April 2002 elektronisch verfügbar unter: http://www.unece.org/cefact/ebxml/Documents/ebMS2.pdf

ebXM02b	N.N.: *Collaboration-Protocol Profile and Agreement Specification Version 2.0.* September 2003 elektronisch verfügbar unter: http://www.unece.org/cefact/ebxml/Documents/ebcpp-2.pdf
ebXM03a	http://www.ebxml.org, Abruf am 19.12.2003
ebXM03b	http://www.ebxml.org/tools/index.htm, Abruf am 19.12.2003
eCla03	http://www.eclass.de, Abruf am 3.12.2003
eCX03a	N.N.: *Electronic Catalog XML (eCX XML) 3.6 Specifications.* 2003 elektronisch verfügbar unter: http://www.ecx-xml.org/docs/ecx_3_6_specification.pdf
eCX03b	http://www.ecx-xml.org, Abruf am 10.12.2003
EhZi97	Ehrensberger, J.; Zinn, C.: DIALOG – A system for dialogue logic. In: *Conference on Automated Deduction* (CADE-14, Townsville (North Queensland), Australia, 13.-17. Juli), 1997, S. 446-460
EiSm03	Eiben, A.E.; Smith, J.E.: *Introduction to Evolutionary Computing.* Springer Verlag, Berlin et al. 2003
ElNa03	Elmasri, R.; Navathe, S.: *Fundamentals of Database Systems*, 4. Auflage. Addison-Wesley, Reading (MA) et al. 2003
Emni04a	http://www.nonliner-atlas.de, Abruf am 24.06.2004
Emni04b	http://www.nonliner-atlas.de/pdf/pressemitteilungen/ 2004_06_23_NONLINER_Atlas_zE.pdf, Abruf am 24.06.2004
Etim03	http://www.etim.de, Abruf am 3.12.2003
FDFH95	Foley, D.F.; van Dam, A.; Feiner, S.K.; Hughes, J.F.: *Computer Graphics: Principles and Practice*, 2. Auflage in C. Addison-Wesley, Reading (MA) et al. 1995
FFH+98	Fleischanderl, G.; Friedrich, G.; Haselböck, A.; Schreiner, H.; Stumptner, M.: Configuring Large Systems Using Generative Constraint Satisfaction. In: *IEEE Intelligent Systems*, Vol. 13, No. 4, 1998, S. 59-68
FoSc99	Fowler, M.; Scott, K.: *UML Distilled – Applying the Standard Object Modeling Language*, 2. Auflage. Addison-Wesley, Reading (MA) et al. 1999
GaJo89	Garey, M.R.; Johnson, D.S.: *Computers and Intractability – A Guide to the Theory of NP-Completeness.* W.H. Freeman and Company, San Francisco, 1989

GBW+98 Griffel, F.; Boger, M.; Weinreich, H.; Lamersdorf, W.; Merz, M.: Electronic Contracting with COSMOS – How to Establish, Negotiate and Execute Electronic Contracts on the Internet. In: Kobry, C.; Atkinson, C.; Milosevic, Z. (Hrsg.): *2nd International Enterprise Distributed Object Computing Workshop* (EDOC'98 , San Diego (CA), 2.-5. November), 1998

GeGe84 Geman, S.; Geman, D.: Stochastic relaxation, Gibbs distribution, and the Bayesian restoration of images. In: *IEEE Transactions on Pattern Analysis and Machine Intelligence*, Vol. 6, No. 6, 1984, S. 721-741

Geth79 Gethmann, C.F.: Zur formalen Pragmatik der Normenbegründung. In: Mittelstraß, J. (Hrsg.): *Methodenprobleme der Wissenschaft vom gesellschaftlichen Handeln*. Suhrkamp Verlag, Frankfurt am Main, 1979, S. 46-76

Gold97a Goldhaber, M.: *The Attention Economy and the Net, Part I*. Telepolis, 1997 elektronisch verfügbar unter: http://www.heise.de/tp/english/special/eco/6097/1.html

Gold97b Goldhaber, M.: *The Attention Economy and the Net, Part II*. Telepolis, 1997 elektronisch verfügbar unter: http://www.heise.de/tp/english/special/eco/6202/1.html

Gott89 Gottschalk, W.: *Allgemeine Genetik*. Thieme Verlag, Stuttgart, 1989

Grie02 Grießer, U.: *Konzeption eines automatischen Vertragsverhandlungssystems*. Diplomarbeit, Friedrich-Alexander-Universität Erlangen-Nürnberg, 2002

GrRe93 Gray, J.; Reuter, A.: *Transaction Processing: Concepts and Techniques*. Morgan Kaufmann, San Francisco (CA), 1993

GüKü99 Günter, A.; Kühn, C.: Knowledge-Based Configuration – Survey and Future Directions. In: Puppe, F. (Hrsg.): *Proceedings of the 5th Biannual German Conference on Knowledge-Based Systems* (XPS-99, Würzburg, Deutschland, 3.-5. März), 1999

Gute83 Gutenberg, E.: *Grundlagen der Betriebswirtschaftslehre – Band I: Die Produktion*, 24. Auflage. Springer Verlag, Berlin et al. 1983

Haje88 Hajek, B.: Cooling schedules for optimal annealing. In: *Mathematics of Operations Research*, Vol. 13, No. 2, 1988, S. 311-329

Hall04 Hall, M.: *Core Servlets and Java Server Pages*. 2. Auflage. Prentice Hall International, Englewood Cliffs (NJ), 2004

Hash91 Hashim, S.H.: WHAT: An Argumentative Groupware Approach for Organizing and Documenting Research Activities. In: *Journal of Organizational Computing*, Vol. 1, No. 3, 1991, S. 275-302

Hent01 Hentrich, J.: *B2B-Katalog-Management – E-Procurement und Sales im Collaborative Business*. Galileo Business, Bonn, 2001

HHH+92 Hamalainen, M.; Hashim, S.; Holsapple, C.W.; Suh, Y.; Whinston, A.B.: Structured Discourse for Scientific Collaboration: A Framework for Scientific Collaboration Based on Structured Discourse Analysis. In: *Journal of Organizational Computing*, Vol. 2, No. 1, 1992, S. 1-26

HMDM04 Hümmer, W.; Meiler, C.; Dietrich, A.; Müller, S.: Data Model and Personalized Configuration Systems for Mass Customization – A Two Step Approach for Integrating Technical and Organisational Issues. In: *Proceedings of the International Conference on Economic, Technical and Organisational Aspects of Product Configuration Systems* (PETO, Kopenhagen, Dänemark, 28.-29. Juni), 2004

Holl92 Holland, J.H.: *Adaptation in Natural and Artificial Systems*. MIT Press, Cambridge (MA), 1992

HoMU01 Hopcroft, J.E.; Motwani, R.; Ullman, J.D.: *Introduction to Automata Theory, Languages, and Computation*, 2. Auflage. Addison-Wesley, Reading (MA) et al. 2001

HüLW02 Hümmer, W.; Lehner, W.; Wedekind, H.: Contracting in the Days of eBusiness. In: *SIGMOD Record*, Vol. 31, No. 1, 2002, S. 31-36

HüSc01 Hümpel, C.; Schmitz, V.: BMEcat – Produktkataloge austauschen per XML. In: Turowski, K.; Fellner, K.J. (Hrsg.): *XML in der betrieblichen Praxis*. dpunkt.Verlag, Heidelberg, 2001

HüSR99 Hümpel, C.; Schmitz, V.; Renner, T.: *Spezifikation BMEcat Version1.0*. 1999

IBM04 http://www-306.ibm.com/software/data/db2/, Abruf am 17.06.2004

ICE04 http://www.icestandard.org, Abruf am 19.06.2004

Inhe03 Inhetveen, R.: *Logik. Eine dialog-orientierte Einführung*. Edition am Gutenbergplatz, Leipzig, 2003

JaBu96 Jablonski, S.; Bussler, C.: *Workflow Management: Modeling Concepts, Architecture and Implementation*. International Thomson Publishing, London et al. 1996

Jaco97 Jacob, C.: *Principia Evolvica – Simulierte Evolution mit Mathematica*. dpunkt.Verlag, Heidelberg, 1997

JLin04 http://www.wolfram.com/solutions/mathlink/jlink/, Abruf am 17.1.2004

JLM+03 Janitza, D; Lacher, M.; Maurer, M; Pulm, U.; Rudolf, H.: A Product Model for Mass Customisation Products. In: Palade, V.; Howlett, R. J.; Jain, L. (Hrsg.): *Knowledge-Based Intelligent Information and Engineering Systems, 7th International Conference, Proceedings, Part II* (KES 2003, Oxford, Großbritannien, 3.-5. September), 2003, S. 1023-1029

JPMM03 Jablonski, S.; Petrov, I.; Meiler, C.; Mayer, U.: Metadata Repositories as Infrastructure for Database Oriented Applications. In: Eder, J.; Welzer, T. (Hrsg.): *The 15th Conference on Advanced Information Systems Engineering* (CAiSE '03, Klagenfurt/Velden, Österreich, 16.-20. Juni), 2003, S. 53-56

JTMZ00 Jiao, J.X.; Tseng, M.M.; Ma, Q.H.; Zou, Y.: Generic Bill of Materials and Operations for High-Variety Production Management. In: *Concurrent Engineering: Research and Application*, Vol. 8, No. 4, 2000, S. 297-322

KeOS01 Kelkar, O.; Otto, B.; Schmitz, V.: *Spezifikation openTRANS Version 1.0.* Fraunhover IAO, Stuttgart, Universität Essen BLI, 2001
elektronisch verfügbar unter:
http://www.opentrans.org/dokumentation.php?file=openTRANS-V1.0.pdf

KiGV83 Kirkpatrick, S.; Gelatt, C.D.; Vecchi, M.P.: Optimization by Simulated Annealing. In: *Science*, 220, 1983, S. 671-680

KlGD02 Klein, S.; Gogolin, M.; Dziuk, M.: Elektronische Märkte im Überblick. In: Heilmann, H. (Hrsg.): *Praxis der Wirtschaftsinformatik – Elektronische Marktplätze*, HMD 223, Februar 2002

Koza89 Koza, J.R.: Hierarchical genetic algorithms operation on populations of computer programs. In: Sridharan, N.S. (Hrsg.): *Proceedings of the 11th International Joint Conference on Artificial Intelligence*, (IJCAI-89, Detroit (MI). 20. August), 1989, S. 768-774

Lint00 Linthicum, D.S.: *B2B Application Integration – e-Business-Enable Your Enterprise.* Addison-Wesley, Reading (MA) et al. 2000

LoLo78 Lorenzen, P.; Lorenz, K.: *Dialogische Logik.* Wissenschaftliche Buchgesellschaft, Darmstadt, 1978

Maed93 Maeder, R.E.: *Informatik für Mathematiker und Naturwissenschaftler. Eine Einführung mit Mathematica.* Addison-Wesley, Reading (MA) et al. 1993

Mahf97 Mahfoud, S.W.: Boltzmann selection. In: Bäck, T.; Fogel, D.B.; Michalewicz, Z. (Hrsg.): *Handbook of Evolutionary Computation.* Institute of Physics Publishing, Bristol, 1997

MaMc89 Marcus, S; McDermott, J.: SALT: a knowledge-acquisition language for propose-and-revise systems. In: *Artificial Intelligence*, Vol. 39, No. 1, 1989, S. 1-37

Marr04 http://www6.informatik.uni-erlangen.de/research/projects/marrakesch/, Abruf am 5.1.2004

MaSM88 Marcus, S; Stout, J; McDermott, J.P.: VT: an expert elevator designer that uses knowledge-based backtracking. In: *AI Magazine*, Vol. 9, No. 2, 1988, S. 95-111

Math04 http://www.wolfram.com/products/mathematica/index.html, Abruf am 11.1.2004

McDa89 McCarthy, D.R.; Dayal, U.: The architecture of an active database management system. In: Clifford, J.; Lindsay, B.G.; Maier, D. (Hrsg.): *Proceedings of the 1989 ACM SIGMOD International Conference on Management of Data* (Portland (OR), 31. Mai - 2. Juni), 1989, S. 215-224

McDe82 McDermott, J.P.: R1: A Rule-Based Configurer of Computer Systems. In: *Artificial Intelligence*, Vol. 19, No. 1, 1982, S. 39-88

Mert01 Mertens, P. (Hrsg.): *Lexikon der Wirtschaftsinformatik*, 4. Auflage. Springer Verlag, Berlin et al. 2001

Merz99 Merz, M.: *Electronic Commerce: Marktmodelle, Anwendungen und Technologien*. dpunkt.Verlag, Heidelberg, 1999

Merz02 Merz, M.: *E-Commerce und E-Business – Marktmodelle, Anwendungen und Technologien*, 2. Auflage. dpunkt.Verlag, Heidelberg, 2002

Mese99 Mesenbourg, T.L.: *Measuring Electronic Business: Definitions, Underlaying Concepts, and Measurement Plans*. 1999
elektronisch verfügbar unter:
http://www.census.gov/epcd/www/ebusines.htm

MeTL99 Merz, M.; Tu, T.; Lamersdorf, W.: Electronic Commerce – Technologische und organisatorische Grundlagen. In: *Informatik Spektrum*, Band 22, Heft 5, 1999, S. 328-343

MGB+99 Merz, M.; Griffel, F.; Boger, M.; Weinreich, H.; Lamersdorf, W.: Electronic Contracting im Internet. In: Steinmetz, R. (Hrsg.): *Kommunikation in Verteilten Systemen* (KIVS '99, Darmstadt, 2.-5. März), 1999, S. 314-325

MGT+98 Merz, M.; Griffel, F.; Tu, T.; Müller-Wilken, S.; Weinreich, H.; Boger, M.; Lamersdorf, W.: Supporting Electronic Commerce Transactions with Contracting Services. In: *International Journal of Cooperative Information Systems*, Vol. 7, No. 4, 1998, S. 249-274

Mich99 Michalewicz, Z.: *Genetic Algorithms + Data Structures = Evolution Programs*, 3. Auflage. Springer Verlag, Berlin et al. 1999

Micr04 http://www.microsoft.com/billgates/speeches/industry&tech/iayf2005.asp, Abruf am 24.06.2004

MiFa90 Mittal, S.; Falkenhainer, B.: Dynamic Constraint Satisfaction Problems. In: *Proceedings of the 18th National Conference on Artificial Intelligence* (AAAI 1990, Boston (MA), 29. Juli - 3. August), 1990, S. 25-32

MiFo00 Michalewicz, Z.; Fogel, D.B.: *How to Solve It: Modern Heuristics*. Springer Verlag, Berlin et al. 2000

MiFr89 Mittal, S.; Frayman, F.: Towards a Generic Model of Configuration Tasks. In: Sridharan, N.S. (Hrsg.): *Proceedings of the 11th International Joint Conference on Artificial Intelligence*, (IJCAI-89, Detroit (MI). 20. August), 1989, S. 1395-1401

MiRS86 Mitra, D.; Romeo, F.; Sangiovanni-Vincentelli, A.: Convergence and finite-time behavior of simulated annealing. In: *Advanced Applied Probability*, Vol. 18, 1986, S. 747-771

Mitt84 Mittelstraß, J. (Hrsg.): *Enzyklopädie Philosophie und Wissenschaftstheorie*, Band 1-4. Bibliographisches Institut, Mannheim et al. 1984

MRR+53 Metropolis, N.; Rosenbluth, A.; Rosenbluth, M.; Teller, A.; Teller, E.: Equations of state calculations by fast computing machines. In: *Journal of Chemical Physics*, 21, 1953, S. 1087-1091

NAIC03 http://www.census.gov/epcd/www/naics.html, Abruf am 3.12.2003

Naps04 http://www.napster.com, Abruf am 19.06.2004

NoFB96 Nordin, P.; Francone, F.; Banzhaf, W.: Explicitly Defined Introns and Destructive Crossover in Genetic Programming. In: Angeline, P.J.; Kinnear, K.E. (Hrsg.): *Advances in Genetic Programming – Vol. 2*. MIT Press, Cambridge (MA), 1996

OASI03 http://www.oasis-open.org, Abruf am 19.12.2003

OMG04a http://www.omg.org, Abruf am 13.06.2004

OMG04b http://www.omg.org/archives/lifesciences/msg00143.html, Abruf am 13.06.2004

Orac04a http://www.oracle.com/database, Abruf am 13.06.2004

Orac04b *Oracle 9i JPublisher User's Guide, Release 2* (9.2)
elektronisch verfügbar unter:
http://otn.oracle.com/pls/db92/db92.to_toc?pathname=java.920%2Fa96658%2Ftoc.htm

Ortn99a Ortner, E.: Repository Systems. Teil 1: Mehrstufigkeit und Entwicklungsumgebung. In: *Informatik Spektrum*, Band 22, Heft 4, 1999, S. 235-251

Ortn99b Ortner, E.: Repository Systems. Teil 2: Aufbau und Betrieb eines Entwicklungsrepositoriums. In: *Informatik Spektrum*, Band 22, Heft 5, 1999, S. 351-363

PaKS01 Pastoors, T.; Kelkar, O.; Schmitz, V.: *BMEcat V1.2 für Einsteiger*. Fraunhover IAO, Stuttgart, Universität Essen BLI, 2001
elektronisch verfügbar unter:
http://www.bmecat.org/deutsch/index.asp?main=Down

Papi04 http://www.papinet.org, Abruf am 19.06.2004

Pete00 Peters, R.: Elektronische Märkte und automatisierte Verhandlungen. In: *Wirtschaftsinformatik*, Band 42, Heft 5, 2000, S. 413-421

Pine99 Pine II, B.J.; *Mass Customization – The New Frontier in Business Competition*. Harvard Business School Press, Boston (MA), 1999

PrCo01 Pradella, M.; Colombetti, M.: A Formal Description of a Practical Agent for E-Commerce. In: Dignum, F.; Cortes, U. (Hrsg.): *Agent-Mediated Electronic Commerce III*. Springer Verlag, Berlin, 2001, S. 84-95

Prei04 http://www.preisagentur.de, Abruf am 13.06.2004

Rahm94 Rahm, E.: *Mehrrechner-Datenbanksysteme. Grundlagen der verteilten und parallelen Datenbankverarbeitung*. Addison-Wesley, Reading (MA) et al. 1994

Rait00 Raith, M.G.: Fair-negotiation procedures. In: *Mathematical Social Sciences* 39 (2000), S. 303-322

RBD+92 J. Runkel, J.; Birmingham, W.; Darr, T.; Maxim, B.; Tommelein, I.: Domain Independent Design System: Environment for Rapid Development of Configuration Design Systems. In: Gero, J.S. (Hrsg.): *Artificial Intelligence in Design* (AID '92, Pittsburgh (PA), 1. Juni), 1992, S. 21-40

Rebs01 Rebstock, M.: Elektronische Unterstützung und Automatisierung von Verhandlungen. In: *Wirtschaftsinformatik*, Band 43, Heft 6, 2001, S. 609-617

Rech73 Rechenberg, I.: *Evolutionsstrategien: Optimierung technischer Systeme nach Prinzipien der biologischen Evolution*. Frommann-Holzboog, Stuttgart, 1973

ReDB04 Reichert, M.; Dadam, P.; Bauer, T.: Dealing with forward and backward jumps in workflow management systems. In: *Informatik Forschung und Entwicklung* 18, 2004, S. 132-151

Requ03 http://www.requisite.com, Abruf am 10.12.2003

Ridd02 Ridder, L.: *Mereologie*. Vittorio Klostermann, Frankfurt am Main, 2002

Rose02a N.N.: *RosettaNet Implementation Framework Specification v02.00.01*. April 2002
elektronisch verfügbar unter:
http://www.rosettanet.org/rnif

Rose02b N.N.: *RosettaNet Business Dicitionary v2.1*. Oktober 2002
elektronisch verfügbar unter:
http://www.rosettanet.org/businessdictionary

Rose03a http://www.rosettanet.org, Abruf am 28.12.2003

Rose03b http://www.rosettanet.org/background, Abruf am 28.12.2003

Rose03c	N.N.: *RosettaNet Technical Dictionary v3.1*. Dezember 2003 elektronisch verfügbar unter: http://www.rosettanet.org/technicaldictionary
Rose03d	http://www.rosettanet.org/pipdirectory, Abruf am 28.12.2003
SaFr96	Sabin, D.; Freuder, E.: Configuration as Composite Constraint Satisfaction. In: *Configuration – Papers from the 1996 Fall Symposium*, Technischer Bericht FS-96-03, AAAI Press, 1996, S. 28-36
SaWe98	Sabin, D.; Weigel, R.: Product Configuration Frameworks – A Survey. In: *IEEE Intelligent Systems*, Vol. 13, No. 4, 1998, S. 42-49
ScHB02	Schlesinger, L.; Hümmer, W.; Bauer, A. (Hrsg.): *Heterogene Informationssysteme*. Arbeitsbericht des Instituts für Informatik 35(4), Friedrich-Alexander-Universität Erlangen-Nürnberg, 2002
Sche99	Scheer, A.-W.: *ARIS – Vom Geschäftsprozeß zum Anwendungssystem*. Springer Verlag, Heidelberg, et al. 1999
Schm93	Schmid, B.: Elektronische Märkte. In: *Wirtschaftsinformatik*, Band 35, Heft 5, 1993, S. 465-480
Schö00	Schöning, U.: *Logik für Informatiker*, 5. Auflage. Spektrum Akademischer Verlag, Heidelberg, et al. 2000
Schö01	Schöning, U.: *Theoretische Informatik – kurz gefasst*, 4. Auflage. Spektrum Akademischer Verlag, Heidelberg, et al. 2001
Scho99	Schoop, M.: A Theoretical Framework for Speech Act Based Negotiation in Electronic Commerce. In: S. Klein; B. Schneider (Hrsg.): *Negotiations and Interactions in Electronic Markets, Proceedings of the 6th Research Symposium on Emerging Electronic Markets* (RSEEM, Münster), Arbeitsbericht 72, 1999, S. 79-89
Schr02	Schrumpf, M.: *Validierung und Aushandlung von konfigurierbaren Vertragsstrukturen*. Diplomarbeit, Friedrich-Alexander-Universität Erlangen-Nürnberg, 2002
ScQu00	Schoop, M.; Quix, C.: Towards Effective Negotiation Support in Electronic Marketplaces. In: *Proceedings of the 10th Annual Workshop on Information Technologies & Systems* (WITS 2000, Brisbane, Australien, . Dezember), 2000, S. 1-6
ScQu01	Schoop, M.; Quix, C.: DOC.COM: Combining Document and Communication Management for Negotiation Support in Business-to-Business Electronic Commerce. In: *Proceedings of the 34th Hawaii International Conference on System Sciences* (HICSS-34, Maui, Hawaii, 3.-6. Januar), 2001
Selk77	Selkow, S.M.: The Tree-to-Tree Editing Problem. In: *Information Processing Letters*, 6(6), 1977

SHK+91 Schmid, B.; Himberger, A.; Krähenmann, N.; Langenohl, T.; Ritz, D.; Schmid, M.; Zbornik, S.: Die elektronische Revolution der Märkte. In: *io Management* 60(12), 1991, S. 96-98

Shne97 Shneiderman, B.: *Designing the User Interface – Strategies for Effective Human-Computer Interaction*, 3. Auflage. Addison-Wesley, Reading (MA) et al. 1997

Silk03 http://www.zurich.ibm.com/csc/ebizz/oldprojects/silkroad.html, Abruf am 30.12.2003

Simo87 Simons, P.: *Parts – A Study in Ontology*. Oxford University Press, Oxford et al. 1987

SKP+01 Schmitz, V.; Kelkar, O.; Pastoors, T.; Renner, T.; Hümpel, C.: *Spezifikation BMEcat Version 1.2*. Fraunhofer IAO, Stuttgart, Universität Essen BLI, 2001 elektronisch verfügbar unter:
http://www.bmecat.org/deutsch/index.asp?main=Down

SmSm77 Smith, J.M.; Smith, D.C.P.: Database Abstraction: Aggregation and Generalization. In: *ACM Transactions on Database Systems*, Vol. 2, No. 2, 1977, S. 105-133

SOAP03 Mitra, N. (Hrsg.): *SOAP Version 1.2 Part 0: Primer*. W3C Recommendation 24 June 2003
elektronisch verfügbar unter:
http://www.w3.org/TR/soap12-part0/

Somm93 Sommer, C.: *MoKon – ein Ansatz zur wissensbasierten Konfiguration von Variantenerzeugnissen*. infix, Sankt Augustin, 1993

Steg01 Steger, A.: *Diskrete Strukturen 1 – Kombinatorik, Graphentheorie, Algebra*. Springer Verlag, Berlin et al. 2001

Stein87 Steinberg, L.: Design as Refinement plus Constraint Propagation: the VEXED Experience. In: Forbus, K.S.H. (Hrsg.): *Proceedings of the 6th National Conference on Artificial Intelligence* (AAAI-87, Seattle (WA), 13.-17. Juli), 1987, S. 830-835

Stoe99 Stoer, J.: *Numerische Mathematik*, Band 1, 8. Auflage. Springer Verlag, Berlin et al. 1999

Strö00 Ströbel, M.: A Framework for Electronic Negotiations Based on Adjusted Winner Mediation. In: Ibrahim, M.T.; Küng, J.; Revell, N. (Hrsg.): *Proceedings of the 11th International Workshop on Database and Expert Systems Applications, Workshop on Negotiations in Electronic Markets – Beyond Price Discovery – E-Negotiations* (DEXA'00, London, Großbritannien, 6.-8. September), 2000, S. 1020-1028

Strö01a Ströbel, M.: Communication Design for Electronic Negotiations. In: *Proceedings of the Tenth International World Wide Web Conference* (WWW 10, Hong Kong, 1.-5. Mai), 2001, S. 9-20

Strö01b Ströbel, M.: Design of Roles and Protocols for Electronic Negotiations. In: *Electronic Commerce Research*, Special Issue on Market Design, Vol. 1, No. 3, 2001, S. 335-353

Strö03 Ströbel, M.: *Engineering Electronic Negotiations*. Kluwer Academic, New York, 2003

StSt02 Ströbel, M.; Stolze, M.: A Matchmaking Component for the Discovery of Agreement and Negotiation Spaces in Electronic Markets. In: *Group Decision and Negotiation*, Vol. 11, No. 2, 2002, S. 165-181

Stum97 Stumptner, M.: An overview of knowledge-based configuration. In: *AI Communications*, 10 (1997), S. 111-125

SVTW00 Scheffler, W.; Voigt, K.-I.; Thiell, M.; Weber, R.: Entwicklungsperspektiven im Electronic Business – Einführung und Überblick. In: Scheffler, W.; Voigt, K.-I. (Hrsg.): *Entwicklungsperspektiven im Electronic Business – Einführung und Überblick*. Gabler Verlag, Wiesbaden, 2000, S. 1-25

Thom03 http://www.thomasregister.com, Abruf am 3.12.2003

Trae94 Traeger, D.H.: *Einführung in die Fuzzy-Logik*. B.G. Teubner Verlag, Stuttgart, 1994

Tsan93 Tsang, E.: *Foundations of Constraint Satisfaction*. Academic Press, London, 1993

UML03 N.N.: *OMG Unified Modeling Language Specification*. March 2003, Version 1.5, formal/03-03-01. 2003
elektronisch verfügbar unter:
http://www.omg.org/docs/formal/03-03-01.pdf

UNCE03 http://www.uncefact.org, Abruf am 19.12.2003

UNEC04 http://www.unece.org/trade/untdid/welcome.htm, Abruf am 12.06.2004

UNSP03 http://www.unspsc.org, Abruf am 3.12.2003

UPC03 http://www.uc-council.org, Abruf am 3.12.2003

VaRi63 Vaszonyi, A.; Riedler, W.: *Die Planungsrechnung in Wirtschaft und Industrie*. Oldenbourg Verlag, Wien et al. 1963

VBA04 http://msdn.microsoft.com/vba/, Abruf am 17.1.2004

Visi04 http://www.microsoft.com/germany/ms/visio2003/, Abruf am 17.1.2004

VoLZ03 Voigt, K.-I.; Landwehr, S.; Zech, A.: *Elektronische Marktplätze – E-Business im B2B-Bereich*. Physica-Verlag, Heidelberg, 2003

W3C04 http://www.w3.org, Abruf am 12.06.2004

WaDC03 Wang, Y.; DeWitt, D.J.; Cai J.: X-Diff: An Effective Change Detection Algorithm for XML Documents. In: Dayal, U.; Ramamritham, K.; Vijayaraman, T.M. (Hrsg.): *Proceedings of the 19th International Conference on Data Engineering* (ICDE 2003, Bangalore, Indien, 5.-8. März), 2003, S. 519-530

Wago92 Wagon, S.: *Mathematica in Aktion*. Spektrum Akademischer Verlag, Heidelberg, 1992

Wede89 Wedekind, H.: Konstruktionserklären und Konstruktionsverstehen. In: *Zeitschrift für wirtschaftliche Fertigung*, Band 84, Heft 11, 1989, S. 623-629

Wede96 Wedekind, H.: Zu den Grundlagen von Workflow-Management-Systemen. In: Swoboda, J. (Hrsg.): *Softwaretechnik in Automation und Kommunikation – Rechnergestützte Teamarbeit* (STAK '96, München, 4.-5. März), 1996, S. 7-18

Wede00 Wedekind, H.: On Specifying Contract Negotiations. In: Hansen, H.R.; Bichler, M.; Mahrer, H. (Hrsg.): *Proceedings of the 8th European Conference on Information System* (ECIS 2000, Wien, Österreich, 3.-5. Juli), 2000, S. 23-30

Wege99 Wegener, I.: *Theoretische Informatik – eine algorithmenorientierte Einführung*. B.G. Teubner Verlag, Stuttgart, 1999

WeHB01 Weitzel, T.; Harder, T.; Buxmann, P.: *Electronic Business und EDI mit XML*. dpunkt.Verlag, Heidelberg, 2001

WeHL01 Wedekind, H.; Hümmer, W.; Lehner, W.: Über Anbahnung und Aushandlung von Verträgen im eBusiness. In: Lehner, W. (Hrsg.): *Advanced Techniques in Personalized Information Delivery*. Arbeitsbericht des Instituts für Informatik 34(5), Friedrich-Alexander-Universität Erlangen-Nürnberg, 2001

Weic02 Weicker, K.: *Evolutionäre Algorithmen*. B.G. Teubner Verlag, Stuttgart, 2002

WeMü81 Wedekind, H.; Müller, T.: Stücklistenorganisation bei einer großen Variantenanzahl. In: *Angewandte Informatik*, Band 23, Heft 9, 1981, S. 377-383

WeOI04a Wedekind, H.; Ortner, E.; Inhetveen, R.: Informatik als Grundbildung. In: *Informatik Spektrum*, Band 27, Heft 2, 2004, S. 172-180

WeOI04b Wedekind, H.; Ortner, E.; Inhetveen, R.: Informatik als Grundbildung – Teil II: Bildung von Elementarsätzen. In: *Informatik Spektrum*, Band 27, Heft 3, 2004, S. 265-272

WiCe96 Widom, J.; Ceri, S.: *Active Database Systems*. Morgan-Kaufmann, San Francisco (CA), 1996

Wilf02 Wilf, H.: *Algorithms and Complexity*, 2. Auflage. A K Peters, Natick (MA), 2002

Wilm72	Wilmsen, E.N. (Hrsg.): *Social exchange and interaction.* University of Michigan, Ann Arbor (MI), 1972
WOH+98	Webber, N.; O'Connel, C.; Hunt, B.; Levine, R.; Popkin, L.; Larose, G.: *The Information and Content Exchange (ICE) Protocol.* W3C Note 26 October 1998 elektronisch verfügbar unter: http://www.w3.org/TR/1998/NOTE-ice-19981026
WoJe95	Wooldridge, M.; Jennings, N.R.: Intelligent Agents: Theory and Practice. In: *Knowledge Engineering Review*, Vol. 2, No. 10, 1995, S. 115-152
Wolf03	Wolfram, S.: *The Mathematica Book*, 5. Auflage. Wolfram Media, Champaign (IL), 2003
xCBL02	N.N.: *xCBL 3.5 Content: ProductCatalog Functional Specification.* 2002 elektronisch verfügbar unter: http://www.xcbl.org/xcbl35/documentation/view/ xcbl3_5forcontent_productcatalog.pdf
xCBL03a	http://www.xcbl.org, Abruf am 5.12.2003
xCBL03b	N.N.: *xCBL version 4.0 Documentation.* 2003 elektronisch verfügbar unter: http://www.xcbl.org/xcbl40/documentation.html
Yao91	Yao, X.: Simulated Annealing with Extended Neighbourhood. In: *International Journal of Computer Mathematics*, 40, 1991, S. 169-189
Zwiß02	Zwißler, S.: *Electronic Commerce, Electronic Business.* Springer Verlag, Berlin et al. 2002

Abkürzungsverzeichnis

A

ACID	Atomicity, Consistency, Isolation, Durability
ACM	Association for Computing Machinery
ADO	ActiveX Data Objects

B

B2A	Business to Administration
B2B	Business to Business
B2C	Business to Consumer
BGB	Bürgerliches Gesetzbuch
BME	Bundesverband für Materialwirtschaft, Einkauf und Logistik e.V.
BOCA	CORBA Business Object Component Architecture
BOV	Business Oriented View (RosettaNet)
BPSS	Business Process Specification Schema (ebXML)

C

C2A	Consumer to Administration
C2C	Consumer to Consumer
CAD	Computer Aided Design
CBR	Case Based Reasoning
CEFACT	Centre of Facilitation of procedures and practices for Administration, Commerce and Transport
CERN	Centre Européen de Recherche Nucléaire
CompCSP	Composite Constraint-Satisfaction-Problem
COSMOS	Common Open Service Market fOr SMEs
CPA	Collaboration Protocol Agreement (ebXML)
CPP	Collaboration Protocol Profile (ebXML)
CPVD	Compatible Property Value Domain (SILKROAD)
CSP	Constraint-Satisfaction-Problem
cXML	Commerce XML

D

DAS	Distribution Agreements (SILKROAD)
DIDS	Domain-Independent Design System
DIN	Deutsches Institut für Normierung
DL	deskriptive Logik
DNF	Disjunktive Normalform
DSM	Domain Specific Metamodel
DTD	Document Type Definition (XML)
D-U-N-S	Data Universal Numbering System

E

et al.	et altera
EAN	European Article Number
ebXML	Electronic Business XML
eC XML	Electronic Commerce XML
ECA	Event, Condition, Action
EDI	Electronic Data Interchange
EDI	explizit definiertes Intron
EDIFACT	Electronic Data Interchange for Administration, Commerce and Transport
ERP	Enterprise Resource Planning
evtl.	eventuell

F

FSV	Functional Service View (RosettaNet)
FTP	File Transfer Protocol

G

GCSP	Generative Constraint-Satisfaction-Problem
GM	genetisches Match Making

H

HIS	heterogene Informationssysteme
HTML	Hypertext Markup Language
HTTP	Hypertext Transport Protocol

I

IAO	Fraunhofer Institut für Arbeitswissenschaft und Organisation
ICE	Information and Content Exchange
IEC	International Electrotechnical Commission
IFV	Implementation Framework View (RosettaNet)
IP	Internet Protocol
ISBN	International Standard Book Number
ISO	International Organization for Standardization

J

JDBC	Java Database Connectivity

K

KMU	kleine und mittlere Unternehmen
KNF	Konjunktive Normalform

M

MAS	Matching Agreements (SILKROAD)
MIME	Multi-Purpose Internet Mail Extension
MRO	Maintenance, Repair and Operation
MSM	Method Specific Metamodel

N

NAICS	North American Industry Classification System
NAS	Negotiable Agreements (SILKROAL)
NSC	Negotiaton Service Component (SILKROAD)

O

O2B	Offer to Buy (SILKROAD)
O2S	Offer to Sell (SILKROAD)
OASIS	Organization for the Advancement of Structured Information Standards
ODBC	Open Database Connectivity

P

PIP	Partner Interface Process (RosettaNet)

Q

QoS	Quality of Service

R

RNBD	RosettaNet Business Dictionary (RosettaNet)
RNIF	RosettaNet Implementation Framework (RosettaNet)

S

SAM	Simulated Annealing Match Making
SAT	Erfüllbarkeitsproblem der Aussagenlogik (Satisfiability)
SDMM	SILKROAD Design Meta Model (SILKROAD)
SME	Small and Medium Enterprises
SOAP	Simple Object Access Protocol

T

TCP	Transmission Control Protocol

U

UBL	Universal Business Library
UML	Unified Modeling Language
UMM	UN/CEFACT Modeling Methodology (ebXML)
UN	United Nations
UN/SPSC	United Nations/Standard Products and Service Code
UPC	Universal Product Code

V

VAN	Value Added Network (EDIFACT)
VBA	Visual Basic for Applications
VLSI	Very Large Scale Integration
VLSI	Very Large Scale (of) Integration

W

W3C	World Wide Web Consortium
WWW	World Wide Web

X

xCBL	XML Common Business Library
XML	eXtensible Markup Language

Stichwortverzeichnis

***ibidem*-Verlag**
Melchiorstr. 15
D-70439 Stuttgart
info@ibidem-verlag.de
www.ibidem-verlag.de
www.edition-noema.de
www.autorenbetreuung.de

Zeitfracht Medien GmbH
Ferdinand-Jühlke-Straße 7
99095 Erfurt, Deutschland
produktsicherheit@kolibri360.de